Patrick Siegfried
Strategische Unternehmensplanung in jungen KMU

Patrick Siegfried

Strategische Unternehmensplanung in jungen KMU

Problemfelder und Lösungsansätze

DE GRUYTER
OLDENBOURG

ISBN 978-3-11-057855-3
e-ISBN (PDF) 978-3-11-042902-2
e-ISBN (EPUB) 978-3-11-042908-4

Library of Congress Cataloging-in-Publication Data
A CIP catalogue record for this book has been applied for at the Library of Congress.

Bibliografische Information der Deutschen Nationalbibliothek
Die Deutsche Nationalbibliothek verzeichnet diese Publikation in der Deutschen Nationalbibliografie;
detaillierte bibliografische Daten sind im Internet über
http://dnb.dnb.de abrufbar.

„Planung ersetzt Zufall durch Irrtum"
Albert Einstein (1879–1955)

Ich widme diese Arbeit meinen Töchtern
Kira Siegfried
Svea Siegfried
Nora Siegfried

Inhaltsverzeichnis

Abbildungsverzeichnis

Tabellenverzeichnis

Abkürzungsverzeichnis

ADT	Arbeitsgemeinschaft deutscher Technologie und Gründerzentren
ATLAS.ti	Archiv für Technik, Lebenswelt und Alltagssprache
BCG	Boston Consulting Group
BDI	Bundesverband der Deutschen Industrie e.V.
BDU	Bundesverband Deutscher Unternehmensberater e.V.
BFB	Bundesverband der freien Berufe
BMBF	Bundesministerium für Bildung und Forschung
BMWi	Bundesministerium für Wirtschaft
BWHM	Beratungs- und Wirtschaftsförderungsgesellschaft für Handwerk und Mittelstand GmbH
B2B	Business-to-Business
B2C	Business-to-Consumer
CASET	Computer Aided Service Engineering Tool
CD	Compact Disc
DIHK	Deutscher Industrie- und Handelskammertag
DIN	Deutsches Institut für Normung
EBS	Universität für Wirtschaft und Recht
EBSCO	US-amerikanischer Datenbankanbieter
EG	Europäische Gemeinschaft
ESF	Europäischer Sozialfonds
ETH	Eidgenössische Technische Hochschule
EU	Europäische Union
EUR	Euro
e. V.	eingetragener Verein
FMEA	Failure Mode and Effects Analysis
F & E	Forschung und Entwicklung
GmbH	Gesellschaft mit beschränkter Haftung
gGmbH	gemeinnützige Gesellschaft mit beschränkter Haftung
GOP	Grundsätze ordnungsgemäßer Planung
HGB	Handelsgesetzbuch
HHL	Handelshochschule Leipzig
HSG	Hochschulgesetz
HTW	Hochschule für Technik und Wirtschaft
HWK	Handwerkskammer
IAB	Institut für Arbeitsmarkt- und Berufsforschung
IfM	Institut für Mittelstandsforschung
Ifo	Institut für Wirtschaftsordnung
IHK	Industrie- und Handelskammer
IKB	Deutsche Industriebank

IT	Informationstechnik
IZT	Institut für Zukunftsstudien und Technologiebewertung
KfW	Kreditanstalt für Wiederaufbau
KHS	Holstein und Kappert GmbH
KMU	kleine und mittlere Unternehmen
KT	Kernthesen
KVP	Kontinuierlicher Verbesserungsprozess
MISTRAKO	Mittelstandsstudie zur strategischen Kompetenz von Unternehmen
MITT	Kompetenzzentrum Minimal Invasive Medizin & Technik
NP	Nutzenpotenziale
PEST	Political-Economical-Social-Technological
PIMS	Profit Impact of Market Strategies
QFD	Quality Function Deployment
RKW	Rationalisierungs- und Innovationszentrum der Deutschen Wirtschaft e.V.
ROI	Return on Investment
RWI	Rheinisch-Westfälische Institut für Wirtschaftsforschung
SCP	Structure-Conduct-Performance
SGB	Sozialgesetzbuch
SEP	Strategische Erfolgsposition
SME	Small and Medium Enterprises
STRATOS	strategy orientation of small and medium-sized enterprises
SWOT	Strengths-Weaknesses-Opportunities-Threats
TU	Technische Universität
UG	Unternehmergesellschaft
U.S./USA	United States
USP	Unique Selling Proposition
WHL	Wissenschaftliche Hochschule Lahr
WHU	Wissenschaftliche Hochschule für Unternehmensführung
ZDH	Zentralverband des Deutsches Handwerks
ZEW	Zentrum für Europäische Wirtschaftsforschung
ZIS	Zentrum für Insolvenz und Sanierung
ZWF	Zeitschrift für wirtschaftlichen Fabrikbetrieb

Vorwort

Durch den Einfluss von wirtschaftlichen Veränderungen, der Findungsphase gerade am Anfang der Unternehmensentwicklung müssen sich junge KMU den Rahmenbedingungen wie dem Mikro- und Makroumfeld widmen. Diese oftmals schwierigen Ausgangslagen und *Problemsituationen* machen Anpassungsprozesse unumgänglich, da Handlungsspielräume bestehen und die verfolgten Strategien überdacht werden müssen. Vorrangiges Ziel für alle jungen KMU ist beständiges, nachhaltiges und gesundes Wachstum. Daher ist es eine zentrale Managementaufgabe sich mit der Festlegung, Planung und Umsetzung von Strategien auseinanderzusetzen.

Die *Ziele* der vorliegenden Forschungsarbeit lagen darin, praxisbezogenes Wissen für junge KMU im Bereich der strategischen Unternehmensplanung zu generieren und ein Konzept für strategische Unternehmensplanung in Form eines umsetzbaren und anwendbaren Phasenkonzepts aufzustellen.

Daher orientierte sich die vorliegende Forschungsarbeit mit ihrer *Forschungsmethodik* an dem Leitbild der angewandten Forschung. Der Fokus lag aufgrund der wirtschaftlichen Bedeutung auf KMU, da gerade bei jungen KMU die zukünftigen unternehmerischen Herausforderungen sehr gross sind.

Die vorgesehene *Struktur der Arbeit* lag in der Analyse der theoretischen Grundlagen und der Betrachtung von vorhandenen Studien. Anschließend wurden 14 ausgewählte junge KMU explorativ befragt. Aus diesem Theorieteil und der empirischen Erhebung wurde ein Konzept von notwendigen strategischen Unternehmensplanungsinstrumenten erstellt. Das heißt, es wurden die relevanten Erkenntnisse aus der Wissenschaft in Bezug auf die strategische Unternehmensplanung erschlossen. Die Forschungsergebnisse wurden systematisiert und zu einem Handlungskonzept für eine Problemlösung ausgewertet. Die Anwendungen der unterschiedlichen Instrumente wurden in 17 multiplen Fallstudien über einen Zweijahres-Zeitraum auf ihre Praxistauglichkeit hin geprüft. Die Evaluationen dieser Fallstudien unterstreichen die Anwendbarkeit der Instrumente in jungen KMU. Aufgrund dieser Ergebnisse wurden Folgerungen abgeleitet und künftige strategische Herausforderungen aufgezeigt.

Für die vorliegende Arbeit wurden insgesamt für die *Literatur-/Studien- und Dokumentenanalyse* über 539 Quellen betrachtet.

1 Einleitung

1.1 Ausgangslage der Untersuchung

Obwohl nicht im Fokus der Öffentlichkeit stehend, prägen kleine und mittlere Unternehmen (im folgenden KMU genannt)[1] in den derzeitigen Industriegesellschaften entscheidend die wirtschaftliche Struktur.[2] Mehr als 99 Prozent der europäischen Unternehmen sind KMU; in Deutschland repräsentieren sie 60,8 Prozent der Arbeitsplätze.[3] Dabei werden insbesondere Unternehmensgründungen und junge Unternehmen – als eine Untergruppe der KMU, mit meist geringer Mitarbeiterzahl und knappen Ressourcen – immer mehr als bedeutende Faktoren für die Wirtschaft angesehen,[4] da sie elementar für die Erhaltung und Entwicklung einer Volkswirtschaft sind. Die Förderung von Unternehmensgründungen und jungen Unternehmen ist deshalb wesentlicher Bestandteil des wirtschaftspolitischen Zielkatalogs der Europäischen Union und vieler ihrer Mitgliedsstaaten.[5] Dabei stehen sowohl die Steigerung der Anzahl der Unternehmensgründungen als auch die Erhöhung der Überlebensquoten im Mittelpunkt.[6] Grund dafür ist, dass die Gefahr des Scheiterns bei diesen jungen Unternehmen besonders hoch ist, insbesondere in den Anfangsjahren nach der Gründung.[7] Eine Schätzung der Scheiterquoten (Liquidationen/Insolvenz) von Unternehmensgründungen in Deutschland beträgt 40 Prozent im ersten Jahr und 90 Prozent von den verbliebenen Unternehmen im Laufe der folgenden zehn Jahre.[8] Angesichts dieser Scheiterquoten ist die Suche nach Faktoren, die den Erfolg von KMU systematisch beeinflussen, von hoher Themenrelevanz für die Wirtschafts- und Arbeitsmarktpolitik,[9] KMU-Manager sowie für die Gründer junger Unternehmen und deren Stakeholder.

Viele Autoren fokussieren sich bei der Anwendung von strategischen Unternehmensplanungsinstrumenten auf die Großunternehmen und weniger auf die jungen KMU, was dadurch begründet werden kann, dass junge KMU schneller liquidieren oder insolvent werden, weil sie nicht genügend Kapital bzw. Know-how aufweisen und es akzeptiert wird, wenn die jungen KMU scheitern, siehe *Kapitel 3.3*. Wenn Großunternehmen scheitern, ist oftmals das politische Interesse vorhanden, um

---

[1] Zur Begriffsbestimmung siehe Kapitel 3.1.
[2] Vgl. Brüderl et al. (1996), S. 11.
[3] Vgl. IfM (2009a).
[4] Vgl. KfW-Gründungsmonitor (2008), S. 10; OECD (2002), S. 84ff; Schwarz/Grieshuber (2003), S.1.
[5] Vgl. www.foerderdatenbank.de; www.foerderinfo.bund.de.
[6] Vgl. Frank et al. (2002), S. 5.
[7] Vgl. Kirchhoff/Acs (1997), S. 167.
[8] Vgl. Creditreform (2008), S. 13ff; Timmons/Spinelli (1999), S. 52ff.
[9] Vgl. Cooper et al. (1994), S. 371ff.

diese Unternehmen mehr als junge KMU zu unterstützen. Beispiele hierfür sind u. a. die Involvierung der Politik durch Bundeskanzler Schröder bei der Krise der Unternehmensgruppe Philipp Holzmann 1999 oder Bundeskanzlerin Merkel bei Opel 2008. Großunternehmen werden aufgrund diverser Interessen stärker unterstützt, obwohl diese 2008 im Vergleich zu KMU nur 45,5 Prozent der Beschäftigten und 0,5 Prozent der Unternehmen stellt.[10]

Junge KMU müssen sich vielen Herausforderungen stellen. Wirtschaftliche Krisen, Globalisierung, die hohe Dynamik der Märkte und kurze Produktlebenszyklen, gepaart mit zunehmender Unsicherheit infolge von mangelnder Planung oder unzureichender Analyse bringen junge KMU oftmals zum Scheitern.[11] Es fehlt an professionellen Ansätzen zur Strategieentwicklung/-implementierung.[12] Da u. a. KMU „zu keinem Zeitpunkt richtig in Gang kommen und nach relativ kurzer Zeit wieder aufgelöst werden müssen" kann konstatiert werden, dass hier ein möglicher Zusammenhang mit dem Fehlen von strategischer Planung vorhanden ist.[13] Bisher sind viele Instrumente sowie Methoden in der strategischen Unternehmensplanung für Großunternehmen konzipiert, die über entsprechende Ressourcen verfügen.

Die Umsetzbarkeit auf junge KMU und deren Anwendung im Rahmen des Drittmittelobjekts sind wichtige Bestandteile der vorliegenden Arbeit.

Nach *Rue/Ibrahim* (1998) und *Kraus et al.* (2007) wird strategische Planung als ein Faktor für den Erfolg von KMU angesehen,[14] da damit alternative Entwicklungen untersucht und Unsicherheiten reduziert werden können.[15] *Crawford/Lucas* (1992) ermittelte in seinen Untersuchungen die strategische Planung als Erfolgsfaktor.[16] So fasst *Griggs* (2002) in einer Metaanalyse zusammen, dass die Existenz oder Absenz von strategischer Planung einen Einfluss auf das Überleben der KMU hat.[17] *Kagar/Parnell* (1996) haben herausgefunden, dass die Wahrscheinlichkeit des Überlebens für nicht strategisch planende Unternehmen wesentlich geringer ist als für strategisch planende.[18] *Risseeuw/Masurel* (1994) konstatieren, dass ineffektive strategische Planung häufig den Hauptgrund für das Scheitern eines Unternehmens darstellt.[19] Auch konnten *Perry* (2001), *Delmar/Shane* (2003), sowie *Jungbauer-Gans/Preisendörfer* (1991) belegen, dass Planung die Wahrscheinlichkeit des Scheiterns

---

10 Vgl. Statistisches Bundesamt (2010).
11 Vgl. Kraus/Schwarz (2006), S. 3.
12 Vgl. Aragón-Sánchez/Sánchez-Marin (2005), S. 305.
13 Brüderl et al. (1996), S. 162.
14 Vgl. Kraus et al. (2007), S. 375; Rue/Ibrahim (1998), S. 24.
15 Vgl. Honig/Karlson (2001), S. 13ff.
16 Vgl. Crawford-Lucas (1992), S. 54ff.
17 Vgl. Griggs (2002), S.129.
18 Vgl. Kagar/Parnell (1996), S. 110.
19 Vgl. Risseeuw/Masurel (1994), S. 19.

verringert.[20] Nach einer Literaturübersicht von *Rauch/Frese* (1998)[21] sind die für den Erfolg wesentlichen Faktoren in dem Zusammenwirken von strategischer Planung und Wachstum zu sehen.

Eine Partial-Analyse liefert nur eingeschränkte Ergebnisse. So hängt der Erfolg der Unternehmensgründung mit den Handlungsmöglichkeiten und den Handlungsstrategien zusammen. In der *Abb. 1.1* wird ein Kausalzusammenhang von Faktoren in Bezug auf den Erfolg skizziert. Hierbei wird dargestellt, dass die verschiedenen Faktoren wie die Persönlichkeitseigenschaften der Gründer, das Humankapital (Wissen und Erfahrung) und die Umwelt die Ziele und die Strategien beeinflussen.

Mit diesen Zielen und den Strategien, die in einer strategischen Unternehmensplanung verarbeitet werden, ist der Erfolg planbar, jedoch nicht garantiert.

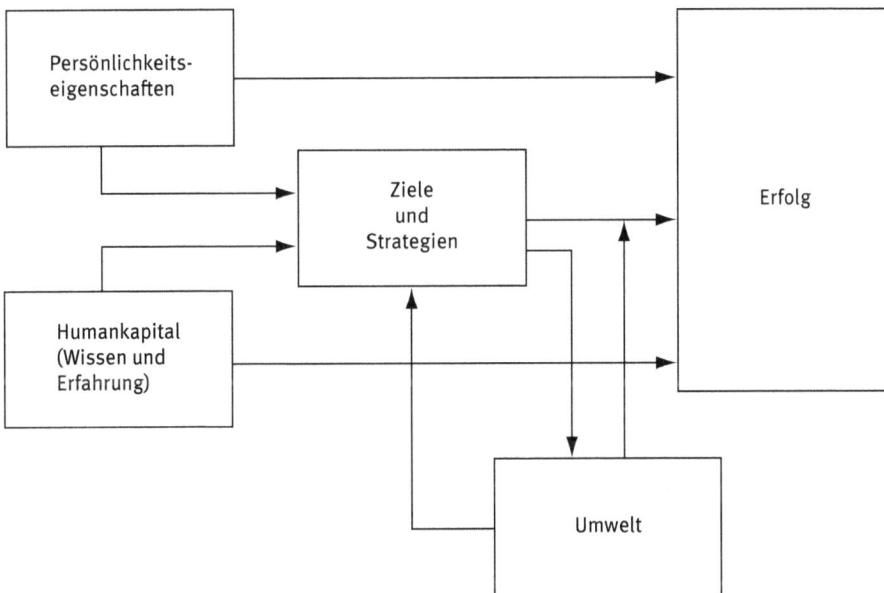

Abb. 1.1: Zusammenhang zwischen strategischer Planung und Erfolg in jungen KMU[22]

In der Strategieforschung spielt der Kontingenzansatz eine herausragende Rolle. Kontingenzdenken heißt, dass die Wirkung von Strukturen, Handlungen und Ereig-

---

20 Vgl. Delmar/Shane (2003), S. 1165ff; Jungbauer-Gans/Preisendörfer (1991), S. 987ff; Perry (2001), S. 201ff.
21 Vgl. Rauch/Frese (1998), S. 17.
22 Rauch/Frese (1998), S. 28.

nissen stark von den jeweiligen Umständen abhängt.[23] *Löffler* (1995) schlägt deshalb einen Bezugsrahmen vor. Danach werden die angeführten Kausalitäten stark vom jeweiligen Handlungskontext bestimmt. Dies bedeutet, dass eine intendierte Strategie von intervenierenden Variablen beeinflusst werden kann und die realisierte Strategie eine andere ist als die ursprünglich geplante.[24] Das heißt, dass neben der entwickelten strategischen Planung auch zusätzliche Alternativen berücksichtigt werden sollten, um die Flexibilität und die Entscheidungsfreiheit zu haben. Probleme entstehen jedoch außer bei der Definition des Unternehmenserfolges auch bei der genauen Eingrenzung von Planung, dem Einsatz von Instrumenten, der Steuerung von Prozessen und den einzelnen Planungsphasen.[25]

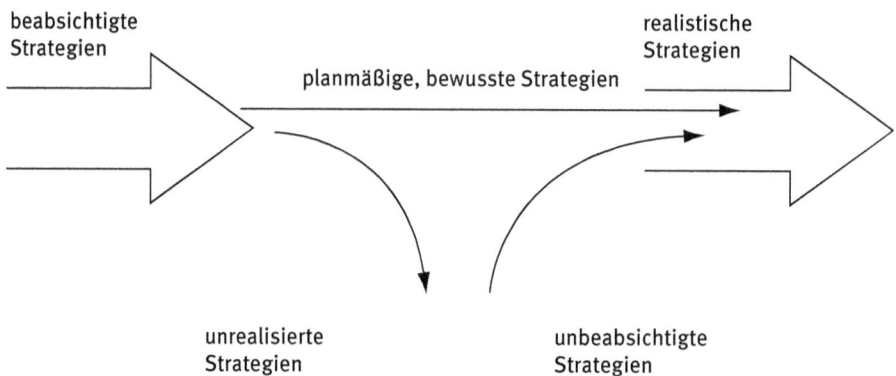

Abb. 1.2: Geplante, unrealisierte und beabsichtigte Strategien[26]

Während strategische Unternehmensplanung in größeren Unternehmen sowohl methodisch als auch organisatorisch in hohem Maße etabliert ist, weisen sowohl die Praxiserfahrung als auch zahlreiche wissenschaftliche empirische Studien darauf hin, dass in KMU strategische Unternehmensplanung nach wie vor eher zufällig, mangelhaft, unstrukturiert oder gar nicht betrieben wird.[27] *Aragón-Sánchez/Sánchez-Marín* (2005) stellen zudem weiter fest, dass es oft an professionellen Ansätzen zur Strategieentwicklung und Implementierung speziell in KMU fehlt.[28] *Matzler et al.* (2004) haben in ihrer Untersuchung aus dem Jahr 2004 insgesamt 114 Unternehmensberater aus Deutschland, Österreich und der Schweiz befragt und ermittelt, dass die

---

23 Vgl. Löffler (1995), S. 193ff.
24 Vgl. Löffler (1995), S. 195.
25 Löffler (1995), S. 195.
26 Vgl. Mintzberg (1978), S. 945; Welge/Al Laham (1999), S. 77–78.
27 Vgl. HTW Aalen (2007); Pfau et al. (2007); ZWF (2006a).
28 Vgl. Aragón-Sánchez/Sánchez-Marin (2005), S. 305; Deimel (2004), S. 204ff.

strategische Planung als das bedeutendste Managementkonzept für die nächsten Jahre bewertet wird.[29] Die strategische Unternehmensplanung ist kein unabhängiger und isolierbarer Erfolgsfaktor, da auch Wirkungszusammenhänge mit vielen anderen Faktoren bestehen.

1.2 Forschungsziele

Viele junge KMU sehen sich noch immer mit der Situation konfrontiert, dass ihre Unternehmensprozesse und -strukturen nicht für die effiziente Entwicklung und Marktpositionierung vorgesehen sind und es dabei insbesondere an geeigneten Instrumentarien für die strategische Planung von Unternehmensentwicklungsprozessen fehlt. Vielfach beginnen die Schwierigkeiten damit, dass die von den Unternehmen für den Markt angebotenen Produkte und Dienstleistungen nicht klar beschrieben sind, d. h. es fehlen klare Beschreibungen der Leistungsinhalte, der relevanten Prozesse und der benötigten Ressourcen. Besonders junge KMU nutzen nicht die zahlreichen in Wissenschaft und Praxis bereits entwickelten Vorgehensmodelle, Methoden und Werkzeuge, da zum einen die Transparenz fehlt, die darlegt, dass solche Konzepte existieren, und zum anderen diese nicht für die spezifischen Belange von KMU, sondern eher für Großunternehmen zugeschnitten sind.

Van der Velde et al. (2004) sprechen davon, dass ein praktisches und ein theoretisches Ziel in einer empirischen Untersuchung zu ermitteln sind.[30] Das praktische Ziel der strategischen Unternehmensplanung soll das Problem der Umsetzbarkeit und Anwendbarkeit gerade in jungen KMU lösen. Es gibt eine Vielzahl von Instrumenten, die aber nicht auf die Umsetzbarkeit und Anwendbarkeit für KMU untersucht wurden. In der wissenschaftlichen Literatur besteht hierzu eine Forschungslücke, die der vorhandenen Untersuchung aufgearbeitet werden soll. Hierzu soll die vorliegende Arbeit einen wissenschaftlichen Beitrag leisten, um diese Lücke zu schließen.

Die Weiterentwicklung der strategischen Planung kann dazu beitragen, die Beziehung von Planung und Erfolg in jungen KMU zu bestätigen. Sollten offene Fragen nicht beantwortet werden können sind im Ausblick weitere Forschungsansätze zu nennen. Die vorliegende Arbeit richtet sich an die betriebswirtschaftliche Forschung zum Themengebiet „Strategische Planung" in jungen KMU, an Unternehmer, die ein Rüstzeug für die Bewältigung ihrer Aufgaben suchen, und zuletzt auch

---

29 Vgl. Matzler et al. (2004), S. 82f.
30 Van der Velde et al. (2004), S. 14.

an die Investoren, die in die KMU investieren. Investoren könnten ihren KMU für die Anwendung und Umsetzung der strategischen Planung mit dem vorgestellten Konzepts eine Vorgabe machen. *Ulrich* (2001) fordert praxistaugliche Modelle, bei denen zum einen die relevanten unternehmerischen Herausforderungen identifiziert werden und zum anderen aus der Untersuchung des Anwendungszusammenhangs und aus vorhandenen wissenschaftlichen Erkenntnissen Modelle abgeleitet und weiterentwickelt werden, um diese auch anwenden zu können.[31] Dieser Forderung soll auch mit dieser Arbeit nachgegangen werden.

Neben den vorhandenen theoretischen Ansätzen zur strategischen Planung sollen durch die Ergebnisse der im Rahmen dieser Arbeit durchgeführten empirischen Untersuchung neue Impulse für die Weiterentwicklung gefunden werden, da viele Konzepte vorrangig für Großunternehmen entwickelt wurden. Bei den untersuchten Firmen werden sowohl Start-ups als auch junge KMU analysiert. Diese KMU sind zudem keine Wettbewerber, sodass der Blick auf verschiedene Branchen gerichtet ist. Die Arbeit versucht aufgrund der Vielzahl von Konzepten und Instrumenten die entscheidenden Themenfelder der strategischen Planung, die in einem kausalen Zusammenhang stehen, abzudecken. Aufgrund der Heterogenität der KMU und der Komplexität der Thematik soll ein Modellkonzept entwickelt werden, mit dem die Führungskräfte junger KMU in die Lage versetzt werden, selbst eine strategische Planung zu erstellen.

Matzler et al. (2003) haben in einer Literaturanalyse zum strategischen Management festgestellt, dass weniger als 15 Prozent der Veröffentlichungen in den sieben größten deutschsprachigen betriebswirtschaftlichen Zeitschriften aus den Jahren 1990 bis 2000 einen Bezug zur Strategieforschung aufweisen.[32] Die vorliegende Arbeit trägt diesem Umstand Rechnung und trägt zur Strategieforschung bei, da sie mehrere, von *Caroll* (1987) ermittelte Kriterien dafür erfüllt:

- Beschäftigung mit Erfolg als Ergebnisgröße (d. h.: Inwieweit hängt die Strategie von KMU mit Erfolg zusammen?),
- Normative Orientierung an Forschungsproblemen, die durch Diskussion oder Untersuchung zu Implikationen führt (d. h.: Sind nützliche Erkenntnisse für anderen KMU mit dieser Untersuchung zu gewinnen?),
- Behandlung von relevanten Themengebieten für Unternehmensleitungen, insbesondere zu ihren Entscheidungen.[33]

Die Vorgehensweise der vorliegenden Arbeit besteht in der Untersuchung der Literatur, der Forschungsstudien und der Bestandsaufnahme des Status quo in der

---

31 Vgl. Ulrich (2001a), S. 24.
32 Vgl. Matzler et al. (2003), S. 152f.
33 Vgl. Carroll (1987), S. 8.

Anwendung von strategischer Planung in jungen KMU. Die Analyseeinheiten der vorliegenden empirischen Untersuchung repräsentieren junge KMU.[34]

Das *inhaltliche Ziel* der Arbeit ist die Gewinnung von kopierbaren Ansätzen
der Umsetzung und Anwendung
von strategischen Unternehmensplanungsinstrumenten.
Das *methodische Ziel* der Arbeit ist es, die strategische Unternehmensplanung
theoretisch-konzeptionell zu erschließen, in der konkreten Anwendung
in jungen KMU zu prüfen und zu explorieren, um Wissen
für andere junge KMU zu generieren.

!

Die Ziele der vorliegenden Arbeit sind die Ableitung von Ansätzen zur strategischen Planung aus der Literatur und der empirischen Untersuchung, mit deren Anwendung die Leistungsfähigkeit und Erfolgswahrscheinlichkeit junger KMU gesteigert werden kann. Es sind vor allem auch die Merkmale junger Unternehmen, die Determinanten der langfristigen Unternehmensentwicklung und die erfolgswirksamen Faktoren von Interesse. Mit den für junge KMU umsetzbaren und anwendbaren strategischen Unternehmensplanungsinstrumenten soll eine Fallstudie als Praxistest und Erfolgsbeweis durchgeführt werden. *Zusammenfassend* werden zwei Forschungsziele verfolgt:

1.3 Forschungsfragen

Die vorliegende Arbeit wird motiviert durch die Aussage von Sexton/Auken (1982), wonach gerade in jungen KMU besondere Bedingungen vorliegen. Diejenigen, die die Anwendung von strategischer Planung durchführen können die Lebenszyklusphasen bzw. den langfristigen Unternehmenserhalt positiv beeinflussen.[35]

Deswegen wird auch ein Überblick zum Stand der Forschung zur strategischen Unternehmensplanung in jungen KMU gegeben, wobei sowohl *inhaltliche* (mit welchen Instrumenten) als auch *prozessuale* (mit welcher Vorgehensweis) Aspekte der strategischen Planung in die Untersuchung eingebunden werden. Die methodische Vorgehensweise wird im nachfolgenden Kapitel beschrieben.

Vor diesem Hintergrund, den bisher dargelegten Problemstellungen und den genannten Forschungszielen ergeben sich folgende Forschungsfragen:

---

34 Vgl. Yin (2009), S. 29.
35 Vgl. Sexton/Auken (1982).

Tab. 1.1: Forschungsfragen im Überblick[36]

	Forschungsfragen	Methodik	Datengrundlage
1	Setzen junge KMU Strategische Unternehmensplanungskonzepte ein?	Literaturanalyse Studienanalyse	Literatur Sekundärdaten
2	Welche Rahmenbedingungen gelten für junge KMU bei der strategischen Unternehmensplanung?	Dokumentenanalyse	Sekundärdaten
3	Welche anwendbaren und umsetzbaren Instrumente können junge KMU für die Strategische Unternehmensplanung einsetzen?	explorative Expertenbefragung Fallstudie	Datenbasis der befragten KMU Primärdaten aus der Fallstudie

1.4 Forschungsvorgehen

Der Aufbau der Arbeit orientiert sich an der Philosophie der angewandten Wissenschaft nach Ulrich (2001). Hierbei geht es nicht wie bei den Grundlagenwissenschaften um das Streben nach allgemeinen Theorien zur Erklärung bestehender Realitäten, sondern um das Entwickeln und aktive Gestalten praxisnaher Regeln und Modelle für die Zukunft zur Unterstützung einer erfolgreichen Entwicklung und dem Wachstum von jungen KMU.[37] Zu Beginn werden die praxisrelevanten Probleme erfasst und typisiert. Anschließend erfolgt im Forschungsprozess die Erfassung, Interpretation und Spezifizierung der problemrelevanten Theorien zu den Grundlagen- und Formalwissenschaften. Im nächsten Schritt werden die Anwendungszusammenhänge erfasst und untersucht, um daraus die praxistauglichen Gestaltungsmodelle und Handlungsempfehlungen abzuleiten. Mit diesen Modellen und Regeln wird eine praktische Umsetzung in Fallstudien durchgeführt, um die Tauglichkeit zu überprüfen. Dadurch ergeben sich auch mehrere Handlungsempfehlungen für die Praxis.

Folgerungen aus diesen Ausführungen zum Forschungsprozess in den angewandten Wissenschaften sind gleichzeitig die Eckpunkte zum methodischen Vorgehen:

– Für die Bestimmung des methodischen Vorgehens in der Untersuchung ist der Praxisbezug konstitutiv. Hierbei müssen relevante Probleme aus der Praxis herausgearbeitet werden sowie aus der Praxis Informationen während der Analyse- und Synthesearbeiten in den Forschungsprozess einfließen.

---

36 Quelle: Eigene Darstellung.
37 Vgl. Ulrich (2001a), S. 19ff.

– Anhand der Analyse des Anwendungszusammenhangs (strategische Unternehmensplanung von jungen KMU) erfolgt eine Untersuchung der Einflüsse des
Unternehmensumfelds und des Unternehmens an sich.

Der Aufbau der Forschungsarbeit gliedert sich in folgende Ablaufphasen:

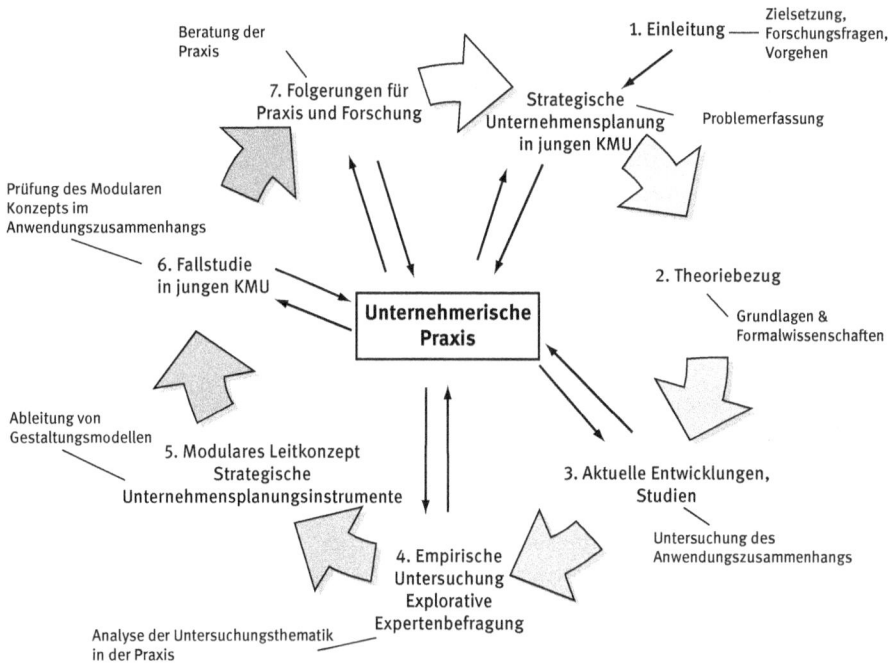

Abb. 1.3: Aufbau der Forschungsarbeit[38]

Im *Kapitel 1* wurde die der vorliegenden Arbeit zugrunde liegende Ausgangslage, die
Zielsetzung der Arbeit, die daraus resultierenden Forschungsfragen, der Aufbau und
der wissenschaftliche Ablauf der Arbeit behandelt.

Um eine terminologische Klarheit und eine einheitliche Grundlage für die vorliegende Arbeit zu schaffen, wird in *Kapitel 2* das Untersuchungsobjekt „Strategische
Unternehmensplanung in jungen KMU" charakterisiert. Hierbei werden die Themenfelder Unternehmenslebenszyklus, das strategische Management, die strategische
Unternehmensplanung und die Unternehmenserfolgsfaktoren analysiert. Hierfür
wird eine umfassende Literaturanalyse vorgenommen.

Auf diesen Grundlagen aufbauend, werden in *Kapitel 3* die relevanten Untersuchungen zur Thematik strategische Planung in jungen KMU aufgezeigt. Dafür wird

---

38 Quelle: Eigene Darstellung.

eine Vielzahl von Studien zu dieser Thematik betrachtet. Hierfür müssen vorerst die Bezeichnungen KMU und Gründungs-/Jungunternehmen eingegrenzt werden, was für die Auswahl der späteren Untersuchungsobjekte wichtig ist. Um die Bedeutung der vorliegenden Untersuchungsthematik zu untermauern, werden ebenfalls die aktuellen wirtschaftlichen Rahmenbedingungen von KMU aufgezeigt. Dazu werden Sekundärdaten aus Veröffentlichungen von verschiedenen Organisationen herangezogen. Es soll auch deutlich werden, dass die Kausalzusammenhänge zwischen Planung und Erfolg nicht nur Theorie sind. Aufgrund des Bedarfs an strategischer Planung und der aktuellen konjunkturellen Entwicklung stellt sich die Frage, welche Unterstützungsmöglichkeiten junge KMU nutzen können.

Kapitel 4 erläutert die Konzeption und Methodik der empirischen Untersuchung, die eine wesentliche Grundlage dieser Arbeit bildet. Dabei werden die Vorbereitung der Untersuchung, die Vorgehensweise der explorativen Experteninterviews und die Auswertung der Datensätze beschrieben. Bei der Auswahl der Interviewpartner in den jungen KMU stellte sich heraus, dass sich nur männliche Geschäftsführer im Alter von 40-45 Jahren zur Verfügung gestellt haben. 19,56 Prozent der Führungsebenen in KMU werden aber derzeit von Frauen besetzt.[39] Die Ergebnisse können aber von allen angewandt werden. Die Primärdaten aus den Befragungen der KMU werden quantitativ und qualitativ analysiert. Die Forschungsfragen, siehe *Kapitel 1.3*, die bereits genannt wurden, werden einzeln beantwortet.

Im *Kapitel 5* werden die Ergebnisse adaptiert und eine Auswahl von strategischen Unternehmensplanungsinstrumenten für junge KMU entwickelt. Dabei steht im Vordergrund, dass die Masse der jungen KMU aufgrund der Umsetzbarkeit und Einfachheit der Anwendung damit arbeiten können. Dieses Kapitel stellt somit das Konzept für strategische Unternehmensplanungsinstrumente für junge KMU vor.

Im *Kapitel 6* werden die Vorgehensweisen für die Umsetzung und Implementierung der ermittelten Unternehmensplanungsinstrumente vorgestellt. Dabei wird die Fallstudie von 17 jungen KMU, die beim Forschungsprojekt „Wissenstransfer Dienstleistungsforschung" beteiligt waren, dargestellt. Somit werden die Relevanz und der erfolgreiche Einsatz anhand von Primärdaten belegt.

Im *Kapitel 7* wird eine Zusammenfassung der vorliegenden Arbeit vorgenommen und ein Ausblick in Form von Folgerungen und Empfehlungen für weiterführende Forschungsarbeiten gegeben.

Zusammenfassend ergeben sich für die vorliegende Arbeit folgende forschungsleitende Implikationen:

-   Aufgrund des engen Praxisbezugs wird zu einer nicht-disziplinären Problemstellung hingeführt.

---

39 Vgl. Hoppenstedt (2010).

– Neben den wahrgenommenen Wirklichkeiten in der Untersuchung sind „positi-
    vistische", „hermeneutische", „interpretative" und „qualitative" Methoden ein-
    zubeziehen.[40]
– „In der Regel kann explorative Forschung ein tieferes Verständnis von Konzep-
    ten und Handlungsoptionen vermitteln, oder sie hilft, ein Problem oder eine
    Herausforderung genauer zu umreißen (zu operationalisieren oder zu kristalli-
    sieren). Gleichermaßen kann man diese Forschungsstrategie nutzen, um Kon-
    zepte oder Modelle weiterzuentwickeln oder aber auch um neue Ideen zu
    finden, respektive Hypothesen zu generieren oder zu präzisieren."[41]

1.5 Forschungsdesign

Bei dem Forschungsdesign wird bestimmt, wie das Forschungsvorgehen, die Forschungsmethoden und die Gütekriterien für die Datenerhebung, Datenaufbereitung
und Auswertung zur Evaluation festgelegt werden.[42] Die Auswahl eines geeigneten
Designs erfolgt aufgrund einer Reihe von Dimensionen. Am Anfang stehen immer
die Fragestellungen, dann wird ermittelt, wie diese Fragen beantwortet werden
können. Anschließend wird bei einer empirischen Forschung entschieden, ob ein
qualitatives und/oder quantitatives Vorgehen der Datenerhebung angestrebt wird.
Es folgt die Frage, welche Technik(en) der Datenerhebung, wie Befragung, Experi-
ment, angewandt werden soll(en). Schließlich muss entschieden werden, ob die
Konzeption als Querschnitts- oder Längsschnittsuntersuchung durchgeführt werden
soll und welche Stichprobe gewählt wird.[43] Wenn mehrere Personen und die Informationen miteinander verglichen werden, wird von Vergleichsstudien gesprochen.
Dabei wird eine größere Bandbreite an Informationen erreicht, welche am Ende der
Erhebung zur Generalisierung oder Typenbildung verknüpft werden. In der vorliegenden Arbeit wird eine Querschnittsuntersuchung vorgenommen und eine Stichprobe vorgenommen, indem junge KMU aus unterschiedlichen Branchen mit unterschiedlichen Größen und Unternehmensalter aus verschiedenen Technologiezentren
ausgewählt werden.

   Bei der Unterscheidung von qualitativer und quantitativer Analyse wird von
quantitativer Analyse gesprochen, wenn „... Zahlenbegriffe und deren Beziehung (...)
durch mathematische Operationen bei der Erhebung und Auswertung verwendet
werden, ...".[44] Die qualitative Analyse befasst sich mit Auswertungen, in denen diese

---

40 Vgl. Schwaninger (1996a), S. 5ff.
41 Schwaninger (1996b), S. 135.
42 Vgl. Mayring (2002), S. 27; Yin (1994), S. 1ff.
43 Vgl. Schnell et al. (1995), S. 203ff.
44 Mayring (1988), S. 47.

oben genannten Zahlenbegriffe nicht verwendet werden. Dies bedeutet, dass quantitative Analysen gleichzusetzen sind mit metrischen Themen und qualitative Analysen mit klassifikatorischen Themen im Sinne von Klassenbezeichnungen. Eine solche Zuordnung zu inhaltlichen Klassen bedeutet, dass die Merkmale beschrieben werden, die für die jeweilige Zuordnung relevant sind.[45] In der vorliegenden Forschungsarbeit wurde dies erreicht, indem die notwendigen Dimensionen/Faktoren anhand der Literaturrecherche und der Untersuchung der vorhandenen Studien ermittelt wurden.

Bei den qualitativen Untersuchungskontexten steht die Prozessabbildung im Vordergrund. Somit gibt es hierbei keinen verbindlichen Leitfaden. Dies ermöglicht dem Forschenden bei einer qualitativen Analyse einen hohen Freiheitsgrad, wobei immer die Nachvollziehbarkeit und die Gültigkeit der Aussagen und Analysen gewährleistet sein müssen. Dies kann gewährleistet werden, wenn die Analyse so konzipiert ist, dass sie in unterschiedlichen Branchen und unterschiedlich ausgerichteten jungen KMU anwendbar ist. Berücksichtigt werden muss jedoch auch, dass der Forschende und sein subjektiver Einfluss auf den Prozess zu einem zentralen Aspekt werden.[46] Dieser subjektive Einfluss sollte jedoch nicht in den Vordergrund treten und demzufolge muss der Interviewer immer die ermittelten Dimensionen/Faktoren im Fokus haben, um so den Untersuchungsschwerpunkt nicht aus den Augen zu verlieren. Flick (1998) betont, dass gerade bei qualitativer Forschung eine wechselseitige Abhängigkeit der einzelnen Bestandteile des Forschungsprozesses in stärkerem Maß gegeben und somit zu berücksichtigen ist, da alle Elemente aufeinander abgestimmt werden müssen. Hierzu stellt *Flick* (1998) am Beispiel der gegenstandsbegründeten Theoriebildung die Schritte und Prinzipien eines zirkulären Forschungsprozesses dar.

Eine Überwindung der Gegensätze von qualitativen und quantitativen Ansätzen wird von *Mayring* (1988) vorgeschlagen.[47] In einem ersten Schritt wird qualitativ mit offenen Fragestellungen vorgegangen, wobei ein Kategoriensystem der Dimensionen/Faktoren angewendet wird. Danach werden Analyseschritte quantitativer Art in Form von Erfragung von quantitativen Daten vorgenommen.

Qualitative und quantitative Methoden schließen sich nicht gegenseitig aus.[48] Quantitative Untersuchungen analysieren die Unterschiede und Gemeinsamkeiten von Individuen. Qualitative Untersuchungen orientieren sich an Handlungen, Kontexten und beteiligten Akteuren. Des Weiteren eignen sich qualitative Untersuchungen für die Erfassung und Interpretation von Prozessen unternehmerischen Handelns.

---

45 Vgl. Mayring (1988), S. 47ff.
46 Vgl. Flick (1998), S. 212.
47 Vgl. Mayring (1988), S. 49f.
48 Vgl. Kelle/Erzberger (2000), S. 299ff.

Daher können qualitative Untersuchungen mit einer hermeneutischen Vorgehensweise auch dazu beitragen, die quantitativen Studien zu interpretieren. Sie liefern nachvollziehbare Theorien und sind damit ein Hilfsmittel für die Praxis, auch wenn die Überprüfbarkeit eines umfassenden Modells ad hoc nicht möglich ist.[49]

Zentrale Merkmale eines qualitativen Forschungsparadigmas sind:

- Die explorative Erfassung des Objekts, um induktiv realitätsnahe Theorien zu entwickeln.
- Es wird nur eine geringe Zahl von Objekten (Stichprobe/Sampling) betrachtet.
- Die Durchführung setzt stark auf eine offene, wenig standardisierte Kommunikation. Der Forscher ist selbst ein Teil des Forschungsprozesses.
- Vorrangig werden qualitative Sachverhalte erfasst, weniger metrische quantifizierbare Messgrößen.
- Die Auswertung erfolgt durch Interpretation und Bedeutungszuweisung.

Während die quantitative Forschung deduktiv von einer bereits bestehenden Theorie ausgeht und deren Hypothesen im Rahmen einer empirischen Studie testen will, geht die qualitative Forschung analytisch-induktiv vor, indem sie von der Realität ausgeht, von den Beobachtungen auf die inneren Strukturen und Gesetzmäßigkeiten des Objekts schließt, was wiederum zur Formulierung allgemeiner Aussagen oder auch zu einer neuen Theorie führt.[50] Gerade wenn das Objekt des Erkenntnisinteresses noch einen geringen theoretischen Reifegrad aufweist, bietet sich die explorative Forschung mit einem induktiven Vorgehen an.

Die Herangehensweise an die qualitative Forschung ist nicht vergleichbar mit der Vorgehensweise in der quantitativen Forschung. So wird die qualitative Forschung auch als „Zirkuläre Strategie"[51] formuliert. Zirkulär bedeutet, dass die Forschungsschritte mehrmals durchlaufen werden und der nächste Schritt von den Ergebnissen der vorherigen Ergebnisse abhängt. *Witt* (2001)[52] stellt diesen Ablauf von bestimmten Forschungsschritten in festgelegter Reihenfolge in seiner Betrachtung der zirkulären Strategie dar. Nachdem ein Vorverständnis vorhanden ist wird das Verfahren ausgewählt. Die Person wird ausgewählt und die Daten erhoben und ausgewertet. Anschließend erfolgt eine Entwicklung einer Theorie.[53]

Bei der Literaturrecherche wird ein Vorverständnis entwickelt und die Dimensionen/Faktoren herausgearbeitet, die für die vorliegende Arbeit relevant sind. Die Interviewpartner werden mit der Auswahl der Untersuchungseinheiten ebenfalls

---

49 Vgl. Wolff (2000), S. 84ff.
50 Vgl. Bühler-Niederberger (1985), S. 475f; Lamneck (2005), S. 118; Mayring (2002), S. 84.
51 Lamneck (2005), S. 194.
52 Vgl. Witt (2001), S. 94.
53 Witt (2001), S. 20.

gewählt. Bei der Datenerhebung wird das Vorverständnis ergänzt. Die Datenauswertung liefert bereits bei den ersten explorativen Interviews Informationen, ob in den weiteren Interviews auf andere wichtige Aspekte geachtet werden muss. Am Anfang stehen nicht die Hypothesen, vielmehr stellen Theorien in diesem Zusammenhang eine Perspektive dar, aus der dann die erhobenen Daten betrachtet werden können. Diese Ergebnisse der Daten aus der Auswertung werden in Form eines Kategoriensystems dargestellt und führen zu einer Bestätigung, Vertiefung oder auch zu einer Revidierung der Perspektive und können dabei auch weitere Fragestellungen aufwerfen. Diese werden mittels einer erneuten Überprüfung einer Fallstudie erhoben und wiederum ausgewertet. Dies bedeutet, dass Hypothesen ständig neu generiert und geprüft werden müssen. Durch die immer wieder aktualisierte Version der Theorie im Sinne einer Perspektive auf den untersuchten komplexen Gegenstand ergeben sich unterschiedliche Ableitungen. Mit jeder Erkenntnis wird die Theorieentwicklung weiter vorangetrieben und führt letztendlich zur Hypothesenentwicklung. Somit ist der Forschungsablauf sehr flexibel gehalten. In der vorliegenden empirischen Untersuchung wird diese Vorgehensweise übernommen.

Bei empirischen Forschungen müssen *Gütekriterien* eingehalten werden. Dabei werden in der Regel verschiedene Verfahren angewendet, um die Qualität der Forschungsergebnisse zu gewährleisten. Die Gütekriterien hängen auch von der Forschungsrichtung sowie dem Forschungsdesign ab. Diese Kriterien gelten für die anwendungsorientierte Betriebswirtschaftslehre. Dabei handelt es sich um:
- die praktische Relevanz,
- die inhaltliche und methodische Nützlichkeit,
- die logische Systematik,
- die einfache Anwendbarkeit,
- die Gültigkeit (Validität).[54]

Schirmer (2009) geht noch einen Schritt weiter, indem die Grundpfeiler des qualitativen Forschens um Begrifflichkeiten wie Offenheit, Zweifel und Iterativität erweitert werden.[55] *Offenheit* als charakteristisches Kriterium ermöglicht dem Forscher Aspekte zu finden, mit denen ursprünglich nicht gerechnet wurde. Die Haltung *„prinzipieller Zweifel"* als gesundes Maß sollte immer angewendet werden. Und die *Iterativität* beschreibt ein Vorgehen, welches sich abwechselnd um die Betrachtung von Theorie vs. Praxis, Allgemeines zum Besonderem, Abstraktes zum Konkreten und Thesen zum Material kümmert.

---

54 Vgl. Ulrich (1984), S. 85.
55 Vgl. Schirmer (2009), S. 75ff.

2 Theoretische Konzepte und Ansätze der strategischen Unternehmensführung

In diesem Kapitel geht es um die Definitionen und Grundlagen der Begriffe, die in der vorliegenden Arbeit zur Eingrenzung des Untersuchungsgegenstands notwendig sind. Wenn von „jungen KMU" und „strategischer Unternehmensplanung" gesprochen wird, muss der Unternehmenslebenszyklus dargestellt werden, da hier das Alter und die Entwicklungsphasen von KMU beschrieben werden. Die Entwicklung von Strategien ist dem strategischen Management zuzuordnen. Daher müssen auch die historische Entwicklung zu einem strategischen Management und die Grundlagen für die Entwicklung bzw. Anwendung und Umsetzung von strategischer Unternehmensplanung erläutert werden. Die Unternehmenserfolgsfaktoren und deren kausale Zusammenhänge mit der strategischen Unternehmensplanung sind wichtig für die Darstellung des Bedarfs von strategischer Ausrichtung von jungen KMU.

2.1 Der Unternehmenslebenszyklus

Wachstum spielt eine wichtige Rolle im Lebenszykluskonzept von jungen KMU. Die Entwicklung von Lebenszykluskonzepten und deren Verknüpfung in strategischen Planungskonzepten wurden bspw. durch *Cox* (1967), *Dean* (1950), *Forrester* (1959), *Levitt* (1965) und *Patton* (1959)[1] vorangetrieben. Die Modelle umfassen typischerweise Phasen des Werdegangs eines Sachgutes von der Einführung bis zur Elimination. Der gesamte Lebenszyklus ist üblicherweise in vier bis sechs Phasen eingeteilt. Die Darstellungsweise in der klassischen Literatur erfolgt oft in einer glockenförmigen Kurve (vergleichbar mit einer Gauß'schen Normalverteilung). Dieses Modell wird nicht nur zur Klassifizierung von Produkten verwendet, sondern auch zur Darstellung und Erklärung von typischen Verläufen in der Unternehmensentwicklung von KMU, die sich durch einzelne Phasen charakterisieren lassen. Man bezeichnet die Lebenszyklusmodelle auch als Phasenmodelle. Unterscheidungen der Phasen erfolgen in z. B. der Zeit, Unternehmenskrisen, Unternehmensstruktur oder Wachstumsraten. In der Entrepreneurship-Forschung werden auch diese typischen Entwicklungsverläufe eines Unternehmens dargestellt und erklärt.

Die nachfolgende entwickelte *Abb. 5* zeigt ein Unternehmenslebenszykluskonzept von der Vorgründungsphase, über die Gründungs-, Frühentwicklungsphase bis zur Wachstumsphase eines jungen Unternehmens.

---

1 Vgl. Cox (1967); Dean (1950); Forrester (1959); Levitt (1965); Patton (1959).

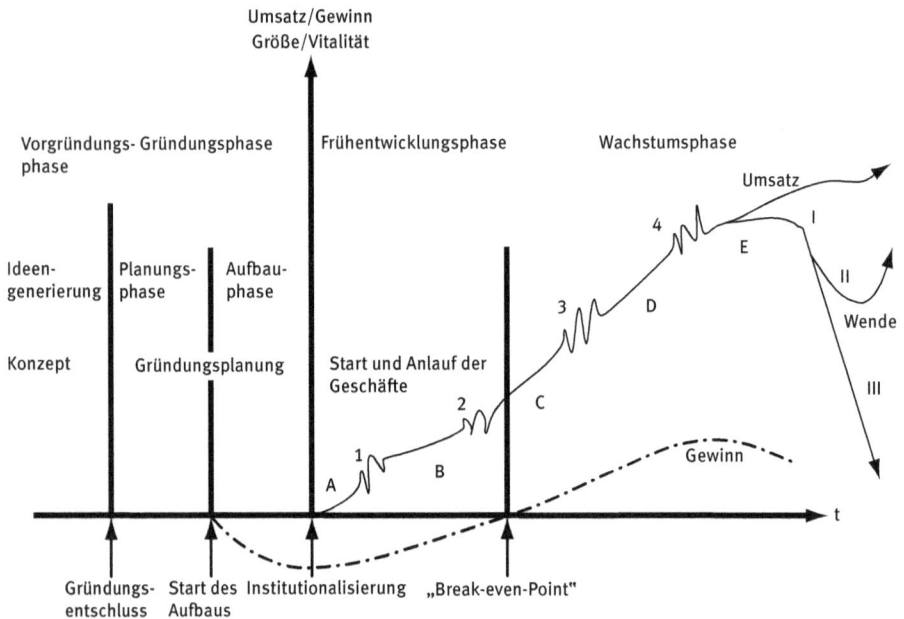

Abb. 2.1: Unternehmenslebenszykluskonzept[2]

Zu Beginn gibt es die Vorgründungsphase als Ideengenerierung. Darauf folgt die Gründungsphase wo bereits erste Ansätze einer Planung vorgenommen werden. Die Frühentwicklungsphase beginnt mit der Institutionalisierung. Nach *Volkmann/ Tokarski* (2006) umfasst die anschließende Wachstumsphase als initiierende Phase des Starts und des Anlaufs der Geschäfte die ersten fünf bis sieben Jahre.[3] Die darauf folgende Phase dauert fünf Jahre und ist durch hohe Wachstumsraten in der Umsatzentwicklung gekennzeichnet. Danach erfolgt typischerweise eine Stabilisierung des Wachstums. Turbulenzen beeinflussen das Wachstum und stellen entscheidende Wachstumsschwellen dar. Weitere typische Phasen sind Reife- und Degenerationsphase.

Ein weiteres Wachstumskonzept entwickelte *Greiner* (1972),[4] dass ebenfalls in der *Abb. 5* integriert ist. Dabei können die verschiedenen Phasen immer wieder von diversen Krisen und Wachstum durch Entscheidungen innerhalb des Unternehmens begleitet werden. Die einzelnen Krisen sind z. B. Führungskrise (1), Autonomiekrise (2), Kontrollkrise (3) und die Stab-Linien-Krise (4). Die Wachstumsentscheidungen werden unterstützt durch Wachstum (A), Zentralisation (B), Delegation (C), Koordination (D) und durch Zusammenarbeit (E).

---

2 Quelle: Eigene Darstellung in Anlehnung an Volkmann/Tokarski (2006), S. 402, 405; Deckert (1990), S. 3.
3 Vgl. Volkmann/Tokarski (2006), S. 402f.
4 Vgl. Greiner (1972), S. 47.

Mit Lebenszyklusmodellen werden die Wachstumsphasen eines Unternehmens veranschaulicht, sie stellen aber in erster Linie theoretische Modelle dar. Tatsächliche Entwicklungsverläufe von jungen KMU können hiervon abweichen, da das Wachstum meist nicht uniform und gleichmäßig verläuft.

Laut Creditreform sind nur knapp 1,4 Prozent der deutschen Unternehmen älter als 100 Jahre. Im Durchschnitt hingegen sind deutsche Unternehmen ca. 20 Jahre alt.[5] LEESE/DECKERT (2000) zeigen auf, dass ein professionelles Vitalitätsmanagement einer Liquidation entgegen wirken kann.[6] Bei den bisher zitierten Lebenszyklusmodellen ist die ebenfalls in der *Abb. 5* dargestellte Phase der „Wende" nicht vorhanden. Diese „Wende" kann gerade in einer Krisensituation entscheidend von Bedeutung sein. Sollte in dieser Phase keine strategische Planung vorgenommen werden, ist die Überlebensfähigkeit des Unternehmens in Gefahr. Auch bei jungen KMU kann so schnell eine Krisensituation eintreten, daher ist auch diese Möglichkeit der Gefahr in Betracht zu ziehen. Diese Krisensituationen können zu Marktpositionsverlust, Umsatzrückgang, Kapazitätsunterauslastung und Ertragsverschlechterung führen. Mögliche Reaktionen von jungen KMU können hierbei z. B. Kurzarbeit (I), Liquidation (II) oder Insolvenz (III) sein, wobei die Insolvenz mit Sanierungsmaßnahmen zur Wende führen kann. Gerade im *Kapitel 3.3* der vorliegenden Arbeit werden diese wirtschaftlichen Bedingungen von KMU analysiert. Dabei werden auch die Gründe für Krisen, Liquidation und Insolvenz betrachtet. Es wird dann auch deutlich werden, dass die strategische Unternehmensplanung als eine Möglichkeit gilt, um in der Krise eine „Wende" herbeizuführen.

Junge KMU können im Gegensatz zu älteren Unternehmen diesen Wandel eher vollziehen, da noch keine festen Strukturen vorhanden sind. Unterstützend für die Wandlungsfähigkeit sind die Eigenschaften wie:
– Aufgeschlossenheit gegenüber neuen Ideen,
– Bewusstsein der eigenen Identität,
– Sensibilität gegenüber dem Umfeld,
– konservatives Finanzgebaren.[7]

Diese Vitalität in Form einer Wandlungsfähigkeit sollte auf allen Unternehmensebenen, in den Führungsprozessen, den Wertschöpfungsprozessen und den Unterstützungsprozessen vorhanden sein, damit ein junges KMU erfolgreich ist. Eine Gefahr besteht, wenn eine Unternehmensführung eines wachsenden Unternehmens an erfolgreichen Mustern festhält, diese statisch weiterführt und dadurch die Sensibilität für den Markt außer Acht lässt. Dies bedeutet für die weitere Untersuchung, dass die Flexibilität der strategischen Unternehmensplanung einen wichtigen Punkt für den Erfolg darstellt.

---

5 Vgl. Krüger et al. (2006), S. 108.
6 Vgl. Leese/Deckert (2000), S. 4f.
7 Vgl. Leese/Deckert (2000), S. 4f.

Weiterführend zu den in den Abbildungen dargestellten Phasen lassen sich diverse Unternehmenssituationen beschreiben. Anhand einer Analyse von 53 Managementberatungsprojekten aus den Jahren 1992 bis 1997 von *Krüger et al.* (2006), welche das Ziel einer langfristigen Unternehmenssicherung verfolgten, sind die Unternehmenssituationen in den vier Phasen (Pionier, Wachstum, Reife, Wende) klar zu unterscheiden. Aufgrund dieser jeweilig klar zuzuordnenden Situationen können auch Handlungsempfehlungen ausgesprochen werden. In den jeweiligen Phasen sollte die Priorität im Aufbau und der Verfolgung von strategischen Dimensionen auf unterschiedlichen Erfordernissen liegen, wenn das Unternehmen nachhaltig erfolgreich sein will. Das heißt konkret, dass in den Anfängen, also in der Pionierphase, der Schwerpunkt auf den Kompetenzentwicklungen, wie „Know-how", Produkte/Dienstleistungen und Ressourcen liegen sollte. In der Phase des Wachstums sollte die Organisationsstruktur festgelegt werden. In der Reifephase ist die Entwicklung des Personals entscheidend und in der Wendesituation rücken die Finanzen stärker in den Vordergrund.[8] Möglichkeiten, um relevante Kompetenzen für die Umsetzung und Anwendung der strategischen Unternehmensplanungsinstrumente zu erwerben, werden in *Kapitel 6* aufgezeigt, da hier im Rahmen des Forschungsprojekts dieser Einsatz erfolgreich umgesetzt wurde.

Für die vorliegende Untersuchung sind die einzelnen Phasen und die jeweiligen Schwerpunkte von Bedeutung. Dabei werden in den einzelnen Phasen die Schwerpunkte der Fokussierung für die nachfolgende Phase festgelegt. Das bedeutet für die vorliegende Untersuchung, dass im Vorfeld der nächsten Phase eine Planung vorhanden sein muss, um den Weg des Unternehmenslebenszyklus positiv zu beeinflussen. Relevant für die vorliegende Untersuchung ist auf jeden Fall die Flexibilität in der strategischen Unternehmensplanung. Ein fixes Festhalten an vormals erarbeiteten Strategien kann zum Misserfolg und zur Krise führen. Für die weiteren Überlegungen wird dieser Aspekt der flexiblen Planung eine wichtige Rolle einnehmen. Entscheidend für ein nachhaltiges Wachstum sind auch die strategischen Unternehmensplanungen in der Gründungs- und der Frühentwicklungsphase.

2.2 Die Entwicklung zum strategischen Management

In der Unternehmenspraxis wird der Strategie-Begriff oft für alles benutzt, was von Bedeutung für die Zukunft eines Unternehmens ist. Der Begriff Strategie kommt ursprünglich aus dem altgriechischen Wort „strataegeo" bzw. aus dem Wort „strategos"

---

8 Vgl. Krüger et al. (2006), S. 115ff.

und beschreibt das Handeln in einer bedeutenden Sache mit hohem Stellenwert. Strategien wurden beim Militär mit dem Ziel verwendet, einen Gegner mit überlegtem Taktieren und Verhalten zu besiegen.[9] Diese finden sich heute in den Ausdrücken wie „die Konkurrenz schlagen" oder „Marktanteile erobern" wieder. Moltke, ein Schüler von Clausewitz, hat Strategie als die „Fortbildung des ursprünglichen leitenden Gedankens entsprechend den sich stets ändernden Verhältnissen"[10] definiert. Hierbei wird sowohl der Gegenwartsaspekt als auch der Zukunftsaspekt betrachtet.

Forschungsaktivitäten zum Thema strategisches Management in der Betriebswirtschaftslehre wurden in den 1960er und 1970er Jahren maßgeblich von *Chandler, Ansoff und Andrews* durchgeführt.

Im heutigen Verständnis werden die Planung, Durchführung und Ausrichtung einer Strategie im Zusammenhang gesehen mit dem Weg und dem Mitteleinsatz zur Erreichung von Zielen, um Vorteile gegenüber dem Wettbewerb und die Existenz des Unternehmens zu sichern.[11] Dabei werden langfristig orientierte Ziele und die Wirkungsbereiche eines Unternehmens festgelegt.[12] In diesem Zusammenhang bedeutet die strategische Ausrichtung, dass für das Unternehmen eine Richtung aufgezeigt wird, in welche sich das Unternehmen entwickeln will.[13] In diesem Kontext muss das junge KMU auch Festlegungen vornehmen, wie es sich gegenüber der Konkurrenz behaupten will. Dabei spielen auch zukünftige Erfolgspotenziale und Investitionen eine wichtige Rolle. Das Management hat die Aufgabe die Entwicklungsmöglichkeiten sowie Wettbewerbsvorteile zu ermitteln um anschließend eine Strategie festzulegen und umzusetzen.[14] Unabdingbar dafür sind die Ressourcen, die zur Verwirklichung notwendig sind, um die Ausrichtung der einzelnen Bereiche im KMU auf die Strategie zu gewährleisten.[15]

Der strategische Rahmen ist nicht fix oder starr zu sehen, sondern ist in erster Linie ein Orientierungsrahmen, der für die Zukunft flexibel zu gestalten ist. Aufgrund der Analyse der Stärken und Schwächen des Unternehmens und der Chancen und Risiken aus der Umwelt kann das Management den Marktveränderungen begegnen. Dies ist von großer Bedeutung, da eine Anpassung an und das Reagieren auf wechselnde Rahmenbedingungen für den Erfolg eines Unternehmens unabdingbar sind.[16]

---

9 Vgl. Gälweiler (1990), S. 65; Knyphausen zu (1995), S. 15.
10 Hinterhuber (1996), S. 17f.
11 Vgl. Gälweiler (1981), S. 84.
12 Vgl. Aaker (1995), S. 15.
13 Vgl. Welch (2005), S. 179.
14 Vgl. Hahn (1998), S. 564.
15 Vgl. Chandler (1962), S. 13.
16 Vgl. Bokelmann (2000), S. 33.

Strategien sind Grundsatzentscheidungen, die als Rahmen für operative Entscheidungen dienen und die den Erfolg des jungen KMU sichern sollen.[17] Sie sind demnach leitende Gedanken mit grundsätzlichem Charakter, die längerfristig Gültigkeit haben sollen, da sie der Gestaltung der Zukunft des Unternehmens dienlich sein sollen. Im aktuellen Wirtschaftsgeschehen ist jedoch oft der Fokus auf die kurzfristigen, operativen Ergebnisse gerichtet.[18] Diese Entwicklungstendenzen bedeuten letztendlich, dass kurzfristige Optimierungen und Orientierungen an heutigen Erfolgen auch nur kurzfristigen Erfolg nach sich ziehen. Erfolge sind nicht immer von Dauer und können durchaus sich zum Misserfolg entwickeln.[19] Dass diese kurzfristigen Erfolge für die Motivation aller Beteiligten wichtig sind, steht außer Frage, jedoch ist eine der Kernaufgaben der Strategien bzw. der strategischen Unternehmensführung die langfristige Existenzsicherung.

Von der Konzipierung der strategischen Unternehmensplanung bis hin zum Ausüben des strategischen Managements haben sich unterschiedliche *Denkschulen* gebildet. Aufgrund ihrer Vielfalt und ihrer differenzierten Betrachtungsweise sind sie für die strategische Unternehmensplanung durchaus wertvoll und lassen erkennen, dass es kein Universalrezept für Strategien gibt.

Pümpin (1990) stellt drei zentrale Gedanken für die Strategiefindung in den Mittelpunkt: die Erschließung von Nutzenpotenzialen (NP), den Aufbau der dazu erforderlichen strategischen Erfolgspositionen (SEP) und zehn strategische Leitsätze. Als NP wird eine Quelle der Wertschöpfung definiert: „Als ein Nutzenpotenzial ist eine in der Umwelt, im Markt oder im Unternehmen latent oder effektiv vorhandene Konstellation zu bezeichnen, die durch Aktivitäten des Unternehmens zum Vorteil aller Bezugsgruppen erschlossen werden kann".[20] *Pümpin* unterscheidet mögliche NP in interne und externe NP. Das Marktpotenzial ist dabei ein wichtiges NP, aber nur eines von vielen anderen möglichen externen NP wie z. B. Beschaffungspotenzial, Kooperationspotenzial, Akquisitionspotenzial usw. Als interne NP können beispielsweise das interne Humanpotenzial oder das Organisationspotenzial genannt werden.[21] Um danach ein NP überhaupt erschließen zu können, müssen im Unternehmen die dazu erforderlichen Fähigkeiten vorhanden sein oder diese müssen aufgebaut werden. Diese Fähigkeiten nennt er SEP-Strategische Erfolgspositionen.[22] *Pümpin* (1992) stellt seinen Strategieansatz in den Kontext von zehn strategischen Leitsätzen. Die ersten beiden Leitsätze beziehen sich auf die Erschließung von NP[23]

---

17 Vgl. Frese (1987), S. 117.
18 Vgl. Hinterhuber (2003), S. 51.
19 Vgl. Herbeck (2004), S. 14.
20 Pümpin (1990), S. 47.
21 Vgl. Pümpin (1992), S. 20.
22 Vgl. Pümpin (1992), S. 28ff.
23 Vgl. Pümpin (1992), S. 19.

und auf den Aufbau von SEP.[24] Die Umfeldanalyse und die Unternehmensanalyse sind durch die Suche nach NP geprägt. Zentraler Grundgedanke ist dabei, dass es schließlich die überlegenen Fähigkeiten eines Unternehmens sind, die es ihm erlauben, strategisch relevante Positionen zu besetzen.

Beim Ansatz von *Pümpin* (1992) wird deutlich, dass es besonders darauf ankommt, die richtigen Fähigkeiten aufzubauen. Es muss also „heute" die Entscheidung getroffen werden, welche Fähigkeiten „morgen" im Unternehmen vorhanden sein müssen.

Gälweiler (1990) geht in seinem Ansatz von der Steuerungs- und Regelungsproblematik der Unternehmensführung aus.[25] Er zeigt auf, welche Größen in einem Unternehmen zu steuern und vorzusteuern sind, damit die fortgesetzte Existenzsicherung gewährleistet ist. Seine Systematik basiert auf kybernetischen Prinzipien und dem Systemdenken und zeigt die Wirkungszusammenhänge deutlich auf. *Gälweiler* (1990) schließt damit an Arbeiten der Vertreter einer systematischen Denkweise wie *Stafford-Beer* (1985), *Ulrich* (2001)[26] und *Vester* (1999) an. *Stafford-Beer* (1985)[27] überträgt das Modell lebensfähiger Systeme auf die Unternehmensführung und legt damit den Grundstein für die Strukturierung und Regulierung komplexer Systeme.[28] *Ulrich* (2001) hat das Systemdenken für die Unternehmensführung weiter entwickelt und weist auch auf die Komplexität als ein wichtiges Merkmal lebensfähiger Systeme hin. *Vester* (1999) zeigt anschaulich auf, wie die Elemente eines Systems aufeinander einwirken und dass zur Komplexität oft auch eine Nichtlinearität der Wirkungen hinzukommt.[29] Mit seinem biokybernetischen Denkansatz und dem Vorschlag der Einrichtung von kybernetischen Regelkreisen in Unternehmen knüpft er unmittelbar an die Arbeiten von *Stafford-Beer* (1985) an.[30] Die tief greifenden Veränderungen, die sich in unserer Wirtschaft und Gesellschaft vollziehen, stellen an das strategische Management höchste Ansprüche.

Mintzberg (1995) hat eine Übersicht entwickelt, in der insgesamt zehn verschiedene Denkansätze der Strategieentwicklung identifiziert wurden, die er in so genannte „Schulen" eingeordnet hat.[31]

Die *Präskriptiven Denkschulen* haben für die strategische Planung eigenständige Instrumente entwickelt. Diese Denkschulen versuchen zu erklären, wie Strategien formuliert und implementiert werden können. Diese formulierten Strategien bilden

---

24 Vgl. Pümpin (1992), S. 28.
25 Vgl. Gälweiler (1990), S. 23ff.
26 Vgl. Ulrich (2001c), S. 31ff.
27 Vgl. Stafford-Beer (1985), S. 105.
28 Vgl. Malik (1989), S. 80.
29 Vgl. Vester (1999a), S. 37ff.
30 Vgl. Vester (1999b), S. 124ff.
31 Vgl. Mintzberg (1995), S. 40ff.

die Basis für das strategische Management. Sie versuchen den Prozess des strategischen Managements zu analysieren, zu gestalten und zu standardisieren.[32]

Die *Deskriptiven Denkschulen* versuchen eher zu beschreiben und zu erklären. Sie machen weniger Vorgaben, wie eine Strategie entwickelt werden soll, sondern versuchen, den Unternehmer durch Erklärungen in die Lage zu versetzen, Rahmenbedingungen für das Entwickeln zu schaffen.[33]

Die *Konfigurationsschule* versucht die betrachteten Schulen zu integrieren. Hauptvertreter hierfür sind *Miller/Friesen* (1977),[34] die beschreiben, wie das Unternehmen in stabilen Zeiten konfiguriert wird und sich in dynamischen Zeiten transformiert.

Aufgrund der Denkschulen ist ersichtlich, dass es kein allgemeines theoretisches Gebäude zur Strategieentwicklung gibt. Eine alleinige Übertragbarkeit einer Schule auf KMU ist nicht möglich. Damit zeigt *Mintzberg* (1995), dass es neben der rationalen Planung ein breiteres Spektrum von Strategietypen gibt. Daraus werden fünf verschiedene Strategieverständnisse abgeleitet:

–   *Strategie als Plan:* Dieser Strategietyp entspricht dem der klassischen, traditionellen strategischen Planung.
–   *Strategie als List:* Hier geht es eher darum, wie durch spontane taktische Maßnahmen der Konkurrent überrascht werden kann, ähnlich den Grundsätzen von Clausewitz.
–   *Strategien als Muster:* Nach dieser Ansicht entwickeln sich Strategien nicht aus Plänen, sondern unbeabsichtigt aus Entscheidungen und Handlungen der Unternehmungen. Es wird hierbei von emergenten Strategien gesprochen, die sich meist zufällig entwickeln. Erst im Nachhinein sind die Entscheidungsmuster erkennbar.
–   *Strategien als Positionierung:* Bei diesem Strategieverständnis geht es der Unternehmung darum, sich in ihrer Umwelt entsprechend zu positionieren, also eine wettbewerbsfähige Position zu erreichen.
–   *Strategien als Denkhaltung:* Diese Strategie ist lediglich in den Köpfen des Managements vorhanden. Sie ist weder schriftlich festgehalten, noch wird sie kommuniziert. Das strategische Verhalten des Unternehmens wird durch sie aber doch entscheidend beeinflusst.[35]

Management wird von *Drucker* (2002) auch als eine Kunst betrachtet, die weniger mit naturgegebener Begabung zu tun hat, als vielmehr mit der Kunst, auch in einer komplexen und dynamischen Umwelt die richtigen Informationen zu bekom-

---

32 Vgl. Koenig (2004), S. 89ff.
33 Vgl. Koenig (2004), S. 97.
34 Vgl. Miller/Friesen (1977), S. 253ff.
35 Vgl. Welge/Al Laham (1999), S. 16f.

men und darauf aufbauend effektive Entscheidungen zu treffen.[36] Dabei wird Management nicht als Unternehmensmanagement, sondern als Instrument für eine Organisation angesehen.[37] Management ist auf jede menschliche Aktivität anwendbar, wenn Menschen mit verschiedenen Kenntnissen und Fähigkeiten in einer Organisation zusammenkommen, um gemeinsame Ziele zu erreichen.[38] Das grundsätzliche Ziel einer Organisation besteht darin, eine Aufgabe zu erfüllen und einen Nutzen zu erbringen. Ohne die Anwendung von Wissen kann jedoch eine Aufgabe nicht erfüllt und somit auch kein Nutzen erbracht werden. Wissen als eine immaterielle Ressource befindet sich immer im Besitz des erfahrenen Menschen. Management muss daher in erster Linie den Menschen in den Fokus stellen, um diese Ressource nutzen zu können. Diese Gemeinsamkeit ist für das Management in allen Organisationen gültig.

Ulrich (2001) versteht unter Management das Gestalten, Lenken und Entwickeln von gesellschaftlichen Institutionen in Form eines Prozesses.[39]

– *Gestalten* bedeutet, eine Institution zu schaffen, indem die erforderlichen Elemente zu einem System zusammengefügt werden. Durch die Interaktion der Elemente erlangen die Systeme die Fähigkeit, verschiedene Zustände einzunehmen. Diese Fähigkeit wird auch Komplexität genannt.[40] Dies ist notwendig, damit sich ein System auch den permanenten Veränderungen der Umwelt anpassen kann. Damit kann Management auch mit dem Vorgang einer Komplexitätsbewältigung gleichgestellt werden. Durch die Gestaltung des Systems wird erreicht, dass auf eine nicht vorhersehbare Konstellation automatisch eine konkrete Verhaltensweise folgt.

– *Lenken* wird mit dem Bestimmen von Zielen gleichgesetzt und beschreibt auch das Auslösen und Kontrollieren konkreter Handlungen.[41] Lenken bedeutet somit auch Führung.

– Unter *Entwickeln* wird ein ständiger Entwicklungsprozess verstanden, in den Lenken und Gestalten eingebettet sind.[42] Es geht hier auch um eine der Evolutionstheorie zuzuordnende Betrachtung, wonach lebensfähige Systeme nicht nur aufgrund eines technokratischen Prozesses entstehen, sondern infolge langer Entwicklungsprozesse. In der Unternehmensführung müssen diese Prozesse gestaltet und gelenkt werden.

Somit sind die Themenfelder Gestalten, Lenken und Entwickeln Teilfunktionen des Managements, an denen alle Führungsebenen mitwirken.

---

36 Vgl. Drucker (2002a), S. 41ff.
37 Vgl. Drucker (1999), S. 20.
38 Vgl. Drucker (2002b), S. 19ff.
39 Vgl. Ulrich (2001a), S. 146f.
40 Vgl. Malik (1989), S. 186.
41 Vgl. Ulrich (2001a), S. 148.
42 Vgl. Ulrich (2001a), S. 153f.

Ein weiterer Aspekt in der Betrachtung des Begriffs Management ist der Leadership-Gedanke. *Leadership* wird oft mit Management gleichgesetzt und ist somit ein Teilbereich der Führung.[43] Neben dem konkreten Führen ist Leadership das Element, welches das Vorausdenken und Voraushandeln zum Inhalt hat. Somit erfolgt eine Übereinstimmung mit dem Managementelement, das die Entwicklung des Unternehmens zum Inhalt hat. Leadership ist daher auch keine eigenständige Managementkonzeption. Beim Leadership wird die Vision als Anfangspunkt für die Konzeptionierung verstanden, mit der die Richtung und der Sinn vermittelt werden. Als zweites Element ist die Vorbildfunktion zu sehen. Das dritte Element hat die Steigerung des Unternehmenswertes und die Schaffung von Wohlstand für alle Anspruchsgruppen zum Inhalt.[44] Durch das Element der Vision und die Aufforderung an das Management durch Vorbild zu führen, spricht Leadership gleich zwei Elemente der Führung und der Mitarbeitermotivation an. Leadership soll den Menschen, den Mitarbeiter entwickeln und auch in diesen investieren und nicht in die Systeme.[45]

Im Zusammenhang mit Management wird oft auch die Frage nach den Anforderungen gestellt, denen Führungskräfte gerecht werden müssen, und welche Eigenschaften diese haben müssen.[46] Führungskräfte sollten Eigenschaften wie Durchsetzungsvermögen, Interaktionskompetenz, Initiative, Ehrgeiz, Entscheidungsfreudigkeit usw. aufweisen. Je ausgeprägter diese Eigenschaften vorhanden sind, umso mehr wird dem Bild der idealen Führungskraft entsprochen.

Die Objekte des strategischen Managements haben die Aufgabe, die verschiedenen Sachverhalte, die die Marktposition und die Ressourcenbasis des Unternehmens prägen, zu bündeln. Es wird zwischen drei verschiedenen Objekten des strategischen Managements, den Strategien, den Strukturen und den Systemen unterschieden.[47] Die Strategien bestimmen den Ausgangs- und Mittelpunkt des strategischen Managements. Langfristige Geschäftsziele werden definiert, die angestrebten Marktpositionen werden festgelegt und die wettbewerbsrelevanten Ressourcen müssen identifiziert und aufgebaut werden. Die Strukturen regeln die Organisation und die Zusammenarbeit sowie die Koordination. Die Systeme legen die Instrumente fest, mit denen das Unternehmen geführt wird.

Der Prozess des Strategischen Managements beginnt mit der Analysefunktion, um eine Informationsbasis zu schaffen. Es wird dann die Strategie formuliert und eine Alternativenauswahl vorgenommen, um das Unternehmen dauerhaft in seinen Umfeldern positionieren zu können. Mit der Implementierung einer Strategie werden

---

43 Vgl. Hinterhuber/Krauthammer (1998), S. 14ff.
44 Vgl. Hinterhuber/Krauthammer (1998), S. 33.
45 Vgl. Hinterhuber (2003), S. 50f.
46 Vgl. Wunderer (2000), S. 58ff.
47 Hungenberg (2001), S. 7.

konkrete Handlungen umgesetzt. Dazu müssen Strukturen und Systeme gestaltet und auch operationalisiert werden, indem die Konsequenzen in nachgeordnete, weniger langfristige Planungen des Unternehmens eingebaut werden. Am Ende des Prozesses des strategischen Managements steht die Information, Schulung und Motivation der Mitarbeiter.[48]

Die Art und Weise, wie Strategien entstehen, kann folgendermaßen beschrieben werden: Auf der einen Seite gibt es das „Modell der synoptischen Planung", auf der anderen Seite das „Modell des Inkrementalismus".

Mit *Ansoff* (1991) ist das „Planungsmodell" verbunden. Hierbei handelt es sich um einen präskriptiven Ansatz, welcher Gestaltungsempfehlungen für den Ablauf des strategischen Prozesses abgibt. Der Hauptansatzpunkt liegt in der Orientierung an Schritten, die systematisch nacheinander ablaufen.[49]

In der *Abb. 5* werden die Träger, der Prozess und die Gegenstände strategischer Unternehmensführung und deren Gefüge beschrieben. Das komplexe Modell ist ein gutes Beispiel für das Zusammenwirken der einzelnen Felder.

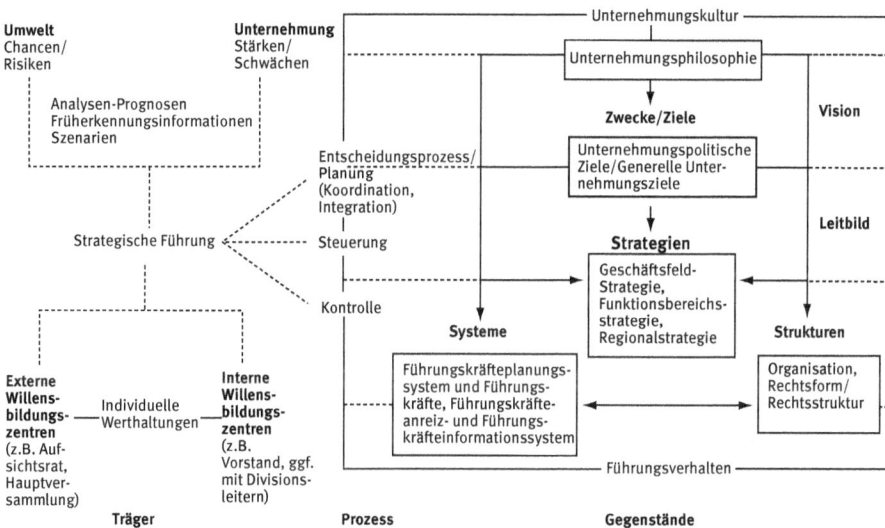

Abb. 2.2: Träger, Prozess und Gegenstände strategischer Unternehmensführung[50]

Das „Inkrementalmodell" von *Mintzberg* (1978) und *Quinn* (1980) entwickelt sich aus der empirischen Analyse von strategischen Entscheidungsprozessen. Hier wird von

---

48 Hungenberg (2001), S. 9.
49 Vgl. Ansoff (1965), S. 10; Ansoff (1991), S. 64.
50 Camphausen (2003), S. 17.

einem deskriptiven Ansatz gesprochen. Strategien entstehen unregelmäßig, dezentral und nicht nach einem strengen Muster ablaufend.[51]

Um Strategien verstehen zu können, können die Modelle wie das „Intendierte Modell" und das „Beobachtbare Modell" hilfreich sein. Strategisches Management muss aus einer übergreifenden Perspektive heraus wahrgenommen werden, da eine Ausrichtung eines Unternehmens nur gesteuert werden kann, wenn über den Tellerrand hinweg gedacht wird. In jungen Unternehmen sind im „Normalfall" relativ homogene Produktgruppen vorzufinden und das Unternehmen ist oftmals, wenn überhaupt, nur funktional gegliedert. Hier sind die Aufgaben des strategischen Managements auf der Ebene der Unternehmensführung angesiedelt.

Je mehr sich die Produktgruppen oder Strategischen Geschäftseinheiten in einem Unternehmen differenzieren, werden diese strategisch differenziert ausgerichtet. Somit ergeben sich zwei Ebenen, der Unternehmensebene und der Geschäftsfeldeben im strategischen Management. Das strategische Management von KMU trifft auch Entscheidungen für das Gesamtunternehmen und differenziert auch für die Geschäftseinheiten.[52] In der folgenden *Abb. 2.3* werden diese Ebenen anschaulich dargestellt.

Unter strategischen Erfolgspositionen werden Fähigkeiten verstanden, die ein Unternehmen haben oder aufbauen muss, um heutige oder zukünftige Wertschöpfungsquellen zu finden. Das bedeutet, dass auch die Fähigkeit vorhanden sein muss zu erkennen, um welche Positionen es sich dabei handeln kann, denn ein fehlerhaftes Vorgehen zu Beginn ist hinterher schlecht reversibel. Die normative und die strategische Ebene sind auf die Effizienz (Maß für die Wirtschaftlichkeit) und auf die Effektivität (Maß für die Zielerreichung) ausgerichtet und finden ihre Umsetzung im operativen Management. Neben der zukünftigen Gestaltung sollen auch kurzfristige Ergebnisse erzielt werden. Auf der operativen Ebene wird auch den kundenorientierten Prozessen Aufmerksamkeit geschenkt.[53] Die Führungskraft muss alle drei Ebenen, also die normative, die strategische und die operative, berücksichtigen. Die Unterscheidung der einzelnen Ebenen ist eine rein funktionale, keine institutionelle oder gar hierarchische Betrachtung.

Eine langfristige Entwicklung verlangt eine Verkopplung der einzelnen Dimensionen. Im operativen Management ist die Lenkungsfunktion die Kernaufgabe, und dadurch wird der kurzfristige Zeithorizont abgedeckt. Bei der Betrachtung von kurzfristigen Zeithorizonten wird auch das Thema der Liquidität als Steuerungsgröße als Beispiel aufgeführt.[54]

---

51 Vgl. Mintzberg (1978); Mintzberg (1990a); Quinn (1980), S. 55f.
52 Hungenberg (2001), S. 14.
53 Vgl. Bleicher (1999), S. 435ff.
54 Vgl. Gälweiler (1990), S. 27ff.

Der Strategieprozess integriert die verschiedenen Ebenen

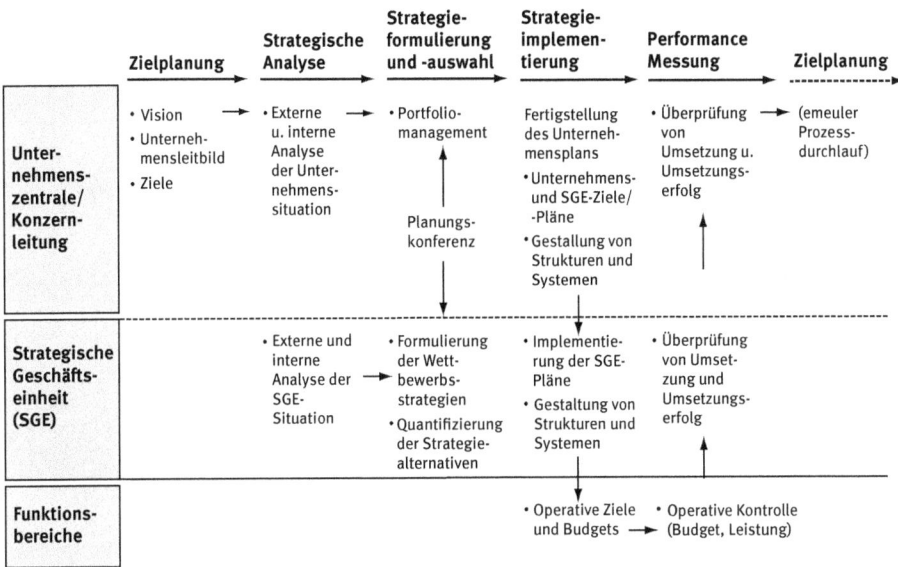

	Zielplanung	Strategische Analyse	Strategie-formulierung und -auswahl	Strategie-implemen-tierung	Performance Messung	Zielplanung
Unter-nehmens-zentrale/ Konzern-leitung	• Vision • Unterneh-mensleitbild • Ziele	• Externe u. interne Analyse der Unter-nehmens-situation	• Portfolio-management Planungs-konferenz	Fertigstellung des Unterneh-mensplans • Unternehmens- und SGE-Ziele/ -Pläne • Gestallung von Strukturen und Systemen	• Überprüfung von Umsetzung u. Umsetzungs-erfolg	(emeuler Prozess-durchlauf)
Strategische Geschäfts-einheit (SGE)		• Externe und interne Analyse der SGE-Situation	• Formulierung der Wett-bewerbs-strategien • Quantifizierung der Strategie-alternativen	• Implementie-rung der SGE-Pläne • Gestaltung von Strukturen und Systemen	• Überprüfung von Umset-zung und Umsetzungs-erfolg	
Funktions-bereiche				• Operative Ziele und Budgets	• Operative Kontrolle (Budget, Leistung)	

Abb. 2.3: Unternehmensebenen[55]

Zur Sicherung der Liquidität müssen die bestehenden Erfolgspotenziale bestmö-
glich ausgeschöpft werden. „Ganz allgemein versteht man unter dem Erfolgspotenzial das gesamte Gefüge aller jeweils produkt- und marktspezifischen erfolgsrele-
vanten Voraussetzungen, die spätestens dann bestehen müssen, wenn es um die
Erfolgsrealisierung geht."[56] Wichtig ist festzuhalten, dass unter dem Terminus
Erfolgspotenzial nicht die kurzfristige Gewinnmaximierung zu verstehen ist. Strategisches Management kann für junge KMU bedeuten, dass eine generelle strategische Denkhaltung im Gesamtzusammenhang aller unternehmerischen Entscheidungen aufgebaut wird.

Hinterhuber (1996) hat ein Strategiekonzept entwickelt, welches die Mehrheit
der vorher vorgestellten Konzepte vereint und das aus sieben Komponenten
besteht.[57] Diese Komponenten sind interdependente Elemente des strategischen
Managements und wirken durch Rückkoppelungsprozesse aufeinander ein, siehe
Abb. 2.4.

55 Alter (2011), S. 32

56 Gälweiler (1990), S. 26.

57 Vgl. Hinterhuber (1996), S. 40ff.

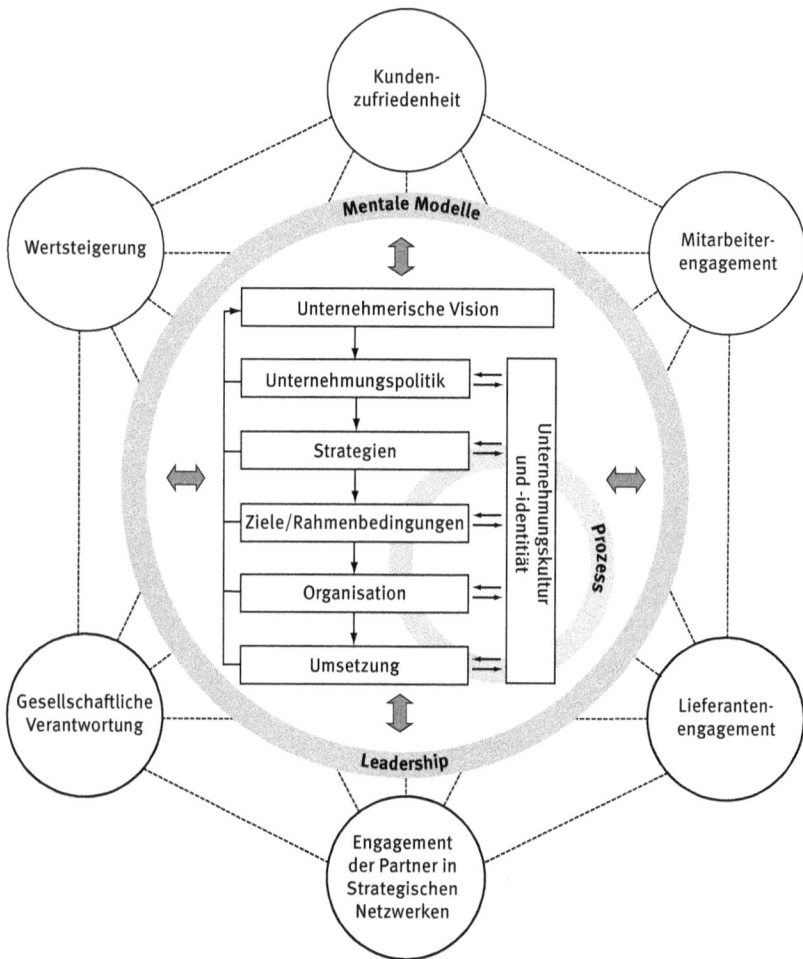

Kunden-
zufriedenheit

Mentale Modelle

Wertsteigerung

Mitarbeiter-
engagement

Unternehmerische Vision

Unternehmungspolitik

Strategien

Unternehmungskultur
und -identität

Prozess

Ziele/Rahmenbedingungen

Organisation

Umsetzung

Gesellschaftliche
Verantwortung

Lieferanten-
engagement

Leadership

Engagement
der Partner in
Strategischen
Netzwerken

Abb. 2.4: Strategische Führung nach Hinterhuber[58]

Am Anfang der unternehmerischen Tätigkeit steht die Vision des Unternehmens. Die Vision bezeichnet die Wunschvorstellung, die sich der Manager, der Unternehmer, die Führungskraft über die Zukunft seines Verantwortungsbereichs, seines Unternehmens und seiner Rolle bildhaft vor Augen führt. Sie kommt einem Sendungsbewusstsein (= Mission) gleich, einer Überzeugung, zu etwas berufen zu sein.Die Vision dient dazu, Selbstzufriedenheit abzubauen, Aufbruchsstimmung zu erzeugen, neue Horizonte zu erschließen, unterschiedliche Zielvorstellungen aufeinander abzustimmen und auch verkrustete Strukturen und Denkweisen aufzu-

---

58 Hinterhuber (2004), S. 41.

brechen. Die Unternehmenspolitik leitet sich aus der Vision ab und stellt die Gesamtheit der Unternehmensgrundsätze dar, die in einem Leitbild festgehalten werden. Vor jeder strategischen Neuorientierung bilden Umfeld- und Unternehmensanalysen den Startpunkt der Planungsprozesse. Dabei lehnt sich *Hinterhuber* (1997) stark an die Analyse der Wettbewerbskräfte nach *Porter* (1996) an und gestaltet sie zu einem Grundschema der Branchenanalyse.[59] Die Formulierung einer Strategie findet auf jeden Fall auf der Ebene der Strategischen Geschäftseinheiten statt und soll in den Marktsegmenten, in denen die Geschäftseinheit tätig ist, dauerhafte Wettbewerbsvorteile in Form von Kernkompetenzen aufbauen. Auf der Unternehmensebene werden die Strategien der Geschäftseinheiten koordiniert und integriert. Mithilfe der Direktiven erfolgt die Überleitung der Strategie in konkrete Aktionen. Die Organisation steht in einer engen Wechselwirkung zur Strategie. Für die Umsetzung der Strategie werden Disziplin, Planung, Fortschrittskontrolle und Strategieüberwachung gefordert.[60] Ein integratives Element der strategischen Unternehmensführung ist die Unternehmenskultur. Sie interagiert durch Rückkopplung mit allen Elementen der strategischen Führung. *Hinterhuber* (1997) hat mit seinem Ansatz ein Totalmodell mit einer klar durchgehenden Struktur zur strategischen Unternehmensführung geschaffen.

Strategische Management wird vom Manager aus gestaltet, gelenkt und entwickelt wird. Strategisches Management ist nicht ein Konstrukt, sondern muss als ein Prozess verstanden werden. Der Manager wird auch als „Leader" oder „Entrepreneur" verstanden. Gerade in jungen KMU muss der Unternehmer die Persönlichkeitseigenschaften, die auch in der *Abb. 1.1* dargestellt sind, erfüllen. Je nach Wachstum und vorhandener Größe des jungen KMU ist auch die Einbindung von Führungspersonal in das strategische Management zielfördernd. Für die weitere Untersuchung kann dieses Modell von *Hinterhuber* (1996) als Anhaltspunkt genommen werden, weil es zum einem ein Totalmodell darstellt und zum anderen die Rückkopplung für eine iterative Vorgehensweise zulässt. Die Flexibilität wird gerade in der Gründungs-/Frühentwicklungsphase in jungen KMU benötigt.

2.3 Allgemeine Grundlagen der strategischen Unternehmensplanung

Strategische Planung zielt darauf ab, mit erster Priorität Strategien zu entwickeln.[61] Die Thematik strategische Planung rückte durch die Folge von Trendbrüchen stärker

---

59 Vgl. Hinterhuber (1997), S. 121.
60 Vgl. Hinterhuber (1996), S. 48.
61 Vgl. Keuper (2001), S. 24.

in den Fokus.[62] Beispielhaft können aktuell im Jahr 2011 die Finanzkrisen einzelner Volkswirtschaften, politische Umbrüche in Nordafrika oder Katastrophen wie Fukushima genannt werden. Strategische Planung muss als Antwort auf neue Herausforderungen, wie generelle Umbrüche, Konjunkturschwankungen und technologische Veränderungen verstanden werden.[63] Es geht u. a. auch darum, die Entwicklungen der relevanten Umwelt zu verstehen und diese erklären zu können. Betont werden die Strategieentwicklung und die Strategieformulierung z. B. durch darauf spezialisierte Planungsstäbe.[64]

Strategische Planung ist ein in sich geschlossener Prozess, der sich ständig neuen Entwicklungen und den stets verändernden Verhältnissen anpassen muss. Strategische Planung steht aber nicht losgelöst von anderen Planungsansätzen.

Yusuf/Saffu (2005) betrachteten 297 KMU und stellten fest, dass für eine strategische Unternehmensplanung die Kriterien Langfristigkeit, Schriftlichkeit, Erstellen von Zielen und Strategien sowie Evaluation und Kontrolle eine sehr hohe Relevanz haben.[65] Diese Vorgehensweise der Planung wird auch durch *Berry* (1998) als strategischer Planungsprozess beschrieben. Dieser strategische Planungsprozess startet mit der Analyse des Umfelds und der Konkurrenz, geht über in die Beurteilung der Stärken und Schwächen, dann der Identifikation und Bewertung der Alternativen und letztendlich die laufende Überprüfung und Anpassen der Pläne.[66]

Wie bereits analysiert wurde, gilt als eine der wichtigsten Zielsetzungen für KMU die langfristige Sicherung des Unternehmens mit einem mäßigen und gesunden Wachstum. „Entrepreneurs found a way to manage growth rather than allow the growth to manage them."[67] Stabilität im Hinblick auf Unternehmensfortbestand kann bei einer gemäßigten Wachstumspolitik gewährleistet werden. Investitionen müssen genau überdacht und langfristig geplant werden.

Die Strategien sind auch unter Berücksichtigung der Unternehmenskultur zu betrachten. Die nachfolgenden Strategien „bestimmen die grundsätzliche Geschäftsausrichtung eines Unternehmens".[68] Dabei handelt es sich um langfristige Geschäftsziele, die sich auf die Ressourcengestaltung und die Marktpositionierung des Unternehmens beziehen. Diese können eingeteilt werden in:
– ökologische Strategien,
– soziale Strategien,
– ökonomische Strategien.[69]

---

62 Vgl. Bea/Haas (2001), S. 12.
63 Vgl. Hungenberg (2001), S. 46.
64 Vgl. Welge/Al-Laham (1999), S. 9f.
65 Vgl. Yusuf/Saffu (2005): S. 484f.
66 Vgl. Berry (1998), S. 463.
67 Vgl. Hisrich et al. (2002), S. 501.
68 Hungenberg (2000), S. 7.
69 Vgl. Hungenberg (2000), S. 7.

Unter einer *ökologischen Strategie* wird ein Konzept des Umweltmanagements verstanden, welches darauf abzielt, die negativen Folgen für die Umwelt zu minimieren. „Für das Unternehmen resultiert daraus eine grundlegende Neukonzeption der gesamten Wertschöpfungskette."[70] Dabei werden auch Unternehmen betrachtet, die bereits in diesem Segment tätig sind, wie z. B. Unternehmen mit Bio-Produkten. Der ökologische Aspekt kann aufgrund der Zielvorgabe des Unternehmens die strategische Unternehmensplanung beeinflussen.

Bei den *sozialen Strategien* wird von offener Kommunikation und regelmäßigen Zusammenkünften für strategische Entscheidungen gesprochen. Eine gute Zusammenarbeit, ständige Gesprächsbereitschaft und kurze Kommunikationswege führen zu hoher Konfliktlösungskompetenz. Erfahrungen und Marktkenntnis von langjährigen Mitarbeitern und auch langfristige Kunden- und Lieferantenbeziehungen kommen dem Unternehmen gerade in der genauen Fokussierung der Strategie zugute.

Die *ökonomischen Strategien*, die hier im Mittelpunkt stehen, können durch die vorher genannten Strategien unterstützt werden. Dies wird deutlich, wenn durch umweltgerechte Produkte neue Märkte erschlossen und hohe Umsätze erzielt werden. Die soziale Ausrichtung kann sich auch auf die Mitarbeiter auswirken. Bei der ökonomischen Strategiewahl können u. a. die finanzielle Unabhängigkeit und die Eigenkapitalquote eine wichtige Rolle spielen.

Als Nachhaltigkeit kann eine Perspektive bezeichnet werden, die der Unternehmensführung einen Weg aufzeigt, wie ein strategisches Unternehmenskonzept umgesetzt wird. „Denn Nachhaltigkeit berücksichtigt als strategisches Unternehmenskonzept all jene kritischen Faktoren, die für die zukünftige Profitabilität eines Unternehmens relevant und somit für ethisch-ökologisch motivierte und auch konventionelle Investoren bei ihrer Entscheidung ausschlaggebend sind."[71] *Hardke/ Prehn* (2001) konstatieren einen Zusammenhang zwischen Nachhaltigkeitsmanagement und Wettbewerbsvorteilen, was auch als visionäre Führerschaft bezeichnet wird.

Im *Kapitel 2.1* wurde bei der Beschreibung des Unternehmenslebenszyklus auch von der Gründungsphase und Frühentwicklungsphase gesprochen. Bei diesen Begriffen müssen zum Verständnis verschiedene Aspekte betrachtet werden, wie der Begriff der Kreativität, die Geschäftsidee, die Umsetzbarkeit der Idee im Sinne der Erkenntnis und Wahrnehmung einer unternehmerischen Gelegenheit, der Businessplan, die Akquisition der erforderlichen Ressourcen und dann letztendlich die Gründung des Unternehmens. Bis zur Eintragung im Handelsregister handelt es sich um die Gründungsphase.

Diese Phase wird maßgeblich beeinflusst durch einen Businessplan bzw. Geschäftsplan. Mit ihm wird ein systematischer Überblick über das Unternehmens-

---

70 Matten (2001), S.151.
71 Hardtke/Prehn (2001), S. 75.

vorhaben gegeben und er stellt die Basis der Planung dar. In der Regel ist der Businessplan auf drei bis fünf Jahre ausgelegt. Der Businessplan soll eine detaillierte Darstellung der Unternehmung in der Zukunft sein. Er gibt vollständig, übersichtlich und verständlich Auskunft über die Geschäftsidee, die Unternehmensstrategie, die Rechts- und Beteiligungsstruktur, die Gründungsfinanzierung, die Produkte bzw. Dienstleistungen und deren Marktchancen und -risiken. Überdies stellt er eine Grundlage dar für das Erreichen der unternehmerischen Ziele.

Ein Businessplan gibt Auskunft über:
– Gründerpersonen,
– Produkte/Dienstleistungen,
– Marktübersicht,
– Marketing,
– Unternehmensorganisation/Personal,
– Chancen/Risiken,
– Finanzierung.

Für Jungunternehmer, Käufer einer Unternehmung, Banken und Investoren ist der Businessplan ein wertvolles Entscheidungsinstrument und dient als Grundlage bei
– der Suche nach Partnern oder Investoren,
– der Kreditbeschaffung,
– dem Kauf und Verkauf von Unternehmen,
– der Management-Rekrutierung,
– der langfristigen Neuausrichtung eines Unternehmens,
– (der Turn-around-Situation).

Damit der Businessplan professionell und aussagekräftig ist, muss er empfängerorientiert, klar strukturiert, nachvollziehbar, messbar und überzeugend in der Darstellung sein. Der Businessplan soll den Entscheidungsträgern (z. B. der Bank oder einer Risikokapitalgesellschaft) qualitative und quantitative Informationen liefern, die sie zu einer Beurteilung des zu finanzierenden Geschäftsvorhabens benötigen. Er soll wichtige Informationen an die Stakeholder liefern (z. B. Finanzsituation, Chancen/ Gefahren, Marketingstrategien, Marktbeurteilung). Businesspläne sind auch branchenspezifisch unterschiedlich. Einen Standard gibt es nicht.[72] Zur Erstellung gibt es eine Vielzahl von allgemeinen Strukturierungs- und Orientierungshilfen.[73] Insgesamt wird hier deutlich, dass bereits in der Gründungsphase eine strategische Unternehmensplanung notwendig ist.

Wenn Unternehmen sich zu Beginn ihrer Entwicklung mit strategischer Planung auseinandersetzen, werden diese im weiteren Verlauf der Unternehmensentwick-

---

72 Vgl. Struck (2001), S. 36.
73 Vgl. Klandt (2006), S. 77; Nagl (2005), S. 89; Struck (2001), S. 37f, S. 37f; Stutely (2002), S, 25.

lung offener gegenüber strategischer Planung sein. *Castrogiovanni* (1996) hat dies bisher als einziger Autor konzeptionell argumentiert, jedoch nicht empirisch nachgewiesen.[74] Ein Unternehmensgründer, der Vorkenntnisse in betriebswirtschaftlichen Konzepten, wie z. B. der strategischen Planung, hat, wird i. d. R. eher einen Businessplan aufstellen als diejenigen ohne Kenntnis. Sollten diese ausgearbeiteten Pläne erfolgreich sein, ist die Chance groß, dass ein organisationales Lernen eintritt.[75] Die Gründungsplanung kann als eine Art „feste Größe" im gesamten Kontext der strategischen Unternehmensplanung fungieren, welche regelmäßig kontrolliert und angepasst wird.

Ein in der Literatur als beispielhaft geltendes Herangehen bei der Erstellung eines Businessplans wird mit der *Abb. 2.5* vorgestellt.

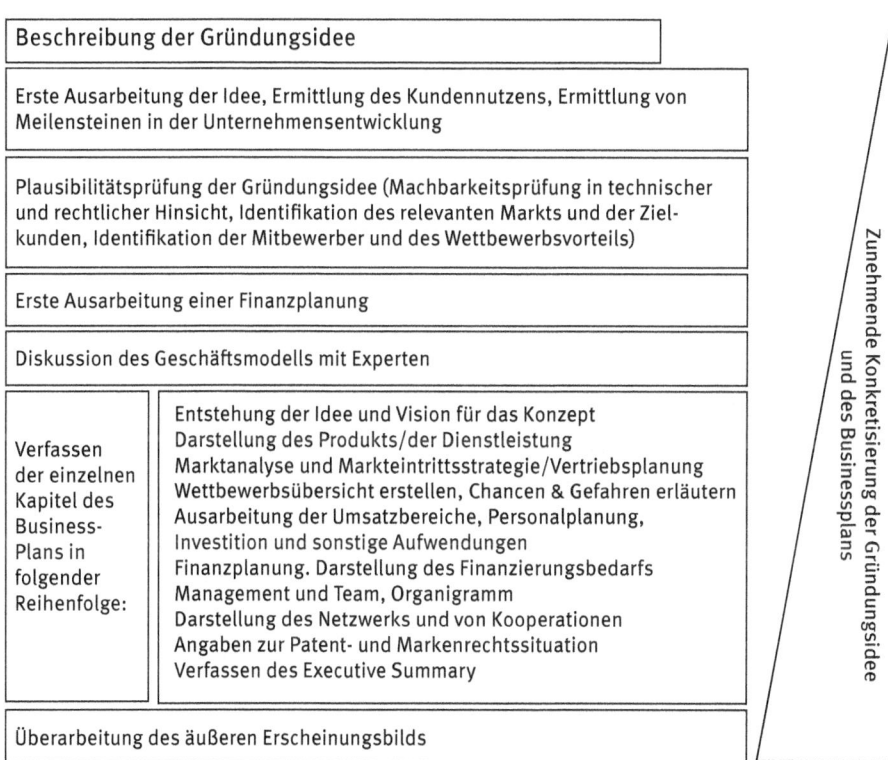

Beschreibung der Gründungsidee
Erste Ausarbeitung der Idee, Ermittlung des Kundennutzens, Ermittlung von Meilensteinen in der Unternehmensentwicklung
Plausibilitätsprüfung der Gründungsidee (Machbarkeitsprüfung in technischer und rechtlicher Hinsicht, Identifikation des relevanten Markts und der Zielkunden, Identifikation der Mitbewerber und des Wettbewerbsvorteils)
Erste Ausarbeitung einer Finanzplanung
Diskussion des Geschäftsmodells mit Experten

Verfassen der einzelnen Kapitel des Business-Plans in folgender Reihenfolge:	Entstehung der Idee und Vision für das Konzept Darstellung des Produkts/der Dienstleistung Marktanalyse und Markteintrittsstrategie/Vertriebsplanung Wettbewerbsübersicht erstellen, Chancen & Gefahren erläutern Ausarbeitung der Umsatzbereiche, Personalplanung, Investition und sonstige Aufwendungen Finanzplanung. Darstellung des Finanzierungsbedarfs Management und Team, Organigramm Darstellung des Netzwerks und von Kooperationen Angaben zur Patent- und Markenrechtssituation Verfassen des Executive Summary

Überarbeitung des äußeren Erscheinungsbilds

Zunehmende Konkretisierung der Gründungsidee und des Businessplans

Abb. 2.5: Prozess der Businessplan-Erstellung[76]

---

74 Vgl. Castrogiovanni (1996), S. 801ff.
75 Vgl. Beer et al. (2005), S. 445ff; Garcia-Morales et al. (2006), S. 191ff; Harrison/Leitch (2005), S. 351ff.
76 Gruber et al. (2002), S. 225.

Hierbei ist der Ausgangspunkt eine marktgetriebene Gründungsidee. Bei der Gründungsplanung handelt es sich um einen iterativen Prozess, bei dem einzelne Planungsschritte aufgrund immer wieder neu vorliegender Kenntnisse wiederholt werden. Am Anfang der Gründungsplanung ist ein hoher Freiheitsgrad vorhanden, der mit dem Fortschreiten der Planung reduziert wird. Diese zunehmende Konkretisierung ist wichtig u. a. auch für externe Kreditgeber.

Unternehmensgründungen, die über keine explizierten Strategien verfügen, wurden selten in Analysen von Gründungsunternehmen einbezogen.[77] Studien belegen, dass Planungen weniger rational ablaufen, wenn sie unter großer Unsicherheit entstehen.[78] Das heißt, dass es auch eine Vielzahl von Planungsmodalitäten geben kann, wenn man von dem Verzicht auf Planung bis zur Erstellung umfangreicher Detailplanung eine Bandbreite von Möglichkeiten hat.[79]

Es können u. a. vier Planungsmodalitäten unterschieden werden:[80]
- structured strategic planning,
- structured operational planning,
- unstructured planning,
- intuitive planning.

Welche der genannten Vorgehensweisen als Planungsmodell verwendet wird, hängt auch von der Planungserfahrung des Gründers ab. Ebenfalls haben die Notwendigkeit einer Kapitalaufnahme, die Komplexität des Gründungsvorhabens, der Unsicherheitsfaktor und die Schnelligkeit des Gründungsvorhabens einen Einfluss.[81]

Die Feststellung *Mintzbergs* (1995), dass geplante Strategien selten realisiert werden, kann vielleicht mit der heutigen turbulenten, dynamischen, komplexen und kaum noch vorhersehbaren Umweltentwicklung erklärt werden. Dass ein Plan schließlich nicht realisiert wird, ist ebenfalls keine Ausnahme. Planung bringt neue Erkenntnisse, die am Beginn des Planungsprozesses noch nicht vorhanden waren. Diese neuen Erkenntnisse können dazu veranlassen, von der Realisation des Planes Abstand zu nehmen. Man sollte neue Chancen, die sich aus der Umwelt ergeben, erkennen und sie nützen, solange das „strategische Fenster" noch offen ist.[82] Strategien müssen somit offen bleiben. Der *präskriptive Ansatz der Planung*[83] beschreibt, dass Strategien nicht nur geplant (deliberate strategies) werden, sondern sich auch entwickeln können (emergent strategies).[84]

---

77 Vgl. Lechner/Müller-Stewens (1999), S. 5.
78 Vgl. Dean/Sharfman (1993), 587ff.
79 Vgl. Lindsay/Rue (1980), S. 388f.
80 Vgl. Bracker et al. (1988), S. 595f.
81 Vgl. Gruber et al. (2002), S. 225; Klandt (1996), S. 84.
82 Vgl. Mintzberg (1995), S. 231ff.
83 Vgl. Mintzberg (1989).
84 Vgl. Mintzberg (1978), S. 945.

Hierbei können Handlungen sich zu einer unbeabsichtigten Ordnung verdichten und zu einem strategischen Muster zusammenfügen. Die Bedeutung dieser sich entwickelnden Strategien wurde von *Welter* (2003)[85] untersucht. In der Gründungsphase wird eher der Businessplan als Instrument verwendet, wobei auch das Controlling unterstützen kann.[86] Autoren wie *Scarborough/Zimmerer* (2003) fordern, dass der Businessplan auch nach der Gründungsphase weitergeführt werden sollte.[87] Untersuchungen jedoch zeigen, dass nach der Gründung solche Pläne kaum noch genutzt werden.[88] Sollte ein Businessplan verwendet werden, muss dieser auch regelmäßig aktualisiert werden.

In der Zuordnung von Erfolg und Planung gibt es auch Meinungen von so genannten „action-research"-orientierten Autoren, die besagen, dass Businesspläne Unternehmer daran hindern, andere wertvolle Handlungen zu vollziehen.[89] *Bhidé* (2000)[90] bezeichnet diese Unternehmer als „just-do-it"-advocates. Planungen, die langfristig orientiert auf drei bis fünf Jahre ausgelegt sind, zeigen oft Ungenauigkeiten auf und hindern den Gründer an der unternehmerischen Gestaltung des Geschäftsmodells.[91] Das permanente Überdenken des Businessplans als Ergebnis der Planung und das Verständnis von einem Businessplan als fortlaufendem Prozess stellen ein qualitatives Kriterium für den Erfolg dar.

Nach *Berry* (1998) umfasst die strategische Planung in jungen Unternehmen die Elemente wie:
- Umfeld- und Konkurrenzanalyse,
- Unternehmensanalyse mit Stärken und Schwächen,
- Evaluation alternativer Handlungsmöglichkeiten,
- Permanente Überprüfung und Anpassung der Pläne.[92]

Wenn auf Veränderungen eingegangen werden soll, sollten diese Elemente so eingesetzt werden, dass:
- Abweichungen durch Selbstorganisation zugelassen werden,
- Synergieeffekte gefördert werden,
- kleinste Abweichungen und deren Ursache beachtet werden als Veränderungen im Markt oder im Unternehmen,
- Selbsterneuerung möglich ist.

---

85 Vgl. Welter (2003), S. 198.
86 Vgl. Volkmann/Tokarski (2006), S. 153.
87 Vgl. Scarborough/Zimmerer (2003), S. 158.
88 Vgl. Ripsas/Zumholz (2008), S. 65.
89 Vgl. Lange et al. (2005), S. 3.
90 Vgl. Bhidé (2000)S. 29.
91 Vgl. Hannon/Atherton (1998), S.76.
92 Vgl. Berry (1998), S. 165.

Dadurch ist es auch möglich, der Marktdynamik zu entsprechen und dem Unternehmen eine langfristige Marktposition zu sichern. Die dynamische Entwicklung wird auch oft als Selbsterneuerung im Sinne einer „Autopoiese" nach *Maturana/Varela* (1980)[93] bezeichnet. Dabei handelt es sich um Fähigkeiten, sich ständig selbst zu erneuern und diesen Prozess so zu regeln, dass die Integrität der Struktur erhalten bleibt. Die dynamische Unternehmensplanung und Steuerung wird in diesem Zusammenhang auch als chaotische Unternehmensplanung bezeichnet. Obwohl in fast allen Märkten und Branchen die Unvorhersagbarkeit und Nichtlinearität vorhanden sind, können durch Früherkennung und durch langfristiges Beobachten des zyklischen Verhaltens strategische Steuerimpulse und somit auch die laufende strategische Planung für die Unternehmung angepasst werden. Aufgrund des sich ständig verändernden Umfelds, der Veränderungen der Kundenbedürfnisse, der Konkurrenzsituation, der Rahmenbedingungen und der Handlungsbedingungen ist die vorgenommene Planung nach *Maturana/Varela* (1980) regelmäßig zu überprüfen.

Dieser interaktive Anpassungsprozess kann mit Hilfe von bestehenden operativen und strategischen Controlling-Methoden unterstützt werden, die auch im *Kapitel 5* beschrieben werden. Um das bereits genannte dynamische Umfeld zu erfassen, ist neben dem „Soll-Ist-Vergleich" ein „Ist-Wird-Bezug" herzustellen. Dabei wird nicht nur die vergangene Abweichung ermittelt, sondern auch die zukünftige Entwicklung berücksichtigt.

Interne und externe Elemente nehmen Einfluss auf die Planung und begründen auch die Notwendigkeit für ein Controlling in KMU. Anhand von Studien wurde ermittelt, dass der Einsatz von Instrumenten und Methoden im Controlling bei KMU nicht im Fokus der Tätigkeiten steht. Eines der größten Defizite findet sich im Bereich des „Strategischen Controlling"[94] Die Umsetzung der Planung beinhaltet die Kommunikation der Planung an alle Betroffenen im Unternehmen. Nach der Umsetzung der Maßnahmen muss nach einer vereinbarten Frist gemessen, bewertet und überprüft werden. Dies kann bedeuten, dass hierfür ein Prozessverantwortlicher im Betrieb festgelegt wird und auch z. B. durch eine externe Prozessbegleitung beraten wird. Die strategische Kontrolle und Steuerung hängt auch von der Art und Weise des Managements ab, wie es die Elemente der strategischen Kontrolle und Steuerung zeitnah und situationsgerecht anwendet. Hierfür ist ein funktionierendes Informationssystem unabdingbar. Zeitnahe Informationen ermöglichen dem Management mehr Optionen und schaffen damit auch strategische Steuerungspotenziale. Empirische Studien zeigen, dass in der Praxis strategische Kontrollprozesse selten genutzt werden oder überhaupt selten existieren.[95] Ein mögliches Modell, welches hier Abhilfe schaffen kann, ist das „Gegenstromverfahren". Die Unternehmensführung gibt die strategische Planung im Rahmen eines Top-Down-Prinzips vor. Die dezen-

---

93 Vgl. Maturana/Varela (1980), S. 35.
94 Vgl. Dintner/Schorcht (1999), S. 87.
95 Vgl. Horovitz (1979), S. 29f; Rengli (1997), S. 176; Steinman/Schreyögg (1984), S. 34.

tralen Planungsstellen bringen ihr Detailwissen mit und formulieren eine Bottom-Up-Planungsvorstellung. Bei diesen Vorgehensweisen kommt es dann zu einem wechselseitigen Abgleich der Betrachtungsweisen, zu Vorschlägen und zur Integration von Wissen aller Beteiligten.[96]

Um die strategische Planung und deren Umsetzung zu gewährleisten, muss von der Unternehmensleitung ein Kontrollsystem entwickelt werden. Dabei wird u. a. der Kontrollzweck festgelegt, wobei die Kontrollinhalte und die Kontrollgrößen kontinuierlich in Bezug auf Planung und Realisation überprüft werden. Die strategische Kontrolle setzt sich aus der Prämissenkontrolle, der strategischen Durchführungskontrolle und der strategischen Überwachung zusammen.[97]

Die strategische Steuerung hat das Überleben und das Wachstum eines Unternehmens im Fokus. Hierbei werden auch die Ziele, die Maßnahmen sowie die Identität und die Grundsätze festgelegt.[98] Dies erfordert, dass alle Mitarbeiter in der Lage sind, strategisch zu denken. Es wird auch von einem *Weg* gesprochen, der den „Status quo" bis zur Erreichung eines angestrebten Ziels beschreibt.[99] Trotz einer strukturierten Planung muss auch bedacht werden, dass ein reflektiertes Abweichen von dieser Planung möglich ist. Das unerwartete Auftreten von Ereignissen und komplexen Problemen bedeutet, dass der Unternehmer eine Fähigkeit entwickeln muss, zu improvisieren um unter Zeitdruck wichtige Entscheidungen zu treffen. Er muss auf unerwartete Wendungen flexibel und angemessen reagieren.[100] Improvisation ist eine nicht institutionalisierte Form der Humankapital-Bildung. Entrepreneure, die improvisieren können, öffnen sich auch für andere Alternativen und erweitern somit auch ihren Erfahrungsschatz. „Leader" fordern oft den Wandel heraus und können auch gut damit umgehen.[101] Dadurch sind sie in der Lage, in Zukunft besser mit neu auftretenden Problemen umzugehen.[102]

Planung lässt sich durch ihren Zukunftsbezug, ihren Problemlösungscharakter und den ihr eigenen Anspruch an systematisches Vorgehen charakterisieren.[103] Zukunftsbezug bedeutet die zeitliche Abgrenzung der Realisierung von Maßnahmen. Der Problemlösungscharakter weist auf das Gestaltungsziel der Planung hin und der Anspruch auf Systematik stellt den Zweck-Mittel-Bezug in den Vordergrund.[104]

In der Literatur findet sich nicht durchgängig die Bezeichnung *konstitutive Merkmale* in Bezug auf Planung. In gleichem oder ähnlichem Zusammenhang

96 Vgl. Weber (2002), S. 98ff.
97 Vgl. Becker (2001), S. 20; Schreyögg/Steinmann (1985), S. 47.
98 Vgl. Hammer (1998)S, 45f.
99 Vgl. Hans/Warschburger (1996), S. 67.
100 Vgl. Levenhagen/Thomas (1993) S. 45ff.
101 Vgl. Kotter (1990); Mitton (1989), S. 89.
102 Vgl. Aldrich/Martinez (2001), S. 25ff.
103 Vgl. Wild (1982). S. 13.
104 Vgl. Fandel (1983), S. 480.

werden auch die Begriffe *Hauptzwecke* oder *Idealanforderungen* verwendet.[105] Planung hat weitere zusätzliche konstitutive Merkmale, wie z. B.:

- **Informationscharakter:** Bei der Planung werden Informationen gewonnen, gespeichert und verarbeitet sowie übertragen,
- **Zukunftsbezogenheit:** Planung erstreckt sich auf in der Zukunft liegende Sachverhalte. Unsicherheiten in Bezug auf die vorhandenen Informationen beeinflussen die Planungsaktivitäten,
- **Rationalität:** Planung zeichnet sich dadurch aus, dass bewusst bestimmte Ziele verfolgt werden und mit der methodisch-systematischen Vorgehensweise gelingt auch eine Abgrenzung zur Intuition/Improvisation,
- **Gestaltungscharakter:** Die Ausrichtung der Planung als Problemlösung hebt den Zielbezug hervor.[106]

Weitere Anforderungen aus normativer Sicht sind:

- **Integrität:** Sämtliche für die Planung relevanten Variablen sowie zwischen den Variablen bestehenden Interdependenzen müssen in sachlicher und zeitlicher Hinsicht berücksichtigt werden,
- **Adaptivität:** Planung sollte nicht starr ausgelegt werden, sondern sollte an eine etwaige Modifizierung der Anforderungen bzw. Änderung der Daten angepasst werden.[107]

Planung ist eng verbunden mit der Unternehmenspolitik,[108] indem Informationen in Bezug auf die Stärken und Schwächen des Unternehmens und die Chancen und Risiken, die sich aus der Unternehmensumwelt ergeben, definiert werden. Im Zuge der Planung von Unternehmensstrategien werden Wege zur Realisierung des Markterfolgs aufgezeigt.[109] Auf der Grundlage operationaler Ziele sind die geplanten Maßnahmen mit dem jeweils notwendigen Ressourceneinsatz aufzuzeigen. Aktuelle und zukünftige Unternehmens- und Umweltbedingungen werden mit berücksichtigt. Die Planung hat eine koordinierende und integrierende Wirkung in der Organisation und stellt eine Synthese von Aufgaben und Teilaufgaben her.[110]

Bei der Aufstellung der einzelnen Unternehmenspläne ist eine Koordination unabdingbar. Ziel muss es sein, dass der strategischen Ebene ein Maß an Kreativität und Innovation und der operativen Ebene ein Maß an Durchsetzbarkeit zugeordnet wird. Häufig wird die Umsetzung der Unternehmensplanung so verteilt, dass der

---

105 Vgl. Fandel (1983), S. 483; Hahn (1996), S. 47.
106 Vgl. Mag (1995), S. 4; Rüth (1989), S. 122f; Wild (1982), S. 13f.
107 Vgl. Koch (1975) Sp. 3004.
108 Vgl. Rühli (1988), S. 66ff.
109 Vgl. Ulrich/Fluri (1995), S. 17.
110 Vgl. Rühli (1988), S. 63f.

Unternehmensführung die strategische Planung, der Abteilungsebene die taktische Planung und der Gruppenebene die operative Planung zugeordnet wird.[111]

Auch *Chandler* (1962) beschreibt die Strategie mit der Bestimmung langfristiger Ziele und verbindet damit die Allokation notwendiger Ressourcen zur Zielerreichung.[112]

Das klassische Prozessmodell der strategischen Unternehmensplanung wurde erstmals von *Andrews* (1971) an der Harvard Business School vorgestellt.[113]

Strategische Planung wird gemäß *Mintzberg/Waters* (1982) als Operationalisierung von Strategie angesehen.[114] Strategische Planung bezeichnet „ein systematisches zukunftsbezogenes Durchdenken von Zielen, Maßnahmen, Mitteln und Wegen zur zukünftigen Zielerreichung".[115] Strategische Planung zeichnet sich vor allem durch Formalisierung, einen langfristigen Zeithorizont und die Anwendung von Planungsinstrumenten aus.[116] Nachfolgende *Abb. 2.6* von *Kreikebaum* (1997) stellt einen typischen strategischen Planungsprozess dar. Die Werte und die Grundeinstellungen des Top-Managements und die Umweltbedingungen bestimmen die langfristigen Unternehmensabsichten. Die strategische Analyse wird zuerst vorgenommen, um danach die Strategiebestimmung vorzunehmen. Bei der Formulierung und der Bewertung der Strategien werden für die Strategie-Implementierung die Maßnahmen und Ziele festgelegt. Abschließend wird eine strategische Kontrolle vorgenommen.

In jeder Phase ist bei einer Abweichung von der Strategielinie ein Zurückgehen in die vorherigen Phasen möglich, um so immer flexibel und aktuell auf die Gegebenheiten reagieren zu können.

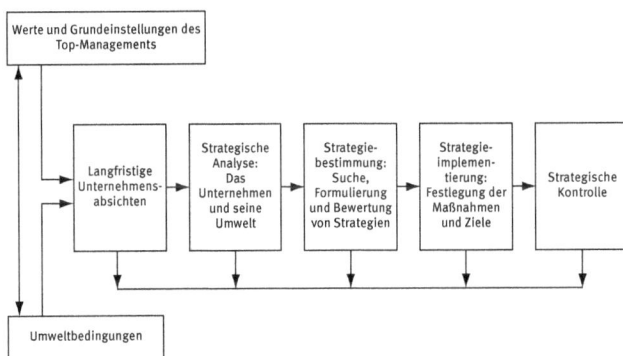

Abb. 2.6: Strategischer Planungsprozess[117]

---

111 Vgl. Naumann (1989), S. 189f.
112 Vgl. Chandler (1962), S. 14.
113 Vgl. Andrews (1971), S. 9f.
114 Vgl. Mintzberg/Waters (1982), S. 498.
115 Wild (1974), S. 13.
116 Vgl. Kraus et al. (2007), S. 377; Rue/Ibrahim (1998), S. 28; Yusuf/Saffu (2005), S. 484 f.
117 Kreikebaum (1997), S.37.

Die Entwicklung und Umsetzung einer strategischen Planung in KMU kann mit dem Ergebnis einer Studie von *Lombriser et al.* (2007) noch weiter differenziert werden. In der Praxis werden die einzelnen Schritte meist iterativ betrachtet, das heißt, die Schritte werden zwar der Reihe nach behandelt und jeweils provisorisch abgeschlossen, aber spätere Schritte können zu neuen Erkenntnissen führen und Veränderungen bei früheren Schritten erfordern. In dem Prozess der Strategieentwicklung wird der Status Quo ermittelt und ein Ausblick vorgenommen. In der Strategieumsetzung werden mit den getroffenen Entscheidungen die Maßnahmen festgelegt und abschließend ein Controlling vorgenommen.[118]

Die Verankerung der strategischen Planung als zentrales Element der Unternehmensführung und die Implementierung eines Prozesses zur Unterstützung der strategischen Planung sind Herausforderungen für die Unternehmensführung.

Ein weiteres, in Detailaufgaben dargestelltes Vorgehensmodell der strategischen Planung von *Huber* (2008) wird mit der *Abb. 2.7* vorgestellt.

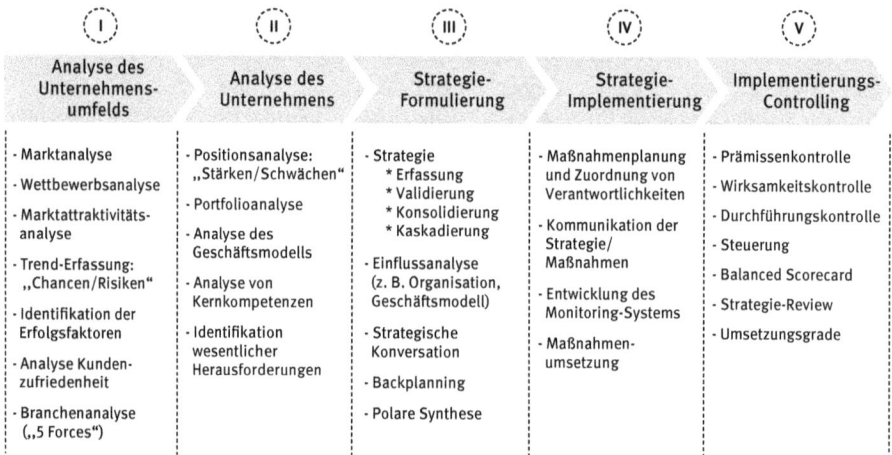

I — Analyse des Unternehmens-umfelds	II — Analyse des Unternehmens	III — Strategie-Formulierung	IV — Strategie-Implementierung	V — Implementierungs-Controlling

- Marktanalyse	- Positionsanalyse: „Stärken/Schwächen"	- Strategie
		  * Erfassung
		  * Validierung
		  * Konsolidierung
		  * Kaskadierung
			- Maßnahmenplanung und Zuordnung von Verantwortlichkeiten	- Prämissenkontrolle

- Wettbewerbsanalyse	- Portfolioanalyse			- Wirksamkeitskontrolle
- Marktattraktivitäts-analyse	- Analyse des Geschäftsmodells		- Kommunikation der Strategie/ Maßnahmen	- Durchführungskontrolle
- Trend-Erfassung: „Chancen/Risiken"	- Analyse von Kernkompetenzen	- Einflussanalyse (z. B. Organisation, Geschäftsmodell)		- Steuerung
- Identifikation der Erfolgsfaktoren	- Identifikation wesentlicher Herausforderungen	- Strategische Konversation	- Entwicklung des Monitoring-Systems	- Balanced Scorecard
- Analyse Kunden-zufriedenheit		- Backplanning	- Maßnahmen-umsetzung	- Strategie-Review
- Branchenanalyse („5 Forces")		- Polare Synthese		- Umsetzungsgrade

Abb. 2.7: Strategische Planung als Prozess[119]

Auch hier werden fünf Phasen unterschieden. In der Analysephase werden zuerst das Unternehmensumfeld und anschließend das jeweilige Unternehmen selber betrachtet. Hierfür können verschiedene Methoden angewendet werden. Die dritte Phase ist der Strategieformulierung zugeordnet. Anschließend wird die Strategieimplementierung und abschließend das Implementierungscontrolling umgesetzt. Die relevanten Methoden aus dieser Übersicht finden im *Kapitel 5* Berücksichtigung, wo sie näher erläutert werden.

---

118 Vgl. Lombriser et al. (2007), S. 42f.
119 Huber (2008), S. 38.

Die strategische Ausrichtung bzw. langfristige Orientierung bildet die Grundlage für die strategische Unternehmensplanung. Die Auseinandersetzung mit allen relevanten Informationen und der Betrachtung der Umfeld- und Unternehmenssituation stellt den ersten Schritt für Entscheidungen gerade in der Gründungs- und Frühentwicklungsphase junger KMU dar. Auf der einen Seite wird eine Entwicklung vorangetrieben, auf der anderen Seite bestehen Einflüsse von außen. Der Businessplan, der in der Gründungsphase von vielen Stakeholdern gefordert ist, muss weiter fortgeführt werden. Mit der Beibehaltung und dem ständigen Anpassen der strategischen Unternehmensplanung unter Beteiligung des Unternehmers und der Mitarbeiter wird der langfristige Unternehmensfortbestand unterstützt. Für die weiteren Überlegungen müssen diese Aspekte in der explorativen Expertenbefragung und in der möglichen Handlungsempfehlung in *Kapitel 5* berücksichtigt werden.

2.4 Die Unternehmenserfolgsfaktoren und deren kausale Zusammenhänge

Ein Indikator für den Erfolg junger Unternehmen ist in der Regel deren Überleben über eine bestimmte Zeitspanne (bis zu zehn Jahren) hinweg.[120] Überleben wiederum ist weitgehend abhängig von der Fähigkeit des Unternehmens, sich an die wandelnden Umweltbedingungen anzupassen. Strategische Planung ist ein Konzept, um dies zu gewährleisten.

Die Erfolgsfaktorenforschung wurde erstmals grundlegend in der PIMS-Studie „Profit Impact of Market Strategies" von *Buzzell/Gale* in den 1960er Jahren durchgeführt, wobei 300 Unternehmen erfasst wurden. Dabei wurden mittels Anwendung der multiplen linearen Regression branchenübergreifende interne und externe Erfolgsfaktoren identifiziert.[121] Gegenüber dem PIMS-Ansatz gibt es zahlreiche kritische Einwände, z. B. in Bezug auf die eingeschränkte Repräsentativität der genutzten Daten, eine unvollständige Modellspezifikation, die Nutzung von Querschnittsuntersuchungen sowie in Bezug auf die kausale Interpretation der Ergebnisse. In den 1980er Jahren wurden einige branchenübergreifende Studien durchgeführt. Diese waren jedoch sehr heterogen, sowohl auf die Untersuchungsansätze und Untersuchungsmethoden als auch auf die ermittelten Resultate bezogen.[122] Vor allem das SCP-Structure-Conduct-Performance-Paradigma wurde hierzu als Forschungsmodell

---

120 Vgl. Brüderl et al. (1996), S. 91.
121 Vgl. Buzzell/Gale (1989).
122 Vgl. Fritz (1990), S. 94ff; Göttgens (1996), S. 475ff.

genutzt. Bei diesem Modell werden die Marktstruktur einer Branche (Anbieter, Abnehmer, Produktdifferenzierung, Eintrittsbarrieren), das Vorgehen von Unternehmen (F & E, Preis, Werbung) und die ökonomische Leistung (Rentabilität) betrachtet.[123] Hierbei wird der Erfolg eines Unternehmens in Bezug auf seine vorherige strategische Anpassung betrachtet. Dabei werden auch die Kernkompetenzen untersucht und wie diese konzeptionell in einer strategischen Unternehmensplanung entwickelt und umgesetzt werden können.

Bei der Betrachtung und Analyse der in der Literatur und Praxis häufig genannten Erfolgsfaktoren ist die strategische Planung als ein Erfolgsfaktor genannt. Weiterhin werden der Markt, die Unternehmensposition, der Wertschöpfungsprozess, die Portfolio-Instrumente und Personal & Organisation genannt.[124] Insgesamt betrachtet sind die Ergebnisse der Erfolgsfaktorenforschung unterschiedlich. In einer Meta-Studie von *Capon et al.* (1990) werden die signifikanten Erfolgsfaktoren aus den unterschiedlichen Studien zusammengetragen, die als abhängige Variable ein finanzielles Erfolgsmaß (z. B. ROI, Eigenkapitalrendite, Gewinn) gewählt haben. Anhand der Ergebnisse wurde ersichtlich, dass es zwischen den analysierten unabhängigen Variablen Unterschiede gibt. Dadurch werden auch die Wahrscheinlichkeit und die Intensität einer positiven oder negativen Korrelation mit dem Erfolg unterschiedlich dargestellt.[125] Die Häufigkeit der Nennung der ermittelten Variablen lässt erkennen, dass Agglomerationseffekte, Unternehmensgröße und Höhe der Investitionen als wichtigste Erfolgsfaktoren genannt werden können.

Bei der Untersuchung der Erfolgsfaktoren bei Industrieunternehmen werden bei einer empirischen Analyse, basierend auf dem Datensatz des BDI-Mittelstandspanels, durch das IfM-Bonn seit 2005 zweimal jährlich die relevanten Aspekte für den Erfolg von Unternehmen untersucht.[126] Dabei werden u. a. auch die potenziellen Einflussmerkmale und die zugehörigen Prüfvariablen ermittelt. Hierbei werden neben der Situationsbetrachtung von Struktur und Ressourcen des Unternehmens auch die Zielrichtungen bewertet. Mögliche Zielrichtungen können die Team-/Leistungsorientierung, die globale Orientierung, Kundenorientierung und Innovationsorientierung sein. Das Streben nach Markt- und Qualitätsführerschaft ist auch eine wichtige Variable. Ein Erfolgsfaktor ist auch, wenn KMU sich auf eine Nische fokussieren. Diese Erkenntnis wurde in empirischen Untersuchungen von *Ibrahim* (1993) ermittelt.[127]

Im Rahmen der vorliegenden Arbeit macht ist es hilfreich auch die in der Literatur als „Hidden Champions" bezeichnete Unternehmen zu betrachten. Diese Unter-

---

123 Vgl. Scherer/Ross (1990), S. 45.
124 Vgl. Breid (1994), S. 77f; Buzzell/Gale (1989), S. 38.
125 Vgl. Capon et al. (1990), S. 1148.
126 Vgl. Adenäuer (2007), S. 145.
127 Vgl. Ibrahim (1993), S. 20.

nehmen sind auch als „Heimliche Gewinner" oder „Stille Stars" bekannt. Die Untersuchungen zu „Hidden Champions" von *Simon* (2007) wenden sich vornehmlich an Praktiker. *Simon* (2007) untersuchte in Einzelfallstudien erfolgreiche mittelständische Unternehmen. Dabei handelt es sich um KMU, die auf der einen Seite zwar relativ unbekannt sind, dennoch aber in ihrem Markt als Marktführer gelten. Die „Hidden Champions" haben sich aus jungen KMU entwickelt, daher ist diese Betrachtung hilfreich für die Erkenntnisgewinnung wie junge KMU sich erfolgreich etablieren können. Es handelt sich bei diesen Unternehmen überwiegend um Familiengesellschaften, die einen hohen Exportanteil aufweisen. Die zunehmende Globalisierung unterstützt diese Unternehmenstypen.

Simon (2007) ordnet den „Hidden Champions" nachfolgende Kriterien zu:
–   KMU mit einem großen Marktanteil und einer Platzierung von eins bis drei auf dem Weltmarkt oder die Nummer eins auf ihrem Heimatkontinent,
–   Jahresumsatz liegt i.d.R. unter 3 Milliarden Euro,
–   in der Öffentlichkeit kaum bekannt.[128]

Mit diesem Jahresumsatz sind diese Unternehmen Großunternehmen, aber sie haben sich aus jungen KMU entwickelt, daher sind die Erfolgsfaktoren wichtig für die Untersuchung. KMU, die zu dieser Gruppe gehören, haben sich mit unterschiedlichen Erfolgsfaktoren etabliert, wie z. B.:
–   Spezialisierung bei den Produkten,
–   überwiegend Familienunternehmen,
–   innerer Anspruch auf Erfolg („psychologische Marktführung"),
–   Fokus auf Globalisierung,
–   hohe Produktqualität, Wirtschaftlichkeit (Total Cost of Ownership), Liefertreue, Beratung, Kundennähe,
–   hohe Fertigungstiefe und selbst entwickelte Maschinen,
–   Verzicht auf Kooperationen,
–   patriarchalische Unternehmenskultur, im Operativen teamorientiert,
–   hohe Identifikation der Führungskräfte.

Andere KMU, die nicht zu dieser Gruppe gehören, haben die Möglichkeit, soweit es umsetzbar ist, die Erfolgsfaktoren von „Hidden Champions" auf ihre Strategien zu übertragen. Es gibt Untersuchungen, die ergaben, dass die erfolgreichen Unternehmen eher in technologieintensiven Branchen tätig sind und die weniger erfolgreichen eher in anderen Branchen, wie z. B. im Baugewerbe zu finden sind.[129]

Für die meisten „Hidden Champions" sind die Themen „Visionen, klare Ziele und Strategien" Grundlage ihres Erfolges.

---

128 Vgl. Simon (2007), S. 85.
129 Vgl. Audretsch (1995), S. 45.

Auswahl typischer Ziele der „Stillen Stars":
- „Unser Ziel ist es, die Nr. 1 zu sein und zu bleiben",
- „Wir wollen in unserem Markt weltweit die Besten sein",
- „Wir streben Marktführerschaft an. Das Ziel: beste Qualität zu wettbewerbsfähigen Preisen",
- „Marktführer – sonst nichts",
- „Von Anfang an war das erklärte Ziel, Marktführer zu werden".[130]

Diese Ziele werden von vielen Unternehmen aufgestellt. Die „Stillen Stars" verfolgen diese jedoch hartnäckig und äußerst beharrlich und verlieren sie nie aus den Augen. Jeder Mitarbeiter identifiziert sich mit der Vision und verfolgt sie.

Die Unternehmen verfolgen eine Zwei-Säulen-Strategie, indem sie sich in puncto Produkt und Know-how spezialisieren, um dann in die globale Vermarktung zu gehen. Dabei achten sie aber darauf, dass die Kundenbeziehungen nicht ausgelagert werden. Untersuchungen zeigen, dass 100 Prozent der Unternehmen Tochtergesellschaften in den USA haben. Über 80 Prozent verfügen über Niederlassungen in wichtigen Märkten wie Großbritannien, Frankreich und Italien. Über die Hälfte dieser Unternehmen sind in Japan mit eigenen Tochtergesellschaften vertreten.[131] Dies führt dazu, dass einzelne Unternehmen mehrsprachige Führungskräfte angestellt haben. Kundennähe wird selbst von Top-Managern praktiziert. Das bedeutet mit aller Konsequenz, dass nicht der Preis entscheidend für die Kunden ist, sondern der Wert der Leistungen und die vorbildliche Kundennähe und damit auch Kundenbindung.

Innovation und Pionierstellung ist zudem ein weiteres wichtiges Kriterium für diese Unternehmen. Die Wettbewerbsstrategie zielt auf Differenzierung und weniger auf Kostenvorteile ab. Neben der Kundennähe ist auch auffällig, dass die räumliche Konkurrenznähe oft vorhanden ist. „Häufig findet man die führenden Firmen in einer Branche an einem Ort oder in regionaler Nähe. Dies legt einen Vergleich mit Spitzenathleten nahe, die ebenfalls oft an einem Ort gegeneinander trainieren. Die zwei weltführenden Firmen für Montageprodukte, Würth und Berner, haben beide ihren Sitz in Künzelsau. Top-Weltfirmen für chirurgische Instrumente wie Aesculap, Storz oder Martin befinden sich in Tuttlingen. Die beiden weltführenden Hersteller von Flaschenabfüllanlagen, Krones/Neutraubling und KHS/Dortmund, liefern sich einen erbitterten Wettbewerb. Weltklasse scheint am ehesten durch einen solchen leistungssteigernden Wettbewerb erreichbar."[132]

Bei den Mitarbeitern sind ein niedriger Krankenstand und eine geringe Fluktuation zu verzeichnen. Häufig befinden sich die Standorte der Firmen in ländlichen

---

130 Simon (2006), S. 51.
131 Simon (2006), S. 52ff.
132 Simon (2006), S. 56ff.

Regionen, was zu einer hohen Identifikation führt. Die Führungskräfte besitzen oftmals starke Persönlichkeiten und verstehen ihre Tätigkeit als eine Einheit von Person und Aufgabe. Diese Führungskräfte sind sehr zielstrebig, furchtlos und begeisterungsfähig, teilweise auch autoritär.[133] Es ist festzustellen, dass eine konsequente strategische Ausrichtung und die konzeptionelle Herangehensweise förderlich sind, für das Wachstum und die Etablierung von jungen KMU. Daher haben die Ansätze von „Hidden Champions" auch Vorbildcharakter für junge Unternehmen.

Der Unternehmer gibt Visionen und Ziele vor, die oft für Jahrzehnte gelten. Diese Vorgaben werden transformiert in den inneren Kreis. Die Mitarbeiter und die Stärken sind neben der kontinuierlichen Arbeit die Voraussetzung für die Ziele. Anschließend liegt der Fokus auf dem äußeren Kreis, der die globale Orientierung, die Kundennähe, den engen Marktfokus und die klaren Wettbewerbsvorteile beinhaltet. Die Hidden Champions haben keine Erfolgsformel, sie arbeiten mit gesundem Menschenverstand.[134]

Da bei den Erfolgsfaktoren von Kausalzusammenhängen zwischen strategischer Planung und Erfolg von KMU ausgegangen wird, sind die Ursache-Wirkungsbeziehungen in der vorliegenden Untersuchung näher zu betrachten.

In Deutschland wurde von *Jenner* (1999)[135] unter dem Titel „Determinanten des Unternehmenserfolges" eine empirische Untersuchung durchgeführt, die auf der computergestützten Befragung von 220 Entscheidungsträgern deutscher Industrieunternehmen basierte. Aufgrund der Multikausalität des Phänomens „Erfolg", stützt sich diese Untersuchung sowohl auf die Überlegungen des Ressource-Based-View, als auch auf industrieökonomische Ansätze um die verschiedenen Ausrichtungen von Unternehmen zu betrachten. Ein Ergebnis der empirischen Untersuchung von *Jenner* (1999), zeigt, dass diejenigen Unternehmen mit ausgesprochenen rationalen Planungsprozessen, die also insbesondere systematisch eine langfristig angelegte Unternehmensstrategie herleiten, besonders erfolgreich sind.[136] Bei der Übersicht der Kausalstrukturen wird deutlich, wie komplex die Zusammenhänge in einem Unternehmen sein können. Ausgehend von der Unternehmensphilosophie, den Ressourcen sowie Fähigkeiten, den Strukturen und den Prozessen im Unternehmen gibt es eine Vielzahl von Komponenten, die sich positiv und negativ auf den Geschäftserfolg auswirken. Die Strategie bestimmt letztendlich auch den Geschäftserfolg, genau wie die anderen dargestellten Bereiche. Daher müssen bei allen Betrachtungen die einzelnen Komponenten berücksichtigt werden. Um dieses Modell zu verstehen, müssen die Funktionen von Kausalmodellen beschrieben werden. Diese sind:

---

133 Vgl. Simon (2006), S. 56ff.
134 Simon/Lippert (2007), S. 15f.
135 Vgl. Jenner (1999).
136 Blum/Leibbrand (2001), S. 252.

- Kausalmodelle helfen, Phänomene zu verstehen (Modelle veranschaulichen Sachverhalte, indem Ursache- und Wirkungsbeziehungen aufgezeigt werden).
- Kausalmodelle sollen Sachverhalte erklären (Modelle zeigen den Weg auf, der von Ursache zu Auswirkung führt).
- Kausalmodelle, die überprüft worden sind und mit empirischen Daten bestätigt wurden, ermöglichen erfolgreiche Vorhersagen.
- Kausalmodelle sollen Handlungen leiten bzw. beeinflussen (Möglichkeiten von Interventionen werden aufgezeigt, mögliche negative Folgen können verhindert werden, wenn die Ursache bekannt ist).

In der vorliegenden Untersuchung wurden nur kausal relevante Ereignisse in die Betrachtung aufgenommen. Ein Ereignis ist nur kausal relevant, wenn durch sein Auftreten die Wahrscheinlichkeit vorhanden ist, dass ein weiteres Ereignis im Modell sich verändert.[137] Ereignisse, die konstant an- oder abwesend sind, werden ausgelassen, wenn sie andere Ereignisse nicht beeinflussen können. Dies wurde im Konzept des „focal set" von *Cheng/Novick* (1992)[138] entwickelt, wonach an- und abwesende Konstanten/Ereignisse vernachlässigt werden können. Unbekannte Faktoren werden ebenfalls nicht berücksichtigt.

Kausalzusammenhänge sind probabilistische und keine deterministischen Beziehungen. Die Pfeile bedeuten nicht, dass das Ursachenereignis von einem Effektereignis gefolgt wird. Es kann sein, dass sich nach einem Ursachenereignis kein Effekt einstellt oder dass ein Effekt ohne eine bekannte Ursache auftritt. Mit der Vermutung, dass die Kausalbeziehungen innerhalb eines Modells probabilistisch sind, ist nicht ausgeschlossen, dass die Kausalzusammenhänge nicht doch deterministische Beziehungen sind.[139] Die unvollständige Wahrscheinlichkeitsbeziehung beruht nach der vorliegenden Konzeption darauf, dass nicht alle Ereignisse bekannt sind, die zu einem Effekt führen oder diesen verhindern könnten, was letztendlich bedeutet, dass nur schwer ein vollständiges Kausalmodell gebildet werden kann.

Kausalmodelle entwickeln sich schrittweise, nachdem Wissen über einzelne Kausalzusammenhänge erworben wurden. Daher wird in der vorliegenden Arbeit neben der Literaturanalyse und der Analyse des Forschungsstands auch eine explorative Expertenbefragung vorgenommen.

Nach wie vor werden zudem Fälle beobachtet, in denen der Effekt trotz der Ursache ausbleibt bzw. der Effekt auftritt, ohne dass eine Ursache vorhanden war. Dies kann zu einer Suche nach weiteren Ereignissen führen, die den Effekt ebenfalls bedingen. Werden solche entdeckt, kann das Modell mit diesen Ereignissen erweitert

---

137 Vgl. Eells (1991), S. 30.
138 Vgl. Cheng/Novick (1992), S. 111f.
139 Vgl. Pearl (2000), S. 87.

werden. So entsteht ein komplexes Gemeinsamer-Effekt-Modell.[140] Eine weitere mögliche Vorgehensweise kann die Beobachtung von mit der Ursache kovariierenden Ereignissen sein, die als Nebeneffekte in das Modell mit einfließen und später zu einem Gemeinsame-Ursachen-Modell entwickelt werden. Das wesentliche Merkmal von Kausalmodellen ist deren Struktur und die mit dieser Struktur verbundenen Implikationen. Die Struktur erklärt die beobachteten statistischen Zusammenhänge und lässt Vorhersagen sowohl für Einzelfälle wie für Gruppen von Fällen zu.

Beim Gemeinsamer-Effekt-Modell werden drei Zusatzannahmen vorgenommen: als Erstes die Linearitätsannahme, als Zweites die Annahme einer unabhängigen Wirkung und drittens die Annahme einer additiven Wirkung. Neben den bereits genannten qualitativen Aspekten müssen nun auch die quantitativen Aspekte betrachtet werden. Bei der Frage nach der Stärke eines Kausalzusammenhanges handelt es sich um die Frage nach der Häufigkeit, mit welcher die untersuchte Ursache des infrage stehenden Effektes hervorgerufen wird. Um die Stärke zu bestimmen, muss man auch die Kontingenz betrachten. Nach der Auffassung, dass die Kausalität auf einem probabilistischen Konzept beruht, ist die Ursache ein Ereignis, welches die Wahrscheinlichkeit des Auftretens eines anderen Ereignisses (ihres Effektes) verändert.[141]

Ein anderes Maß für Kausalität ist messbar mit dem Konzept „kausaler Power".[142] Nach dieser Auffassung steht hinter jedem beobachteten Kausalzusammenhang auch eine Ursache, die eine Wirkung (Power) auf den Effekt ausübt.[143] Die Power ist ein theoretisches Konstrukt zur Erklärung der beobachteten Zusammenhänge, welche aus den Beobachtungen erst erschlossen werden. Die mechanistischen Ansätze haben eine ähnliche Idee zur Kausalität. Für diese sind die beobachtbaren Zusammenhänge die Folge dahinter verborgen liegender Mechanismen. Die kausale Power wird als diejenige Wahrscheinlichkeit definiert, mit der eine Ursache anhand ihres Auftretens einen Effekt hervorruft, wenn keine weiteren Ursachen gegeben sind.[144] In realen Kontexten sind dennoch weitere unbekannte Ursachen vorhanden, daher ist die kausale Power eine theoretische, praktisch nicht direkt bestimmbare Größe. Sie lässt sich aufgrund der beobachtbaren Zusammenhänge unter gewissen Zusatzannahmen schätzen. So geht in die beobachtbaren bedingten Wahrscheinlichkeiten neben der originären Ursache stets auch die Wirkung anderer Ursachen mit ein. Unter der Annahme, dass diese alternativen Ursachen alle den Effekt fördern, können diese als eine generative Ursache betrachtet werden. Eine weitere Annahme, welche für die Bestimmung kausaler Power

---

140 Hagmayer (2000), S. 10.
141 Vgl. Eells (1991)S. 45; Salmon (1980), S. 123ff.
142 Vgl. Cartwright (1989), S. 46; Cheng (1997), S. 77f.
143 Vgl. Buehner/Cheng (1989), S. 86.
144 Vgl. Cheng (1997), S. 68.

gemacht werden kann, ist, dass beide Ursachen voneinander unabhängig auf den Effekt wirken. Dieser Ansatz kann auch auf Interaktionen erweitert werden.

Oftmals gibt es bei einer Entscheidungsfindung vom Management die Überlegung, ob Handlungen zum gewünschten Effekt führen und mit welcher Wahrscheinlichkeit ein Effekt eintritt, wenn eine Ursache gesetzt wird. Die „Probability of sufficiency"[145] gibt diese Wahrscheinlichkeit an, dass die Ursache den Effekt hervorruft. Dabei wird als gegeben vorausgesetzt, dass weder die Ursache noch der Effekt in dem konkreten Fall bereits aufgetreten ist. Diese Wahrscheinlichkeit wird auch durch Beobachtung bestimmt, wenn zwei Zusatzannahmen gemacht werden: zum einen die Annahme der Exogenität (Ursache und Effekt haben keine gemeinsame Ursache) und zum anderen die Annahme der Monotonizität (das Auftreten der Ursache kann den Effekt nur hervorrufen, aber niemals unterdrücken).[146]

Die Darstellung von Abläufen und deren komplexen Ursache-Wirkungszusammenhängen sind in der Wissenschaft, in Wirtschaft und Alltag sehr verbreitet.[147] Bei der Anwendung von Kausalmodellen gibt es aufeinander abgestimmten Strukturen. Nach einer Lernphase der Kausalzusammenhänge werden Prognosen von Effekten und Diagnosen von Ursachen vorgenommen. Nach der Prüfung der Kausalhypothesen und der Kausalzusammenhänge innerhalb eines Kausalmodells werden wiederum Kausalhypothesen generiert.

Beim Lernen einzelner Kausalzusammenhänge zwischen zwei Ereignissen ist die Struktur des angenommenen Kausalmodells wichtig. Mit Struktur ist in diesem Zusammenhang die Richtung gemeint. Verursacht das Ereignis A das Ereignis B oder ruft Ereignis B Ereignis A hervor? Wird das Verhalten durch die Einstellung oder die Einstellung durch das Verhalten beeinflusst? Die Aufgabe beim Erlernen von Kausalzusammenhängen ist es, aus einer Vielzahl von Lernerfahrungen die Stärke der Kausalrelation zu erschließen. Bei Prognosen und Diagnosen handelt es sich dagegen um Vorhersagen im Einzelfall. Dabei gilt es aus einer bestimmten Ursachenkonstellation einen Effekt bzw. seine Wahrscheinlichkeit zu prognostizieren, oder aus einer bestimmten Kombination von Effekten das Vorliegen bestimmter Ursachen zu diagnostizieren. Eine Voraussetzung für Prognosen und Diagnosen ist das Wissen über Kausalmodelle. Kausalmodelle erlauben es aber auch auf Ereignisse zu schließen, die mit dem Prädiktor nicht unmittelbar kausal verbunden sind. Die Ergebnisse aus einer Vielzahl von Studien aus verschiedenen psychologischen Teildisziplinen belegen, dass Personen grundsätzlich in der Lage sind, normativ richtige Prognosen und Diagnosen auf der Basis von Kausalmodellen zu stellen.[148] Es wurden auch vereinfachte Heuristiken gefunden: Personen waren

---

145 Pearl (1999), S. 15.
146 Vgl. Pearl (199), S. 15ff.
147 Vgl. Ostermeier/Hesse (2000), S. 93f.
148 Vgl. Ostermeier/Hesse (2000), S. 25f.

trotz unvollständiger Information in der Lage, sinnvolle Schlussfolgerungen zu ziehen. Bei Diagnosen bezüglich vertrauter Ereignisse vereinfachten die Personen ihr Vorgehen dadurch, dass sie nur das Vorliegen der wahrscheinlichsten Ursachen überprüften.[149]

Bei Untersuchungen zum wissenschaftlichen Denken sollte auch das Prüfen von Hypothesen untersucht werden. Die Frage dabei ist, welchen Einfluss spezifische Hypothesen auf die Bestimmung von Kausaleinflüssen hatten. Untersuchungen belegen, dass bei einer Erwartungshaltung auch zwischen Ursache und Effekt ein positiver Zusammenhang vorliegt und positive Zusammenhänge gut erkannt werden, aber ein Nullzusammenhang nicht entdeckt wurde.[150] Bei dem Gemeinsamer-Effekt-Modell wirken mehrere Ursachen auf denselben Effekt ein. Bei der Überprüfung der Hypothese, dass die eine Ursache den Effekt hervorruft, muss daher auch die Alternativhypothese, dass der Effekt durchaus durch die andere Ursache hervorgerufen werden kann, in Betracht gezogen werden. Es wird daher nicht ausreichen, einzelne Hypothesen unabhängig voneinander zu überprüfen und aus diesem Grund ist die bedingte Kontingenz der geeignete Indikator für einen Kausalzusammenhang. Bei komplexen Sachverhalten und einer großen Anzahl von Faktoren ist die Generierung kausaler Strukturhypothesen notwendig.

Was aus der vorherigen Betrachtung als Resultat gewonnen werden kann, sind die kausalen Beziehungen und Zusammenwirken von verschiedenen Einflüssen auf das junge KMU. Die Fokussierung auf Erfolgsstrategien und auf die strategische Ausrichtung wird bei der folgenden explorativen Expertenbefragung relevant sein. Für die vorliegende Untersuchung ist es wichtig, wie die zu entwickelnden Instrumente im *Kapitel 5* auch in den jungen KMU umgesetzt und angewendet werden können.

2.5 Zusammenfassung und Einordnung der Arbeit

In diesem Kapitel wurden die grundlegenden Definitionen und Abgrenzungen der Kernelemente der Forschungsarbeit dargestellt. Diese Grundlagen und terminologischen Abgrenzungen dienen in der vorliegenden Forschungsarbeit, entsprechend der Vorgehensweise praxisorientierter Forschung, der Darstellung, Interpretation und Herausbildung von problemrelevanten wissenschaftlichen Grundlagen gemäß dem Untersuchungsrahmen, welcher im *Kapitel 1.4* beschrieben wurde. In dem vorangegangenen *Kapitel 2* ging es um die Frage, was unter einem Unternehmenslebenszyklus verstanden wird. Weiterhin ging es um die Historie und die Ansätze und aktuellen Bedeutungen des strategischen Managements und der strategischen Unternehmensplanung. Weiterhin wurde auch das strategische Management im

---

149 Vgl. Hagmayer (2000), S. 26.
150 Vgl. Chapman/Chapman (1969), S. 37; Kuhn et al. (1995), S. 49.

Zusammenhang der Unternehmensprozesse betrachtet. Abschließend wurde in diesem Kapitel das Thema der Erfolgsfaktoren behandelt, da anhand von Studien belegt wurde, welchen Einfluss und kausalen Zusammenhang strategische Unternehmensplanung auf den bzw. mit dem Erfolg junger KMU hat.

In heterogenen KMU ist eine Standardisierung der Planungsmodalitäten sehr schwierig. Daher müssen im nachfolgenden Kapitel auch mithilfe der Forschungsfragen die vorhandenen wissenschaftlichen Studien und die wirtschaftlichen Rahmenbedingungen umfassend analysiert werden, um auch hier, wie in *Kapitel 1.4* beschrieben, den Untersuchungsrahmen umfassend zu behandeln.

Dies muss schon allein wegen der Bewältigung der unternehmerischen Herausforderungen für junge KMU, wie die der Dynamik, der Komplexität, der Ungewissheit und der Ambiguität gemacht werden.[151] In jungen KMU, wie auch in etablierten KMU müssen häufig mehrere Personen in den Strategiefindungsprozess eingebunden werden, um die verschiedenen Perspektiven abzuwägen. „Several authors of strategic decision making have pointed out that effective strategic decision making largely depends on the ability of team members to learn from each other in order to build a shared perspective."[152] Diese Aussage bestätigt, dass bei der Anwendung der strategischen Unternehmensplanungsinstrumente nicht nur der Geschäftsführer, sondern alle relevanten Mitarbeiter mit in den Entwicklungs-/Entscheidungs- und Umsetzungsprozess eingebunden werden. Im Rahmen der Kommunikationsprozesse, bei denen Strategien entwickelt werden, bedarf es prozessunterstützender Hilfsmittel, die in den nachfolgenden Kapiteln vorgestellt werden. Dabei können auch bewährte Instrumente, die bisher vorrangig in Großunternehmen eingesetzt wurden, einen wertvollen Beitrag leisten. Diese sind so anzupassen, dass die Unternehmen sie effektiv einsetzen können. Dies wird im *Kapitel 6* erfolgen.

---

151 Vgl. Espejo et al. (1996), S. 82.
152 Vennix (1996), S. 2.

3 Untersuchungen zur strategischen Unternehmensplanung in jungen KMU

In einer Studie aus dem Jahre 2002 zur Unternehmensplanung der umsatzstärksten deutschen Unternehmen wurde festgestellt, dass von den befragten Großunternehmen 80 Prozent eine strategische und 90 Prozent eine operative Unternehmensplanung durchführen.[1] Der personelle und materielle Aufwand, die strategische Unternehmensplanung zu konzipieren und umzusetzen, kann sehr groß sein. Viele KMU haben dafür nicht die notwendigen Kapazitäten. Um einen umfassenden Überblick zu erhalten, werden in diesem Kapitel die vorhandenen Studien und Erkenntnisse für junge KMU betrachtet. Dabei werden zuerst die Begriffe KMU und Gründungs-/Jungunternehmen eingegrenzt, um auch eine Eingrenzung für den Untersuchungsgegenstand zu erhalten. Analog zum vorhergehenden Kapitel werden Untersuchungen und Studien zu den Themenbereichen strategisches Management und Erfolgsfaktorenforschung analysiert. Aufgrund der Bedeutung der Umweltfaktoren für den Werdegang und Erfolg von jungen KMU, wie in den *Abb. 1.2 und 2.1* aufgezeigt wird, werden die aktuellen Trends/Perspektiven, die wirtschaftliche Entwicklung von KMU und die Einflüsse aufgrund von Krisensituationen behandelt, um auch hier Erkenntnisse für die Notwendigkeit der strategischen Unternehmensplanung zu ermitteln. Viele der in folgenden betrachteten Studien und Veröffentlichungen beziehen sich auf KMU gemäß der EU-Definition. In dieser Betrachtung wurden auch etablierte KMU und mittleren Unternehmen berücksichtigt. Für die vorliegende Untersuchung muss dieser Aspekt berücksichtigt werden, da eine Differenzierung nach Kleinst-/Klein- und mittlere Unternehmen nicht vorgenommen wurde. Die Erkenntnisse aus den Studien lassen sich aber ohne Weiteres auf die jungen KMU übertragen. Bei der Analyse der Situation bzgl. der strategischen Unternehmensplanung werden die formulierten Forschungsfragen aus dem *Kapitel 1.4* berücksichtigt.

3.1 Definition Kleine und Mittlere Unternehmen

Um kleine und mittlere Unternehmen (KMU) zu untersuchen, ist es wichtig, diese Unternehmen aus der Gesamtheit aller vorhandenen Unternehmen herauszulösen und deren Situation näher zu beschreiben. Hierbei müssen zudem die Begriffe Mittelstand und Familienunternehmen abgegrenzt werden. Alle drei Begriffe werden oftmals synonym und auch in den nachfolgenden Studien als Eingrenzung verwendet. In der Mittelstandsforschung sind bisher mehr als 200 Mittelstandsdefinitionen

---

1 Vgl. Link/Orbán (2002), S. 11ff.

verwendet worden, was die Problematik der Eingrenzung verdeutlicht und eine genaue Definition schwierig macht.[2] Im Mittelstandspanel der Kreditanstalt für Wiederaufbau (KfW) sind Unternehmen bis zu 500 Mio. EUR Umsatz dem Mittelstand zuzuordnen.[3] Im MittelstandsMonitor, welcher von der Creditreform, dem Institut für Mittelstandsforschung (IfM), dem Rheinisch-Westfälischen Institut für Wirtschaftsforschung (RWI), dem Zentrum für Europäische Wirtschaftsforschung (ZEW) und der KfW jährlich erstellt wird, wird der Mittelstand mit KMU mit weniger als 500 Beschäftigten und weniger als 50 Mio. EUR Umsatz gleichgesetzt.[4] Familienunternehmen lassen sich ebenfalls schwierig abgrenzen: Hier werden die Merkmale der Einheit von Eigentum und Leitung angenommen.[5]

KMU können nach quantitativen und qualitativen Merkmalen unterschieden werden, jedoch zeigt sich, dass es einfacher ist, mit Hilfe von quantitativen Angaben eine nachvollziehbare Abgrenzung vorzunehmen.

Es gibt eine große Anzahl von empirischen Untersuchungen, die eine **quantitative Abgrenzung** anhand der Anzahl der Beschäftigten, des Umsatzes bzw. der Bilanzsumme vornehmen.[6] Laut PFOHL sind für den Erhebungsaufwand und die Erhebungsgenauigkeit diese Merkmale nachvollziehbar und überprüfbar.[7]

Gemäß der Kommissions-Empfehlung der Europäischen Union vom 06.05.2003 (Empfehlung 2003/361/EG), welche die bis dahin geltende Empfehlung (96/280/EG) vom 01.05.2005 ersetzt, gibt es folgende Definition, siehe *Tab. 3.1*: „Die Größenklasse der Kleinstunternehmen sowie der kleinen und mittleren Unternehmen (KMU) setzt sich aus Unternehmen zusammen, die weniger als 250 Personen beschäftigen und die entweder einen Jahresumsatz von höchstens 50 Mio. EUR erzielen oder deren Jahresbilanzsumme sich auf höchstens 43 Mio. EUR beläuft."[8]

Tab. 3.1: EU-Größenklassen KMU[9]

Kategorie	Anzahl der Mitarbeiter	Jahresumsatz in Mio. EUR	Jahresbilanzsumme in Mio. EUR
Mittleres Unternehmen	< 250	≤ 50	≤ 43
Kleines Unternehmen	< 50	≤ 10	≤ 10
Kleinstunternehmen	< 10	≤ 2	≤ 2

---

2 Vgl. Barrenstein (1980), S. 55f; Naujoks (1975), S. 30.
3 Vgl. KfW-Mittelstandspanel (2010), S. 2.
4 Vgl. MittelstandsMonitor (2010), S. 5.
5 Vgl. Espel (2008), S. 18.
6 Vgl. Frenkel/Fendel (1999), S. 3ff.
7 Vgl. Pfohl (1997a), S. 13ff.
8 Auszug aus Artikel 2 des Anhangs zur Empfehlung (2003)/361/EG.
9 Quelle: Eigene Darstellung.

Darüber hinaus wird eine weitgehende Unabhängigkeit der Unternehmen verlangt. Unternehmen, die zu Unternehmensgruppen gehören, zählen nicht zu den KMU. Gemäß der Kommissionsempfehlung bedeutet Unabhängigkeit, dass ein anderes Unternehmen keinen Anteil von mehr als 25 Prozent des betrachteten Unternehmens besitzen darf. Die neue Definition war das Ergebnis von weitreichenden Diskussionen innerhalb der Kommission, der Mitgliedsstaaten, der Unternehmensverbände und unter Experten. Hintergrund für diese Neueingrenzung sind die allgemeinen wirtschaftlichen Entwicklungen seit 1996 und die damit verbundenen Schwierigkeiten für KMU in Bezug auf Förderprogramme, da gerade für junge KMU der Zugang zum Kapital mit vielen Hürden versehen ist. Um hier Abhilfe zu schaffen, erleichtert diese neue Definition z. B. die Finanzierung von KMU durch Beteiligungskapital, indem sie eine Begünstigung bestimmter Investoren durch Regionalfonds oder Risikokapitalgesellschaften ermöglicht, ohne dass das Unternehmen in diesem Fall seinen KMU-Status verliert.[10]

Gemäß dem Institut für Mittelstandsforschung zählen zu KMU all diejenigen Unternehmen, die weniger als 500 Beschäftigte haben und weniger als 50 Mio. Euro Umsatz pro Jahr tätigen. Wendet man den niedrigeren Schwellenwert für die Beschäftigtenanzahl gemäß der EU-Definition für KMU an (bis 249 Beschäftigte und bis 50 Mio. Euro Jahresumsatz), so beläuft sich der KMU-Anteil an der Gesamtanzahl der Unternehmen in Deutschland gemäß der Wirtschaftszweigesystematik 2008 auf 99,5 Prozent. Diese KMU erwirtschafteten 2006 insgesamt 38,3 Prozent der Umsätze aller Unternehmen und in ihnen waren 55,0 Prozent aller sozialversicherungspflichtig Beschäftigten tätig.[11]

Das Handelsgesetzbuch (HGB) unterscheidet ebenfalls nach § 267HGB kleine, mittelgroße und große Kapitalgesellschaften, siehe *Tab. 3.2*.

Tab. 3.2: Größenklassen Kapitalgesellschaften[12]

Typ	Beschäftigte		Umsatzerlös (Mio. €)		Bilanzsumme (Mio. €)
Große Kapitalgesellschaft	> 250	oder	> 38,5	oder	> 19,25
Mittelgroße Kapitalgesellschaft	≥ 250	oder	≤ 38,5	oder	≤ 19,25
Kleine Kapitalgesellschaft	< 50	oder	< 9,68	oder	< 4,84

10 Vgl. Europäische Kommission (2006).
11 Vgl. IfM (2009b).
12 HGB §267.

Eine Kapitalgesellschaft wird nach den Kriterien eingestuft, wenn mindestens zwei von drei der Merkmale an den Abschlussstichtagen innerhalb von zwei aufeinanderfolgenden Geschäftsjahren nicht überschreitet. Eine Berücksichtigung der Zugehörigkeit zu einem Wirtschaftszweig bzw. einer Branche findet bei den bisher genannten Abgrenzungen nicht statt. Aufgrund unterschiedlicher Gegebenheiten zwischen den Branchen ist eine Berücksichtigung jedoch sinnvoll: Banken werden anhand der Bilanzsumme abgegrenzt und nicht anhand des Umsatzes. Von Branche zu Branche können der Kapitaleinsatz und die Produktivität der Mitarbeiter stark voneinander abweichen. Beispielsweise erwirtschaftet ein Handelsunternehmen mit z. B. 15 Mitarbeitern durch den Warenumschlag einen viel höheren Pro-Kopf-Umsatz als ein Dienstleistungsunternehmen in der Reinigungsbranche. Unternehmensberater, die auch in der Dienstleistungsbranche arbeiten, haben aufgrund der Qualifikation der Mitarbeiter einen sehr hohen Pro-Kopf-Umsatz. Weitere Unterscheidungskriterien könnten kapitalintensive und arbeitsintensive Produktionsverfahren oder auch Marktgrößen wie regionale oder internationale Betrachtungen sein.

In der Studie „Ausgewählte Ergebnisse für kleine und mittlere Unternehmen in Deutschland 2005" des Statistischen Bundesamts wird die Bedeutung der KMU sehr deutlich. Auch hier zählen 99 Prozent der Unternehmen zu den KMU und 60 Prozent der Beschäftigten arbeiten in KMU. Demnach erzielen KMU nahezu 35 Prozent aller Umsätze, tätigen 40 Prozent der Bruttoinvestitionen in Sachanlagen und erwirtschaften 46 Prozent der gesamten Bruttowertschöpfung.[13]

Als Konsequenz aus den genannten Daten ergibt sich, dass die Betrachtung der KMU und deren Struktur für eine langfristige Entwicklung des Wirtschaftsstandortes wichtig sind. Konzepte für KMU sind in der betriebswirtschaftlichen Literatur wenig zu finden, was in einem Missverhältnis zur Bedeutung von KMU in der Wirtschaft steht. Der Fokus liegt indes bei Großunternehmen, was wiederum die Frage aufwirft, ob vorhandene Studien und Konzepte zum Themenbereich strategische Unternehmensplanung von Großunternehmen auf KMU übertragbar sind?

Insgesamt weist die Umsatzsteuerstatistik für das Jahr 2008 in Deutschland etwas mehr als 3,2 Millionen Unternehmen auf, davon sind rund 99,7 Prozent den KMU zuzurechnen. Diese erwirtschafteten knapp 2 Billionen EUR, was wiederum einem Anteil von 36,9 Prozent des Umsatzes aller Unternehmen entspricht. Die Verteilung der Unternehmen nach Umsatzgrößenklassen zeigt, dass die Kleinstunternehmen 94,1 Prozent, die Kleinunternehmen 3,2 Prozent und die Mittleren Unternehmen 1,1 Prozent des Gesamtbestands von 3.186.878 Unternehmen ausmachen.[14]

Die Zuordnung der KMU nach Wirtschaftszweigen zeigt, dass es keinen Wirtschaftszweig gibt, der nicht von KMU dominiert wird, siehe *Abb. 3.1.*

---

13 Vgl. Statistisches Bundesamt (2008).
14 www.ifm-bonn.de URL-Aufruf am 02.05.2011, (http://www.ifm-bonn.de/index.php?id =586).

KMU-Anteile[1]) 2008 in Deutschland nach Wirtschaftszweigen

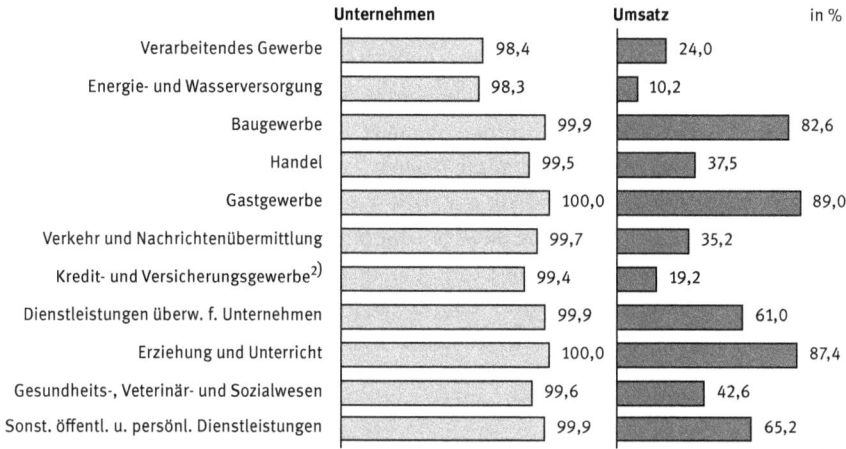

	Unternehmen	Umsatz	in %
Verarbeitendes Gewerbe	98,4	24,0	
Energie- und Wasserversorgung	98,3	10,2	
Baugewerbe	99,9	82,6	
Handel	99,5	37,5	
Gastgewerbe	100,0	89,0	
Verkehr und Nachrichtenübermittlung	99,7	35,2	
Kredit- und Versicherungsgewerbe[2]	99,4	19,2	
Dienstleistungen überw. f. Unternehmen	99,9	61,0	
Erziehung und Unterricht	100,0	87,4	
Gesundheits-, Veterinär- und Sozialwesen	99,6	42,6	
Sonst. öffentl. u. persönl. Dienstleistungen	99,9	65,2	

1) Abgrenzung der KMU nach Merkmal Umsatzgröße.
2) Daten von 2007.

Quelle: Statistisches Bundesamt: Umsatzsteuerstatistik; Berechnungen des IfM Bonn

© IfM Bonn
St02-03a08

Abb. 3.1: KMU-Anteile 2008 nach Wirtschaftszweigen[15]

Neben der Betrachtung von quantitativen Merkmalen sind nach MUGLER (1998) auch **qualitative Merkmale** zur Bestimmung von KMU relevant, wie z. B.[16]:
- die Persönlichkeit des Unternehmers,
- das persönliche Netzwerk zu Lieferanten und Kunden,
- die Erstellung von kundenindividuellen Leistungen,
- die engeren und informellen Kontakte zu den Mitarbeitern,
- der geringe Formalisierungsgrad der Organisation,
- die hohe Flexibilität bezogen auf Umweltveränderungen,
- der geringe Marktanteil, die Produktpalette und der Diversifikationsgrad.

Die Überschaubarkeit sowie geringe Aufgabendifferenzierung bei KMU führen zu der Problematik, dass keine ausgefeilten Führungs-, Steuerungs-, Planungs- und Abrechnungssysteme wie bei Großunternehmen vorhanden sind.[17]

Nachfolgend wird eine qualitative Abgrenzung mit den jeweiligen Stärken und Schwächen von KMU vorgenommen.

Unternehmensführung: Charakteristisch für KMU ist oftmals die Einheit von Eigentum und Leitung.[18] Dadurch können Interessenskonflikte entstehen, wenn der

---

15 www.ifm-bonn.de URL-Aufruf am 20.04.2011, (http://www.ifm-bonn.org/index.php?id =557).
16 Vgl. Mugler (1998), S. 20.
17 Vgl. Kropfberger (1986), S. 17f.
18 Vgl. Kayser (1997), S. 85; Leimstoll (2001), S. 126.

Unternehmer mit seinem privaten Vermögen haftet. Das kann auch dazu führen, dass persönliche Interessen und Eigenarten des Unternehmers mit der Willensbildung und der Ausübung der Verfügungsgewalt in Verbindung zu sehen sind.[19] Andererseits trägt der Unternehmer selbst das volle Risiko seiner Entscheidung und die wirtschaftliche Existenz des Unternehmens ist stark verknüpft mit der Existenz des Inhabers.[20] Entscheidungen werden zumeist auch durch eine Intuition bzw. Bauchgefühl getroffen. Ausgleichsmöglichkeiten oder Kontrollen durch z. B. Aufsichtsorgane fehlen. *Pfohl* (1997a) diagnostiziert durch die Funktionshäufung bei den Eigentümer-Unternehmern eine häufige Überbelastung.[21]

Stärken können hier trotz allem in der personalen Führung, der Teambildung, der Entscheidungsbereicherung und der Konzentration der Führungsfunktionen gesehen werden. Als Schwächen erweisen sich Defizite in Planungs- und Kontrollaktivitäten und bei Entscheidungskorrekturen. Die psychische und physische Leistungsfähigkeit des Unternehmers, aufgrund von Überlastung durch Funktionsanhäufungen, führt auch zu Fehlentscheidungen. Strategische Aktivitäten werden aufgrund von Zeitmangel nicht konsequent durchgeführt.[22] Controllinginstrumente werden in KMU selten zur Steuerung und Kontrolle genutzt.

Organisation: KMU zeigen in Bezug auf die Aufbauorganisation im Gegensatz zu Großunternehmen eine einfache Struktur. Oftmals findet sich ein Einliniensystem mit direkter Unterstellung zum Vorgesetzten. Daher verdichtet sich eine Vielzahl von Aufgaben beim Unternehmer mit der Tendenz zur Funktionsüberhäufung. Von Vorteil ist dies jedoch für die kurzen Kommunikations- und Informationswege. Stellenbeschreibungen, Befugnisse und Kompetenzen sind selten schriftlich fixiert. In der Ablauforganisation werden KMU meist durch persönliche Weisungen und Selbstabstimmung koordiniert. *Kayser* (1990) spricht hierbei von „Personenorientierter Koordination".[23] Stärken der Organisation von KMU sind vor allem die Überschaubarkeit und die hohe Flexibilität. Schwächen sind zu finden in der fehlenden Dokumentation und im geringen Delegationsgrad.

Personal: Die Mitarbeiter in KMU verfügen oft über ein breites Fachwissen,[24] der Anteil an Akademikern ist gering.[25] Eine systematische Personalentwicklung ist selten zu finden. Zwischen Mitarbeitern bestehen starke persönliche Bindungen und Beziehungen, was oft zur höherer Arbeitszufriedenheit führt. Dies wird auch unterstützt durch die Möglichkeit der Entfaltung. Das bedeutet letztendlich im Vergleich zu Großunternehmen auch eine geringere Personalfluktuation und eine größere

---

19 Vgl. Schmidt (1997), S. 11ff.
20 Vgl. Mattersdorfer (1993), S. 19.
21 Vgl. Pfohl (1997a), S. 19.
22 Vgl. Hamer (1990), S. 58.
23 Vgl. Kayser (1990), S. 84ff.
24 Vgl. Dubbert (1990), S. 102f.
25 Vgl. Pfohl (1997a), S. 22.

Loyalität der Mitarbeiter.[26] Schwächen liegen sehr oft in der Personalplanung und der Personalentwicklung.

Finanzierung: KMU verfügen trotz vieler Förderprogramme nur über begrenzte Finanzierungsmöglichkeiten. Dies spiegelt sich auch in der daraus resultierenden Wahl der unterschiedlichen Rechtsformen wider.

Forschung und Entwicklung: Eine kontinuierlich arbeitende Forschungs- und Entwicklungsabteilung existiert in der Regel bei KMU nicht, bedingt durch die Tatsache, dass nur geringe finanzielle Mittel zur Verfügung stehen. Häufig sind in KMU Basisinnovationen vorhanden, worauf aufbauend Neuerungen und Verbesserungen in Form von schnellem Transfer von der Idee zum Produkt in einem kurzen Zeitraum umgesetzt werden.

Beschaffung: Nach *Arnold* (1997) wird der Beschaffung in KMU keine große Bedeutung beigemessen. Entscheidungen werden oft nicht geplant und nebenbei erledigt.[27] Einmal ausgewählte Lieferanten werden über lange Zeiträume ohne Qualitäts- und Konditionenprüfung immer wieder beauftragt. Arbeitserleichterung hat meistens Vorrang vor Kosten- und Qualitätsüberlegungen.

Leistungserstellung und Produktion: KMU sind in der Lage kurzfristig ihre Produktion auf Marktveränderungen auszurichten. Die Einführung neuer Technologien gestaltet sich infolge der guten Überschaubarkeit einfacher als in Großunternehmen. Schwächen sind jedoch zu sehen in den geringen produktionstechnologischen Ressourcen und in den Defiziten der Produktionsplanung.[28]

Marktorientierung: Die Kundennähe ist oftmals ein ausschlaggebender Punkt, warum gerade KMU bei der Marktorientierung Vorteile gegenüber Großunternehmen haben. Die Kundennähe beschreibt *Simon* (1997) als einen Erfolgsfaktor bei den „Hidden Champions",[29] bei denen ein hoher Anteil von KMU vorhanden ist. „Hidden Champions" sind i. d. R. keine jungen KMU mehr, haben sich jedoch bereits in ihrer frühen Unternehmensentwicklungsphase strategisch ausgerichtet. KMU können ihren Schwächen trotz geringerer Marktmacht begegnen, indem sie sich auf Nischen spezialisieren. Insgesamt führen fehlende Ressourcen und ein hoher Preisdruck zu einem Nachteil für KMU im Wettbewerb mit Großunternehmen.

Viele dieser beschriebenen Charakteristika sind bei jungen KMU noch nicht ausgeprägt, entwickeln sich aber im Laufe des Lebenszyklus der KMU. Langfristig orientierte Entscheidungen zu den Bereichen Unternehmensstruktur, Zielgruppen, Marktorientierung, Produkte/Dienstleistungen, Ressourcen usw. müssen in den einzelnen Unternehmenslebenszyklusphasen getroffen und in der strategischen Unternehmensplanung berücksichtigt werden. Daher werden auch diese einzelnen Punkte in der empirischen Untersuchung mit berücksichtigt.

---

26 Vgl. Mattersdorfer (1993), S. 20.
27 Vgl. Arnold (1997), S. 107f.
28 Vgl. Glaser/Petersen (1997), S. 145.
29 Vgl. Simon (1997), S. 84.

Als *Ergebnis* kann gesagt werden, dass für die vorliegende Arbeit die KMU-Definition der EU verwendet wird, da in den weiteren Analysen von Sekundärdaten im *Kapitel 3.3* der amtlichen Statistiken und Forschungsstudien in den *Kapiteln 3.4 bis 3.6*, überwiegend diese Definition verwendet wird.

3.2 Gründungs- und Jungunternehmen

Es gibt eine Vielzahl von Definitionen für Unternehmensgründungen in der Literatur. Die Schwierigkeit für eine einheitliche Definition liegt in der Vielfalt der in der Realität beobachtbaren Unternehmensgründungen.[30] Eine frühe Differenzierung wurde bereits von *Kalveram* (1924) im ersten Jahrgang der Zeitschrift für Betriebswirtschaft vorgenommen, indem er zwischen „Gründung im engeren Sinne" (Neugründung) und „Gründung im weiteren Sinne" (Neugründung als Umgründung) unterscheidet.[31] Mittlerweile wird in der deutschen Gründungsliteratur zwischen der originären (gänzlich neuen Systemen) und der derivativen (Gründung mit bestehenden Systemen bzw. Systemelementen) Gründung unterschieden.[32] *Klandt* (1996) führt eine dritte Form der Unternehmensgründung in Form einer Franchisegründung an, weil hier der Franchisegeber überwiegende Teile des Unternehmenskonzeptes vorgibt.[33] Oftmals wird die Unternehmensgründung mit dem Handelsregistereintrag bzw. der Gewerbeanmeldung gleichgesetzt.[34] Dieser Meilenstein im Kontext der Unternehmensgründung[35] fokussiert die Gründung auf einen Zeitpunkt und lässt jedoch sowohl in der betriebswirtschaftlichen Forschung als auch in der Praxis außer Acht, dass mit der Gründung im Vorfeld viele relevante Punkte geplant werden müssen.[36] Der Begriff Unternehmensgründung ist in Verbindung mit einem Prozess und dem Aufbau einer neuen Struktur zu sehen. So kann nach *Szyperski/ Nathusius* (1977) folgende Aussage genannt werden, wonach die Gründung ein „Prozess der Schaffung eines gegenüber seiner Umwelt qualitativ abgegrenzten und vorher in gleicher Struktur nicht existierenden Systems" ist.[37]

Eine weitere mögliche Differenzierung des Gründungsbegriffs ist der Grad der Selbstständigkeit. Handelt es sich bei dem Gründer um einen rechtlich unabhängigen oder besteht eine Abhängigkeit (im Sinne einer Beschäftigung, in Form der Gründung einer Tochtergesellschaft oder Niederlassung). In diesem Kontext wird auch die

---

30 Vgl. Gartner (1994)S. 33, S. 26; Volery (2000), S. 334.

31 Vgl. Kalveram (1924), S. 62.

32 Vgl. Szyperski/Nathusius (1977), S. 27.

33 Vgl. Klandt (1996), S. 22.

34 Vgl. Dietz (1989), S. 24.

35 Vgl. Block/Mac Millan (1985), S. 4ff.

36 Vgl. Fallgatter (2002), S. 17, 28.

37 Szyperski/Nathusius (1977), S. 25.

Unterscheidung getroffen zwischen Entrepreneurship und Intrapreneurship, das heißt, wird Unternehmertum in der Form einer Neugründung verstanden oder geht es um das unternehmerische Handeln von Mitarbeitern im bestehenden Unternehmen.[38] In beiden Fällen wird strategische Unternehmensplanung eine Rolle spielen.

Des Weiteren kann eine Unterscheidung getroffen werden in Existenzgründung und Unternehmensgründung. Beide Gründungsformen haben eine Geschäftsidee als Ausgangspunkt, jedoch ist die vorrangige Zielausrichtung im Bereich des Wettbewerbs bei der Existenzgründung der Verdrängungswettbewerb und bei der Unternehmensgründung der Innovationswettbewerb.[39] Auch hier muss eine strategische Unternehmensplanung vorgenommen werden, wenn das junge KMU in diesem Wettbewerb erfolgreich sein will. Bei der Existenzgründung ist die Geschäftsidee im Markt oftmals bekannt und das Unternehmen kommt aus dem Handwerk oder Einzelhandel, hingegen ist bei der Unternehmensgründung eine neue innovative Produkt-/Markt-Kombination vorhanden und das Unternehmen ist im Segment technologieorientierter Produzenten oder innovativer Dienstleistungen angesiedelt.[40] Diese Formen der Unterscheidung finden sich sowohl in der deutschsprachigen Gründungsforschung als auch in der angloamerikanischen Forschung zum Thema Entrepreneurship.[41]

In der vorliegenden Arbeit sind die befragten KMU dem Bereich der Unternehmensgründungen zuzuordnen. Innovative junge Unternehmen sind wachstumsorientiert und verfolgen Steigerungen bei Wertschöpfung, Einkommen und Arbeitsplätzen.[42]

Es gibt einige Motive für eine Unternehmensgründung. Hierbei wird unterschieden zwischen Push- und Pull-Motiven. Push-Motive bedeuten, dass der Unternehmer aus einer Not heraus und somit unfreiwillig gründet. Dies kann bedingt sein durch z. B.:

- Arbeitslosigkeit,
- finanzielle Schwierigkeiten,
- Probleme am Arbeitsplatz,
- Zugehörigkeit zu einer ethnischen Minderheit.[43]

Bei den freiwilligen Gründungen spricht man von Pull-Motiven oder von „Ökonomie der Selbstverwirklichung". Das Einkommen ist hierbei nicht das relevante Motiv. Oft ist das Ziel die Unabhängigkeit, Selbstverwirklichung oder auch die Umsetzung von eigenen Ideen.[44]

---

38 Vgl. Fallgatter (2002), S. 26f.
39 Vgl. Gruber (2005), S. 10.
40 Vgl. Gruber (2005), S. 11.
41 Vgl. Gartner (1994), S. 31; Hommel/Knecht (2002), S. 5; Shane/Venkataraman (2000), S. 218.
42 Vgl. Schwarz/Schwarz (2004), S. 39; Upton et al.(2002), S. 74.
43 Vgl. Kets de Vries (1998), S. 122ff.
44 Vgl. De (2005), S. 44.

Analysen zeigen, dass diese Faktoren eine wichtige Rolle einnehmen. Dabei stehen die Unabhängigkeit, die Selbstverwirklichung und die Umsetzung eigener Ideen in den drei Bereichen der Dienstleistungen, Bauwirtschaft und Industrie im Vordergrund. Das Erkennen einer Marktlücke und somit der Ansatz zu einer strategischen Ausrichtung steht bei der Untersuchung der ETH-Zürich an vierter Stelle.[45]

Bei der Motivation ein Unternehmen zu gründen, ist es wichtig, neben dem „Wollen" auch das „Können" zu betrachten. Das „Können" bzw. die Eigenschaften des Gründers werden auch als Stärken und Schwächen bezeichnet.[46] Das „Wollen" wird in diesem Zusammenhang als Bereitschaft zur Unternehmensgründung verstanden. Unter „Können" wird auch verstanden, dass der Gründer die Unternehmensgründung erfolgreich umsetzen kann und die Kompetenzen hierfür bereits hat. Die Gründerperson hat auf die Gründung und die Entwicklung des Unternehmens einen starken Einfluss. In der Regel sind die Gründer auch Eigentümer und oft sehr stark in das Tagesgeschäft involviert. Dadurch sind auch die Ziele, die Verhaltensweisen und die strategischen Entscheidungen des Unternehmensgründers geprägt. Hierbei kann es ein Wechselspiel zwischen Intuition und Erfahrung geben.

Weitere relevante Aspekte wie auch das „Kennen" und „Verstehen" sind vorgelagert, was in Form von Unterstützungsprogrammen im *Kapitel 6.2* den jungen KMU vermittelt werden kann. „Kennen" wird als Voraussetzung von Kenntnissen, wie eine Gründung umsetzbar ist, verstanden und „Verstehen" bedeutet, dass der Gründer alle relevanten Schritte der Unternehmensgründung versteht. Gründer müssen in die Lage versetzt werden auch Planungen für ihr Unternehmen vornehmen zu können.

Ob junge Unternehmensgründer die Erfahrung und Kompetenz für die Umsetzung von strategischer Planung besitzen, hängt von den typischen Gründereigenschaften ab. Gründereigenschaften sind zu unterscheiden in soziodemografische und psychologische Merkmale. Diese Merkmale bestimmen die Gründungsneigung und den Gründungserfolg.[47] Das Alter, die Ausbildung und die Erfahrungen der Unternehmer werden auch in der folgenden explorativen Befragung ermittelt. Für die vorliegende Untersuchung sind u. a. die Berufserfahrung und die proaktive Orientierung des Gründers ein wichtiger Aspekt.

Bislang ist wissenschaftlich noch nicht definiert, wann ein Unternehmen „jung" ist. In der Literatur wird „jung" oft gleichgesetzt mit „nicht etabliert" und ist daher oft der „Nachgründungsphase" zuzuordnen.[48] Je nach Forschungsprojekt wird dieser Zeitraum mit einer Untergrenze von drei bis fünf Jahren und einer Obergrenze von acht bis zwölf Jahren angegeben.[49] *Zahra* (1996) nennt acht Jahre als den

45 Kraus/Fink (2008), S. 55.
46 Vgl. Szyperski/Nathusius (1999), S. 35.
47 Vgl. Kraus/Fink (2008), S. 57.
48 Vgl. Mugler/Wanzenböck (2000), S. 229ff.
49 Vgl. Chrisman et al. (1998), S. 6.

Zeitpunkt, ab dem ein Unternehmen als etabliert betrachtet wird.[50] Beobachtungen des European Observatory for Small and medium Enterprises zeigen ein Durchschnittsalter von knapp über zehn Jahren für etablierte Unternehmen.[51] *Knips* (2000) grenzt junge Wachstums-Unternehmen mit einem Alter bis zu 20 Jahren ein.[52] In der Literatur werden auch Lebenszyklusmodelle verwendet, um diese Problematik einzugrenzen, siehe *Kapitel 2.1*. Demnach umfassen die Start-up-Phase und die Wachstumsphase einen Zeithorizont von insgesamt maximal zehn Jahren.[53] Die KfW Bankengruppe definiert junge Unternehmen mit einem Alter unter zehn Jahren.[54] Im KfW/ZEW-Gründungspanel werden sechs Jahre für die statistischen Auswertungen als jung definiert.[55]

Eine Übersicht der einzelnen Phasen im Gründungsprozess von verschiedenen Autoren, die sich mit der Gründungsforschung auseinandersetzen, wird in der nachfolgenden *Abb. 3.2* aufgezeigt. Hier werden allerdings nur die jeweiligen Phasen in der Begrifflichkeit unterschieden, aber nicht mit einem Unternehmensalter verbunden. Das heißt, junge KMU können sich in der Gründungsphase, Start-up-Phase, Frühen Wachstumsphase, Frühentwicklungsphase, Take-off- oder Realisierungsphase befinden.

Junge Unternehmen können weiterhin allgemein durch spezifische Merkmale charakterisiert werden. Übergeordnete potenzielle Merkmale junger Unternehmen sind:
– Neuheitsgrad des Unternehmens,
– die geringe Größe des Unternehmens,
– Dynamik des Unternehmens.[56]

Der Neuheitsgrad des Unternehmens bedeutet zugleich, dass das Unternehmen noch nicht etabliert ist, sich im Aufbauprozess befindet und mitunter keine Strukturen und Prozesse in der vollen Ausprägung vorhanden sind. In dieser Phase werden viele Fehler begangen, weil auch keine Erfahrungswerte und Vergangenheitsdaten vorliegen. Die Ressourcenausstattung kann auch in personeller und finanzieller Art nicht ausreichend sein. Durch die Dynamik befindet sich zudem das Unternehmen in einem schnellen und kontinuierlichen Veränderungsprozess. Es gibt wenige zuverlässige Informationen für die Planung und das „Best Practice" für die jeweilige Branche ist unklar.

---

50 Vgl. Zahra (1996), S. 289ff.
51 Vgl. Europäische Kommission (2002), S. 9.
52 Vgl. Knips (2000), S. 15.
53 Vgl. Timmons/Spinelli (2004), S. 35.
54 Vgl. KfW-Gründungsmonitor (2009), S. 113ff.
55 Vgl. KfW/ZEW-Gründungspanel (2010), S. 2.
56 Gruber (2005), S. 16.

Bhave	Opportunity Stage		Technology Setup & Organization Creation Stage		Exchange Stage	
Hering/ Vincentl	Vorgründungs- phase		Gründungs- phase		Frühe Wachstums- phase	
Van de Ven	Initiation		Start-Up		Take-Off	
Klandt	Vorgründungs- phase	Planung	Errichtung Gründungsphase		Frühentwicklungs- phase	
Vahs	Vorgründungs- phase	Gründungsphase			Start phase	
von Collrepp	Orientierungs- Phase	Konzeptions- phase	Realisierungs phase			

Ideengewinnung & -prüfung | Konzeptionelle Überlegungen | Errichtung der Unternehmens- struktur/Umsetzung der Konzeptionellen Überlegungen | Teilnahme am Marktverkehr / Kontrolle der bisherigen Entscheidungen | Zeit

Vorbereitung

Abb. 3.2: Phasenmodelle des Gründungsprozesses[57]

Für die vorliegende Untersuchung kann festgestellt werden, dass die KMU den größten Anteil bei jungen Unternehmen darstellen. Eine wesentliche Strategie dieser jungen KMU ist das Wachstum.[58] Tendenziell sind in jungen Branchen hohe Wachstumsraten zu finden. In einer empirischen Studie des ZEW über Hightech-Gründungen in Deutschland wurden Telefoninterviews bei 1.002 Unternehmen, aus einer Zufallsstichprobe von 8.000 Unternehmen des ZEW-Gründungspanel, durchgeführt, die in den Jahren 1996 bis 2005 gegründet wurden. Demnach liegt das Beschäftigungswachstum bei den befragten Hightech-Unternehmen bei 37 Prozent, in der Softwarebranche bei 44 Prozent. Erfolgsfaktoren liegen in der Sicherung der Finanzierung, der Ausrichtung am Kunden und in der Neuentwicklung von Produkten. Eine Problematik besteht in der Tatsache, dass qualifiziertes Personal Mangelware ist.[59] Weitere empirische Studien zeigen, dass wachstumsorientierte Unternehmen strategisch planen.[60]

Bei der Betrachtung der tatsächlichen Gründungsaktivitäten von KMU können die registrierten Gewerbeanmeldungen und Handelsregistereintragungen herangezogen werden. Weitere Unterlagen können von verschiedenen Organisationen wie der Creditreform (Insolvenzen-Neugründungen-Löschungen 2010), der DIHK (Gründerre-

57 Freiling (2006), S. 157.
58 Vgl. Ibrahim et al. (2004), S. 55.
59 Vgl. Niefert et al. (2006), S. 85f.
60 Vgl. Barringer et al. (1998), S. 97ff; Shuman et al. (1985), S. 48ff; Siegel et al. (1993), S. 169 ff.

port 2010), dem IfM (Gründungen und Liquidationen 1. Halbjahr 2010 und 2008 gesamt), der KfW (Gründungsmonitor 2010) und der KfW/ZEW (KfW/ZEW-Gründungspanel 2010) herangezogen werden.

Jede selbstständige Tätigkeit, die langfristig ausgelegt ist und eine Gewinnerzielungsabsicht hat, gilt als Gewerbe. Hierunter fallen natürliche und juristische Personen und Personengesellschaften. Im Handelsregister werden rechtlich selbstständige Unternehmen registriert, welche einen oder mehrere Betriebsteile umfassen. Der Handelsregistereintrag wird von Personengesellschaften, Einzelunternehmen, Offenen Handelsgesellschaften, Kommanditgesellschaften und Kapitalgesellschaften vorgenommen. Nicht eingetragen werden Betriebe der Land- und Forstwirtschaft sowie Freie Berufe.[61]

Das Gründungsgeschehen in Deutschland verzeichnete von 2004 bis 2008 einen Rückgang, in 2009 jedoch wieder eine Zunahme. 872.000 Gründer haben den Weg in die Selbstständigkeit gewählt. 2010 wurden 895.000 Gewerbeanmeldungen registriert. Dieser Gründungsboom ist sowohl im Gewerberegister (plus 3,1 Prozent gegenüber Vorjahr) als auch im Handelsregister (plus 6,6 Prozent) zu verzeichnen. Dies liegt u. a. an den günstigeren Gründungsbedingungen, dem verbesserten Konjunkturumfeld, der weniger restriktiven Unternehmens- und Gründungsfinanzierung, jedoch auch an den Notgründungen aus der Arbeitslosigkeit.[62]

Ein weiterer Grund ist auch die Möglichkeit der Gründung einer „Mini-GmbH", der neuen haftungsbeschränkten Unternehmergesellschaft (UG), deren Anzahl sich nach der Creditreform-Datenbank auf mittlerweile 43.000 Unternehmen beläuft.[63] Die Gründerquoten in den vergangenen Jahren zeigen einen sich rückläufig entwickelten Trend, siehe *Abb. 3.3*.

Ein hoher Anstieg ist bei den Vollerwerbsgründern zu verzeichnen, die um 20 Prozent auf 397.000 Personen gestiegen sind. Gesamtwirtschaftlich lag im Jahre 2009 ein hoher Rückgang des Bruttoinlandsprodukts im ersten Halbjahr vor. Im Arbeitsmarktsektor gab es zwar eine Erhöhung der Erwerbslosenquote, jedoch haben viele Unternehmen Beschäftigungsanpassungen, u. a. über Kurzarbeitergeld vorgenommen. Die hohe Erwerbslosenquote hatte somit einen Push-Effekt auf die Vollerwerbsgründerquote. Auf der anderen Seite haben auch die Konjunkturprognosen einen Pull-Effekt auf das Gründungsgeschehen bewirkt. Die Auswirkungen der Wirtschaftskrise haben auf der einen Seite den Druck auf die Selbstständigkeit erhöht und auf der anderen Seite Gründungschancen eröffnet. Für die KfW Bankengruppe ist dieser Anstieg ein Anreiz für das Anbieten von Förderprogrammen. Das heißt, die Thematik „Gründungsberatung" wird verstärkt für junge KMU angeboten und auch genutzt.[64]

---

61 Creditreform (2010a), S.38f.
62 KfW-Gründungsmonitor (2010), S. 87.
63 Creditreform (2010a), S. 30ff.
64 KfW-Gründungsmonitor (2010), S. 87ff.

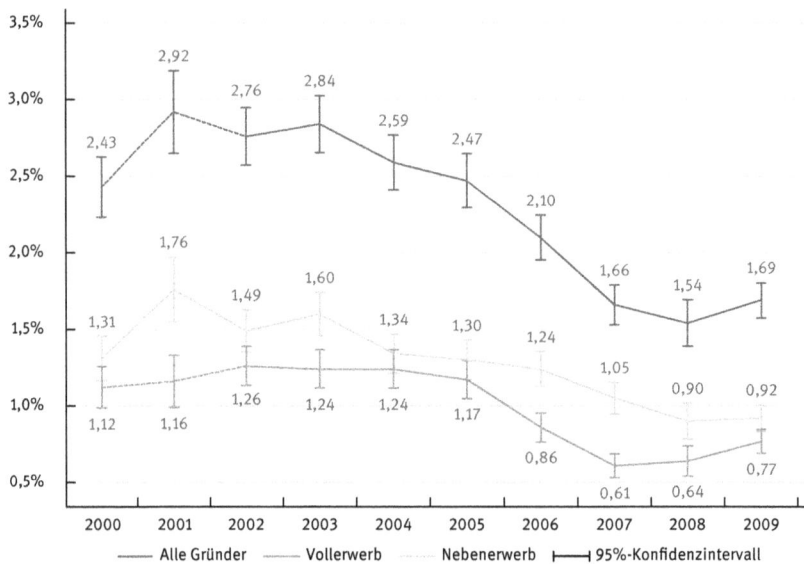

Die Gründerquoten (Anteile der Gründer in der Bevölkerung) beruhen auf den folgenden Stichprobenumfängen: n=23.504 (2000), n=15.017 (2001), n=29.776 (2002), n=30.659 (2003), n=30.463 (2004), n=29.964 (2005), n=37.231 (2006), n=37.620 (2007), n=25.015 (2008), 48.437 (2009). Für die Jahre 2000 und 2001 beruhen die Gründerquoten auf Fragestellungen, die sowohl voneinander als auch von den Gründerfragen in den nachfolgenden Jahren abweichen. Die Quoten dieser Jahre sind deshalb nur eingeschränkt miteinander und mit den Gründerquoten der nachfolgenden Jahre vergleichbar.

Abb. 3.3: Gründerquoten in Deutschland 2000–2009[65]

Anhand der Übersicht der Strukturmerkmale von Gründungen im Jahr 2009 wird ersichtlich, dass die Masse der Gründungen, insgesamt 52,3 Prozent auf die Dienstleistungsbranche fällt.[66]

Daher werden in der vorliegenden Arbeit die Auswahl der interviewten jungen KMU und die jungen KMU in dem Forschungsprojekt aus diesem Feld kommen. Bei der Betrachtung der Neuheit der Produkte/Dienstleistungen wurde festgestellt, dass bei 87,5 Prozent der KMU keine Marktneuheit vorhanden ist. Dabei könnte man unterstellen, dass die jungen KMU sich an bestehenden Unternehmen orientieren, wenn es um die strategische Ausrichtung geht. Bei über 55,2 Prozent der Gründungen ist der Unternehmer auf sich alleine gestellt, was wiederum auch impliziert, dass hier eine Unterstützung hilfreich sein kann. Gemäß der Studie „KfW-Gründungsmonitor 2010" sind im Jahr 2009 zwischen 20 und 25 Prozent der Gründungsunternehmen in den ersten drei Jahren ihres Bestehens gescheitert. Das heißt, dass in den ersten Monaten und Jahren nach der Gründung eine hohe Scheiterquote vorhanden ist. Eine weitere Erkenntnis ist, dass von einer Mindestgröße von mind. 10.000 EUR Finanzmittelein-

---

65 KfW-Gründungsmonitor (2010), S. 15.
66 KfW-Gründungsmonitor (2010), S. 31.

satz ausgegangen wird um am Markt bestehen zu können. Die Analyse von Faktoren, die das Überleben unterstützen, zeigt, dass bereits vorhandene Selbstständigkeitserfahrungen des Gründers oder der größere Einsatz von finanziellen Mitteln (mehr als 25.000 EUR) die Wahrscheinlichkeit des Fortbestands signifikant erhöhen. Gründer, die sich mit einem Partner, aber ohne Mitarbeiter oder ohne den Einsatz finanzieller Mittel selbstständig machen, scheitern in den meisten Fällen.[67]

Neu gegründete Unternehmen unterliegen besonderen Risiken. Man spricht in diesem Zusammenhang von „liability of newness"[68] und dies bedeutet, dass neue Unternehmen oft nicht über die notwendigen Ressourcen verfügen und nur geringes Erfahrungswissen über die Produktionsprozesse, Beschaffungs- und Absatzmärkte vorweisen können. Eine weitere Erkenntnis ist die „liability of adolescence".[69] Am Anfang des neu gegründeten Unternehmens ist das Risiko relativ gering, da die Startressourcen das Überleben für einen Zeitraum noch gewährleisten.[70] In den nachfolgenden Monaten erhöht sich das Risiko des Scheiterns, bevor es im späteren Verlauf wieder stetig abnimmt. Die „liability of smallness"[71] beschreibt die Tragfähigkeit von Gründungen im Vergleich zu größeren Unternehmen und zeigt, dass kleine Unternehmen unterhalb einer optimalen Größe Nachteilen gegenüberstehen, wie z. B. beim Akquirieren von Kapital, Ausnutzen von Skalenträgern in der Produktion und bei der Rekrutierung qualifizierter Mitarbeiter.

Bei der Analyse der Gründungsmerkmale, die im Gründungsmonitor dargestellt sind, wird schnell deutlich, dass ein hoher Bedarf an Unterstützungsleistungen für KMU notwendig ist.[72] Allein 33,9 Prozent der Gründungen sind ungeplant und entstehen aufgrund fehlender Erwerbsalternativen. Hier kann unterstellt werden, dass diese Personengruppe einen hohen Bedarf an Know-how-Vermittlung hat, aufgrund eines noch nicht vorhandenem Geschäftskonzepts. 28,3 Prozent der Gründer haben keinen Berufsabschluss und 14 Prozent sind unter 24 Jahren und können somit nicht über umfangreiche Berufserfahrung verfügen. Auswertungen ergeben, dass KMU in den ersten Jahren nach der Gründung häufiger mit Planrevisionen konfrontiert sind. Begründungen für diese Anpassungen der Konzepte sind u. a., dass die in der Anfangsphase avisierten Erwartungen zu optimistisch angesetzt waren und die Realität sich anders darstellt.[73] Im KfW/ZEW-Gründungspanel 2010 wurden rund 6.000 neu gegründete und junge KMU befragt. Mittlerweile gab es drei Befragungswellen, wobei in der jetzigen Befragung die KMU aus den ersten beiden Befragungen mit einbezogen werden. Bei der Befragung werden die KMU in der Analyse berücksichtigt, welche in

---

67 KfW-Gründungsmonitor (2010), S. 87ff.

68 Vgl. Stinchcombe (1965), S. 56.

69 Vgl. Fichman/Levinthal (1991), S. 46.

70 Vgl. Brüderl/Schüssler (1990), S. 88ff.

71 Vgl. Aldrich/Auster (1986), S. 124.

72 KfW-Gründungsmonitor (2010), S. 46.

73 Vgl. KfW/ZEW-Gründungspanel (2010), S. 8f.

das Handelsregister eingetragen wurden, bzw. auch diejenigen, die auf Fremdkapital oder Handelskredite zurückgegriffen haben oder auf sonstige Weise aktiv in Wirtschaftsprozesse eingebunden sind („wirtschaftsaktive" Unternehmensgründungen).[74]

Im KfW/ZEW-Gründungspanel wurden für einjährige KMU und zwei- bis vierjährige KMU ermittelt, dass im Jahr 2009 insgesamt 21,6 Prozent bzw. 29,3 Prozent aller jungen Unternehmen konkrete Pläne für Mitarbeitereinstellungen nicht umgesetzt haben, 27,5 Prozent bzw. 28,6 Prozent der Unternehmen haben die Investitionspläne revidiert und 28,6 Prozent bzw. 31,5 Prozent haben Innovationsvorhaben nicht umsetzen können.[75] Ein Zusammenhang mit der Wirtschaftskrise ist durchaus erkennbar. Bei der Umsetzung von Innovationsplänen gab es hingegen sowohl bei jungen als auch bei älteren Unternehmen einen Rückgang an Innovationsaktivitäten. Im Jahr 2008 haben die Gründungsunternehmen aus 2007 insgesamt 25 Prozent ihre Innovationspläne nicht umgesetzt, im Jahr 2009 bereits 31 Prozent aus derselben Kohorte.

Bei den Investitionsplänen gab es einen deutlichen Anstieg der nicht realisierten Investitionen der KMU im ersten Gründungsjahr.[76]

Anhand der Auswertungen in der *Abb. 3.4* können die Gründe für die notwendigen Planrevisionen von jungen KMU benannt werden.

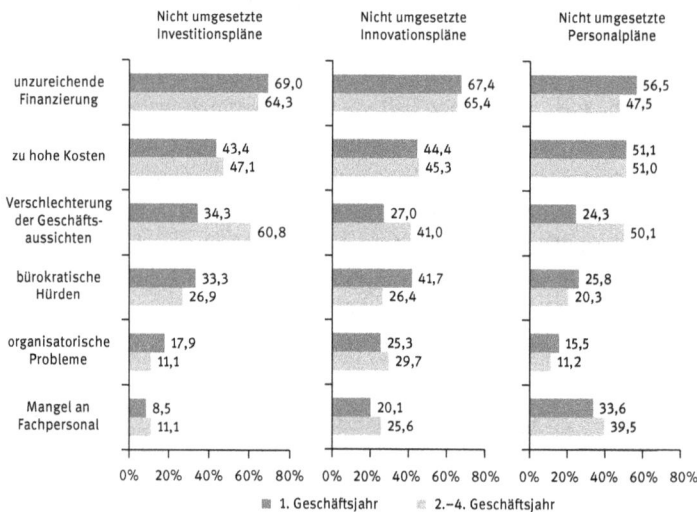

Erläuterung: Häufigkeitsanteile (Mehrfachnennungen möglich) bezogen auf alle Unternehmen, die im Jahr 2009 Investitions-, Innovations- bzw. Personalpläne nicht umgesetzt haben und für die vollständige Angaben zu den Ursachen der Planänderung vorliegen.

Abb. 3.4: Gründe für die Nicht-Umsetzung von Investitions-, Innovations- und Beschäftigungsplänen im Jahr 2009[77]

---

74 Vgl. KfW/ZEW-Gründungspanel (2010), S. Vff.
75 Vgl. KfW/ZEW-Gründungspanel (2010), S. If.
76 KfW/ZEW-Gründungspanel (2010), S. 9.
77 KfW/ZEW-Gründungspanel (2010), S. 10.

Ein Hauptproblem liegt in der unzureichenden Finanzierung. Allein 69 Prozent der Gründungskohorte können Investitionen wegen mangelnder Finanzierungsmöglichkeiten nicht durchführen. Dieses Problem ist auch mit 64,3 Prozent bei den jungen KMU zu finden. Bei den Befragungen wurde trotz dieser Zurückhaltung ermittelt, dass die jüngsten KMU optimistischer sind als die zwei bis vier Jahre alten KMU. Weitere Gründe für die Nicht-Umsetzung sind in den hohen Investitionskosten und in den bürokratischen Hürden in Bezug auf langwierige Genehmigungsverfahren zu sehen. Der Mangel an Fachpersonal oder organisatorische Probleme spielen keine bedeutende Rolle. Die Analyse bestätigt eine hohe Bedeutung ausreichender Finanzierungsmöglichkeiten für die strategische Ausrichtung junger KMU.

Unternehmensgründungen sind nicht ausschließlich Neugründungen und betreffen somit auch nicht ausschließlich KMU. Wie anhand der nachfolgenden *Abb. 3.5* erkennbar ist, fallen unter die Gewerbeanmeldungen auch Übernahmen von bereits bestehenden Unternehmen.

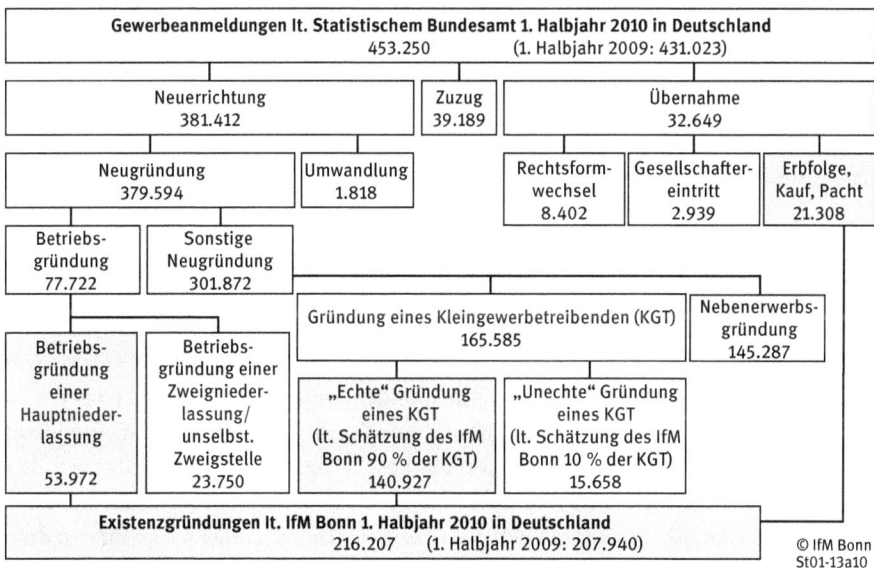

Abb. 3.5: Gewerbeanmeldungen lt. Statistischen Bundesamt 1. Halbjahr 2010 in Deutschland[78]

Diese Abbildung Gewerbeanmeldungen, „Gründungsstatistik des IfM Bonn",[79] basiert auf der amtlichen Gewerbeanzeigenstatistik und beinhaltet sämtliche zur Existenzgründung führenden Gründungen von Kleingewerbetreibenden, Übernah-

---

78 IfM (2010), S. 35.
79 Vgl. Clemens/Kayser (2001), S. 43.

men und Betriebsgründungen von Hauptniederlassungen. Nebenerwerbsgründungen werden nicht berücksichtigt.[80] Auch wenn bereits bestehende Strukturen vorhanden sind, muss bei der Neuausrichtung eine strategische Unternehmensplanung vorgenommen werden.

Bei den Unternehmensgründungen sind mit 96,5 Prozent Kleinstunternehmen, mit drei Prozent Kleinunternehmen und mittlere Unternehmen mit 0,5 Prozent vorhanden, siehe *Tab. 3.3*.

Tab. 3.3: Unternehmensgründungen 2008 in Deutschland[81]

Beschäftigten-größenklasse	Betriebsgründungen einer Haupt-niederlassung		„Echte" Kleingewerbe-gründungen		Unternehmens-gründungen insgesamt	
	Anzahl	in %	Anzahl	in %	Anzahl	in %
keine Beschäftigten	58.520	60,4	256.737	100,0	315.257	89,2
1	15.508	16,0	–	–	15.508	4,4
2–4	15.031	15,5	–	–	15.031	4,3
5–9	4.458	4,6	–	–	4.458	1,3
10–19	1.919	2,0	–	–	1.919	0,5
20–49	944	1,0	–	–	944	0,3
50–99	281	0,3	–	–	281	0,1
100 und mehr	148	0,2	–	–	148	0,0
Insgesamt	96.809	100,0	256.737	100,0	353.546	100,0
						© IfM Bonn

– Rundungsdifferenzen möglich –
1) Ohne Automatenaufsteller und Reisegewerbe. Ohne Freie Berufe.

Diese Angaben sind aus den Gewerbeanmeldungen ermittelt worden und stellen somit den Status quo bzw. die Absichtserklärung am Tag der Anmeldung dar. Interessant ist, dass 89,2 Prozent der Gründungen ohne Beschäftigte stattfinden. Dies zeigt deutlich, dass die Person des Unternehmers auf sich allein gestellt ist. Untersuchungen ergaben, dass die Überlebenswahrscheinlichkeit von Unternehmensgründungen durch spezifisches Humankapital und Branchenerfahrung positiv beeinflusst wird.[82] Ein höherer Finanzmitteleinsatz und finanzielle Ressourcen erleichtern das Überleben des Gründungsprojekts.[83] Gründungsprojekte mit einem Finanzmitteleinsatz haben eine um fünf Prozent höhere Überlebenswahrscheinlichkeit als KMU ohne Finanzmitteleinsatz.[84]

---

80 Vgl. IfM (2010), S. 34f.
81 IfM (2009c), S. 23.
82 Vgl. Baptista et al. (2007), S. 128.
83 Vgl. Montgomery et al. (2005), S. 92.
84 Vgl. MittelstandsMonitor (2010), S. 94f.

Beratungsangebote für Unternehmensgründer werden von den IHK-Existenzgründerberatern durchgeführt. Im DIHK-Gründerreport 2010 werden 360.000 Kontaktdaten verarbeitet.[85] In der Auswertung der Defizite bei der Unternehmensgründung wird deutlich, dass strategische Unternehmensplanung gerade bei jungen KMU wichtig ist. Im Jahr 2009 haben 53 Prozent der vorgelegten Geschäftskonzepte schwere Mängel gehabt, indem noch nicht einmal das „Alleinstellungsmerkmal" deutlich herausgestellt wurde. 46 Prozent haben eine vage Vorstellung von ihrer Zielgruppe und 32 Prozent können ihre Produktidee nicht klar beschreiben. Es ist bei diesen Auswertungen auch deutlich zu erkennen, dass Gründungen aus der Arbeitslosigkeit heraus unter einem „schlechteren Stern" stehen als die persönlich motivierten Gründungen, z. B. die „Berufung" zum Unternehmer.[86]

Die Ergebnisse aus dieser Betrachtung der Gründungs-/Jungunternehmen sind:
- 33,9 Prozent der Gründungen entstehen aus der Not heraus,
- junge KMU sind bis zu zwölf Jahre alt,
- je jünger die KMU sind, desto weniger sind Strukturen und Prozesse vorhanden,
- bei jungen KMU sind „Best Practice", Informationen von anderen KMU nicht vorhanden, Erfahrungswissen fehlt auch,
- bis zu 25 Prozent der Gründungen scheitern in den ersten drei Jahren,
- in den ersten vier Jahren werden vorhandene Beschäftigungs-/Innovations-/Investitionspläne nicht umgesetzt,
- bei Unternehmensgründungen liegt das größte Defizit mit 50 Prozent bei den kaufmännischen Kenntnissen.

Als *Erkenntnis* aus diesen Defiziten ist es für die vorliegende Untersuchung relevant, welche Instrumente gerade junge KMU einsetzen können, um den Neustart oder auch die Neuausrichtung strategisch erfolgreich zu planen. Als weiteres *Ergebnis* für die spätere Auswahl von jungen KMU in der explorativen Expertenbefragung und der Fallstudie ist festzuhalten, dass junge KMU nach der Definition von *Chrisman et al.* (1998)[87] mit einem Unternehmensalter bis zu zwölf Jahren definiert werden.

3.3 Wirtschaftliche Situation von KMU

Um einen umfassenden Forschungsstand aufzuzeigen, müssen auch die wirtschaftlichen Rahmenbedingungen betrachtet werden. Daher werden für die Betrachtung von jungen KMU Auswertungen aus zahlreichen Studien und wissenschaftlichen

---

85 Vgl. DIHK (2010), S. 2.
86 Vgl. DIHK (2011), S. 15f.
87 Vgl. Chrisman et al. (1998), S. 6.

Untersuchungen analysiert, die in den jeweiligen Themenbereichen von den nachfolgenden Institutionen veröffentlicht wurden:

Trendentwicklungen: BDI (Mittelstandspanel 2010), Creditreform/IfM/ZEW/ rwi/KfW (MittelstandsMonitor 2010), DIHK (Dienstleistungsreport 2010), KfW (Mittelstandspanel 2010).

Wirtschaftliche Entwicklung bei KMU: BDI (Mittelstandspanel 2009), Creditreform/IfM/ZEW/rwi/KfW (MittelstandsMonitor 2010), IAB (Kurzbericht 2009), KfW (Mittelstandspanel 2010), KfW/ZEW (KfW/ZEW-Gründungspanel 2010).

Kurzarbeit bei KMU: Bundesagentur für Arbeit (Arbeitsmarktberichterstattung 2009), Creditreform (Wirtschaftslage und Finanzierung im Mittelstand 2010).

Liquidationsgründe in KMU: Creditreform/IfM/ZEW/rwi/KfW (MittelstandsMonitor 2010), IfM (Gründungen und Liquidationen 2008 gesamt).

Insolvenzgründe in KMU: Creditreform/IfM/ZEW/rwi/KfW (MittelstandsMonitor 2008), Creditreform (Insolvenzen-Neugründungen-Löschungen 2010), ZIS (Ursachen von Insolvenzen 2006).

Um eine strukturierte Betrachtung vorzunehmen, ist die oben vorgenommene Reihenfolge der Themenbereiche analog des im *Kapitel 2.1* aufgezeigten Unternehmenslebenszyklus angeordnet. Hierbei werden die Wachstumsphase und die Stagnation, der Rückgang und die eventuelle Wendephase betrachtet. Für die Bewertung der Phasen sind die nachfolgenden Betrachtungen wichtig, um die Notwendigkeit der strategischen Unternehmensplanung für junge KMU zu aufzuzeigen.

3.3.1 Trendentwicklung/Perspektiven nach Branchen

Wie bereits mehrfach beschrieben wurde, ist für das junge KMU das Wachstum ein entscheidender Faktor für den Fortbestand. Daher ist es notwendig, sich auch in der Planungsphase mit den Trendentwicklungen und Perspektiven der jeweiligen Branchen auseinanderzusetzen. Hierbei kann der Dienstleistungsreport vom Frühjahr 2011 des Deutschen Industrie- und Handelskammertags (DIHK) herangezogen werden, welcher eine Umfrage unter den 80 IHK in Deutschland durchgeführt hat. In diese Auswertung sind Antworten aus einer Umfrage aus den Monaten Dezember 2010 bis Februar 2011 von ca. 11.000 Unternehmen aus dem Bereich der Dienstleistungen (ausgenommen Handel) eingeflossen. Die hohe Anzahl ermöglicht somit eine repräsentative Aussage zum Dienstleistungssektor und gibt eine repräsentative Aussage zu der Thematik Konjunktur und zur Thematik Planungen in den Unternehmen wieder. Die Unternehmen wurden mit folgenden Fragestellungen konfrontiert:

– Wie beurteilt Ihr Unternehmen seine gegenwärtige Geschäftslage?
– Mit welcher Geschäftsentwicklung rechnet Ihr Unternehmen in den kommenden zwölf Monaten?
– Wie werden sich die Ausgaben Ihres Unternehmens für Investitionen im Inland in den kommenden zwölf Monaten voraussichtlich entwickeln?

–   Wie wird sich die Beschäftigtenzahl Ihres Unternehmens im Inland in den kommenden zwölf Monaten voraussichtlich entwickeln?[88]

Die Auswertungen dieser Fragen brachten folgendes Ergebnis, siehe *Abb. 3.6.*

Anhand dieser Übersichten wird deutlich, dass die Situation sich nach der Wirtschaftskrise zunehmend bessert. Um die positiven Erwartungen in erfolgreiche Maßnahmen umzusetzen, ist es auch unter diesem Aspekt wichtig, sich umfassend mit den strategischen Ausrichtungen in den jungen KMU zu befassen, um für die zukünftigen Entwicklungen gerüstet zu sein. Es wird deutlich, dass auf der einen Seite die Unternehmen die Geschäftslage mit 44 Prozent als gut einstufen, 33 Prozent die Geschäftserwartungen besser einschätzen, aber bisher nur 29 Prozent der Unternehmen die Investitionspläne und 22 Prozent die Beschäftigungspläne einsetzen.

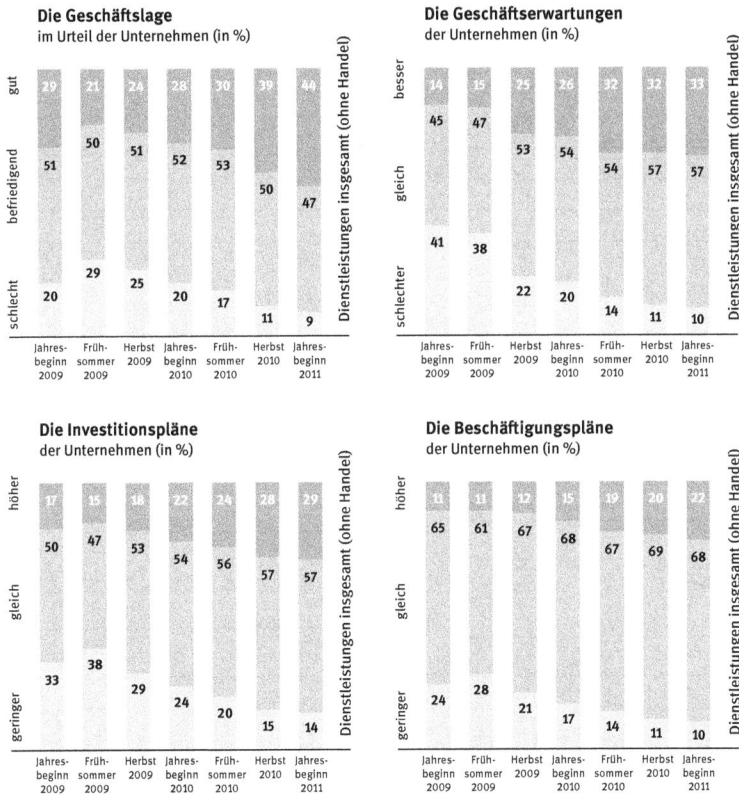

Abb. 3.6: DIHK-Dienstleistungsreport 2011[89]

---

88 DIHK (2011), S. 3.
89 DIHK (2011), S. 5.

In der *Abb. 3.7* werden die Zeitleiste und die Entwicklung der zurückliegenden zehn Jahre aufgezeigt. Hier haben 11.111 Unternehmen ihre Erwartungen und Absichten aufgezeigt. Im Wirtschaftszweig Dienstleistung zeigt sich eine positive Tendenz der Geschäftslage.

Dies drückt sich auch in der Entwicklung der Beschäftigungs- und Investitionsplanung aus. Daher kehrt sich der Negativtrend der Jahre 2008 bis 2009 um. Es wird aber auch aufgezeigt, dass die Planungen analog zu der Geschäftslage und Geschäftserwartung vorgenommen werden. Anhand dieser positiven Entwicklung bietet sich an in der vorliegenden Untersuchung auch analysiert werden, ob eine positive wirtschaftliche Entwicklung den Fokus auf die notwendige strategische Unternehmensplanung in den Hintergrund rücken lässt.

Geschäftslage

Geschäftserwartungen

Investitionen

Beschäftigung

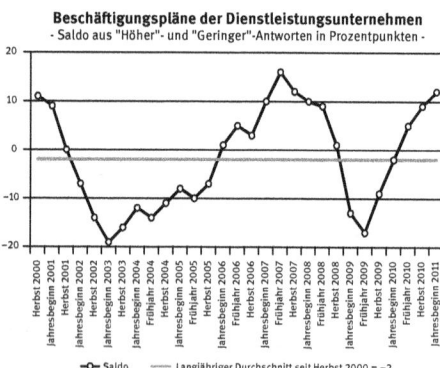

Abb. 3.7: DIHK Unternehmens-Entwicklung Herbst 2000-Frühjahr 2011[90]

---

90 DIHK (2011), S. 7.

Ob ein Trend zu erkennen ist kann u. a. beantwortet werden, wenn man die Ergebnisse der Online-Mittelstandsberatung der BDI - Bundesverband der Deutschen Industrie aus dem Herbst 2009 betrachtet. Die Online-Erhebung wurde vom BDI, der Ernst&Young GmbH Wirtschaftsprüfungsgesellschaft, der Deutsche Industrie Bank (IKB) und dem Institut für Mittelstandsforschung (IfM) entwickelt. Hier haben sich zwischen dem 1. September und dem 30. November 2009 knapp 1.500 Unternehmen an der Erhebung beteiligt.

Der Schwerpunkt der Befragung zielte auf Herausforderungen an die Unternehmensführung, siehe *Abb. 3.8.*

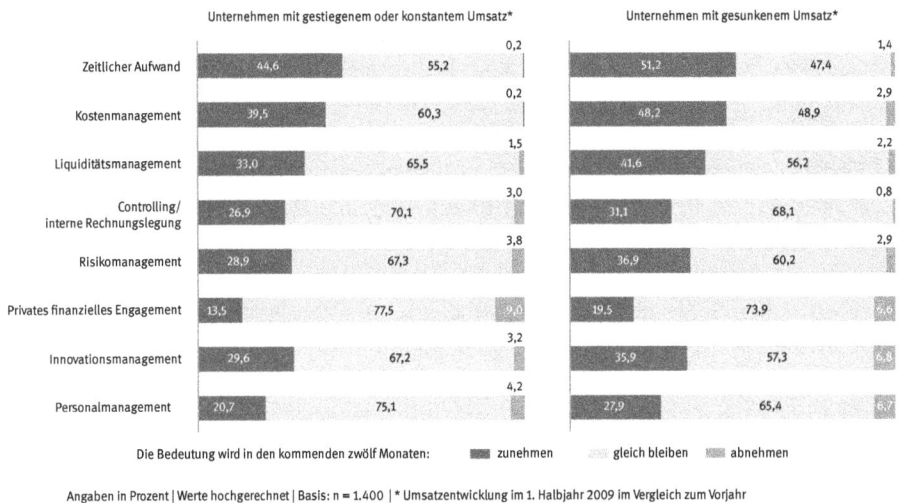

Abb. 3.8: Herausforderungen für die Unternehmensführung für 2010[91]

Bei dieser Analyse wird deutlich, dass die Unternehmen sich verstärkt mit den strategischen Feldern wie z. B. Controlling, Personal-, Finanz- und Innovationsmanagement auseinandersetzen müssen. Dies erfordert auch einen höheren zeitlichen Aufwand. Diese krisen- und wachstumsbedingten Herausforderungen gehören zum Aufgabenkatalog der Unternehmensführung. Bei dieser Untersuchung wurde auch ermittelt, dass rund 25 Prozent der Unternehmen sich externen Rat holten. Somit wird die Planung mit Hilfe durch Coaching unterstützt.

Beim KfW-Mittelstandspanel 2010 wurden 12.560 mittelständische Unternehmen befragt. Hierbei wurden im Gegensatz zum IAB-Betriebspanel und BDI-Mittelstandspanel auch Kleinstunternehmen ausgewählt.[92] Bei der Befragung wurde auch nach

---

91 BDI (2009), S. 22.
92 KfW-Mittelstandspanel (2010), S. 12.

den Herausforderungen für 2012 gefragt. 23 Prozent der KMU sehen die Vertriebs- und Kundenorientierung, 17 Prozent die Unternehmensstrategie 22 Prozent Umsatz- bzw. Ertragsverbesserungen im Mittelpunkt. Eine wichtige Erkenntnis ergibt sich auch aus der Tatsache, dass KMU, die in der vorangegangenen Krise gut aufgestellt waren, den Herausforderungen besser begegnen können.[93]

3.3.2 Aktuelle wirtschaftliche Entwicklungen bei KMU

Die derzeitige Wirtschafts- und Finanzkrise betreffen auch die KMU in Deutschland. Der Verband der Vereine Creditreform, das IfM, das RWI, sowie das ZEW geben aufgrund der Initiative der KfW-Bankengruppe jährlich mit dem „MittelstandsMonitor" einen Bericht über die Konjunktur- und Strukturdaten der KMU heraus. Hierbei werden rund 4.000 Unternehmen aus dem Verarbeitenden Gewerbe, Bau, Handel und Dienstleistungen zur Lage im Mittelstand befragt. Hierbei bleibt festzuhalten, dass im Jahr 2008 die Auftragslage, Umsatzlage und Umsatzerwartungen drastisch zurückgegangen sind.[94]

Bei dieser Analyse werden unter dem Mittelstand Unternehmen mit bis zu 500 Mitarbeitern und einer Umsatzhöhe von max. 50 Mio. EUR verstanden. Es werden auch keine Tochterunternehmen von Großunternehmen befragt. Der Schwerpunkt liegt auf kleinen KMU mit max. 50 Mitarbeitern. Im MittelstandsMonitor 2010 werden die aktuellen mittelstandspezifischen Konjunkturindikatoren für die KMU dargestellt. Anhand der Grafik wird deutlich, dass sich vor dem Hintergrund der historischen Rezession die Stimmung in den KMU weiterhin verschlechtert hat. Dies wird belegt durch die Konjunkturindikatoren der beteiligten Institute. Das Geschäftsklima bei den KMU sank im Durchschnitt im Jahre 2009 11,7 Saldenpunkten, die Prognosen zur aktuellen Geschäftslage der KMU liegen bei minus 12,7 Punkten und die Geschäftserwartungen der KMU liegen bei minus 10,7 Saldenpunkten. Diese Entwicklung ist in allen vier Hauptwirtschaftsbereichen (Verarbeitende Gewerbe, Bauhauptgewerbe, Einzelhandel, Großhandel) der gewerblichen Wirtschaft festzustellen.[95]

In einer Umfrage der KfW-Bankengruppe Ende 2009 wurden Konjunkturexperten aus rund 20 Wirtschaftsfachverbänden aus den Bereichen Bau, Handel und Dienstleistungen zu ihrer Einschätzung der Geschäftsentwicklung ihrer jeweiligen mittelständischen Verbandsunternehmen befragt. Die Konjunktur im Mittelstand hat sich im Vergleich zu den Vorjahren massiv verschlechtert. 73,1 Prozent der Experten beklagen dies und lediglich 15,4 Prozent sprechen sich für eine Verbesserung aus. Ausgehend von dieser negativen Situation rechnete 34,6 Prozent der Experten mit einer positiven Entwicklung der Situation für 2010.[96]

---

93 KfW-Mittelstandspanel (2010), S. 50.
94 MittelstandsMonitor (2010), S. 26.
95 MittelstandsMonitor (2010), S. 35.
96 Vgl. MittelstandsMonitor (2010), S. 29ff.

Es kann festgestellt werden, dass der kräftige Abschwung alle Wirtschaftsbereiche betrifft. In dem Fazit im MittelstandsMonitor werden Maßnahmen für Unternehmen in dieser Rezessionsphase vorgeschlagen. Zum Beispiel ist zu erkennen, dass der Mittelstand Sparmaßnahmen zwar durchführt, aber dennoch Investitionen durch Ersatz- und Rationalisierungsinvestitionen vornehmen wird müssen, um die Produktionsanlagen auf aktuellem Stand zu behalten. Die Unternehmen versuchen mit Hilfe von Beschäftigungsplänen das Fachpersonal auch in der Krise zu halten. Im Mittelstandsmonitor wird die Aussage getroffen, dass die Mittelständler ihre Belegschaftsstärke nicht langfristig planen, sondern oftmals rasch und situationsbedingt entscheiden.

Im zweiten Quartal 2009 führte das Institut für Arbeitsmarkt- und Berufsforschung bei 8.000 Betrieben empirische Untersuchungen über Maßnahmen von Unternehmen gegen die Krise durch, siehe *Tab. 3.4.*[97]

Tab. 3.4: Maßnahmen von Betrieben, die sich von der Krise betroffen fühlen.[98]

	Kostensenkung durch Umstrukturierung	Erschließen neuer Kundengruppen oder Märkte	Einstellungs-stopp	Kurzarbeit	Kürzungen von Lohn oder Zusatzleistungen, oder Arbeitszeitre-duktion**	Entlassung von Mitarbeitern
			in %			
von der Krise betroffen insgesamt	56	76	83	17	20	11

nach Wirtschaftszweigen – Anteile an allen Betrieben und Verwaltungen, die sich im jeweiligen Sektor betroffen fühlen, Mehrfachnennungen

Verarbeitendes Gewerbe insgesamt, Energie und Bergbau	56	85	90	38	26	16
Ernährung, Textil, Bekleidung, Möbel*	52	83	91	23	23	13
Holz, Papier, Druck- und Verlagsgewerbe*	62	89	96	33	30	16
Chemie, Kunststoff, Glas, Baustoffe*	56	87	84	33	22	20
Metall, Metallerzeugnisse*	61	87	87	51	29	21
Maschinen, Elektrotechnik, Fahrzeuge*	52	83	91	46	24	14
Handel, Gastgewerbe, Verkehr und Nachrichten-übermittlung	55	72	85	10	21	8
Kredit- und Versicherungs-gewerbe, Wirtschaftliche Dienstleistungen	55	86	74	13	16	10
Private, soziale und öffent-liche Dienstleistungen	54	71	79	4	21	9

nach Betriebsgröße – Anteile an allen Betrieben und Verwaltungen der jeweiligen Betriebsgröße, die sich betroffen fühlten, Mehrfachnennungen

bis 10 SV-Beschäftigte	53	74	86	14	19	9
10 bis 49 SV-Beschäftigte	63	84	78	26	24	17

Tab. 3.4 (fortgesetzt)

---

97 Vgl. IAB (2009), S. 2f.
98 IAB (2009), S. 5.

Tab. 3.4 (fortgesetzt)

	Kostensenkung durch Umstrukturierung	Erschließen neuer Kundengruppen oder Märkte	Einstellungs- stopp	Kurzarbeit	Kürzungen von Lohn oder Zusatzleistungen, oder Arbeitszeitre- duktion**	Entlassung von Mitarbeitern
50 bis 249 SV-Beschäftigte	66	82	66	41	29	21
250 und mehr SV-Beschäftigte	62	84	49	55	34	28
nach Umfang der Betroffenheit – Anteil an allen Betrieben und Verwaltungen in der jeweiligen Betroffenheitskategorie						
existentiell von der Krise betroffen	56	71	85	19	29	24
in Teilbereichen betroffen	55	77	83	17	18	8

* Wirtschaftsbereiche des Verarbeitenden Gewerbes   ** Arbeitszeitreduktion unabhängig von Kurzarbeit
Quelle: IAB-Erhebung des gesamtwirtschaftlichen Stellenangebots II/2009. © IAB

In der Befragung sahen sich 39 Prozent der Betriebe von der Wirtschaftskrise betroffen, sieben Prozent sogar existenziell gefährdet. Die Wirtschaftskrise beeinträchtigte vor allem den produzierenden Sektor. Zwischen großen und kleinen Unternehmen gab es nur geringe Unterschiede.

Die Masse der befragten Unternehmen reagiert mit Anpassungen z. B. über Veränderungen des Personaleinsatzes. Dies kann u.a. durch Kurzarbeit, Lohnkürzungen oder Einstellungsstopps erfolgen und auch Umstrukturierungsmaßnahmen werden in Betracht gezogen. Neben Sparmaßnahmen kann auch der Blick nach vorne helfen, indem neue Kundengruppen oder Märkte erschlossen werden.

Umstrukturierungen und Erschließung neuer Kundengruppen und Märkte erfordern unter Umständen Kapital. Dabei fehlt oft die Unterstützung der Banken, da in Krisenzeiten die Banken eine gestiegene Risikoaversion haben.[99] Die Kreditvergabe an Betriebe, die von der Krise betroffen sind, wird restriktiver gehandhabt als an die Betriebe, die nicht betroffen sind. Dies ist umso problematischer, als Kredite eine Krisenbewältigung unterstützen könnten. Vor allem KMU mit begrenzten Eigenmitteln sind hier noch stärker betroffen.

Im KfW/ZEW-Gründungspanel 2010 wurden 6.000 junge KMU befragt, welche Strategien junge KMU in der Wirtschaftskrise angewendet haben. Rund ein Viertel der jüngsten KMU und ein Drittel der zwei- bis vierjährigen KMU haben Maßnahmen, die in der *Abb. 3.17* benannt werden, wie z. B. Anpassungen von Produkten und Märkten, Sicherstellen der Finanzstabilität und Reduktion von Ausgaben ergriffen.

Die kundenspezifische Anpassungen der Leistungen ist mit 73,4 Prozent der Schwerpunkt, gefolgt von Anpassung an Kunden und Märkte mit 69,8 Prozent und der Sicherstellung der Liquidität mit 63,3 Prozent. Weitere Maßnahmen wären u.a. die Reduktion der Materialkosten, Verzicht auf Investitionen, Verstärkung der Innovationstätigkeiten.[100]

---

99 Vgl. Schröder (2009), S. 14; BDI (2009).
100 KfW/ZEW-Gründungspanel (2010), S. 14.

Um die aktuellen Rahmenbedingungen für junge KMU umfassender zu betrachten und auch hier die Relevanz einer strategischen Planung herauszustellen, müssen die Themenfelder Kurzarbeit, Liquidation und Insolvenz betrachtet werden, da für diesen Krisensituationen oftmals die fehlende strategische Unternehmensplanung eine Ursache ist. Diese Problemfelder betrachten die Historie, wohingegen die Gründungsaktivitäten und die Trendentwicklung die Vorausschaubetrachtung darstellen.

3.3.3 Erkenntnisse zur Kurzarbeit bei KMU

Die Wirtschafts- und Finanzkrise hinterlässt ihre Spuren auf dem deutschen Arbeitsmarkt. Kurzarbeit ist oft als Reaktion auf diese Krise anzusehen. KMU können gezwungen sein, mit Kostensenkungen auf sinkende Umsätze zu reagieren. Daher ist es notwendig, diese Entwicklung kurz zu betrachten. Durch das arbeitsmarktpolitische Instrument der Kurzarbeit können Unternehmen die finanzielle Unterstützung der Bundesagentur für Arbeit in Anspruch nehmen. Der Arbeitgeber zahlt nur das Gehalt für die geleistete Arbeit, der Rest wird zu 60 bzw. 67 Prozent von der Agentur erstattet. Dadurch hat das Unternehmen den Vorteil, keine Entlassungen vornehmen zu müssen. Gut ausgebildete Fachkräfte bleiben so dem Unternehmen erhalten.

Es gibt drei Arten von Kurzarbeitergeld:
- konjunkturelles Kurzarbeitergeld nach § 170 SGB III,
- Saison-Kurzarbeitergeld nach § 169 Satz 2 i.V. m. § 175 SGB III,
- Transferkurzarbeitergeld nach § 216b SGB III.[101]

Das konjunkturelle Kurzarbeitergeld wird jedoch nur gewährt, wenn ein erheblicher Arbeitsausfall mit Entgeltausfall vorliegt. Das heißt, die betrieblichen und persönlichen Voraussetzungen müssen erfüllt sein und vor Beginn der Kurzarbeit muss der Agentur für Arbeit eine Anzeige vorliegen.

Saison-Kurzarbeitergeld wird im Baugewerbe in der Schlechtwetterzeit vom 1. Dezember bis zum 31. März gezahlt, in Ausnahmefällen auch aus Witterungsgründen außerhalb dieser Zeit. Transferkurzarbeitergeld wird bei dauerhaftem Arbeitsausfall aufgrund von Restrukturierungsmaßnahmen gezahlt. In allen Fällen muss der Arbeitgeber gemäß § 173 SGB III eine Meldung erstatten. Die einzige Ausnahme besteht bei dem Saison-Kurzarbeitergeld nach § 175 SGB III. Hier ist in der festgelegten Zeit vom Dezember bis März bei witterungsbedingten Gründen keine Meldung erforderlich.

Wenn die Anzeigen erfolgt sind, erhalten die Betriebe für jeden Monat mit Kurzarbeit Betriebsmeldungen, die am Ende des Quartals für die zurückliegenden drei

---

101 Vgl. Bundesagentur für Arbeit (2009), S. 4f.

Kalendermonate ausgefüllt eingereicht werden müssen, gemäß § 320 Abs. 4 SGB III. Beim Saison-Kurzarbeitergeld wird dies monatlich erstattet. Die Zahlungen durch die Agentur für Arbeit erfolgen anhand von Abrechnungslisten, die innerhalb von 3 Monaten nach Beendigung des jeweiligen Monats durch die Unternehmen eingereicht werden.

Die Daten von Oktober 2009 zeigen erschreckende Entwicklungen. In der Zeit von 1989 bis heute war die Kurzarbeiteranzahl nicht so hoch, siehe *Abb. 3.9*.

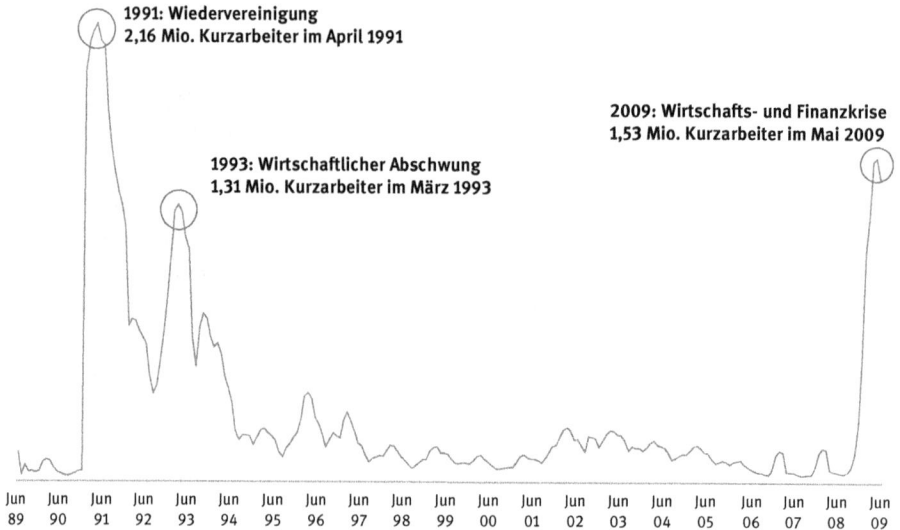

Abb. 3.9: Von Kurzarbeit betroffene Personen (1989–2009)[102]

Im Mai 2009 gab es 1,53 Mio. Kurzarbeiter. In den Monaten Juli (170.000), August (105.000) und September 2009 (118.000) stiegen die Zahlen weiterhin an. Die Zahlen für eine tatsächliche Inanspruchnahme liegen jeweils zwei Monate nach Quartalsende vor. Allein von Dezember 2008 auf Juni 2009 hat sich die Zahl um 1,21 Mio. erhöht. Der Süden und der Westen Deutschlands sind überproportional von Kurzarbeit betroffen. Jeder dritte Beschäftigte aus der Metallindustrie musste im Juni 2009 kurzarbeiten. Hier traf es insgesamt 35,3 Prozent der Beschäftigten.

In Bezug auf die Betriebsgröße wurde Kurzarbeit von Kleinunternehmen nicht so stark nachgefragt wie von großen, siehe *Abb. 3.10*. Kleinunternehmen haben keine große Personalressource und halten ihre Mitarbeiter, auf der anderen Seite ist die finanzielle Ressource der KMU dadurch durchaus stärker belastet worden, wenn keine staatlichen Hilfen zur Unterstützung beantragt wurden.

---

102 Bundesagentur für Arbeit (2009), S. 9.

Betriebsgröße

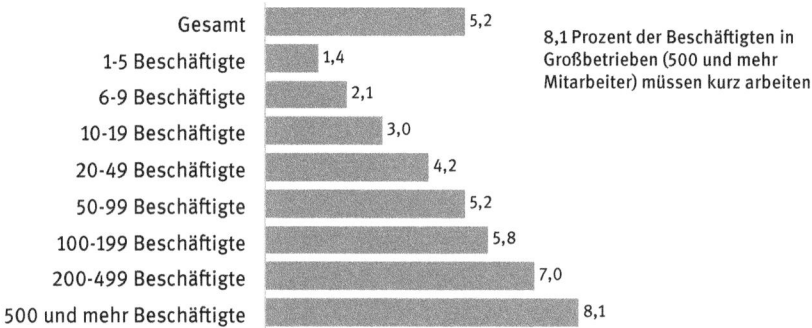

Gesamt	5,2
1-5 Beschäftigte	1,4
6-9 Beschäftigte	2,1
10-19 Beschäftigte	3,0
20-49 Beschäftigte	4,2
50-99 Beschäftigte	5,2
100-199 Beschäftigte	5,8
200-499 Beschäftigte	7,0
500 und mehr Beschäftigte	8,1

8,1 Prozent der Beschäftigten in Großbetrieben (500 und mehr Mitarbeiter) müssen kurz arbeiten

* Kug$_L$-Quote = Personen in Kurzarbeit nach §170 SGB III bezogen auf Bestand sozialversicherungspflichtig Beschäftigte am 30.6.2008

Abb. 3.10: Von konjunktureller Kurzarbeit betroffene Personen nach Betriebsgröße Kug$_L$–Quote*(in%) Deutschland Juni 2009[103]

In Kleinstunternehmen ist die Kurzarbeit nicht so hoch. Ein Grund dafür dürfte sein, dass trotz aller finanzieller Entlastungen Kurzarbeit nicht kostenneutral ist. Diese Kosten sind von großen Unternehmen eher zu bewältigen. Dennoch ist die Thematik Kurzarbeit auch für KMU wichtig, da sie auch Großunternehmen beliefern und somit abhängig von den Krisenunternehmen sein können.

Die Wirtschaftslage im Mittelstand wurde 2010 durch eine Befragung durch die Creditreform Wirtschaftsforschung mit 4.058 KMU ermittelt. Dabei handelte es sich bei 39 Prozent um Kleinstunternehmen, 41,4 Prozent um Kleinunternehmen und 18,7 Prozent um mittlere Unternehmen aus allen Wirtschaftsbereichen. Hier wird ganz deutlich festgestellt, dass die staatliche Kurzarbeitergeld-Regelung sich positiv ausgewirkt hat. So konnten die KMU auf Entlassungen verzichten, was auch den Arbeitsmarkt stabilisierte und Know-how im Unternehmen hielt.[104] Für die vorliegende Untersuchung bedeutet dies, dass eine Kurzarbeit-Regelung als Steuerungsinstrument in Krisensituationen für junge KMU genutzt werden kann.

3.3.4 Erkenntnisse zu den Liquidationsgründen von KMU

„Eine Liquidation ist die Abwicklung der Geschäfte eines aufgelösten Unternehmens durch Einzug der Forderungen und Verkauf (Verflüssigung) der übrigen Vermögens-

---

103 Bundesagentur für Arbeit (2009), S. 13.
104 Vgl. Creditreform (2010b), S. 9f.

teile. Das nach der Bezahlung der Verbindlichkeiten verbleibende Vermögen erhält der Unternehmer bzw. wird unter den Gesellschaftern verteilt. Die Liquidation ist ein formalrechtlicher Vorgang, der für die einzelnen Rechtsformen unterschiedlich geregelt ist."[105] Liquidationen werden anhand der Gewerbeabmeldungen in der Gewerbeanzeigenstatistik erhoben, siehe *Abb. 3.11*.

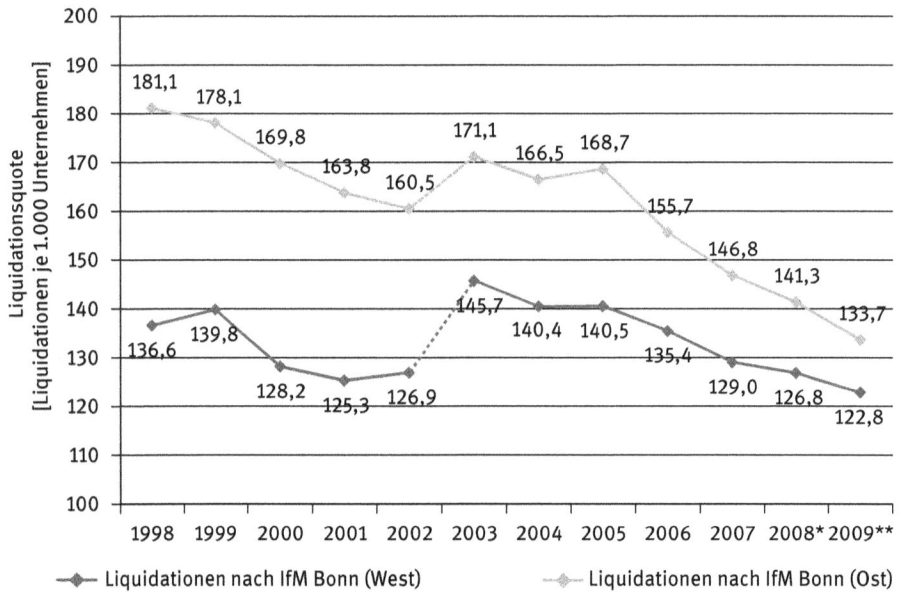

Anzahl der Unternehmen nach Umsatzsteuerstatistik. * 2008 berechnet mit geschätzten Unternehmenszahlen. ** 2009 geschätzt auf Basis der Liquidationszahlen von Januar bis Oktober 2009 und geschätzter Unternehmenszahlen.

Abb. 3.11: Entwicklung der Liquidationsquoten 1998–2009[106]

In 2008 gab es 412.000 Liquidationen, wobei 138.000 Stilllegungen eines Nebenerwerbs, die in der Gewerbeanzeigenstatistik aufgeführt werden, nicht berücksichtigt wurden. Für 2009 werden die Liquidationen auf 397.000 geschätzt. Eine mögliche Begründung für den Rückgang kann darin liegen, dass in Krisenzeiten die Selbstständigkeit die einzige Alternative zur Arbeitslosigkeit darstellt.[107] Insgesamt ist jedoch ein Rückgang der Liquidationsquoten zu verzeichnen.

---

105 MittelstandsMonitor (2008), S. 48f.
106 MittelstandsMonitor (2010), S 53.
107 MittelstandsMonitor (2010), S. 51ff.

Tab. 3.5: Unternehmensliquidationen 2008 in Deutschland[108]

Beschäftigten-größenklasse	Betriebs-aufgaben einer Haupt-niederlassung		„Echte" Kleingewerbe-aufgaben		Unternehmens-liquidationen insgesamt	
	Anzahl	in %	Anzahl	in %	Anzahl	in %
keine Beschäftigten	46.289	54,2	290.499	100,0	336.788	89,6
1	16.537	19,4	–	–	16.537	4,4
2–4	15.571	18,2	–	–	15.571	4,1
5–9	4.234	5,0	–	–	4.234	1,1
10–19	1.701	2,0	–	–	1.701	0,5
20–49	725	0,8	–	–	725	0,2
50–99	183	0,2	–	–	183	0,0
100 und mehr	111	0,1	–	–	111	0,0
Insgesamt	85.351	100,0	290.499	100,0	375.850	100,0

© IfM Bonn

– Rundungsdifferenzen möglich –
1) Ohne Automatenaufsteller und Reisegewerbe. Ohne Freie Berufe.
Quelle: IfM Bonn (Basis: Gewerbeanzeigenstatistik des Statistischen Bundesamtes)

Um zu ermitteln, inwieweit die Liquidationen KMU betreffen, muss man die nachfolgende *Tab. 3.5* betrachten, wo die Unternehmensliquidationen nach der Beschäftigungsgrößenklasse aufgeschlüsselt werden. In der Zusammenfassung der Daten sind 96,8 Prozent aller Liquidationen in 2008 von Kleinstunternehmen, 2,8 Prozent von Kleinunternehmen und 0,3 Prozent von mittleren Unternehmen zu verzeichnen. Inwieweit schon im Vorfeld ein Arbeitsplatzabbau vollzogen wurde, kann aus dem verfügbaren Datenmaterial nicht entnommen werden. Bei der Unterscheidung von Liquidationen gibt es analog zur Gründungsthematik eine Darstellung des IfM für das Jahr 2008, siehe *Abb. 3.12*.

Anhand dieser Aufstellung wird ersichtlich, ob es sich um Aufgaben oder Übergaben handelt. Aus dem Datenmaterial geht jedoch nicht der Grund der Abmeldung hervor, sodass hier keine Rückschlüsse auf z. B. fehlende strategische Unternehmensplanung zu ziehen sind. Dies ist im nachfolgenden Kapitel eher möglich, da hier Untersuchungen über die Gründe von Insolvenzen vorliegen, welche auch für die vorliegende Untersuchung wichtig sind.

108 IfM (2009c), S. 24.

Gewerbeanmeldungen lt. Statistischem Bundesamt 1. Halbjahr 2010 in Deutschland			
453.250		(1. Halbjahr 2009: 431.023)	

Neuerrichtung 381.412		Zuzug 39.189	Übernahme 32.649		

Neugründung 379.594		Umwandlung 1.818	Rechtsform-wechsel 8.402	Gesellschafter-eintritt 2.939	Erbfolge, Kauf, Pacht 21.308

Betriebs-gründung 77.722	Sonstige Neugründung 301.872				

Betriebs-gründung einer Hauptnieder-lassung 53.972	Betriebs-gründung einer Zweignieder-lassung / unselbst. Zweigstelle 23.750	Gründung eines Kleingewerbetreibenden (KGT) 165.585		Nebenerwerbs-gründung 145.287

| | | „Echte" Gründung eines KGT (lt. Schätzung des IfM Bonn 90 % der KGT) 140.927 | „Unechte" Gründung eines KGT (lt. Schätzung des IfM Bonn 10 % der KGT) 15.658 | |

Existenzgründungen lt. IfM Bonn 1. Halbjahr 2010 in Deutschland	
216.207	(1. Halbjahr 2009: 207.940)

© IfM Bonn
St01-13a10

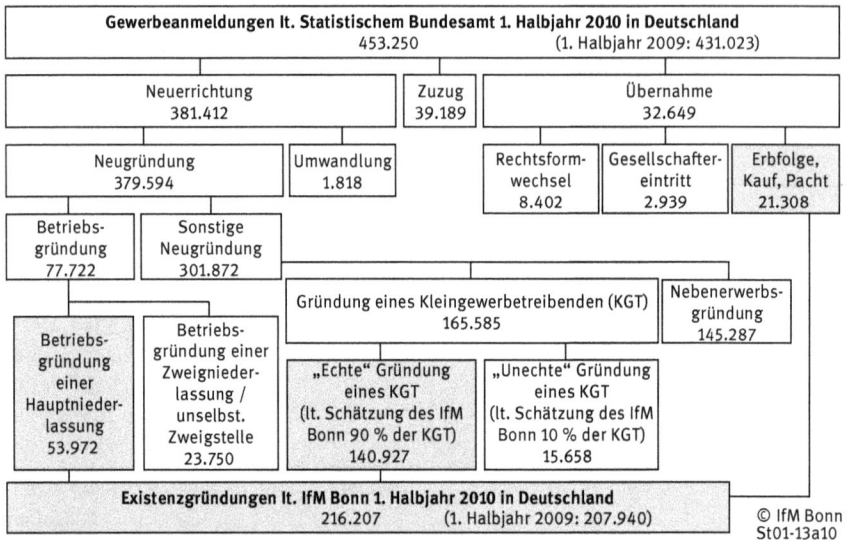

– Rundungsdifferenzen möglich –
1) Ohne Automatenaufsteller und Reisegewerbe. Ohne Freie Berufe.
Quelle: IfM Bonn (Basis: Gewerbeanzeigenstatistik des Statistischen Bundesamtes)

Abb. 3.12: Erläuterungen zu den Gewerbeabmeldungen 1. Halbjahr 2010[109]

3.3.5 Erkenntnisse zu den Insolvenzgründen von KMU

Die Insolvenz unterscheidet sich gravierend von der Liquidation, was mit der nachfolgenden Definition deutlich wird: „Eine Insolvenz bezeichnet eine dauerhafte Zahlungsunfähigkeit oder Überschuldung eines Unternehmens. Mit der Eröffnung eines Insolvenzverfahrens gehen die Verwaltungs- und Verfügungsrechte des bisherigen Unternehmens auf den Insolvenzverwalter über. Auch die Insolvenz ist ein formalrechtlicher Vorgang mit z. T. unterschiedlichen Regelungen für einzelne Rechtsformen. Eine Unternehmensaufgabe geht damit nicht zwangsläufig einher."[110]

Die Zahl der Unternehmensinsolvenzen betrug 2010 (welches als Rezessionsjahr bezeichnet wird) insgesamt 32.100, siehe *Tab. 9*, und sank somit um 2,5 Prozent gegenüber 2009. Damals stieg die Anzahl der Insolvenzen um 11,3 Prozent gegenüber 2008. Pleiten von Großunternehmen wie 2009 blieben 2010 aus. In erster Linie war der Mittelstand mit Insolvenzen betroffen. Dies lag u. a. auch daran, dass Kapitalreserven ausgeschöpft waren und neue Kredite nur unter erschwerten Bedingungen für die Unternehmen verfügbar waren. Die Binnennachfrage, der Aufschwung an den

---

109 IfM (2010), S. 36.
110 MittelstandsMonitor (2008), S. 48f.

Tab. 3.6: Insolvenzverfahren in Deutschland 1999–2010[111]

■	Gesamt-insolvenzen		Unternehmens-insolvenzen		Verbraucher-insolvenzen **)		sonstige Insolvenzen **)	
1999	33.870	−0,3%	26.620	−4,3%	2.450	–	4.800	–
2000	41.780	+23,4%	27.930	+4,9%	10.360	+322,9%	3.490	−27,3%
2001	49.510	+18,5%	32.390	+16,0%	13.490	+30,2%	3.630	+4,0%
2002	84.330	+70,3%	37.620	+16,1%	21.520	+59,2%	25.190	+593,9%
2003	100.350	+19,0%	39.470	+4,9%	33.510	+55,7%	27.370	+8,7%
2004	118.260	+17,8%	39.270	−0,5%	49.100	+46,5%	29.890	+9,2%
2005	136.570	+15,5%	36.850	−6,2%	68.900	+40,3%	30.820	+3,1%
2006	161.320	+18,1%	34.040	−7,6%	96.500	+40,1%	30.780	−0,1%
2007	164.750	+2,1%	29.150	−14,4%	105.300	+9,1%	30.300	−1,6%
2008	155.910	−5,4%	29.580	+1,5%	98.450	−6,5%	27.880	−8,0%
2009	162.870	+4,5%	32.930	+11,3%	100.790	+2,4%	29.150	+4,6%
2010*)	171.900	+5,5%	32.100	−2,5%	111.800	+10,9%	28.000	−3,9%

*) von Creditreform geschätzt
**) Privatinsolvenzen werden erst seit Einführung der neuen Insolvenzordnung (1999) ausgewiesen

Exportmärkten und die staatlichen Konjunkturprogramme, wie das Kurzarbeiter-geld, waren die Gründe für den Rückgang der Insolvenzen.[112] Die konjunkturelle Lage verbesserte sich im Verarbeitenden Gewerbe (minus 15,8 Prozent gegenüber Vorjahr) und Handel (minus 7,7 Prozent), im Dienstleistungssektor stiegen die Insol-venzzahlen um 3,6 Prozent.[113] Ein weiterer Trend, der bereits seit einigen Jahren zu beobachten ist, setzte sich auch in 2010 fort: die zunehmende Betroffenheit von Kleinst- und Kleinunternehmen durch Insolvenzen, siehe *Tab. 3.7*.

Tab. 3.7: Insolvenzen nach Umsatzgrößenklassen 2010 in Deutschland (in Mio. Euro)[114]

■	absolut	%-Anteil
bis 0,1	7.770 (7.580)	24,2 (23,0)
> 0,1–0,25	7.160 (7.220)	22,3 (21,9)
> 0,25–0,5	5.520 (5.640)	17,2 (17,1)
> 0,5–5,0	10.080 (10.380)	31,4 (31,5)
> 5,0–25,0	1.310 (1.710)	4,1 (5,2)
> 25,0–50,0	160 (200)	0,5 (0,6)
> 50,0	100 (200)	0,3 (0,6)

*) Creditreform Schätzung, ( ) = Vorjahresangaben

111 Creditreform (2010b), S. 1.
112 Creditreform (2010a), S. 1f.
113 Creditreform (2010a), S. 15.
114 Creditreform (2010b), S. 22.

95,1 Prozent der insolventen Betriebe setzten weniger als 5 Millionen EUR um. Allein 100 Großunternehmen in der Umsatzgrößenklasse über 50 Mio. EUR beantragten die Insolvenz. Anhand der *Tab. 3.8* ist ersichtlich, dass bei der Unterteilung nach Beschäftigten auch die Kleinst- und Kleinunternehmen mit 93,6 Prozent im Verarbeitenden Gewerbe, 99,1 Prozent im Baugewerbe, 98,9 Prozent im Handel und 98,6 Prozent im Bereich Dienstleistungen einen sehr hohen Anteil an den Insolvenzen zu verzeichnen haben.

Tab. 3.8: Beschäftigtenzahl insolventer Unternehmen in Prozent 2010[115]

■	Verarbeitendes Gewerbe	Baugewerbe	Handel	Dienstleistungen
1–5 Personen	53,9 (52,6)	75,7 (73,3)	81,2 (79,5)	82,9 (82,3)
6–10 Personen	15,2 (14,1)	12,2 (14,0)	9,7 (9,8)	7,9 (8,0)
11–20 Personen	13,7 (12,5)	7,5 (7,0)	5,1 (5,5)	4,6 (4,8)
21–50 Personen	10,9 (11,0)	3,7 (4,5)	2,8 (3,6)	3,2 (3,3)
51–100 Personen	3,4 (5,2)	0,7 (0,9)	0,7 (0,8)	0,9 (0,9)
> 100 Personen	3,0 (4,6)	0,2 (0,3)	0,4 (0,8)	0,5 (0,7)

Quelle: Creditreform Datenbank; Angaben in Prozent
( ) = Vorjahresangaben; *) inkl. Inhaber

Anhand Übersicht der Insolvenzen nach dem Unternehmensalter ist festgestellt worden, dass 64,2 Prozent der Unternehmen weniger als zehn Jahre bestehen, siehe *Tab. 3.9*.

Erste Auswertungen der neuen Unternehmensform der UG-Unternehmergesellschaft, oft genannt als „1-Euro-GmbH", zeigen, dass das Startkapital bei durchschnittlich 1.250 EUR liegt. 52,3 Prozent der betrachteten Unternehmen haben ein Startkapital von höchstens 500 EUR und 25,3 Prozent von 500 bis 1000 EUR. Dadurch sind diese Unternehmen insolvenzanfälliger als die GmbH. 2,15 Prozent der UG haben seit November 2008 ein Insolvenzverfahren eröffnet oder eine eidesstattliche Versicherung eines Gesellschafters abgegeben, hingegen nur 0,46 Prozent der GmbHs.[116] Dieses Ergebnis impliziert die Vermutung, dass, wenn nicht genügend Kapital gezeichnet ist, die Notwendigkeit einer langfristigen strategischen Unternehmensplanung nicht gesehen wird. Die Unternehmer könnten aufgrund des geringeren Risikos der Haftung eher tagesgeschäftsorientiert arbeiten.

---

115 Creditreform (2010b), S. 19.
116 Creditreform (2010a), S. 41.

Tab. 3.9: Insolvenzen nach Betriebsalter 2010[117]

	prozentuale Verteilung	Unternehmensbestand	Insolvenzquote
0 bis 2 Jahre	15,2 (14,6)	9,9	141
3 bis 4 Jahre	17,1 (17,7)	8,1	196
5 bis 6 Jahre	14,1 (13,8)	8,6	151
7 bis 8 Jahre	9,9 (9,9)	7,4	124
9 bis 10 Jahre	8,4 (8,2)	7,3	106
über 10 Jahre	35,3 (35,8)	58,6	56

Quelle: Creditreform Datenbank; Angaben in Prozent
( ) = Vorjahresangaben.

Das Zentrum für Insolvenz und Sanierung an der Universität Mannheim (ZIS) hat 2006 in der o. a. Untersuchung von rund 19.000 Unternehmensinsolvenzen und 124 Insolvenzverwaltern durchgeführt, um Insolvenzursachen zu ermitteln. Anhand der Auswertung ist ersichtlich, dass es 14 Dimensionen gibt, die eine existenzielle Gefahr für Unternehmen bedeuten. Die größte Gefahr wird in dem fehlenden Controlling gesehen. In dieser Untersuchung gaben zudem 81 Prozent der Insolvenzverwalter an, dass der Verzicht der KMU auf jegliches Unternehmenscontrolling eine häufige Voraussetzung für die spätere Krise war. 77 Prozent der Insolvenzverwalter hatten Unternehmen betreut, die keine Kostenrechnung und kein Controlling vorzuweisen hatten.

Anhand dieser Auswertungen der Creditreform ist deutlich erkennbar, dass gerade junge KMU von Insolvenzen betroffen sind. Die wichtigsten Insolvenzursachen, siehe *Abb. 3.13*, waren:

Eine weitere Auswertung der ZIS in 2006 und 2009, siehe *Tab. 3.10* ergab, dass u. a. das starre Festhalten an alten Konzepten mit 75 bzw. 61 Nennungen als Insolvenzursache genannt wird. Ein weiteres Problem ist darin zu sehen, dass bei 38 bzw. 48 Nennungen keine Person für Strategieüberlegungen vom Tagesgeschäft freigestellt wird.

Insgesamt lässt sich feststellen, dass die Insolvenzunternehmen in 2010 sehr junge KMU waren. Allein bis zum Alter von sechs Jahren sind 46,4 Prozent der vorhandenen KMU Insolvenzkandidaten. Bei den Start-ups ist eine Ausfallquote in den ersten zwei Jahren von 141 Insolvenzen je 10.000 Unternehmen zu verzeichnen. Eine halb so hohe Ausfallrate wie der Durchschnitt ist bei Unternehmen mit einem Betriebsalter von über zehn Jahren zu verzeichnen. Kleinst- und Kleinunternehmen sind im Vergleich zum Vorjahr und im Vergleich zu Großunternehmen häufiger gescheitert. Insolvenzen bei KMU mit bis zu fünf Mitarbeitern sind um zwei Prozent gestiegen.[118]

---

117 Creditreform (2010b), S. 20.
118 Creditreform (2010a), S. 19f.

Fehlendes Controlling ▓▓▓▓▓▓▓▓▓▓▓▓▓▓▓▓▓ 79 %
Finanzierungslücken ▓▓▓▓▓▓▓▓▓▓▓▓▓▓▓▓ 76 %
Unzureichendes Debitorenmanagement ▓▓▓▓▓▓▓▓▓▓▓▓▓ 64 %
Autoritäre, rigide Führung ▓▓▓▓▓▓▓▓▓▓▓▓ 57 %
Ungenügende Transparenz und Kommunikation ▓▓▓▓▓▓▓▓ 44 %
Investitionsfehler ▓▓▓▓▓▓▓▓ 42 %
Falsche Produktionsplanung ▓▓▓▓▓▓▓ 41 %
Dominanz persönlicher über sachliche Motivation ▓▓▓▓▓ 33 %
Ungenügende Marktanpassung ▓▓▓▓▓ 29 %
Egozentrik, fehlende Außenorientierung ▓▓▓▓▓ 28 %
Mangel an strategischer Reflexion ▓▓▓▓▓ 27 %
Personalprobleme ▓▓▓▓ 25 %
Unkontrollierte Investition und Expansion ▓▓▓ 21 %
Zu viel Wechsel ▓▓▓ 21 %

Die 58 untersuchten Ursachen lassen sich aus Insolvenzverwalter-Sicht auf 14 grundlegende Faktoren zurückführen.

Abb. 3.13: Insolvenzursachen – Ergebnis einer Faktorenanalyse[119]

Tab. 3.10: Insolvenzursachen[120]

Ursachen von Insolvenzen: Vergleich der 2006 und 2009 genannten Frequenzen				Angaben in %	
	Sehr häufig/häufig			Sehr häufig/häufig	
	2006 N = 124	2009 N = 107		2006 N = 124	2009 N = 107
Kein Mitarbeiter-Abbau bei rückläufigem Umsatz	80	67	Schlecht organisierte Produktionsabläufe	51	36
Zu geringe Rücklagen für unerwartete Ereignisse	65	64	Inhabergeführte Unternehmen ohne brauchbare Nachfolgeregelung	38	34
Starres Festhalten an alten Konzepten	75	61	Ungenügende Kenntnis von Marktveränderungen	43	33
Unzureichendes Debitorenmanagement	79	60	Überhastete Expansion	31	24
Keine Kostenrechnung, kein Controlling	77	57	Fehler in der Preispolitik	45	21
Keine vom Tagesgeschäft freigestellte Person für Strategieüberlegungen	38	48	Falsche Vertriebswege	27	16
Unzureichende Kommunikation innerhalb des Unternehmens	53	38	Falscher Investitionszeitpunkt	35	16
			Durchschnittliche Frequenz der Einstufung als „sehr häufig/häufig"	53	41

Frage: Jetzt geht es speziell um die Insolvenzursachen in der Finanz- und Wirtschaftskrise. Ich möchte Ihnen dazu 14 Stichworte nennen. Bitte bewerten Sie jedes mit 1-5. (gestützt; skaliert von 5 = sehr häufig bis 1 = sehr selten)

---

119 ZIS (2006), S. 20.
120 ZIS (2009), S. 16.

Zusammenfassend ergibt sich aus der Analyse der insolventen Unternehmen, dass die typischen Merkmale klar festzulegen sind, die letztendlich die Notwendigkeit der vorliegenden Arbeit bekräftigen. Der Schwerpunkt der Unternehmen liegt bei einer Umsatzgrößenklasse von unter 50 Mio. EUR mit weniger als 50 Mitarbeitern, inhabergeführt und bis zu 14 Jahre alt.[121] Dies unterstützt auch die Entscheidung, in dieser Arbeit diese Eckdaten für die Auswahl der zu untersuchenden Firmen zu wählen. Chancen und somit die „Wende" für insolvente Unternehmen, die von einem Insolvenzverwalter betreut werden, liegen in der möglichen Sanierung mit einem Sanierungskonzept. In dem *Kapitel 2.1* vorgestellten Unternehmenslebenszyklus wird auf diese Möglichkeit der „Wende" hingewiesen.

Dabei werden folgende Punkte bearbeitet:
– Beschreibung der aktuellen Situation des Unternehmens,
– Analyse des Unternehmens,
– eine systematische Darstellung der aktuellen Situation,
– Beurteilung der Lage des Unternehmens,
– Leitbild des Unternehmens,
– Übersicht der Schritte der Sanierung.[122]

Dieses Sanierungskonzept ist in einem Sanierungsplan hinterlegt. Unterstützungsmöglichkeiten für Unternehmen in der Krise gibt es neben den Unternehmensberatern auch von anderen Organisationen. Beispiele hierfür sind im *Kapitel 6.2* genannt. Weitere Maßnahmen in Form von Restrukturierungsmaßnahmen, die von erfahrenen Insolvenzverwaltern genannt werden, sind in der *Abb. 3.14* benannt.

Eine hohe Bedeutung für die Rettung eines insolventen Unternehmens hat mit 86 Prozent der konsequente Einsatz von Kostenrechnungs- und Controllinginstrumenten, also Planung, Steuerung und Kontrolle des Unternehmens. Dies zeigt die Bedeutung der vorliegenden Arbeit, die sich mit dieser Thematik beschäftigt.

Eine weitere Untersuchung aus der Schweiz zeigt, dass die meisten Konkurse den Mikrounternehmen zuzuordnen sind.[123] Einer Studie über 350 Konkursen aus den Jahren 1995 bis 2002 zeigt, dass die Hauptursachen im Bereich Finanzen mit 47 Prozent (u. a. Kostensteigerung, Reduktion der Kreditlimite, verspätete Zahlungseingänge) und im Management mit 33 Prozent (u. a. fehlende oder falsche Strategie, Organisationsmängel, nicht bewältigtes Wachstum) zu verzeichnen sind. Der überwiegende Teil der Konkurse ist bedingt durch unternehmensinterne Faktoren. NEUMAIR (1999) analysierte mehrere Studien dazu und stellte heraus, dass Ursachen wie „schlechtes Management", „fehlende Planung", etc. als Ursachen erster Ordnung behandelt werden. Ursachen zweiter Ordnung sind begründet in „dysfunktionalem

---

121 ZIS (2006), S. 15.
122 ZIS (2006), S. 30ff.
123 Vgl. Dembinski (2002), S. 3.

Maßnahme	Wert
Beanspruchung von Insolvenzgeld	98
Kostenreduzierungsmaßnahmen	93
Konsequenter Einsatz von Kostenrechnungs- und Controlling-Instrumenten	86
Einsatz eines Insolvenzverwalters, der über Erfahrungen mit kleineren, mittelst. Untern. verfügt	82
Personalabbau	81
Rationalisierung der Arbeitsprozesse	61
Aufnahme eines Massekredites	56
Erkennen und Ausschöpfen des vorhandenen Management-Know-how	51
Reorganisation des Vertriebs	48
Einsatz eines Insolvenzverwalters, der über Erfahrungen mit ähnlichen Produkten verfügt	43
Gesellschaftsrechtliche Veränderungen	32
Zusammenarbeit mit einem M&A-Berater	16

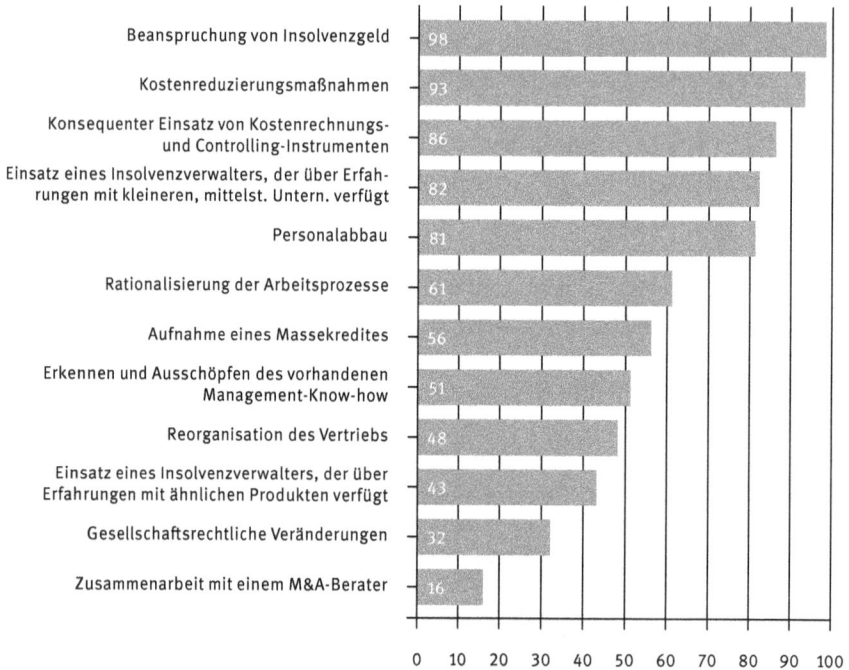

Frage: Ich nenne Ihnen jetzt Maßnahmen und bitte Sie, grob einzuschätzen, ob sich die genannte Maßnahme bei der Restrukturierung insolventer Unternehmen als nützlich erwiesen hat. (gestützt: Top-Two-Box auf einer Skala von 5 = sehr häufig nützlich bis 1 = eher selten nützlich; Basis: Insolvenzverwalter n = 106)

Abb. 3.14: Restrukturierungsmaßnahmen[124]

organisationalem Lernen".[125] Unter organisationalem Lernen versteht NEUMAIR (1999) „an entity learns if, trough its processing of information, the range of potential behaviour is changed".[126] Ein Unternehmen braucht Regeln, die im Managementprozess genutzt werden (exploitation), kombiniert (exploration) und verändert (mutation) werden können. Die nachfolgenden fünf Hauptursachen für Konkurse werden mit den nachfolgenden Dysfunktionen beschrieben, die mit den beschriebenen Regeln im Einklang stehen:

- Falsche Regeln (z. B. falsches Geschäftssystem in der Branche),
- Überbetonung der Veränderungen zulasten der Nutzung (z. B. stetiges verzweifeltes Suchen nach Chancen bzw. Verfolgen volatiler Strategien),
- Übertreibung der Neukombination festgelegter Regeln zulasten der Nutzung (z. B. Perfektionierung von Produkten, wobei die Kunden dies als irrelevant einstufen),

---

124 ZIS (2007), S. 11.
125 Vgl. Neumair (1999), S. 294ff.
126 Neumair (1999), S. 295.

- Überbetonung der Nutzung festgelegter Regeln auf Kosten der Neukombination (z. B. Verlieren der Innovationsfähigkeit und fehlende Wahrnehmung der Umfeldsignale),
- Vernachlässigung der Faktoren (exploitation, exploration, mutation, z. B. organisationale Trägheit, fehlendes Zeitgefühl).[127]

Die Bedeutung des strategischen Managements und der daraus folgenden strategischen Unternehmensplanung wird durch diesen „Satz von Regeln" gesteuert und ist somit als unternehmerische Tätigkeit zum Vorbeugen gegen Insolvenzen/Konkursen zu sehen.[128]

Zusammenfassend können in diesem Kapitel zur wirtschaftlichen Lage von KMU folgende Erkenntnisse genannt werden:
- Die Unternehmensstrategie kann als Schwerpunkt für junge KMU in der aktuellen wirtschaftlichen Situation sein,
- in der Krise liegen die Schwerpunkte in der Umstrukturierung, dem Erschließen neuer Kundengruppen oder der Kurzarbeitsregelung,
- 79 Prozent der Insolvenzunternehmen haben kein Controlling und 75 Prozent hielten an alten Konzepten fest,
- auffällig ist die hohe Ausfallquote in Form von Insolvenzen in den ersten zwei Jahren,
- im Falle einer Insolvenz befürworteten 82 Prozent der Unternehmen den Einsatz eines Insolvenzverwalters für die Beratung,
- 25 Prozent der gesunden Unternehmen holen sich externen Rat.

Für die weiteren Überlegungen kann die Konzeptionierung einer Handlungsempfehlung und Umsetzung von Instrumenten der strategischen Unternehmensplanung ein Schlüsselfaktor für den Erfolg junger KMU sein, was in der Fallstudie überprüft werden kann.

3.4 Strategisches Management in jungen KMU

In einer Literaturanalyse von *Matzler et al.* (2003) wurde festgestellt, dass sich in den sieben größten deutschsprachigen betriebswirtschaftlichen Fachzeitschriften in den Jahren 1990 bis 2000 lediglich 15 Prozent der vorhandenen Artikel mit dem Thema der empirischen Untersuchungen zum strategischen Management auseinandersetzten, was mit der mangelnden Relevanz des Themas zu erklären ist.[129]

---

127 Vgl. Neumair (1999), S. 298.
128 Vgl. Malik (1996), S. 182.
129 Vgl. Matzler et al. (2003), S. 152f.

Welter (2003) hat insgesamt 56 empirische Studien auf empirisch beobachtbare Strategiemuster und Strategieverläufe analysiert.[130] Auf Basis dieser Erhebungen in KMU hat die Hälfte aller KMU in Deutschland keine Konzepte bzw. Strategien für die Geschäftsführung. Etwa ein Viertel verfolgt einjährige Strategiekonzepte und 22 Prozent der Unternehmen mit mehr als 50 Beschäftigten haben eine mehrjährige Planung.[131] Dies lässt provozierend die Frage zu, ob KMU überhaupt Strategien benötigen. Es gibt jedoch Untersuchungen, die den Schluss zulassen, dass Planung und finanzieller Unternehmenserfolg miteinander einhergehen, siehe *Kapitel 3.6*. Bei der Strategiegenese erfordert dies eine Auseinandersetzung „with process and content, statics and dynamics, constraints and inspiration, the cognitive and collective, the planned and the learned, the economic and the political".[132]

Deimel/Kraus (2008)[133] haben ebenfalls eine empirische Bestandsaufnahme zum strategischen Management in kleinen und mittleren Unternehmen durchgeführt. Auch sie konstatieren, was bisherige wissenschaftliche Studien vermuten lassen, nämlich dass strategisches Management in KMU wenig vorhanden und wenn vorhanden nicht sorgfältig geplant ist und dass strategische Pläne mehr intuitiv erstellt werden.

Haake (1987) ermittelte einen Zusammenhang zwischen der Unternehmensgröße und dem Einsatz strategischer Maßnahmen.[134]

Bernasconi/Galli (1999) ermittelten, dass die Unternehmensleitungen oft zu sehr im Tagesgeschäft eingebunden sind und ihnen somit die Zeit für die strategische Unternehmensplanung fehlt.[135]

Die Ausbildung des Entrepreneurs hat auf die strategische Aktivität einen hohen Einfluss. Studien zeigen, dass mit dem Grad der Ausbildung auch das strategische Denken und Handeln steigt.[136] Eine weitere Studie von *Jones* (1982) zeigt auf, dass sogenannte „Planer" besser ausgebildet sind und auch erfolgreicher als die „Nicht-Planer" sind.[137]

Waalewijn/Segaar (1993)[138] haben in ihrer Studie an niederländischen Unternehmen in Anlehnung an *Glueck et al.* (1980)[139] vier Entwicklungsstufen zum strategischen Management ermittelt. Zuerst wird die konkretisierte Finanzplanung (Budgetierung mit Zielen), als zweites die zeitlich orientierte Finanzplanung (Finanzplanung

---

130 Welter (2003), S. 209.
131 Vgl. Welter (2003), S. 1.
132 Mintzberg (1990b), S. 208-209.
133 Vgl. Deimel/Kraus (2008), S. 155ff.
134 Vgl. Haake (1987), S. 81ff.
135 Vgl. Bernasconi/Galli (1999), S. 345.
136 Vgl. Beutel (1988), S. 19.
137 Vgl. Jones (1982), S. 15ff.
138 Vgl. Waalewijin/Segaar (1993), S. 24ff.
139 Vgl. Glueck et al. (1980), S. 154ff.

auf mehrere Jahre), dann die umweltorientierte Planung (zusätzliche Fokussierung auf das externe Umfeld: Marktkräfte, Technologie, etc.) und abschließend das integrierte strategische Management (strategisches Denken in allen Ebenen) durchgeführt. Mit dieser Vorgehensweise kann die strategische Unternehmensplanung in jungen KMU strukturiert werden.

Auf der anderen Seite muss auch gesagt werden: „A small business is not like a big business"[140] Viele Methoden und Instrumente des strategischen Managements sind betriebsgrößenneutral,[141] gerade bei KMU bestehen jedoch oft Ressourcenengpässe.

Managementberater, die sich mit der strategischen Ausrichtung von mittelständischen Unternehmen befassen, sind von *Wittberg* (2000)[142] untersucht worden. Hier wurden 750 Projektberichte aus der Managementberatung analysiert und es ergab folgendes Ergebnis mit vier Schwerpunkten, womit sich Unternehmer auseinandersetzen müssen. Diese Schwerpunkte sind Organisation, Kompetenz, Personal und Finanzen.[143]

Die verschiedenen Schwerpunkte werden von der Unternehmensführung geplant, beeinflusst und kontrolliert. Die Summe der Teilprozesse ergeben ein in sich ganzheitliches Tool, um eine strategische Ausrichtung zu unterstützen.

Zusammenfassend kann als Resultat festgestellt werden, dass dem strategischen Management in jungen KMU nicht die Bedeutung in der Forschung und der Praxis beigemessen wird und somit auch eine Forschungslücke besteht. Strategisches Management wird eher in Großunternehmen als in KMU betrieben, in KMU wird eher intuitiv geführt.

3.5 Strategische Unternehmensplanung in jungen KMU

Wie sieht strategisches Verhalten bzw. strategische Unternehmensplanung in jungen KMU aus? Gibt es Unterschiede im Vergleich zu Großunternehmen? In empirischen Studien werden strategische Planungen oft bei Großunternehmen betrachtet, weniger in KMU. Im *Anhang 1* ist daher eine Übersicht der in dieser Arbeit zitierten Studien hinterlegt. Da der Fokus der vorliegenden Untersuchung auf der Frage nach der strategischen Unternehmensplanung in jungen KMU liegt, werden nachfolgend

---

140 Welsh/White (1980), S.18.
141 Vgl. Haake (1987), S. 81.
142 Vgl. Wittberg (2000), S. 95f.
143 Krüger et al. (2006), S. 110.

die drei Forschungsfragen aus *Kapitel 1.3* beantwortet. Hierbei werden verschiedene Studien analysiert, um die jeweilige Forschungsfrage nach dem derzeitigen Stand der Forschung zu beantworten.

Setzen junge KMU strategische Unternehmensplanungskonzepte ein?

Bantel/Osborn (1995)[144] haben ermittelt, dass das Fehlen von generischen Strategien (nach *Porter* 1985) nicht mit einer fehlenden strategischen Orientierung gleichzusetzen ist. Eine Fokussierung auf die Kundengruppen kann darüber hinaus auch als Strategie bezeichnet werden.

Es gibt fähige Unternehmer, die ein Unternehmen führen können, ohne ein Konzept zur strategischen Planung zu haben. Aufgrund der Dynamik der Märkte und der Unsicherheiten sollte sich der Unternehmer aber regelmäßig über die Ziele des Unternehmens und deren Stand im Klaren sein. Der Findungsprozess der Unternehmensstrategie sollte als Investition in die Zukunft betrachtet und die strategische Unternehmensplanung mit Hilfe von Szenarien und Variationen durchgeführt werden.[145]

Kropfberger (1986) befragte 161 österreichische KMU und fand heraus, dass nur die Hälfte eine Kurzfristplanung und ca. ein Drittel keine Absatzplanung durchführt.[146] *Leitner* (2001) betrachtete 100 österreichische KMU und ermittelte hier, dass 62 Prozent schriftliche Konzepte zur Unternehmenspolitik hatten, jedoch bei 31 Prozent die Strategien intuitiv durchgeführt wurden. 88 Prozent der betrachteten KMU führten die Planung anhand von Erfahrungswerten durch.[147] Ebenfalls befragten *Fröhlich/Pichler* (1988) 107 österreichische KMU und ermittelten, dass 23 Prozent keine Planung, 31 Prozent eine Kurzfristplanung und 45 Prozent eine Langfrist-/strategische Planung durchführen.[148]

Die Studie von *Olson/Bokor* (1995) betrachtete 500 schnell wachsende KMU in den USA, dabei haben über die Hälfte der KMU zur Gründung keinen formalen Businessplan gehabt.[149]

Haake (1987) betrachtete 127 KMU in der Schweiz und stellte fest, dass 28 Prozent der KMU nicht, 31 Prozent kurzfristig und 41 Prozent langfristig/strategisch planten.[150]

Die ETH-Zürich (1995) hat in einer Studie 1.667 KMU in der Schweiz zum Themenbereich Erfolgs- und Risikofaktoren befragt. Dabei stellte sich heraus, dass

---

144 Vgl. Bantel/Osborn (1995), S. 54.
145 Vgl. Pfohl (1997a), S.169.
146 Vgl. Kropfberger (1986), S. 39.
147 Vgl. Leitner (2001), S. 165ff.
148 Vgl. Fröhlich/Pichler (1988), S. 112.
149 Vgl. Olson/Bokor (1995), S. 34ff.
150 Vgl. Haake (1987), S. 45f.

schriftlich formulierte Vorstellungen über die Ausrichtung und Entwicklung über einen Zeitraum von zwei bis vier Jahren in KMU eher die Ausnahme sind. Bei den KMU mit weniger als 50 Mitarbeitern führen 15 Prozent eine Planung für Marketing, 25 Prozent für Umsatz und 18 Prozent für die Produktion durch. KMU handeln somit intuitiv und Veränderungen von zu vielen Einflussfaktoren auf die Unternehmensbereiche lassen die Auswirkungen auch für den Unternehmer unüberschaubar werden.[151]

Die Masse der Studien bestätigt somit, dass in KMU die Planung eher unstrukturiert, sporadisch, intuitiv und inkrementell ist und wenn sie vorhanden ist, nicht umfassend und nicht formal betrieben wird.[152] Das heißt, dass Rationalität in der Praxis nicht vorhanden ist und dass es an einer rationalen Entscheidungsfindung fehlt. Rationalität bei Entscheidungen kann als „formales Prinzip der Entscheidungslogik"[153] mit logischen und normativen Konsequenzen beschrieben werden, entspricht aber nicht unbedingt dem tatsächlichen Verhalten in KMU. In den Studien von *Cromie et al.* (1999),[154] *Reid et al.* (1999)[155] und *Kuratko et al.* (1998)[156] wurden Einflussfaktoren auf die strategische Unternehmensplanung wie z. B. die Familienbezogenheit (Zukunftssicherung) oder Personengebundenheit (Autonomie, persönliches Wachstum, Einkommen) des Unternehmers nachgewiesen.

Bei einer Literaturrecherche von *Deimel/Kraus* (2008)[157] von 17 Studien, die die strategische Planung und den Unternehmenserfolg im Fokus hatten, war in 64,7 Prozent der Studien ein positiver Zusammenhang zwischen der Planung und dem Erfolg zu erkennen. Bei 23,5 Prozent war kein Zusammenhang und bei 11,8 Prozent ein gemischter Zusammenhang ersichtlich. Die von *Deimel/Kraus* (2008) befragten Unternehmen planten zu 19 Prozent für einen Zeitraum von bis zu zwölf Monaten, 58 Prozent für einen Zeitraum von zwei bis vier Jahren und 23,7 Prozent für länger als vier Jahre. Die Planung wird vorrangig durch die Geschäftsführung durchgeführt. 53,1 Prozent der befragten KMU führen eine strategische Planung nur für das Gesamtunternehmen und nicht für die Funktionsbereiche durch. 20 Prozent der KMU planten für bis zu zwei weitere Bereiche und weitere 20 Prozent für bis zu drei Funktionsbereiche (Personal-, Vertriebs- und Marketingplanung). Bei diesen Planungen für die Funktionsbereiche dominieren in den KMU die quantitativen Planungsinstrumente. Anhand dieser ermittelten Kausalität stellten *Deimel/Kraus* (2008) folgende Hypothese auf:

---

151 Vgl. Sattes et al. (1995), S. 36f.
152 Vgl. Naffziger/Müller (1999), S. 12ff; Sexton/van Auken (1982), S. 21.
153 Vgl. Wiswede (1995), S. 28.
154 Vgl. Cromie et al. (1999), S. 23.
155 Vgl. Reid et al. (1999), S. 49.
156 Vgl. Kuratko et al. (1998), S. 38.
157 Vgl. Deimel/Kraus (2008), S. 155ff.

> **!** K_0: Unternehmen, die eine strategische Unternehmensplanung durchführen, sind erfolgreicher als Unternehmen ohne strategische Unternehmensplanung.

Von *Silk/Kalwani* (1982) wurden in einer empirischen Studie in Form einer Befragung mit einem strukturierten schriftlichen Fragebogen bei 1.000 KMU in Deutschland, Österreich und der Schweiz mit dem Inhaber oder Geschäftsführer durchgeführt.[158] Als Grundlage fungierte die Adressdatenbank von KMU im deutschsprachigen Raum der Creditreform. Die Rücklaufquote betrug mit 101 Fragebögen zehn Prozent. 89 Prozent der Befragten von den rückgesandten Bögen erwarteten durch die strategische Planung eine erfolgreichere Position im Wettbewerb. 27,5 Prozent führten keine strategische Planung durch. Gründe hierfür sind in den mangelnden Zeitressourcen und dringlichen Anforderungen aus dem Tagesgeschäft zu suchen.

Posner (1985) stellte fest, dass viele KMU-Manager überzeugt sind, dass Entrepreneure nicht planen, sondern ihre Zeit für operative Tätigkeiten nutzen sollten.[159]

Eine bundesweite Unternehmensbefragung zum Thema „Strategische Unternehmensplanung in kleinen und mittleren Unternehmen" wurde im Zeitraum November 2006 bis März 2007 durch die HTW in Aalen durchgeführt, wobei 631 KMU in die Auswertung mit eingeflossen sind.[160] In dieser Befragung wurde u. a. gefragt, ob strategische Unternehmensplanung grundsätzlich sinnvoll ist. Annähernd 85 Prozent der befragten Unternehmen halten die strategische Unternehmensplanung unbedingt für sehr sinnvoll. Die befragten Unternehmen sehen zu über 42 Prozent die strategische Unternehmensplanung als den wesentlichen Erfolgsfaktor für erfolgreiche KMU.

Im Jahr 2005 wurden in der Studie „Unternehmertum Deutschland" über 5.000 Unternehmen aus dem Mittelstand von der Unternehmensberatung McKinsey, dem Lehrstuhl für Mittelstand, Existenzgründung und Entrepreneurship der Universität Bremen und dem Lehrstuhl für Unternehmensentwicklung der WHU-Wissenschaftliche Hochschule für Unternehmensführung Vallendar nach Erfolgsrezepten für profitables Wachstum befragt, wobei 600 Unternehmensbefragungen in die Auswertung eingeflossen sind. Eine Kernaussage hierbei war: „Zu viel Bauch, zu wenig strategische Planung".[161] Eine Erkenntnis war, dass es keinen Mangel an Methoden der strategischen Planung gibt. Das Problem liegt oft in der Frage nach dem „gewusst wie?". In vielen KMU ist der Prozess der strategischen Planung nicht definiert und vielen Unternehmen fällt es schwer, die für ihre Situation relevanten Informationen auszuwählen und die passenden Methoden anzuwenden.

---

158 Vgl. Silk/Kalwani (1982), S. 165ff.
159 Vgl. Posner (1985), S. 1.
160 HTW Aalen (2007).
161 Vgl. McKinsey et al. (2005), S. 4ff; ZWF (2006b), S. 3.

Robinson/Pearse (1984) haben in ihrer Meta-Analyse von 50 Studien herausgefunden, dass eine formale strategische Unternehmensplanung verstärkt in Großunternehmen vorzufinden ist, da die kleinen Unternehmen tagesgeschäftsorientiert sind und es häufig an Ressourcen fehlt und somit nicht strategisch planen.[162] *Perry* (2001) bestätigt mit seiner Studie von 152 KMU in den USA diese Aussage. KMU mit weniger als fünf Mitarbeitern wenden keine strategische Planung an. Ab 15 bis 20 Mitarbeitern wird eine strategische Planung verstärkt durchgeführt.[163]

Die Rechtsform spielt auch eine Rolle bei der Ausführung einer strategischen Unternehmensplanung. So konnten *Esser et al.* (1985) bei einer Befragung von 214 deutschen Industrieunternehmen feststellen, dass gerade bei GmbH und AG die Anwendung von strategischer Planung vorzufinden ist, begründet auch durch die Unternehmensgröße und die Stakeholder, die einen Einfluss auf das Management ausübten.[164]

In der STRATOS-Studie (1990) (strategy orientation of small and medium-sized enterprises) wurden 1.172 KMU in acht europäischen Ländern (D, FIN, F, UK, NL, B, CH, AUT) in Bezug auf Werte, Ziele und Strategien mit einem einheitlichen Fragebogen untersucht. Um die grundsätzliche strategische Ausrichtung der KMU zu ermitteln, wurde die Ansoff-Matrix mit den Grundstrategien Marktdurchdringung, Produktentwicklung, Marktentwicklung und Diversifikation in der Befragung verwendet. Die KMU fokussierten sich mit 31 Prozent auch die Marktdurchdringungs-, 27 Prozent auf die Produktentwicklungs-, 15 Prozent auf die Marktentwicklungs- und 27 Prozent auf die Diversifikationsstrategie. Die vorhandenen schriftlich fixierten Pläne konnten in vier Planungsausrichtungen unterteilt werden: eine nicht vorhandene Planung, die Kurzfristplanung (bis ein Jahr) und die Langfristplanung in einem oder zwei Funktionsbereichen. In der STRATOS-Gruppe der strategischen Planer wurden die KMU zugeordnet, die in mindestens drei Funktionsbereichen planten. Mit zunehmender Betriebsgröße steigt das Ausmaß der Planung. Mit einer Cluster-Analyse wurden sechs Verhaltensbereiche identifiziert: unternehmerisches Selbstverständnis, Unternehmer-Mitarbeiter-Verhältnis, Organisationsgrundsätze, Veränderungsbereitschaft, strategisches Bewusstsein und Verhalten gegenüber der Gesellschaft. Eine weitere Erkenntnis ist das Identifizieren von vier verschiedenen Unternehmertypen: dem ´Allrounder´, dem ´Pionier´, dem ´Organisator´ und dem ´Routinier´. Bei der Analyse dieser Unternehmertypen nach Ländern und Sektoren gibt es keine eklatanten Unterschiede. Dennoch ist Folgendes festzuhalten: Kleinstbetriebe werden von Allroundern geführt, bei 100 bis 499 Mitarbeitern sind die Pioniere am häufigsten vertreten und die Routiniers und Organisatoren verteilen sich gleichmäßig. Diese

---

162 Vgl. Robinson/Pearce (1984), S. 129.
163 Vgl. Perry (2001), S. 201ff.
164 Vgl. Esser et al. (1985), S. 495ff, 508ff.

Unternehmertypen haben unterschiedliche Verständnisse in Bezug auf die strategische Planung.[165]

Haake (1987) hat in seinen Untersuchungen drei Unternehmertypen ermittelt. Das sind die traditionellen Familienunternehmer, der Professional und der Gründer-/Pionierunternehmer. Strategische Planung wird hauptsächlich vom Professional durchgeführt. Die Durchführung der strategischen Planung hängt auch von der Ausbildung des Unternehmers ab und vom eingesetzten Eigenkapital.[166] Das bedeutet, dass gerade junge Gründer-/Pionierunternehmer Unterstützung für ihre strategische Unternehmensplanung benötigen.

Zusammenfassend kann als Resultat festgestellt werden, dass KMU selten planen aufgrund folgender Defizite und Gründe:
- eher geringe Zeitressourcen,
- beschränktes Know-how,
- fehlendes Bewusstsein der Notwendigkeit,
- fehlende Rationalität in der Entscheidungsfindung,
- KMU sind eher tagesgeschäftsorientiert,
- Intuition des Entscheiders überwiegt.

Diese Erkenntnis wird in der Unternehmensbefragung von 631 KMU der HTW-AALEN (2007) bestätigt, wo nach den Gründen der Nichtplanung gefragt wurde. Bei den Unternehmen, die nicht strategisch planen, fällt auf, dass überwiegend entweder Zeitgründe mit 31,6 Prozent, fehlende Notwendigkeit mit 29,2 Prozent, fehlende personelle Ressourcen mit 12,5 Prozent, die Komplexität mit 10,4 Prozent oder aus Kostengründen mit 8,3 Prozent benannt werden.[167]

Welche Rahmenbedingungen gelten für junge KMU bei der strategischen Unternehmensplanung?

Inkrementale Prozesse der Strategieformation lassen sich nach *Schwenk* (1995)[168] und *Eisenhardt/Zbaricki* (1992)[169] ableiten, wenn der Unternehmer unsystematisch an die Entscheidungsfindung herangeht und sich dabei die Ziele des unternehmerischen Handelns erst im Verlauf der Suche nach Informationen ergeben. Auf diese Thematik deuten auch die von *Mintzberg* (1978) empirisch abgeleiteten Handlungsmuster von beabsichtigten nicht realisierten Strategien und nicht intendierten realisierten (emergenten) Strategien hin.[170] Viele Unternehmer verbleiben dennoch oft

---

165 Vgl. STRATOS-Group (1990).
166 Vgl. Haake (1987), S. 35.
167 HTW Aalen (2007), S. 27.
168 Vgl. Schwenk (1995), S. 69.
169 Vgl. Eisenhardt/Zbaracki (1992), S. 48.
170 Vgl. Mintzberg (1978), S. 945.

auf dem von ihnen eingeschlagenen Weg und beharren in der festgelegten strategischen Planung. Dadurch ergeben sich nicht nur einzelne Fehlermöglichkeiten, sondern es kommt zudem auch vermehrt zu einer Interaktion und gegenseitigen Verstärkung von verschiedenen Entscheidungsfehlern.[171] Einschätzungsfehler, wie die verzerrte Bewertung früherer Erfolge, die falsche Verarbeitung von zugrunde liegenden Informationen vergangener Strategien, können die strategischen Planungen beeinflussen.[172] Eine Übersicht von Fehlermöglichkeiten hat *Welter* (2003) zusammengestellt. Dabei entstehen Fehler schon bei der Identifizierung strategischer Probleme, indem z. B. einmal getroffene Entscheidungen ungeprüft für neue Handlungen übernommen werden oder der Status quo nicht aktualisiert wird. Ebenfalls gibt es selektive Wahrnehmungen und aktuelle und neue Informationen werden oft vernachlässigt. Bei der Suche und Auswahl strategischer Alternativen werden kausale Zusammenhänge dem Zufall zugeordnet, die Repräsentativität überschätzt und gewünschte Resultate werden zu hoch eingeschätzt.[173]

Als Erklärung kann auch die Theorie kognitiver Dissonanz verwendet werden, nach der die Unternehmer die nicht gewählten Alternativen bei der Planungsentscheidung abwerten, um so bei der Entscheidungsfindung einen geringeren Aufwand zu rechtfertigen und anderenfalls auftretende kognitive Spannungen nach der gefällten Entscheidung zu umgehen.[174] Hierbei kann auch von einer Beharrungstendenz im Anschluss an eine einmal gefällte Entscheidung gesprochen werden, oder auch von einer unzureichenden Suche nach strategischen Alternativen oder dem Rückgriff auf existierende Strategien.[175] Entscheider handeln somit risikoscheu und sträuben sich vor den Unbekannten, den langfristigen Verpflichtungen und vor eventuellen Unsicherheiten. Wenn jedoch anhand von äußeren Umfeldveränderungen gravierende Einschnitte und daraus resultierende Nachteile zu erwarten sind, so ist dieses risikoscheue Handeln der Entscheidungsträger nachvollziehbar. In der Konflikttheorie wird hierbei von „defensivem Vermeiden"[176] oder auch etwas umgangssprachlicher von „Durchwursteln"[177] gesprochen.

Junge KMU haben im Vergleich zu Großunternehmen oft geringere Ressourcen, wie schlechten Zugang zu Human- und Finanzkapital bzw. eine nicht umfassend entwickelte Administration und daher auch einen schlechten Zugang zum Absatzmarkt. Daher wird oft von einer *kritischen Größe* gesprochen, unterhalb derer dann formale Planungsmechanismen ausbleiben.[178] Demzufolge fehlen in KMU auch oft

---

171 Vgl. Schwenk (1988), S. 44.
172 Vgl. Wiswede (1995), S. 85ff.
173 Vgl. Welter (2003), S. 40.
174 Vgl. Kirsch (1998), S. 34ff; Radetzki (1999), S. 90ff.
175 Vgl. Bartscher/Pompke (1995), S. 119ff; Lyles/Thomas (1988), S. 136.
176 Vgl. Lyles/Thomas (1988), S. 136.
177 Vgl. Lindblom (1959), S. 33f.
178 Vgl. Karagozoglu/Lindell (1998), S. 44ff.

strategische Pläne.[179] Dabei haben KMU jedoch auch viele Chancen für eine Strategieentwicklung. KMU haben eine große Kundennähe, gute Marktkenntnisse und durch die hohe Motivation und Identifikation der Mitarbeiter und den Einfluss des Unternehmers ist eine schnelle Umsetzung möglich.[180]

Aus den Ergebnissen von KMU-Studien zur Planung kommt *Welter* (2003) auf drei verschiedene Strategieverläufe: „Durchwursteln", „Reagieren-Agieren" und „Gestaltung".[181] „Durchwursteln" heißt situatives Verhalten mit der Abkehr von langfristigen Zielen. Dies wird oftmals durch externe Faktoren beeinflusst. „Reagieren-Agieren" beschreibt einen Prozess mit dem Übergang zu einer aktiven Gestaltung. „Gestaltung" heißt, dass am Anfang ein starker Einsatz normierter Strategien vorhanden ist, die später individuell zu komplexen Strategien entwickelt werden. Bei diesen drei Grundtypen der Strategieverläufe sieht *Welter* (2003) den Ursprung in der Konflikttheorie der Entscheidungsfindung.

Die Entscheidungsfindung und damit auch die Strategiegenese ist oftmals ein rückgekoppelter Prozess und führt somit auch zu Lerneffekten und zu einer dynamischen Betrachtungsweise. Empirische Studien zeigen, dass Entscheidungsphasen keinem festgelegten Ablauf folgen, sondern auch zeitgleich ablaufen und sich wiederholen können. Dies bestätigt auch die Theorie von *Mintzberg et al.* (1976) von den „unstrukturierten" strategischen Entscheidungsprozessen.[182]

Carland et al. (1989) fanden bei 368 KMU aus den USA heraus, dass die Persönlichkeit (Risiko- und Innovationsneigung, Leistungsorientierung) und die Art der Planung (keine, informell, formell) einen positiven Zusammenhang zum Erfolg des Unternehmens haben.[183] Wenn dies so ist, muss die berechtigte Frage gestellt werden, warum strategische Unternehmensplanung nicht durchgeführt wird.

Der Strategieentwicklungsprozess ist oft mit der Geschäftsführung verbunden und wird daher von einer Person oder einer geringen Anzahl von Personen vorgenommen.[184] In KMU sind oft mangelnde Kenntnisse, Vorurteile, kritische Einstellungen oder falsche Ansichten bzgl. strategischer Unternehmensplanung vorhanden.[185] Es gibt auch Unternehmer, die sagen, dass „echte Entrepreneure nicht planen".[186] Sie sollen die verfügbare Zeit für operative bzw. für Verkaufsaktivitäten effektiv nutzen.[187] Der zeitlich eingespannte Entrepreneur wird durch Planung eingeschränkt und es kann dadurch auch eine vollständige Information und Kontrolle suggeriert werden,

---

179 Vgl. Kessler/Frank (2003), S. 237.
180 Vgl. Füglistaller et al. (2003), S.42.
181 Welter (2003), S. 36.
182 Vgl. Mintzberg et al. (1976), S. 267ff.
183 Vgl. Carland et al. (1989), S. 23ff.
184 Vgl. Brinkmann (2002), S.13.
185 Vgl. Brouthers et al. (1998), S. 130.
186 Posner (1985), S. 1.
187 Vgl. Stone/Brush (1996), S. 633ff.

die de facto nicht existiert.[188] Von jungen Unternehmen wird die Planung aufgrund der hohen Unsicherheit und zeitlichen Beschränkungen als ineffektiv angesehen.[189]

Unterstützend zu den bereits genannten Gründen, warum strategische Unternehmensplanung nicht durchgeführt wird, liegen auch in Erkenntnis der Ablehnung von externen Hilfen, Traditionsdenken, Selbstüberschätzung, ungenügenden Kenntnissen und Angst vor dem Verlust der Flexibilität oder weitreichenden Veränderungen.[190] Selbst Mitarbeiter haben Vorbehalte gegenüber der strategischen Unternehmensplanung, da dies als komplexe und elitäre Angelegenheit angesehen wird, die nur von der Geschäftsführung oder Spezialisten vorgenommen werden soll.[191]

Mängel und Probleme in der strategischen Unternehmensplanung liegen oft in der fehlenden Zeit, der Unangemessenheit einiger Planungsmethoden, der Angst vor der Selbstverpflichtung und Festlegung auf Ziele, mangelnden Informationen und Unsicherheit.[192] „Strategische Planung geschieht daher oft ad hoc und problembezogen und basiert auf zufällig erworbenen Kenntnissen oder Informationen. Der Verlauf ist meist informal und ein mentaler Prozess des Eigentümers/Unternehmers im ‚stillen Kämmerlein‘. Die unternehmerischen Ziele des Unternehmers werden tendenziell als vage, pragmatisch und kurzfristig beschrieben.“[193]

Pelhalm/Clavson (1988) belegten empirisch, dass aufgrund des operationalen Zeitdrucks keine strategischen, sondern nur akut relevante Informationen beschafft werden, um konkrete Probleme zu lösen.[194] Ein Grund für diese Ausprägungen kann auch darin liegen, dass die Ablehnung gegenüber der Planung in der Angst einer Bindung an konkrete Zielvorgaben begründet ist und dadurch der Unternehmer auch für die Mitarbeiter kontrollierbarer wird.[195]

Unternehmen neigen auch dazu, am Bestehenden oder Bekannten festzuhalten. Sensible Informationen werden zurückgehalten. Dennoch müssen sich junge KMU aufgrund der zunehmenden Dynamik auf einen Wandel einstellen und ihre Informationssuche und Analysetätigkeiten forcieren. Planung kann hier auch Werkzeug sein, um den notwendigen Wandel zu verstehen und zu implementieren.[196]

Küpper/Bronner (1995) verweisen auf den Einflussfaktor der Unternehmerperson. Neben dem Vorhandensein einer Planung, sei es nur ein informelles Planverfahren, spielt vor allem die Qualität der durchgeführten Planung eine wichtige Rolle.[197]

---

188 Vgl. Bernasconi/Galli (1999), S. 345; Mintzberg (1994), S. 107ff.
189 Vgl. Bird (1988), S. 442ff.
190 Vgl. Robinson/Pearce (1984), S. 128ff; Scharpe (1992), S. 44.
191 Vgl. Carson/Cromie (1990), S. 5ff.
192 Vgl. Müller (1991), S. 268ff.
193 Müller (1991), S. 273.
194 Vgl. Pelham/Clavson (1988), S. 43ff.
195 Vgl. Pfohl (1997b), S. 169.
196 Vgl. Brouthers et al. (1998), S. 137ff.
197 Vgl. Küpper/Bronner (1995).

Die Begrifflichkeit „strategische Planung" wird in einer Analyse von 18 empirischen Studien von *Pearce et al.* (1987)[198] unterschiedlich definiert. In der Gründungsforschung, die das Ziel hat, einen Zusammenhang zwischen strategischer Planung und Erfolg aufzuzeigen, ist eine generelle Aussage nicht ohne Weiteres möglich. *Kraus* (2006) untersuchte in einer Studie, der „Münchener Gründungsstudie" neun empirische Studien. In dieser Studie wurden ca. 1.850 Unternehmensgründer befragt. Es wurde festgestellt, dass eine gründliche Planung die Überlebenswahrscheinlichkeit erhöht und die Gruppe derer, die eine formale Planung durchgeführt haben, erfolgreicher war als die anderen.[199] Strategische Planung hat einen Einfluss[200] auf das Überleben, Wachstum, die Entwicklung und den Erfolg junger Unternehmen, jedoch ist die Anwendung von strategischer Planung dort gering. *Kraus* (2006) sieht eine Forschungslücke hinsichtlich der strategischen Planung in jungen Unternehmen, da überwiegend nur Teilaspekte untersucht werden. Dies wurde von *Rue/Ibrahim* (1998) in ihrer Analyse von empirischen Studien ebenfalls festgestellt. Sie identifizierten für strategische Planungen Kriterien wie Schriftlichkeit, Langfristigkeit, Formulierung von Zielen und Strategien, Bewertung und Kontrolle in jungen Unternehmen.[201]

Zusammenfassend kann als Resultat festgestellt werden, dass in KMU folgende Einflussfaktoren gelten:
- Existenz starrer Unternehmensplanung,
- alte erfolgreiche Strategien werden kopiert,
- Einschätzungsfehler, ungenügende Kenntnisse,
- fehlende Ressourcen (Finanz-/Humankapital),
- aufgrund Zeitdruck wird nicht ausreichend analysiert,
- fehlendes Problembewusstsein,
- Angst vor Verlust der Flexibilität.

Welche anwendbaren und umsetzbaren Instrumente können junge KMU für die strategische Unternehmensplanung einsetzen?

In jungen KMU beginnt die strategische Unternehmensplanung schon in der Vorgründungsphase. Hier bleibt festzuhalten, dass es eine Anzahl von Studien über KMU gibt, aber eine Forschungslücke zum Themenkomplex über die Konsequenzen von nicht durchgeführter Vorgründungsplanung fehlt.[202] Die Vorgründungsplanung ist als Prozess ein wichtiger Bestandteil im Sinne einer Findungsphase, gerade für

---

198 Vgl. Pearce et al. (1987), S. 659.
199 Vgl. Brüderl et al. (1996), S. 160ff; Jungbauer-Gans/Preisendörfer (1991), S. 987ff.
200 Vgl. Berry (1998), S. 455ff; Smith (1998), S. 869; Stearns et al. (1995), S. 24ff.
201 Vgl. Armstrong (1982), S. 197ff; Rue/Ibrahim (1998), S. 25.
202 Vgl. Castrogiovanni (1996), S. 801ff.

junge KMU, da hier auch eine Vision für die Zukunft entwickelt wird. Dabei werden Unternehmensressourcen und mögliche Instrumente betrachtet, um ein Konzept für das Unternehmen zu entwickeln.[203] Die Analyse von vorhandenen Daten ist für die Entwicklung eines Businessplans unabdingbar.[204] Diese Vorgründungsplanung kann von allgemein gehaltenen, bis hin zu detaillierten Businessplänen gehen. Im *Kapitel 6.2* werden verschiedene Unterstützungsmöglichkeiten für junge KMU vorgestellt. Die zahlreichen Fördermöglichkeiten oder auch Angebote privater Institutionen geben praktische Anregungen. Jedoch bleibt weiterhin festzustellen, dass eine klare Lücke an empirisch-wissenschaftlichen Ausarbeitungen zur Vorgründungsplanung besteht.[205] Viele Organisationen, die auch im *Kapitel 6.2* genannt werden, betrachten den Businessplan als wichtigstes Instrument in der Vorgründungsplanung. Es geht sogar so weit, dass dieser Businessplan als ein Maßstab für effektive Planung gesehen wird, da er alle relevanten Aspekte der strategischen Unternehmensplanung beinhalten sollte.[206] *Delmar/Shane* (2003) haben bei 211 Neugründungen in Schweden festgestellt, dass ein erstellter Businessplan in der Vorgründungsphase die Überlebenswahrscheinlichkeit unterstützt.[207]

Eine formale strategische Unternehmensplanung fördert einen Prozess, sich aktiv mit den Zielen, Strategien und Plänen der KMU zu befassen und sich dadurch auch ein Wissen aufzubauen.[208] Das formale schriftliche Fixieren einer Unternehmensplanung ist effektiver als eine informelle Vorgehensweise, da der Prozess mit der Analyse und der Entscheidung die KMU unterstützt und die schriftliche Fixierung als Anhaltspunkt, Nachvollziehbarkeit und Kontrollmöglichkeit gewertet werden kann.[209]

Bracker/Pearson (1986) haben in ihrer Studie bei KMU acht Planungsinstrumente ermittelt: die Zielsetzung, eine Umweltanalyse, die SWOT-Analyse, eine Strategieformulierung, Finanzziele, ein funktionales Budget, operative Leistungskennziffern sowie Kontrollprozeduren. Diese Elemente werden auf vier Ebenen aufgeteilt: die strukturierte strategische Planung, die strukturierte operative Planung, die intuitive Planung und die unstrukturierte Planung. Mit dieser Differenzierung kann auch neben den bisher genannten Möglichkeiten ein Aufbau einer strategischen Unternehmensplanung vorgenommen werden.[210]

Simon (1959)[211] entwickelte ein Modell begrenzter Rationalität, mit dem Ansatz, dass befriedigende Ziele nach dem Prinzip des „satisficing" (nutzenmaximierend)

---

203 Vgl. Sexton/Bowman-Upton (1991), S. 118.
204 Vgl. Shuman/Seeger (1986), S. 7ff.
205 Vgl. Gruber (2004), S. 164ff.
206 Vgl. Heriot/Campbell (2004), S. 1ff.
207 Vgl. Delmar/Shane (2003), S. 1165.
208 Vgl. Baker et al. (1993), S. 83.
209 Vgl. Baker et al. (1993), S. 82ff.
210 Vgl. Bracker/Pearson (1986), S. 503ff.
211 Vgl. Simon (1959), S. 262.

und nicht die optimalen Ziele verfolgt werden. Der Unternehmer hat für den langfristigen Unternehmensfortbestand den Fokus auf einen bestimmten Marktanteil, Umsatz oder Gewinn und nicht auf das absolute Gewinnmaximum. Der Entscheidungsprozess spiegelt das Streben wider, unter den gegebenen Umständen die beste Entscheidung zu fällen. *Dean/Sharfman* (1993) sprechen in der Weiterentwicklung dieser Annahme auch von „prozeduraler Rationalität".[212]

Das Vorhandensein von „strategischem Bewusstsein" beeinflusst die Art der strategischen Unternehmensplanung. Dies wurde von *Berry* (1998) in einer Studie bei 30 jungen Hightech-KMU in Großbritannien festgestellt.[213]

Lösungsansätze zur Umsetzung einer strategischen Unternehmensplanung in jungen KMU können u.a. in der Personalqualifikation, in einem konsistenten strategischen Vorgehen durch systematische Marktpositionierung und in der Modernisierung der eingesetzten Technologien liegen. Zeitliche Engpässe und Wissensdefizite sind zu ermitteln und die strategische Ausrichtung konsequent umzusetzen. Dies bedeutet, dass Mitarbeiterpotenziale zu nutzen sind, vorhandene Kunden- und Serviceorientierung ist bei der Marktbearbeitung zu berücksichtigen und die Vereinfachung von betrieblichen Abläufen ist mit den möglichen Einsatzoptionen der Informationstechnologie zu prüfen, um Prozesse zu strukturieren und zu optimieren.[214]

Ein Großteil der aus den 1980er Jahren stammenden strategischen Methoden und Instrumente sind auf Großunternehmen abgestimmt, jedoch können einige davon in KMU eingesetzt werden, welche in den nachfolgenden *Kapitel 5* vorgestellt werden. Dabei müssen aber die besondere Situation und die spezifischen Probleme konkret im Hinblick auf das jeweilige Unternehmen betrachtet werden.[215]

Einen Ansatz für eine vereinfachte und umsetzbare strategische Unternehmensplanung geben *Masurel/Smit* (2000), die vorschlagen, dass Unternehmer sich mit den Stärken und Schwächen des Unternehmens auseinandersetzen sollen und das Antizipieren alternativer zukünftiger Szenarien entwickeln müssen.[216]

In jungen KMU ist über die Praxis strategischer Planung und die ihr zugrunde liegenden Mechanismen, insbesondere die einzelnen Dimensionen der Phasen wenig bekannt.

In einer Analyse von *Huber* (2008), an der über 100 Manager beteiligt waren, wurden Methoden in Bezug auf deren Relevanz und Reife beurteilt, siehe *Abb. 3.15*.[217] Dabei wurden die verschiedenen Unternehmer in drei Gruppen von Unternehmertypen, den „Unentschlossenen", den „Verfolgern" und den „Etablierten" zusam-

---

212 Vgl. Dean/Sharfman (1993), S. 589.
213 Vgl. Berry (1998), S. 455ff.
214 Vgl. Welter (2003), S. 240f.
215 Vgl. Wirth (1995), S. 15ff.
216 Vgl. Masurel/Smit (2000), S. 95ff
217 Vgl. Huber (2008), S. 76f.

mengefasst. Der Unternehmer von etablierten KMU verwendete andere Methoden als die Verfolger und ebenfalls andere als die Unentschlossenen.

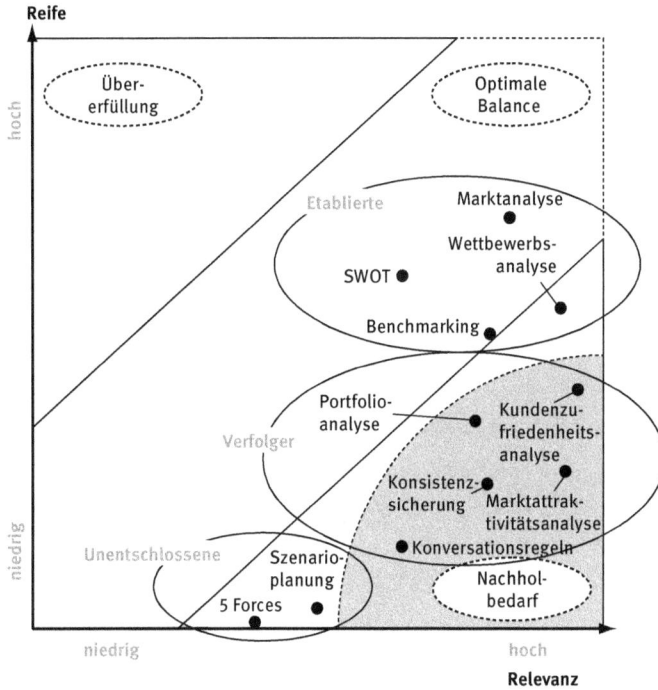

Abb. 3.15: Relevanz und Reife eingesetzter Methoden[218]

Die Etablierten betrachten zusätzlich zur SWOT-Analyse den Markt, den Wettbewerb und mithilfe einer Benchmarkinganalyse auch „Best-Practice-Modelle". Die Verfolger arbeiten mit Portfolio-, Kundenzufriedenheits- und Marktattraktivitätsanalysen. Bei den „Unentschlossenen" müssen mit „5 Forces" und der „Szenarioplanung" die Grundlagen geschaffen werden für weitere Vorgehensweisen. Mit dieser Zuteilung und Unterscheidung der Unternehmer kann auch eine Differenzierung in den Unternehmenslebenszyklusphasen vorgenommen werden.

Diese Abbildung zeigt auf, welche Methoden erfahrungsgemäß in welcher Unternehmenslebenszyklusphase verwendet werden können. Bei den meisten KMU geht es um den Einsatz von einfachen, aber konkreten Methoden, um das Unternehmen in dem schwierigen und oftmals unbekannten Markt ohne zu großem Aufwand schnell zu etablieren. Der Zwiespalt zwischen theoretischem und praktischem Stellenwert von Unternehmensstrategien spiegelt sich auch im Verhältnis des Mittel-

---

218 Huber (2008), S. 76.

stands zu den verbreiteten Instrumenten und Methoden des strategischen Planens wieder. Die häufig eingesetzten Instrumente und Methoden wurden in der Mittelstandsstudie der TU Clausthal/Haufe Akademie (2007) erfragt. Obwohl sie überwiegend bekannt sind, werden grundlegende strategische Instrumente und Methoden, wie zum Beispiel die Lebenszyklus- oder Wertkettenanalyse, von den KMU nicht eingesetzt, siehe *Abb. 3.16*.

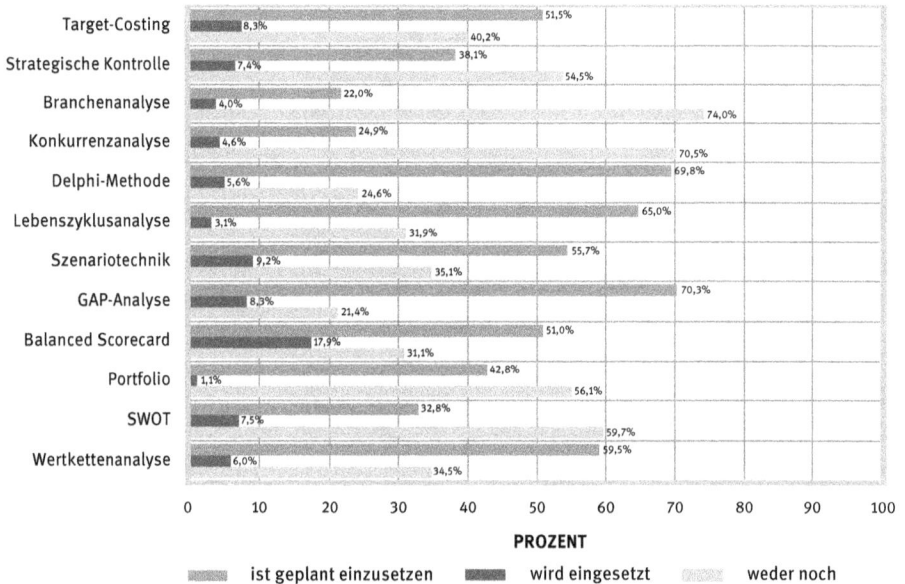

Abb. 3.16: Nutzung strategischer Methoden und Instrumente[219]

Ein weiterer wichtiger Aspekt ist auch die Betrachtung des Zeithorizonts. In der Literatur[220] und auch in der gängigen Praxis bei der Businessplanung wird von einer Planung von mind. drei Jahren ausgegangen. Diese Vorausplanung hat mehrere Vorteile. Zum einem werden die Ressourcen frühzeitig betrachtet und zum anderen haben die Unternehmer und die Mitarbeiter eine Motivation diese Ziele auch umzusetzen. Die gesetzten Ziele sind demnach auch kontrollierbar und geben einen Zielerreichungsgrad wieder.[221] Jedoch ist zu beachten, dass gerade in jungen KMU dieser Zeitansatz zu lang sein könnte. Daher sollte immer die Möglichkeit einer laufenden strategischen variablen Planung in Betracht gezogen werden. Starre

---

219 TU Clausthal/Haufe Akademie (2007).
220 Vgl. Rue/Ibrahim (1998), S. 24ff.
221 Vgl. Collins/Porras (2005), S. 1ff.

Planungsansätze können sich gerade bei jungen wachsenden KMU negativ auf den Erfolg auswirken. *Robinson/Pearce* (1984) haben diesbezüglich auch festgestellt, dass KMU im Durchschnitt zwei Jahre kürzer planen als Großunternehmen.[222]

Die Formalisierung der strategischen Unternehmensplanung zeigt sich darin, dass Unternehmensziele, Strategien und Pläne dokumentiert werden.[223] Diese Vorgehensweise wurde auch von *Lyles et al.* (1993) bei der Analyse von 188 KMU festgestellt, wo eine Unterteilung in *formale* und *nicht-formale* Planungen vorgenommen wurde.[224] Dabei ermittelten sie, dass die formalen Planer ein höheres Umsatzwachstum nachweisen konnten, was durch die höhere Qualität der strategischen Entscheidungen bedingt war. *Olson/Bokor* (1995) konnten bei 500 schnell wachsenden KMU in den USA auch nachweisen, dass die Formalisierung der Planung den Erfolg positiv beeinflusst.[225]

Um die langfristige strategische Unternehmensplanung zu unterstützen, sind Instrumente notwendig, um eine Strukturierung vorzunehmen, die Ziele und den Weg dahin vorzugeben. Entwicklungen und Änderungen vorherzusagen und planbar zu machen, sind Ziele für den Einsatz dieser Instrumente. Aufgaben und Kompetenzen sind unterschiedlich verteilt, in KMU sind sie oft in einer Hand. Daher ist eine direkte Übertragung der Instrumente nicht hilfreich.[226] Viele Instrumente, die in den vorangegangenen Abbildungen dargestellt wurden, sind den Unternehmern nicht bekannt. Es bleibt festzuhalten, dass die Anwendung der strategischen Unternehmensplanungsinstrumente sich positiv auf den Erfolg junger KMU auswirkt. Die möglichen Instrumente sind Hilfsmittel und Bestandteil der strategischen Unternehmensplanung, ohne die eine effektive Planung nicht auskommt.[227] In der Umsetzung der Fallstudie im *Kapitel 6* muss daher ein Schwerpunkt auf Bekanntem machen und auf korrekter Anwendung von strategischen Unternehmensplanungsinstrumenten liegen.

Alle vorgenommenen Prognosen, die in der Vergangenheit erstellt wurden, sind in Bezug auf aktuelle Entwicklungen zu überprüfen und zu kontrollieren.[228] Die Kontrollfunktion dient als notwendiges Mittel zur optimalen Zielerreichung. Hierbei können Kontrollen als Mitarbeitermotivation eingesetzt werden, indem man Tantiemen oder Erfolgsbeteiligungen an das Erreichen bestimmter Zielvorgaben knüpft.[229] In den wissenschaftlichen Studien gibt es zu diesem Aspekt der Kontrollmöglichkei-

---

222 Vgl. Robinson/Pearce (1984), S. 128ff.
223 Vgl. McKiernan/Morris (1994), S. 31ff.
224 Vgl. Lyles et al. (1993), S. 38ff.
225 Vgl. Olson/Bokor (1995), S. 34ff.
226 Vgl. McKiernan/Morris (1994), S. 32.
227 Vgl. Kreikebaum (1997), S. 62.
228 Vgl. Helms et al. (2005), S. 49ff.
229 Vgl. Collins/Porras (2005), S. 1ff.

ten wenig Information. Lediglich *Wijewardena et al.* (2004) ermittelten, das Planungs- und Zielerreichungskontrollen einen positiven Einfluss auf den Erfolg in KMU haben.[230] Als ein wichtiger Bestandteil der nachfolgenden Handlungsempfehlung im *Kapitel 5* sollte die Kontrolle eingesetzt werden.

Die strategische Unternehmensplanung in jungen KMU kann nach *Weber* (1999) mit einer Vielzahl von Instrumenten unterstützt werden. So werden Instrumente für die strategische Positionierung (u.a. Stärken-Schwächen-Analyse, Gap-Analyse), zur Übertragung in Maßnahmen der Strukturgestaltung (u. a. Lebenszyklus, Erfahrungskurve, Benchmarking, Wertschöpfungskette) bis hin zur Umsetzung in operative Durchführung (u. a. Deckungsbeitragsrechnung, Nutzschwellenanalysen) aufgeführt.[231]

Bain&Company (2003) hat 708 Unternehmen über den Einsatz von Management-Tools befragt und hier auch einen Zufriedenheitsindex aufgestellt (von eins unzufrieden bis fünf zufrieden).[232] Es werden nur die Tools aufgeführt, die in mindestens 45 Prozent der befragten Unternehmen eingesetzt werden. Der Begriff Tools wird gleichgesetzt mit dem Begriff Instrumente (z. B. Balanced Scorecard), Management-Systeme (z. B. Total Quality Management), Führungsfunktionen (z. B. strategische Planung) oder konkrete Maßnahmen (z. B. Outsourcing). Einzelne Tools können miteinander kombiniert werden, indem z. B. eine Kundenbefragung beim Customer Relationship Management angesetzt wird und daraus Kennzahlen abgeleitet werden und in die strategische Planung einfließen. Bei dieser Befragung wurden weitere Tools, wie Benchmarking, Ethikcodex, Change Management, Reengineering, Knowledge Management, EVA Analyse, u.a. genannt.[233]

Zusammenfassend kann vorgeschlagen werden, dass in KMU Methoden und Instrumente der strategischen Planung mit folgenden Aspekten eingesetzt werden sollten:
– strategisches Bewusstsein sollte vorhanden sein,
– vorhandenes Mitarbeiterpotenzial nutzen,
– in der Vorgründungsphase ist ein Businessplan mit einem Ansatz von drei Jahren von Vorteil für die erste Grundausrichtung und das Gewinnen von Kreditgebern,
– die Vorgehensweise sollte sich entwickeln von unstrukturierter, intuitiver, operativer, bis hin zur strukturierten strategischen Planung,
– Einhalten des strategischen Planungsprozesses mit Zielen, Strategien, Evaluation und Kontrolle sollte permanent verfolgt werden,
– die flexible Planung sollte durch die regelmäßige Überprüfung/Kontrolle immer an die Situation des jeweiligen KMU angepasst werden können,

---

230 Vgl. Wijewardena et al. (2004), S. 209ff.
231 Vgl. Weber (1999), S. 54ff.
232 Vgl. Bain&Company (2003), S. 2f.
233 Künzle (2005), S. 17.

– wichtige Analyse-Instrumente wie SWOT, Five-Forces, Szenario, Benchmark, Portfolio werden derzeit überwiegend in den jungen KMU eingesetzt.

Zusammenfassend ergibt sich folgende Ableitung des Untersuchungsbedarfs:

Es wurden auf verschiedene Bereiche hin die Untersuchungsfelder junger KMU und strategischer Unternehmensplanung der Status quo aufgezeigt und die Informationen analysiert. Daher kann konstatiert werden, dass jedes junge KMU das Ziel hat langfristig am Markt zu bestehen.

Es wurden zahlreiche Studien aus verschiedenen Ländern betrachtet. Dabei stellte sich klar heraus, dass es einen positiven Zusammenhang zwischen strategischer Unternehmensplanung und Erfolg in jungen KMU gibt. Es stellte sich aber auch heraus, dass es eine Vielzahl an Instrumenten gibt und dass viele junge KMU diese zwar kennen, jedoch nicht einsetzen. Die Probleme sind u. a. in der fehlenden Zeit, dem fehlenden Know-how und den personellen Ressourcen begründet. Lösungsansätze gibt es z. B. in dem Einsatz von gängigen Instrumenten und Prozessabläufen von Großunternehmen, die in jungen KMU adaptiert werden können. Der Erfolg und der Zusammenhang mit strategischer Unternehmensplanung wurde in den vorhergehenden Studien dargestellt.

Im *Kapitel 3.3* wurden die aktuellen Rahmenbedingungen betrachtet und systematisch von der Gründung bis zur Liquidation analysiert. Viele Institutionen, Banken und Behörden stellen diese Studien zur Verfügung, sodass sie auch für den jungen Unternehmer als Informationsquelle dienen können. Bei diesen Studien wurde deutlich welchen Einfluss die strategische Unternehmensplanung auf junge KMU hat und dass auch hier ein Bedarf an externer Unterstützung besteht.

Dieses *Kapitel 3* zeigte, dass es wichtig ist, in den explorativen Expertenbefragungen konkret die Thematik *strategische Unternehmensplanung in jungen KMU* zu analysieren.

3.6 Ergebnisse der Erfolgsfaktorenforschung in jungen KMU

In einer „Mittelstandsstudie zur strategischen Kompetenz von Unternehmen", welche von der TU Clausthal/Haufe Akademie (2007) veröffentlicht wurde, sind 4.000 Unternehmen befragt worden und in die Auswertung sind 228 Fragebögen eingeflossen. Unternehmensstrategien haben in den Augen des deutschen Mittelstands eine hohe Relevanz für den Unternehmenserfolg, existieren jedoch überwiegend nur in den Köpfen der Unternehmensleitung. Die Einschränkung trägt dem Umstand Rechnung, dass im Mittelstand zum einen Unternehmensstrategien nur unzureichend schriftlich fixiert werden und bestehende Strategien für das Gesamtunternehmen nur selten und unvollständig über alle Hierarchieebenen des Unternehmens abgeleitet werden, zum anderen Strategien nur ungenügend unternehmensinterne und unternehmensexterne Faktoren berücksichtigen und dadurch der Ablauf des Strategieprozesses häufig verzögert ist.[234]

Löffler (1995) hat in seiner Übersicht von 129 empirischen Studien den Zusammenhang von strategischer Unternehmensplanung und Unternehmenserfolg untersucht. Die Mehrheit dieser Studien belegt, dass größere Unternehmen häufiger eine formale strategische Planung durchführen als KMU.[235] Es wurde u. a. ein kausaler Zusammenhang zwischen der Intensität einer strategischen Planung und dem finanziellen Unternehmensergebnis ermittelt. Allein 34 von 48 betrachteten Studien bestätigen diesen positiven Zusammenhang. *Löffler* (1995) kommt auch zu dem Schluss, dass sich für „kleine Unternehmen [...] die Durchführung eines formalisierten Planungssystems sogar negativ auf den Unternehmenserfolg" auswirkt. Diese Aussage trifft jedoch nur auf drei von ihm analysierte Studien zu. Insgesamt zeigen die von ihm untersuchten Studien, dass es eine Vielfalt von intervenierenden Variablen gibt, wie u. a. Flexibilität, Koordination, Kommunikation, Konflikte, Informationsausstattung und Motivation. Die kausale Stellung, die diesen Variablen zugeordnet wird, variiert und häufig kann dadurch eine spezifizierte Einflussbeziehung oder auch eine moderierende oder spezifizierende Wirkung unterstellt werden.[236]

Einige Meta-Analysen, wie die von *Schwenk/Shrader* (1993),[237] *Robinson/Pearce* (1984),[238] *D´Amboise/Bakanibona* (1990)[239] fanden heraus, dass es einen großen Zusammenhang zwischen Planung und finanziellem Unternehmenserfolg gibt. Andererseits gibt es Untersuchungen von *Robinson/Pearce* (1983),[240] die in einer Studie herausfanden, dass es keinen expliziten Zusammenhang zwischen Planung jedweder Art und Unternehmenserfolg gibt.

Weitere Meta-Analysen von *Gooding/Wagner* (1985),[241] *Capon et al.* (1990),[242] *Boyd* (1991)[243] und *Leitner* (2001)[244] zeigen, dass die Unternehmensgröße nicht gleichbedeutend mit Unternehmenserfolg ist. Die Unternehmensgröße hat hierbei keine kausale Bedeutung, sondern eher eine Moderatorfunktion, indem Aufgaben für die Entwicklung und Durchführung einer strategischen Unternehmensplanung auch zugeordnet werden können.

---

234 TU Clausthal/Haufe Akademie (2007).
235 Vgl. Löffler (1995), S. 157.
236 Löffler (1995), S. 192.
237 Vgl. Schwenk/Shrader (1993), S. 145.
238 Vgl. Robinson/Pearce (1984), S. 25.
239 Vgl. d'Amboise/Bakanibona (1990), S. 76.
240 Vgl. Robinson/Pearce (1983), S. 18f.
241 Vgl. Gooding/Wagner (1985).
242 Vgl. Capon et al. (1990).
243 Vgl. Boyd (1991).
244 Vgl. Leitner (2001).

Kraus/Schwarz (2006)[245] haben ebenfalls eine umfassende empirische Analyse zur strategischen Planung in jungen KMU und deren direktem Bezug zum Erfolg vorgelegt. Unternehmenserfolg ist in der konzeptionellen und in der empirischen betriebswirtschaftlichen Forschung und Praxis ein zentraler Begriff.[246] Bisher gab es viele Versuche Erfolg zu messen und Indikatoren zu ermitteln.[247] Unter anderem hat *Fritz* (1990) mehr als 30 unterschiedliche Operationalisierungen des Erfolgsbegriffs eruiert.[248] Erfolg wird vorwiegend als quantifizierbare Strömungsgröße, wie dem Cashflow, dargestellt und bezieht sich oft auf das finanzielle Unternehmensergebnis.[249] Bei empirischen Studien wird weiter differenziert, indem outputbezogene finanzielle Kennzahlen wie Profitabilität, Umsatz-/Gewinnwachstum etc. gebraucht werden.[250] Ein Problem, das oft bei jungen Unternehmen besteht, ist der Umstand, dass die KMU in der Start-up-Phase selten die Gewinnzone erreichen und noch keine großen Marktanteile besitzen. Daher fehlt es an Bewertungskriterien mit vergleichbaren oder vergangenheitsbezogenen Daten.[251] Hieraus wird abgeleitet, dass der wichtigste Indikator vorerst das Überleben über eine Zeitspanne hinweg sein kann.[252] Um diese Phase zu überstehen, muss jedoch das Unternehmen die Fähigkeit haben, sich an externe und interne Veränderungsbedingungen anzupassen vorzunehmen.[253]

Kraus/Schwarz (2006) haben in einer umfassenden Literaturanalyse führende wissenschaftliche Fachzeitschriften zu den Themenbereichen Entrepreneurship[254] und strategisches Management[255] aus den Jahren 1981 bis 2005 ausgewertet. Ebenfalls wurde eine Datenbankrecherche über EBSCO,[256] Science Direct, Emerald Management Xtra, das Web of Science und Wiso-Net vorgenommen. Dabei wurden 26 Studien ermittelt, die sich mit der Thematik strategischer Planung und Erfolg in KMU befassen.[257]

Bei dieser Analyse kamen *Kraus/Schwarz* (2006) zum Ergebnis, dass 73 Prozent der Studien einen positiven Zusammenhang zwischen Erfolg und strategischer

---

245 Kraus/Schwarz (2006); S. 37.
246 Vgl. Schildknecht (1992), S. 52f.
247 Vgl. Bamberger (1987), S. 90; Brush/Vanderwerf (1992), S. 157ff.
248 Vgl. Fritz (1990), S. 91ff.
249 Vgl. Beutel (1988), S. 14.
250 Vgl. Gibson/Cassar (2005), S. 207ff; Rhyne (1986), S. 423ff.
251 Vgl. Lenz (1981), S. 131ff; Tsai/Mac Millan (1991), S. 9ff.
252 Vgl. Brüderl et al. (1996), S. 91.
253 Vgl. Boyd (1991), S. 353.
254 Vgl. Entrepreneurship Theory and Practice, Journal of Business Venturing, Journal of Small Business Management, Small Business Economics.
255 Vgl. Strategic Management Journal, Long Range Planning, Journal of Business Strategy, Journal of Economics and Management Strategy, Zeitschrift für Planung und Unternehmenssteuerung.
256 Vgl. EconLit, Business Source Premier, Academic Search Premier.
257 Vgl. Kraus/Schwarz (2006), S. 74ff.

Planung aufzeigten. Eine Unterscheidung in KMU und kleine Unternehmen zeigt, dass bei Kleinunternehmen nur bei 56,3 Prozent ein Zusammenhang vorliegt. Bei den „Planern" wurde in den untersuchten Studien eine entsprechende gute Ausbildung und Erfahrung mit Planungen nachgewiesen. Schwierigkeiten ergaben sich aus der Tatsache, dass die verschiedenen Studien unterschiedliche Methodologien, Wege der Operationalisierung oder Nicht-Vergleichbarkeit der Grundgesamtheiten aufwiesen. Außerdem war die Fallzahl teilweise zu gering oder die Untersuchungen fokussierten sich auf eine spezielle Branche oder nur auf eine Region.

Orser et al. (2000) konnten ebenfalls in einer weiteren Studie belegen, dass der Businessplan einen hohen Einfluss auf den Unternehmenserfolg hat und zum Wachstum beiträgt.[258]

Zusammenfassend kann als Resultat festgestellt werden, dass folgende Faktoren für den Erfolg genannt werden können:

– Es besteht ein kausaler Zusammenhang zwischen strategischer Planung und Unternehmenserfolg,
– Unternehmensgröße ist kein Erfolgsfaktor,
– Erfolg wird bei KMU nicht in Gewinn oder Marktanteilen gemessen, sondern an der Unternehmenslebensdauer.

Für die weitere Untersuchung ist es somit wichtig, bei der explorativen Expertenbefragung die Erfolgsfaktoren für junge KMU zu ermitteln.

3.7 Zusammenfassung der Ergebnisse aus der Literatur-/Studienanalyse

Die Literaturanalyse, der Stand der Forschung und die aktuellen wirtschaftlichen Rahmenbedingungen wurden in den vorherigen Kapiteln, insbesondere im *Kapitel 2 und 3* umfassend dargestellt. Bei dieser Vorgehensweise wurden Arbeiten in Betracht gezogen, die einen direkten inhaltlichen Bezug zur Kernthematik dieser Arbeit aufweisen. Die vorliegende Untersuchung legt den Fokus auf die betriebswirtschaftliche Disziplin und dort in den Bereich der Planung. Konkret wird hier auf die strategische Unternehmensplanung und welche Instrumente für junge KMU umsetzbar und anwendbar sind eingegangen.

Es wird ein Konzept entwickelt, mit dem junge KMU ihre strategische Unternehmensplanung strukturiert anwenden können. Hierbei werden auch die strategischen Unternehmensplanungsinstrumente konkret auf ihre Umsetzbarkeit in jungen KMU hin betrachtet, um den Anspruch auf die angewandte Wissenschaft in Form der

---

258 Vgl. Orser et al. (2000), S. 42ff.

interdisziplinären Betrachtung durchzuführen. Im *Kapitel 3.3* wurde die Notwendigkeit für ein solches Konzept aufgezeigt und mit den Daten und Informationen u. a.
aus den aktuellen Statistiken über Liquidationen und Insolvenzen bestätigt. Diese
Statistiken zeigen auch den Anlass zu dieser Arbeit auf, da verstärkt junge KMU
scheitern. Diese haben, wie festgestellt wurde insgesamt einen bedeutenden Anteil
in der Wirtschaft. In den Analysen der ZIS über die Gründe des Scheiterns von Unternehmen wird bereits deutlich, dass die jungen KMU einen Bedarf an konzeptioneller
Unterstützung für die strategische Unternehmensplanung haben.[259] Im *Kapitel 3.4
und 3.5* wurden daher Studien und Forschungsprojekte, die sich mit der strategischen Unternehmensplanung in jungen KMU befassen, untersucht.

Mit der vorliegenden Bestandsbetrachtung, ob und mit welchen strategischen
Unternehmensplanungsinstrumenten junge KMU arbeiten, wurde sehr deutlich,
dass viele KMU keine Konzepte, schriftlich fixierten Strategien und auch keine Ressourcen für die Arbeit mit denselben Instrumenten haben.

Vielfach entwickeln junge KMU Businesspläne für die Kreditgeber, um Startkapital oder Förderdarlehen zu bekommen, jedoch werden diese strategischen Unternehmenspläne nach der Gründung nicht nachhaltig weiter verfolgt.

Zusammenfassend kann festgehalten werden, dass in Anlehnung an das *Kapitel
2* die für die Entwicklung in *Kapitel 5* behandelten strategischen Unternehmensplanungsinstrumente alle maßgeblichen Informationen aus der wissenschaftlichen
Literatur der Betriebswirtschaft ausgewertet wurden. Bei der Betrachtung der vorliegenden Arbeit ist zu konstatieren, dass in den analysierten Studien und Forschungsprojekten im *Kapitel 3*, sowie in der Literaturanalyse im *Kapitel 2* nicht explizit
auf die Umsetzbarkeit und Anwendbarkeit der strategischen Unternehmenspla-
nungsprozesse sowie die dazugehörigen Methoden und Instrumente in jungen
KMU eingegangen wurde. Ein Ziel der Arbeit war und ist es diese Forschungslücke
zu schließen.

Umsetzbarkeit bedeutet, ob die bekannten strategischen Unternehmensplanungsinstrumente für jedes Unternehmen, nur für Großunternehmen oder auch in
jungen KMU eingesetzt werden können.

Unter *Anwendbarkeit* wird verstanden, ob diese strategischen Unternehmensplanungsinstrumente in ihrer Umsetzung einfach, flexibel und für jeden Unternehmer, mit unterschiedlichem Hintergrundwissen, angewendet werden können.

Unter Berücksichtigung der Forschungsfragen in der vorliegenden Arbeit, werden
die Bedingungen welche die strategische Instrumentarien erfüllen müssen, analysiert.
Hierzu sieht die Analyse der Ergebnisse, siehe *Abb.* **3.17** folgende Schritte vor:
1. Ermittlung der relevanten Umsetzungsbedingungen/Dimensionen für strategi-
    sche Unternehmensplanung im Allgemeinen anhand der Informationen aus
    Kapitel 2 (Theoretische Konzepte und Ansätze),

---

259 Vgl. ZIS (2006), S. 20; (2009), S. 16.

2. Vergleich dieser Bedingungen mit der realen Situation vor Ort in den jungen KMU aufgrund der Information aus Kapitel 3 (Untersuchungen/Studien),

3. Anschließende Bewertung auf die Umsetzbarkeit und Anwendbarkeit in Form von Einstufungen (–, –, o, +, ++),

4. Zusammenfassung und Erstellen des Interviewleitfadens anhand der gewonnenen Erkenntnisse.

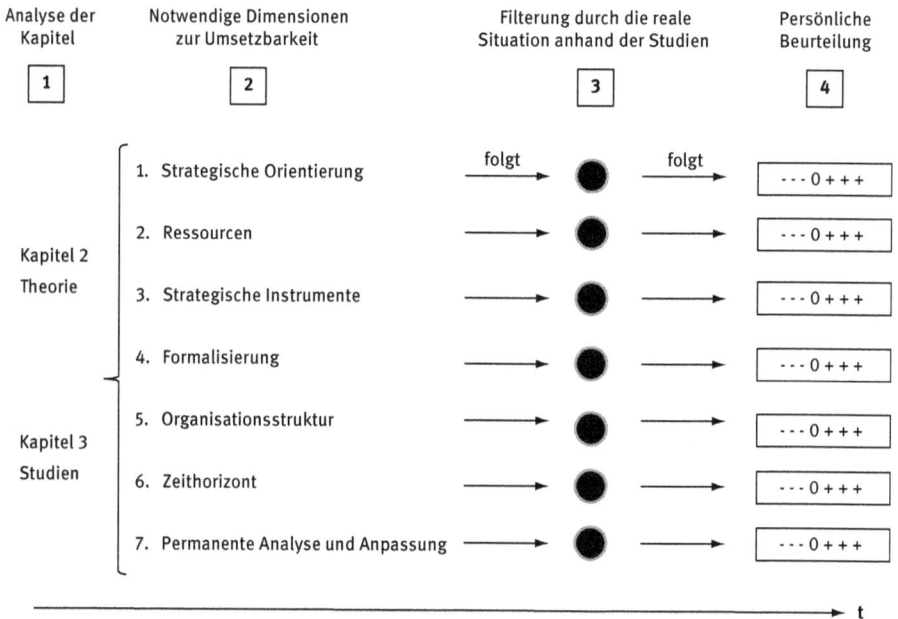

Abb. 3.17: Vorgehensweise zur Ermittlung der Umsetzungsbedingungen/Dimen-sionen[260]

Die zuvor dargestellte Vorgehensweise zur Ermittlung der Umsetzungsbedingungen/ Faktoren zeigt, dass im Ergebnis sieben relevante Aspekte zu betrachten sind. Diese relevanten Schwerpunkte werden nachfolgend erläutert:

1. Strategische Orientierung:

– Strategische Orientierung bedeutet u. a. auch die Bereitschaft zu haben visionär in die Zukunft zu sehen und die langfristige Ausrichtung der Tätigkeiten des Unternehmens auf den Markt zu forcieren. *De* (2005) spricht hierbei von einer „Management-Brille"[261] und bezeichnet damit auch dass schaffen handlungsorientierter und zielgerichteter Anreize. Die strategischen und operativen Aspekte

---

260 Quelle: Eigene Darstellung.
261 De (2005), S. 197f.

beim Management und der Führung bedingen, dass der Unternehmer einen Blick nach außen und einen Blick nach innen vornimmt.

– Junge KMU verfügen über wenig strategische Orientierung. Wenige handeln rational, viele agieren intuitiv. Es besteht die Angst vor dem Verlust der Flexibilität und teilweise fehlt das Problembewusstsein für die Notwendigkeit der strategischen Orientierung.

– (++) Die Vision bzw. das strategische Ziel darf nicht aus den Augen verloren werden und muss sich in den Instrumenten und der Implementierung wiederfinden. Sie nimmt eine wichtige Stellung zu Beginn der strategischen Planung ein!

2. Ressourcen:

– Um strategische Entscheidungen treffen zu können und diese auch zu realisieren, sind die notwendigen Ressourcen eine wichtige Voraussetzung. Diese müssen zur Verfügung gestellt oder entwickelt werden. Ressourcen lassen sich in verschiedene Gruppen wie physische Ressourcen (Maschinen, Gebäude), technologische Ressourcen (in Bezug auf Fähigkeiten, Patente, Forschung und Entwicklung), finanzielle Ressourcen (Cashflow, Bonität), Humanressourcen (Mitarbeiter) und organisatorische Ressourcen (Informationswesen/Prozessgestaltung) unterteilen.[262]

– junge KMU haben geringe Ressourcen zur Verfügung, vor allem in den Bereichen Zeit, Know-how, Finanzen und Personal.

– (++) Dies ist ebenfalls ein wichtiger Punkt, da in den Studien die Ressourcenproblematik als KO-Kriterium oftmals genannt wurde. Daher ist es in der nachfolgenden Betrachtung wichtig, die Ressourcen zu berücksichtigen.

3. Strategische Instrumente:

– Strategische Planungsinstrumente sind Werkzeuge, die der Gewinnung und Strukturierung von Informationen als Grundlage für die Strategiebildung dienen.[263] Der Großteil der Planungsinstrumente wurde für Großunternehmen entwickelt. Da KMU und insbesondere junge KMU aber zumeist äußerst heterogene Gebilde sind, scheint die direkte Übertragung ohne Anpassung nicht sinnvoll.[264] Zudem scheinen der geringe Kenntnisstand über den Markt und das eigenen Unternehmen sowie die hohe Unsicherheit die Effektivität des Einsatzes von Planungsinstrumenten einzuschränken. So wird vermutet, dass lediglich leicht implementierbare Instrumente (z. B. Umweltanalyse, Kennzahlenanalyse) in KMU angewendet werden, eine Vielzahl komplexerer Instrumente (z. B. Balanced Scorecard) in KMU jedoch nicht bekannt sind bzw. nicht umgesetzt

---

262 Vgl. Birker (2010), S. 462f.
263 Vgl. Christensen et al. (1982), S. 186.
264 Vgl. McKiernan/Morris (1994), S. 32.

werden kann (beispielsweise da nur ein Produkt vorliegt oder das Unternehmen sich in einer ersten Phase des Lebenszyklus befindet).

–   Junge KMU haben keine Erfahrungen in Bezug auf den Einsatz von strategischen Instrumenten. Empfohlen werden Instrumente wie die Umfeldanalysen (PEST, Porters-Five-Forces), Unternehmensanalyse (SWOT), Szenario oder Portfolioanalyse.

–   (++) In dem Konzept sollten die relevanten strategischen Unternehmensplanungsinstrumente eingesetzt werden. Dabei ist auf die Umsetzbarkeit und Anwendbarkeit zu achten.

4. Formalisierung:

–   Die Formalisierung bezeichnet die schriftliche Fixierung von Unternehmenszielen, Strategien und Plänen.[265] Dies trägt dazu bei, dass Unternehmen ein besseres Verständnis über sich selbst und ihre Umwelt erlangen und so strategische Handlungsalternativen leichter identifizieren können.[266] Durch Formalisierung können Informationen strukturiert dargestellt und Zusammenhänge sichtbar gemacht, Informationslücken aufgedeckt und Entscheidungssituationen unterstützt werden. Es wird erwartet, dass der Grad der Formalisierung mit zunehmender Unternehmensgröße und/oder Unternehmensalter steigt,[267] unterstützt u. a. durch die höhere Verfügbarkeit von Ressourcen. Im Umkehrschluss bedeutet dies, dass speziell junge Kleinunternehmen über weniger Ressourcen in Bezug auf Zeit, Personal oder Wissen verfügen und somit auch weniger formalisiert planen. Demnach wird angenommen, dass erfolgreiche junge KMU bis zu einem gewissen Umfang formalisiert strategisch planen, d. h. der Erfolg bzw. das Überleben vom Grad der Planungsformalisierung beeinflusst wird.

–   Junge KMU haben noch keine Fixierung der Strategien vorgenommen. Häufig werden alte Strategien kopiert, oberflächlich und starr geplant.

–   (++) In der Konzeptionierung muss ein Leitfaden entwickelt werden, an dem sich die jungen KMU orientieren können. Die Mitarbeiter sollten sich darin wiederfinden und sich involvieren können.

5. Organisationsstruktur:

–   Unter einer Organisationsstruktur wird ein bewusstes Schaffen einer zielorientierten hierarchischen Struktur mit Verantwortungsbereichen und Entscheidungsbefugnissen durch die autorisierte Person verstanden. Es wird bei der Organisation auch unterschieden zwischen dem prozessorientierten, dem instrumentellen und

---

265 Vgl. McKiernan/Morris (1994), S. 31f; Pearce et al. (1987), S. 659.
266 Vgl. Lyles et al. (1993), S. 38 ff.
267 Vgl. Matthews/Scott (1995), S. 38.

dem institutionalen Organisationsbegriff. Demnach ist die Organisationsstruktur auch ein geschaffenes Regelsystem in einer Institution, welches zielorientiert als Führungsinstrument eingesetzt wird.[268]

– Junge KMU haben noch keine gewachsene Organisationsstruktur.

– **(o)** Für die Anwendbarkeit der strategischen Unternehmensplanungsinstrumente ist die Organisationsstruktur vorerst nicht von Bedeutung. Wichtig ist, dass der Entscheider in dem KMU die strategischen Unternehmensplanungsinstrumente kennenlernt, versteht und diese auch umsetzt.

6. Zeithorizont:

– Der Zeithorizont der strategischen Planung wird in der (für Großunternehmen entwickelten Fachliteratur) üblicherweise mit mindestens drei Jahren angegeben.[269] Die Langfristigkeit von Zielen und Plänen zur Erreichung dieser Ziele wird als bedeutender Faktor der strategischen Planung betrachtet.[270] Die Festsetzung eines dreijährigen Zeithorizontes scheint zwar für Großunternehmen sinnvoll, könnte jedoch für junge KMU zu lang sein. Letztere müssen anfangs flexibel agieren und verfügen oftmals über noch zu geringe Erfahrungen, Ressourcen, Wissen, um so weit vorausplanen zu können.[271]

– Junge KMU haben bedingt durch die Beantragung von Fördergeldern oder Kreditlinien in der Gründungsphase einen Businessplan. Anschließend wird oft operativ und tagesgeschäftsorientiert geplant.

– **(+)** Die Fokussierung über einen Zeitraum sollte sich an dem 3-Jahres-Konzept eines Businessplans orientieren, damit die jungen KMU mit diesem Konzept auch Kapitalgeber informieren und überzeugen können.

7. Permanente Analyse und Anpassung:

– Dies ist der Prozess der Überprüfung aktueller Entwicklungen in Bezug auf in der Vergangenheit getroffene Prognosen.[272] Es gilt als allgemein akzeptiert, dass Kontrolle als notwendiges Mittel zur bestmöglichen Zielerreichung dienen kann. Laufende Soll-Ist-Vergleiche sind wichtig, um Zielabweichungen bereits frühzeitig erkennen zu können, und setzen einen Lernprozess in Gang. Es ist zu vermuten, dass sich dieses Lernen aus den Fehlern der Vergangenheit in größeren Erfolg niederschlägt.

– Junge KMU haben keine Kontrollorgane installiert. Es wird eine flexible Planung empfohlen.

---

268 Vgl. Bea/Göbel (2006), S. 2f.
269 Vgl. Rue/Ibrahim (1998), S. 24ff.
270 Vgl. Nicolai (2000), S. 57.
271 Vgl. Ramanujam/Venkatraman (1987), S. 19ff.
272 Vgl. Helms et al. (2005), S. 49ff.

– **(++)** Gerade junge KMU befinden sich in der Findungs- und Wachstumsphase. Vor allem aufgrund dieser Tatsache ist eine permanente flexible Anpassung der strategischen Ausrichtung notwendig und die Instrumente sollten dies auch ermöglichen.

Die erstellte Übersicht der Umsetzungsbedingungen/Dimensionen bildet die Grundlage für die Erarbeitung des nun folgenden Interviewleitfadens in der empirischen Untersuchung.

4 Die explorative Expertenbefragung bei jungen KMU zum Thema strategische Unternehmensplanung

Ein zentrales Merkmal bei einer explorativen Expertenbefragung ist die Repräsentativbefragung zur Erforschung von gegenwartsorientierten Verhaltensabsichten der Wirtschaftssubjekte.[1] Expertenbefragungen sind auch bekannt geworden mit der *Delphi-Methode*, die in den 1960er Jahren von der RAND-Corporation entwickelt wurde.[2]

In den *Kapiteln 2 und 3* wurde eine Literatur- und Dokumentenanalyse von Forschungsstudien vorgenommen. Diese Sekundärdaten stellten die Bedeutung der strategischen Unternehmensplanung in jungen KMU als ein wichtiges Kriterium für den Erfolg dar. Mit dem nun folgenden Kapitel gilt es diese theoretisch begründeten Annahmen in Form einer Primäranalyse explizit in jungen KMU zu bestätigen. Sind die ermittelten Dimensionen/Faktoren aus dem *Kapitel 3.7* in der Praxis auch vorhanden oder gibt es noch andere wichtige Erkenntnisse. Aus diesem Grund wird eine explorative Expertenbefragung in 14 jungen KMU vorgenommen und in diesem Kapitel auch ausgewertet, um so nach der Theorie, den Forschungsstudien und der Praxis ein tragfähiges Konzept zusammenzustellen.

4.1 Das Untersuchungsverfahren

Um den Anspruch der Umsetzbarkeit und Anwendbarkeit der angewandten Wissenschaft gerade für junge KMU zu gewährleisten, wird in der folgenden Expertenbefragung der Fokus auf die Zielgruppe, die jungen KMU (gemäß EU-Definition, bis zu einem Unternehmensalter von zwölf Jahren) gelegt. Bei der Erhebung werden die Experten auch über ihre Einstellung, Erfahrungen und die konkrete Nutzung von strategischen Unternehmensplanungsinstrumenten interviewt. Da jeder Unternehmer nur einmal befragt wird und die Prozesse retrospektiv erhoben werden, kann bei der vorliegenden empirischen Untersuchung von einer *querschnittlichen Vergleichsstudie*, die der qualitativen Forschung zugeordnet wird, gesprochen werden.

Diese wird deshalb so vorgenommen, da bei einer quantitativen Untersuchung sehr oft nicht tief genug analysiert wird. Bei der Vorgehensweise mit Experteninter-

---

1 Vgl. Marchazina/Wolf (2010), S. 838.
2 Vgl. Hansmann (1983), S. 22.

views ist davon auszugehen, dass die Unternehmer in der Praxis sehr viele Ansätze sehen, die bei einer quantitativen Befragung „untergehen". Das Ziel ist somit „zwischen den Zeilen" der Unternehmeraussagen die relevanten Aspekte für die Durchführung der strategischen Planung zu ermitteln.[3]

Die qualitative Forschung erfasst die Variabilität der Merkmale des Untersuchungsobjekts, indem die sorgfältig ausgewählten Einzelobjekte beschrieben werden. Dadurch soll versucht werden, ein tiefer gehendes Verständnis für komplexe Realphänomene zu bekommen. In der durchzuführenden Befragung soll explizit bei jungen KMU die Thematik der strategischen Planung erhoben werden.

In der empirischen Forschung stellen dann die analysierten Daten eine wichtige Grundlage dar, um daraus entscheidungsrelevante Informationen zu generieren. Die Datenerhebung ist eine systematische und gezielte Aktivität zur Beschaffung von Informationen.[4] Die Methode der Datenerhebung richtet sich nach der Zielsetzung der Befragung und dem Forschungsgegenstand, um zu gewährleisten, dass die Forschungsfragen mit relevanten Daten beantwortet werden können.[5] Bei der hier verwendeten Datenerhebungsmethode handelt es sich um eine Befragung in Form eines persönlich geführten Interviews und die Betrachtung von Firmendokumenten. Das Experteninterview ist eine Mischung aus einer offenen und einer strukturierten Datenerhebung.[6] Bei dieser Form des Interviews stehen die Erfahrung und die Interpretation des Interviewten im Vordergrund. Diese Aussagen der Experten können als repräsentative Aussage einer festgelegten Gruppe angesehen werden.[7] Die Experten ermöglichen einen Einblick in vorhandenes Fachwissen.

Explorative Interviews ermöglichen zusätzlich die freie Gesprächsgestaltung und erweitern den Handlungsspielraum des Interviewers. Die Interviewten sind in erster Linie die Geschäftsführer bzw. die zweite Führungsebene (Prokuristen) der jungen KMU.[8] Dieser Personenkreis ist entscheidend für die Durchführung der strategischen Unternehmensplanung in jungen KMU. Die Interviewten bekommen im Rahmen des Interviews ausreichend Zeit, was durchaus weitere interessante Antworten ermöglicht, an die der Interviewer vorher nicht gedacht hat.[9] Dadurch können über die zu erwartenden Ergebnisse auch exemplarische und generalisierbare Erkenntnisse gewonnen werden, die auch übertragbar sind.[10]

Kritik in Bezug auf qualitative Erhebungsmethoden könnte u. a. sein, dass der Interviewer die Befragung beeinflusst. Die gegenseitige Wahrnehmung, die Erwar-

---

3 Albers et al. (2009), S. 6.
4 Vgl. Hammann/Erichson (2000), S. 81.
5 Vgl. Kutschker et al. (1997), S. 14.
6 Vgl. Lamnek (2002), S.173; Meuser/Nagel (1991), S. 449.
7 Vgl. Meuser/Nagel (1991), S. 453.
8 Vgl. Kromrey (1991), S. 267.
9 Vgl. Friedrichs (1990), S. 224ff.
10 Vgl. Friebertshäuser (1997), S. 73.

tungshaltung von Interviewer und Befragten, die situationsgebundene Interaktion und die nonverbale Kommunikation gelten als mögliche Störfaktoren und somit als mögliche Fehlerquellen. Skeptiker unterstellen, dass die Ergebnisse keine objektiven methodischen Kontrollen gewährleisten und diese somit nicht wissenschaftlich bewertet werden können.[11] Explorative Untersuchungen werden somit oft von Forschern als wenig aussagekräftig angesehen. Befürworter bezeichnen diese Fehlerquellen auch als Steuerungselemente.[12] Vor diesem Hintergrund kann der Ansatz der *qualitativen Forschung* als der Versuch bezeichnet werden, den „Konstitutionsprozess von Wirklichkeit zu dokumentieren, analytisch zu rekonstruieren und schließlich durch das verstehende Nachvollziehen zu erklären".[13] Die qualitative Forschung verfolgt damit ein konstruktivistisches Erkenntnisinteresse,[14] welches sich auf mehrere Ebenen erstreckt. Es werden die Realität und deren Interpretation aus der Sicht der Befragten re-/konstruiert. Der Interviewer lenkt und begleitet den Konstruktionsprozess. Bei der Auswertung der Interviews kommen dann die Interpretation und die theoretische Einordnung durch den Forscher hinzu.

Explorative Forschungsstrategien haben in Bezug auf ihre bedingte (interne) Gültigkeit und (externe) Generalisierbarkeit Nachteile, die aber durch eine Rückkopplung zwischen Experten, Betroffenen und Forschern stark vermindert werden können.[15] Weiterhin ist zu dieser Thematik festzustellen: „Durch die Triangulation der Sichtweisen von Forscher und Betroffenen können einseitige Perspektiven relativiert und enge Horizonte erweitert werden. Wenn unterschiedliche Betrachtungsweisen zu einer produktiven Interaktion vernetzt werden, sind Anpassungen und Korrekturen in Richtung besserer Modelle der relevanten Wirklichkeit wahrscheinlich."[16]

4.1.1 Die Auswahl der Untersuchungseinheiten

Bei den meisten empirischen Untersuchungen ist es schwer, die Grundgesamtheit umfassend zu analysieren. Daher wird oft auf die Ergebnisse eines Samplings verwiesen. Das Sampling kann mittels Einzelfall oder Mehrfachfällen untersucht werden. Die Betrachtung eines Einzelfalls kann bei *einzigartigen oder kritischen Fällen* wichtig sein.[17] Sie kann zudem aus der Untersuchung eines *repräsentativen, aufschlussreichen oder longitudinalen Falls* erwachsen.

---

11 Vgl. Voelzkow (1995), S. 35.
12 Vgl. Friedrichs (1990), S. 233.
13 Vgl. Lamneck (1995), S. 25.
14 Vgl. Flick (2000), S. 161ff; Lamneck (1995), S. 24ff.
15 Vgl. Schwaninger (1996b), S. 135.
16 Vgl. Gergen (1999), S. 48ff.
17 Vgl. Yin (2009), S. 47ff.

Die Analyse von mehreren Fällen – in dieser Arbeit bevorzugt – ermöglicht jedoch eine vergleichende Analyse und verspricht robustere Aussagen.[18] Sie ist der Einzelfallanalyse daher vorzuziehen.[19] In der qualitativen Forschung hat die Relevanz der untersuchten Objekte einen hohen Stellenwert.[20] Gemäß *Eisenhardt* (1989) bringen verschiedene Fälle oft die Aspekte eines Phänomens besser zur Geltung. Speziell bei jungen Kleinunternehmen liegen verschiedene Lebenszyklen vor, wie z. B. Vorgründungs-, Gründungs- und frühe Wachstumsphase. Diese unterschiedlichen Gegebenheiten können durch die Betrachtung von mehreren Fällen abgebildet und die Kausalzusammenhänge damit verglichen werden. Die verschiedenen Fälle und die notwendige Anzahl an Fällen sollen dabei mittels der Replikationslogik ausgewählt werden, d. h. so, dass sie (a) gleiche Ergebnisse versprechen (*literale Replikation*) oder (b) erwartete gegensätzliche Ergebnisse liefern (*theoretische Replikation*). Um die Unterschiede zu ergründen, wird bei der Studie auf Daten diverser KMU zurückgegriffen. Eine Einzelfallanalyse würde diesem Anspruch nicht genügen.[21]

Die vorliegende empirische Untersuchung bezieht sich auf junge KMU, da hier aufgrund vorhandener kurzer Unternehmenslebenszyklen und einer hohen Anzahl von Insolvenzen und Liquidationen ein Bedarf an Unterstützungsmöglichkeiten besteht. Aufgrund forschungsökonomischer Gründe in qualitativen Studien wird auf eine repräsentative Stichprobe verzichtet. Dennoch muss für die Verallgemeinerbarkeit und Übertragung der Ergebnisse eine gute Analyse durchgeführt werden.[22]

In der vorliegenden Untersuchung wird ein Sampling nach vorab festgelegten Kriterien gemäß *Przyborski/Wohlrab-Sahr* (2008) vorgenommen.[23] Die vorliegende Arbeit hat zum Ziel ein adäquates, verständliches, flexibles und schriftlich fixiertes Konzept für die strategische Unternehmensplanung für junge KMU zu erstellen. Um eine Übertragbarkeit auf die Masse der jungen KMU zu ermöglichen, werden bei den Expertenbefragungen unterschiedliche KMU aus verschiedenen Technologiezentren ausgewählt, da hier vorrangig junge KMU anzutreffen sind. Dabei kann auch von einem Verfahren der „qualitativen Stichprobenpläne"[24] gesprochen werden. Dieses Verfahren wird auch in der Clusteranalyse durchgeführt, indem Objekte in eine möglichst ähnliche Gruppe eingeordnet werden. Im Rahmen der empirischen Untersuchung wurden die Erhebungseinheiten anhand von Unternehmenslisten, auf die die vorgenannten Kriterien zutreffen, zufällig ausgewählt. Die analytische Generalisierung kann durch die Auswahl von typischen Fällen erreicht werden. Dies wird mit

---

18 Vgl. Yin (2009), S. 53.
19 Vgl. Yin (2009), S. 60.
20 Vgl. Merkens (1997), S. 100.
21 Vgl. Eisenhardt (1989), S. 532ff.
22 Vgl. Mayring (2001), S. 35.
23 Vgl. Przyborski/Wohlrab-Sahr (2008), S. 178ff.
24 Kelle/Kluge (1999), S. 46ff.

der vorliegenden Untersuchung angestrebt, indem die gewonnenen Daten mit den theoretischen Grundlagen abgeglichen werden. Die KMU, die für die nachfolgende Befragung ausgewählt wurden, entsprechen folgenden Kriterien:

KMU mit max. 50 Mitarbeitern und max. zehn Mio. EUR Umsatz,
aus Technologiezentren in Baden-Württemberg,
aus der verarbeitenden Industrie und der Dienstleistungsbranche,
mit einem Unternehmensalter bis max. zwölf Jahren.
Die ausgewählten KMU kommen aus unterschiedlichen Branchen.

Die 14 Erhebungseinheiten, die mit dem vorgegebenen Sampling übereinstimmen, wurden aus folgenden drei Technologiezentren in Baden-Württemberg ausgewählt:
- 8× Technologiefabrik Karlsruhe GmbH, Haid-und-Neu-Straße 7, 76131 Karlsruhe.
- 3× Technologiezentrum St. Georgen, Leopoldstraße 1, 78112 St. Georgen.
- 3× MITT e.V., Minimal Invasive Medizin & Technik Tübingen – Tuttlingen e. V., take-off Gewerbepark 3, 78579 Neuhausen ob Eck.

Das Ziel dieser Auswahl war die Analyse strategischer Planung (Kontext) in verschiedenen jungen KMU (Analyseeinheit) durch Datenerhebung, insbesondere bei verschiedenen Personengruppen (eingebettete Analyseeinheiten). Die Anzahl der Analyseeinheiten ist nach *Strauss* (1991) ausreichend, da die zu erwartenden relevanten Differenzen in der Untersuchung genügend abgebildet wurden, um kontrastierende Fälle zu finden.[25]

4.1.2 Der teilstandardisierte Fragebogen als Erhebungsinstrument

Nachdem die Literatur- und die Studienanalyse vorgenommen, die Dimensionen/ Faktoren der strategischen Unternehmensplanung daraus ermittelt wurden, ist das erste Forschungsziel erreicht. Da das Thema theoriegeleitet und explorativ angegangen werden soll, empfiehlt sich als Erhebungsmethode ein teilstandardisierter Fragebogen. Dieser wird mit einem Interviewleitfaden erstellt, wobei der Interviewer in einem gewissen Maße den Ablauf bzw. die Fragen des Interviews noch beeinflussen kann.

Bei der qualitativen Forschung wird diese Form oft angewandt, da bei offenen Fragen die Erfahrungswerte in der Erzählung des Interviewten und konkrete Aussagen mit geschlossenen Fragen eine umfassende Analyse zulassen.[26] Der Interviewleitfaden ermöglicht durch seine Struktur eine Orientierung für den Interviewer und

---

25 Vgl. Strauss (1991), S. 126.
26 Vgl. Flick (1987), S. 50ff.

stellt sicher, dass wesentliche Fragestellungen nicht übersehen werden. Durch den Mix an offenen und geschlossenen Fragen kann der Interviewer das Gespräch lenken, aber auch detailliert nachfragen, bzw. wenn der Interviewte zu weit ausholt, wieder zum Leitfaden zurückkommen.[27] Im Falle des problemzentrierten Interviews dient das theoretische Vorwissen als Quelle für den Leitfaden.[28] Daher ist der Leitfaden als „heuristisch-analytisches Rahmenkonzept" zu verstehen.[29]

Der zugrunde liegende Fragebogen dieser empirischen Untersuchung wurde in verschiedenen aufeinanderfolgenden Phasen entwickelt, *Abb. 4.1.*

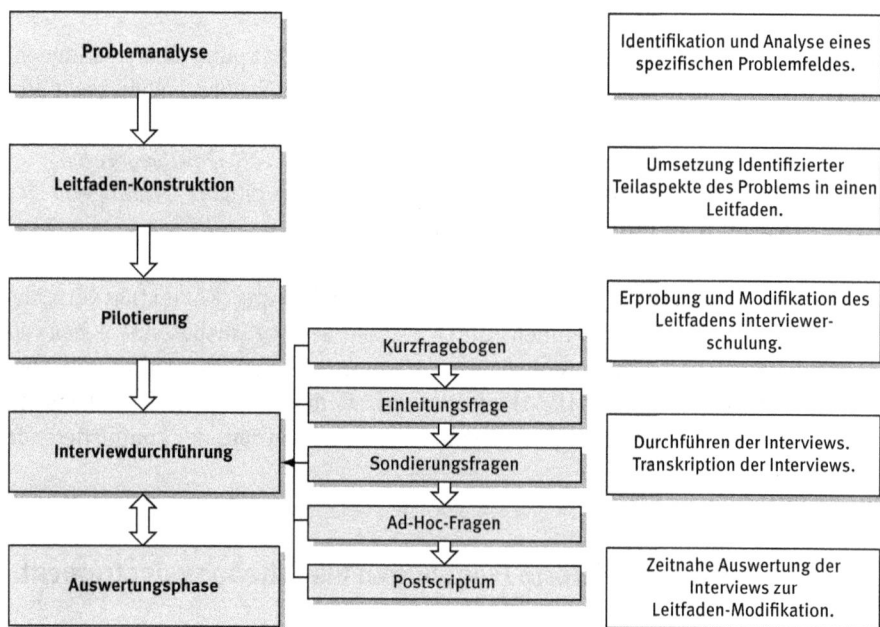

Abb. 4.1: Phasen des problemzentrierten Interviews[30]

In der *Problemanalyse* wurde das Problem identifiziert. Hierzu wurden anhand der Literatur- und Studienrecherche im *Kapitel 2 und 3* eine erste Grobkonzeptionalisierung von strategischer Unternehmensplanung vorgenommen.

In der *Leitfaden-Konstruktion* wird die erste Version des strukturierten Leitfadens, mit dem Ziel möglichst viele Detailinformationen der teilnehmenden Unternehmen zu erhalten, erstellt.

---

27 Vgl. Friebertshäuser (1997), S. 376f.
28 Vgl. Witzel (1989), S. 235; Witzel (1996), S. 52.
29 Vgl. Witzel (1989), S. 64.
30 Reinders (2005), S. 120.

In der *Pilotierungsphase* wird ein Pretest mit den verantwortlichen Projektführenden im Rahmen des Drittmittelprojektes „Wissenstransfer Dienstleistungsforschung" der Baden-Württemberg-Stiftung gGmbH, vormals Landesstiftung Baden-Württemberg, siehe *Kapitel 6*, durchgeführt, um die Eignung des Fragebogens und dessen Länge zu überprüfen. Besonders die Gestaltung, der Aufbau, die Reihenfolge und die Formulierung der Fragen standen im Zentrum der Diskussion.[31] Neben der geplanten Interviewzeit wurden vor allem die Vollständigkeit, die Verständlichkeit der Fragen und Antworten und Interpretationsprobleme behandelt. Dadurch sollen eine suboptimale Anordnung der Fragen, nicht verständliche Fragen, die Konzeption von mehrdimensionalen Fragen oder Suggestivfragen, die das Ergebnis verfälschen könnten, vermieden werden.

Bei der *Interviewdurchführung* zur Datenerhebung wird der im *Anhang 3* dargestellte und für den Untersuchungskontext mit Berücksichtigung der Forschungsfragen erstellte teilstandardisierte Fragebogen/Interviewleitfaden verwendet. Dabei werden geschlossene und offene Fragen gestellt.

Anhand der vorherigen Analyse und der Durchführung eines Pretests wurden für die vorliegende empirische Untersuchung folgende Themenschwerpunkte für den Fragebogen festgelegt:
- Kurze Erläuterung des Befragungs- und Untersuchungshintergrundes (10 Minuten),
- Persönliche Einstellung/Erfahrung zum Thema Strategische Unternehmensplanung (15 Minuten),
- Die Strategische Planung im jeweiligen Unternehmen (40 Minuten),
- Allgemeine Betriebsdaten zum Unternehmen (10 Minuten),
- Unternehmenskennzahlen und Unternehmensentwicklung (30 Minuten).

Der Interviewer sollte sich zum Verständnis der Thematik im Vorfeld ein Basiswissen zu den angedachten Fragestellungen erarbeiten. In der konkreten Umsetzung wird der Fragebogen den Interviewten vorab zur Verfügung gestellt, um eine umfassende Beantwortung zu gewährleisten. Die Interviews dauern bis zu zwei Stunden, sodass hinterher ausreichend qualitatives Datenmaterial zur *Auswertung* vorliegt.

4.1.3 Die Durchführung der Expertenbefragung

Bei der vorliegenden empirischen Untersuchung wurden selbst erhobene Primärdaten zur Untersuchung des Forschungsproblems ermittelt.[32] Typische Primärdaten sind Verhalten, Einstellungen, Kenntnisse und u. a. auch Absichten. Der **Ablauf der Datenerhebung** wurde folgendermaßen durchgeführt:

---

31 Vgl. Kromrey (2000), S. 359ff; Schnell et al. (1999), S. 324 f; Stier (1999), S. 184.
32 Vgl. Churchill (1991), S. 305f.

Zugang zu Organisationen/Dokumenten/Ressourcen
- **Erstkontakt:** Anschreiben zur Erläuterung des Projekts, verbunden mit einer telefonischen Anfrage nach einem Interviewtermin mit dem Inhaber und Geschäftsführer.
- **Follow Up:** Drei Tage nach dem Versand des Anschreibens an den Inhaber des Unternehmens, wird dieser kontaktiert und ein Gesprächstermin vereinbart.
- Terminvereinbarung: ja/nein
- Termin (in Stichworten werden die zu behandelten Punkte aufgezählt):
- Interview: Vorstellung, Erlaubnis Audioaufnahme einholen, strukturiertes Interview, Dank,
- Dokumentenanalyse: Vorstellung, Erlaubnis Zugang zu und für Kopie bzw. Aufzeichnung von Dokumenten,
- Beobachtung: Vorstellung, Hinweis auf Verschwiegenheit über Inhalte der Gespräche/Meetings, Einnahme einer passiven Beobachterrolle.

Datenerhebung:
- Vor-Ort-Termine im ersten Quartal 2010
- Zeitaufwand je Fall

Vorbereitung zwei Tage
- Erstkontakt, Follow Up
- Unternehmensprofil erstellen aus öffentlichen Quellen/Homepage
- Newsrun, Internetsearch etc., sonstige Vorbereitung

Besuch vier Tage/Termine
- Inhaber/Manager
- Geschäftsführung
- Controller
- Dokumentenanalyse/Beobachtung

Nachbereitung sieben Tage
- Ablage, Transkribieren, etc.

Die Interviewteilnehmer wurden konkret zu der Thematik „Strategische Unternehmensplanung" in ihrem Unternehmen interviewt. Bei der Datenerhebung sollte dem Interviewten deutlich gemacht werden, dass er einen Expertenstatus hat, um dadurch eine Rollenverteilung zwischen dem Forscher und dem Befragten quasi zu vertauschen und durch die gegenseitige (soziale) Anerkennung die Beantwortung zu erleichtern.[33] Die Interviews mit den 14 Unternehmen wurden im Zeitraum vom

---

[33] Vgl. Lamneck (2005), S. 388.

02.02.10 bis zum 18.03.10 vor Ort beim jeweiligen Unternehmen, mit den Inhabern/ Geschäftsführern durchgeführt.

Das Interview wurde mit folgenden Erhebungsinstrumenten durchgeführt:

1. Der Interviewleitfaden, siehe *Anhang 2*, der mit der Erläuterung des Befragungs- und Untersuchungshintergrundes beginnt, sollte eine gedankliche Schranke zwischen der Erhebung von ersten Informationen und dem nachfolgenden Interview schaffen, das auch auf subjektive Eindrücke zielt.

2. Die Tonträgeraufzeichnung gilt als Standard für qualitative Interviews.[34] Sie entlastet den Interviewer vom Mitschreiben, ermöglicht so eine uneingeschränkte Konzentration auf das Gespräch und kann sprachliche Nuancierungen festhalten.

3. Im Anschluss an das Interview wurde ein Postskript angefertigt, bei dem wesentliche Aspekte des Interviews notiert wurden. Nach *Witzel* (1996) besteht die Notwendigkeit, bereits hier erste Interpretationsideen festzuhalten.[35]

Bei der Durchführung der Interviews ist die Offenheit ein wichtiger Aspekt, um relevante Informationen zu erhalten. Um ein qualitatives Ergebnis der Interviews zu erhalten, wurden von *Richards* (2005) fünf Regeln für die Erhebung bei empirischen Forschungsprojekten aufgestellt. Diese sind im Einzelnen[36]:

1. Sorgfalt (sorgfältige Dokumentation, Aufzeichnung und Transkription sowie deren Prüfung),

2. Kontextbezug (Dokumentation des Kontextes bei der Datenerhebung),

3. Dichte (Detailliertheit von Beschreibung, Dokumentation oder Transkription oder auch die Genauigkeit/Passgenauigkeit einer Dokumentation),

4. Ausschöpfung (Relevantes muss erschöpfend dokumentiert und geordnet werden),

5. Reflexion (Während der Erhebung, der Vorbereitung, der Dokumentation und der Aufzeichnung die eigene Rolle reflektieren).

4.1.4 Das Aufbereitungsverfahren und die Auswertungsstrategie

Die Protokollierung und Archivierung der Interviewdaten wurde in der vorliegenden Untersuchung folgendermaßen vorgenommen. Es wurde eine Datenbank erstellt mit den Aufzeichnungen der Interviews, den handschriftlich aufgezeichneten Notizen und den Interviewprotokollen. Ebenfalls wurden hier die transkribierten Tonbandaufzeichnungen verwaltet.

Im Rahmen qualitativer Forschung unterstützen Computerprogramme diese qualitative Arbeit mit Texten.[37] Die Unterstützung ist für folgende Punkte wichtig:

---

34 Vgl. Witzel (1989), S. 237.
35 Vgl. Witzel (1996), S. 57.
36 Vgl. Richards (2005), S. 51.
37 Vgl. Huber (1992), S. 34; Weitzmann/Miles (1995), S. 76.

- Die im Ablaufmodell festgelegten Analyseschritte (Randnotizen, Markierungen, Kategorienfindung) können durch den Einsatz der Software unterstützt werden.
- Als Dokumentationszentrum ermöglichen Programme eine Nachvollziehbarkeit der Analyseschritte.
- Neben der qualitativen Auswertung ist eine quantitative Auswertung über ein Programmtool möglich.

Für die vorliegende Arbeit wurde für die qualitative Inhaltsanalyse das Programm ATLAS.ti verwendet, siehe auch www.atlasti.de. „ATLAS.ti-die Wissenswerkbank" ist zwischen 1989 und 1992 im Rahmen des Forschungsprojekts ATLAS (Archiv für Technik, Lebenswelt und Alltagssprache) an der Technischen Universität Berlin entwickelt worden. Für die Entwicklung wurde auf Erfahrungen von methodologischen Konzepten, wie der Grounded Theory,[38] zurückgegriffen. ATLAS.ti ist ein elektronisches Werkzeug, Software-Tool, zur Analyse qualitativer Daten. Dabei wird die systematische Analyse von Texten, Bildern, Videos, Audio- und Geodaten unterstützt. ATLAS.ti hilft, die in unstrukturierten Datenmengen verborgenen komplexen Phänomene herauszuarbeiten und produktiv nutzbar zu machen. Hierfür bietet es eine leistungsfähige und intuitive Arbeitsumgebung, welche sich ideal an die Arbeitsweise des Benutzers anpasst. Die Software wird vielfältig eingesetzt, z. B. gehören zu den Nutzern neben der akademischen Forschung auch industrielle Nutzer mit Fragestellungen in den Bereichen Qualitätsmanagement, Customer Relationship, Dokumentenverwaltung/-bewertung.[39] Voraussetzung zum Arbeiten mit ATLAS.ti ist das Vorhandensein der Daten in elektronischer Form.

Für die vorliegende empirische Untersuchung wurde bei der Auswertung folgende Vorgehensweise nach *Witzel* (1996) vorgenommen:
Als *erstes* wird das qualitative Interview *transkribiert*, d. h. verschriftlicht. Dabei werden die im Rahmen der Forschung häufig als wichtig betonten nonverbalen Signale und parasprachlichen Besonderheiten, wie Pausen, Stimmlagen, Betonungen, durch ausgefeilte Notationssysteme festgehalten. Zur Verifikation wird dem Interviewten eine Abschrift vorgelegt.

Als *zweites* wird eine Satz-für-Satz-*Analyse* des Textes vorgenommen. Hierdurch soll vermieden werden, dass der Forscher lediglich den Text daraufhin betrachtet, dass dieser Belege für seine vorgefertigte Meinung enthält, sondern auch offenbleibt für Revisionen oder neue Erkenntnisse. Bei der Vorgehensweise empfiehlt es sich, konkrete Antworten auf die gestellten Fragen zu markieren. Im zweiten Anlauf werden die gefundenen Antworten in ein Kategorienschema eingeordnet und anschließend kann aus den identifizierten Einzelinformationen eine innere Logik herausgearbeitet werden.

---

38 Vgl. Strauss/Corbin (1990).
39 www.atlasti.de URL Aufruf am 09.07.2010, (http://www.atlasti.com/de/)

Als drittes wird eine *Falldarstellung* angefertigt.[40] Dabei wird ein Fall beschrieben, um die Einordnung von zitierten Einzelaussagen im Gesamtzusammenhang zu erleichtern. Die Einzelaspekte werden im Gesprächsverlauf nacheinander aufgezeichnet. Es sollen dabei auch nicht realisierte Optionen und rückblickende Bewertungen vom Interviewten betrachtet werden, die bei einer Nichtaufzeichnung vergessen werden könnten.

Im Rahmen des *Dossiers* bzw. der *methodologischen Kommentierung* ist kurz auf die Beschaffenheit des Interviewmaterials einzugehen.[41] Dabei kommen auch Aspekte zum Tragen wie beispielsweise die Umstände der Erhebungssituation, die Art und Weise der Kommunikation, das Ausmaß der Sondierungen, eventuelle problematische Intervieweingriffe, unsichere Interpretationen, methodische Fehler, Widersprüche und offengebliebene Fragen. Diese Überprüfung soll dazu beitragen, dass die Güte des qualitativen Materials bestätigt wird.

Möglichst prägnante Aussagen werden in der *Fallinterpretation* formuliert.[42] Die Ergebnisse der o. a. Analysen werden hier schriftlich festgehalten. Es besteht auch die Möglichkeit in der Fallinterpretation den O-Ton mit Paraphrasierungen und analytischen Aussagen zu verbinden oder eine Heuristik zu formulieren, die die Logik des Einzelfalls nachvollziehbar macht.

Als viertes wird eine *fallübergreifende Dokumentation* vorgenommen. Dabei wird eine vergleichende, generalisierende Systematisierung der Einzelfallauswertungen vorgenommen, wobei die Gemeinsamkeiten und Unterschiede aller Interviews herausgearbeitet werden sollen.[43] Es erfolgt eine Zuordnung von Paraphrasen zu Themengebieten, wie dies bereits in den Einzelinterviews vorgenommen wurde. Anschließend wurden die Erkenntnisse aus den Interviews bestehenden Theorien zugeordnet und generalisiert.

Im nachfolgenden *Kapitel 4.2* wird zuerst auf die quantitativen Daten, wie die allgemeinen Betriebsdaten, die Unternehmenskennzahlen und die Unternehmensentwicklung, eingegangen. Im *Kapitel 4.3* werden die Ergebnisse der offenen Fragen zum Themenbereich persönliche Einstellung bzw. Erfahrung zur strategischen Unternehmensplanung behandelt.

4.2 Ergebnisse aus der quantitativen Analyse

Im *vierten Teil* des Interviews wurden die *allgemeinen Betriebsdaten* erfragt. Dabei wurden grundsätzliche Aspekte wie die Funktion, die Kontaktdaten des Interviewpartners, die Rechtsform und das Gründungsjahr des Unternehmens erfragt. Darüber hinaus wurde die Zugehörigkeit zur IHK/HWK und zum Wirtschaftszweig aufgenommen.

---

40 Vgl. Witzel (1996), S. 60.
41 Vgl. Witzel (1989), S. 243.
42 Vgl. Bortz/Döring (2006), S. 329.
43 Vgl. Witzel (1989), S. 244.

Im einzelnen ergab sich folgendes Ergebnis. Bei den Rechtsformen handelt es sich bei den KMU um insgesamt zwölf GmbH sowie jeweils einmal um eine GmbH & Co. KG und um ein Einzelunternehmen. Bei den befragten KMU sind fünf innerhalb der letzten fünf Jahre, sieben innerhalb von fünf bis zehn Jahren und zwei vor über zehn Jahren gegründet worden, siehe *Abb. 4.2*.

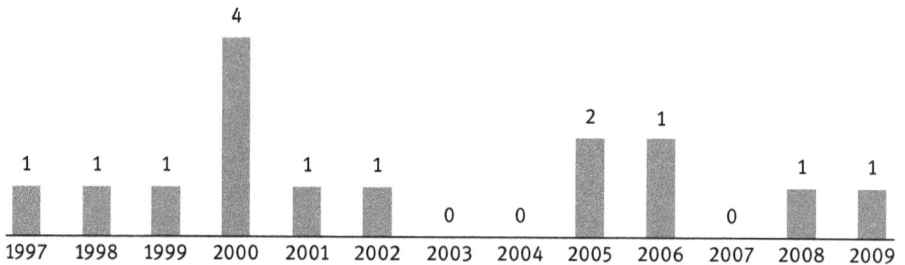

Abb. 4.2: Gründungsjahre der untersuchten KMU[44]

13 der KMU sind der IHK und ein KMU ist der HWK zugeordnet. Von den befragten KMU sind acht dem Wirtschaftszweig „sonstige öffentliche und persönliche Dienstleistungen", jeweils zwei dem „Verarbeitenden Gewerbe" und „Gesundheits-, Veterinär und Sozialwesen" und jeweils ein KMU dem „Baugewerbe" und „Grundstücks- und Wohnungswesen" zuzuordnen.

In dem Interview wurden die Inhaber/Geschäftsführer ebenfalls nach der ursprünglichen *Gründungsidee* und dem anfänglichen *Gründungsprozess* befragt. Dabei wurden folgende Gemeinsamkeiten und Besonderheiten in Bezug auf das Arbeitsthema von den Interviewten dargestellt:

Die Gründungsideen der interviewten KMU basieren allesamt auf einer langfristigen Orientierung. So gibt ein KMU an, dass sich mit der Gründung eine neue Perspektive darstellte, und drei KMU-Gründer wollten in die Eigenständigkeit. Bei einem KMU handelte es sich um eine neue Produktidee, die den Unternehmer zur Gründung veranlasste. Vier KMU hatten neue Dienstleistungen anhand von Kundenproblemen entwickelt. Vier KMU haben sich aus einem bestehenden Beschäftigungsverhältnis heraus selbstständig gemacht, um anschließend für das Unternehmen als Subunternehmer zu arbeiten, weil spezifische Kundenprobleme in der alten Firma nicht umfassend bewältigt werden konnten. Und letztendlich entstand ein KMU aus einer Interessensgemeinschaft, die ein Marktpotenzial in ihrem Vermarktungskonzept gesehen hat.

Im *fünften Teil* des Interviews wurden die *Unternehmenskennzahlen* und die Unternehmensentwicklung erfragt. Bei den interviewten KMU sind zehn der Klasse

---

44 Quelle: Eigene Darstellung.

der Kleinstunternehmen und vier KMU der Klasse von Kleinunternehmen zuzuordnen, siehe *Abb. 4.3*.

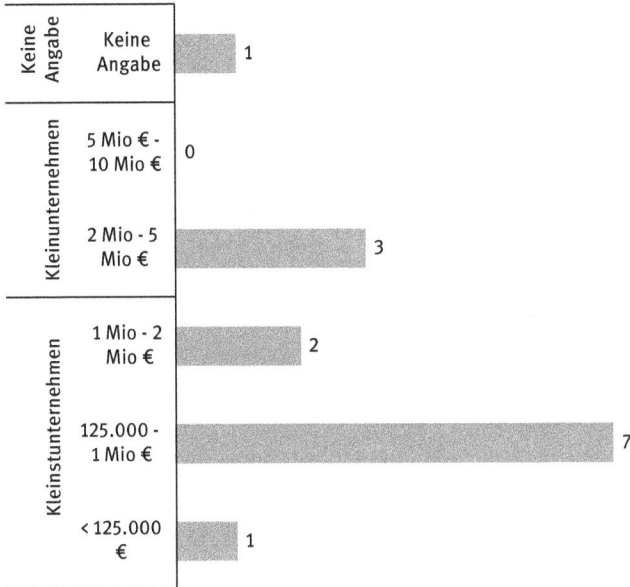

Abb. 4.3: Jahresumsatz der untersuchten KMU[45]

Bei den *Produkten/Dienstleistungen* gibt es keinerlei Übereinstimmungen bei den
interviewten KMU. Daher wird in der nachfolgenden Aufzählung der jeweilige
Schwerpunkt der interviewten KMU aufgelistet. Die interviewten KMU sind in den
folgenden Geschäftsfeldern tätig:

1. Reinigungsdienstleistungen,
2. Maschinen für die Getränke- und Gasindustrie,
3. Standard Software für Ingenieure,
4. Controlling-Software, Datenbanken,
5. Produktdatenbank für Heimbringservice,
6. Gebäude-Automation,
7. Medizintechnik-Ausstellung,
8. Automatisierungstechnik/Elektronikentwicklung,
9. Projektgeschäft Automobilindustrie,
10. Online-Plattform,
11. Immobilien-, Mietverwaltung,
12. Technische-/Consulting-Dienstleistung,

---

45 Quelle: Eigene Darstellung.

13. Qualitätssicherung und Technische Produktentwicklung,
14. 3-D Displays.

Der *Produkt-/Dienstleistungslebenszyklus* bei den interviewten KMU hat unterschiedliche Zeitansätze. So sprechen drei KMU davon, permanente Anpassungen an den Produkten/Dienstleistungen vornehmen zu müssen, was letztendlich bedeutet, dass es keinen zeitlich festzulegenden Produktlebenszyklus gibt. Sieben KMU haben ihren Lebenszyklus der Produkte/Dienstleistungen mit bis zu fünf Jahren angegeben. Ein KMU spricht von bis zu zehn Jahren und drei KMU haben einen noch längeren Produkt/Dienstleistungs-Lebenszyklus als zehn Jahre vorzuweisen.

Die wichtigsten *Zielgruppen* für die befragten KMU sind in 13 Fällen Geschäftskunden; somit handelt es sich überwiegend um ein B2B-Geschäft, und in einem Fall handelt es sich um Endverbraucher, somit um ein B2C-Geschäft.

Bei der *Anzahl der Beschäftigten* können acht KMU in die Klasse der Kleinstunternehmen und sechs in die Klasse der Kleinunternehmen zugeordnet werden.

Bei fünf der interviewten KMU handelt es sich um ein *Familienunternehmen* mit einem Inhaber, bei sieben KMU gibt es zwei oder mehr Inhaber und bei zwei Unternehmen handelt es sich nicht um ein Familienunternehmen.

Sieben der KMU werden von einem Geschäftsführer, sechs KMU von zwei Geschäftsführern und ein Kleinunternehmen von drei Geschäftsführern geführt.

Die Entwicklung der Mitarbeiteranzahl in den Jahren von 2007 bis 2009 war bei acht KMU positiv, bei vier gleichbleibend und bei zwei negativ.

Die Entwicklung der KMU in den letzten fünf Jahren von 2004 bis 2009 wurde von den Inhabern/Geschäftsführern unterschiedlich gesehen, ebenfalls die zukünftige Entwicklung der nächsten fünf Jahre von 2010 bis 2015. Die Einschätzungen werden in den *Abb. 4.4–4.7* dargestellt.

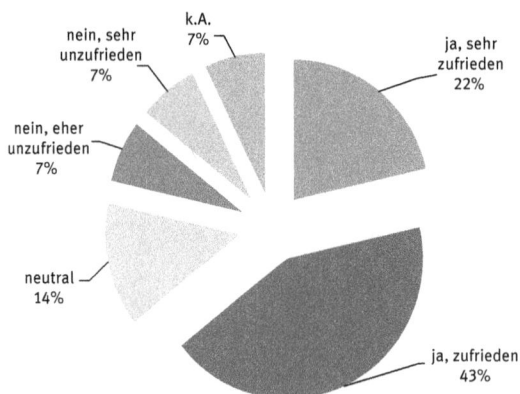

Abb. 4.4: Gesamtentwicklung der untersuchten KMU 2004–2009[46]

---

46 Quelle: Eigene Darstellung.

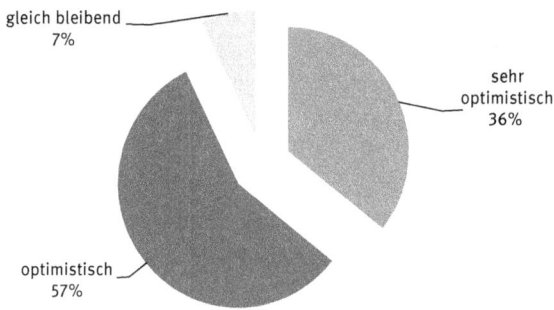

Abb. 4.5: Zukunftsbeurteilung der untersuchten KMU 2010–2015[47]

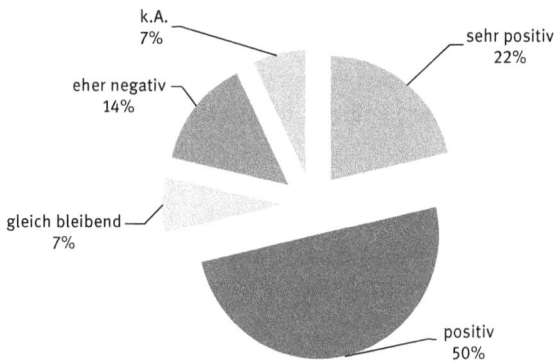

Abb. 4.6: Umsatzentwicklung der untersuchten KMU 2004–2009[48]

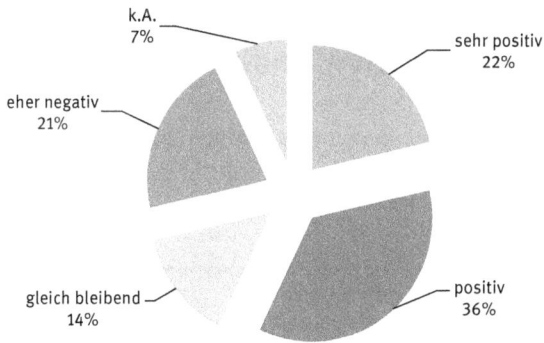

Abb. 4.7: Geschäftsergebnisse der untersuchten KMU 2004–2009[49]

---

47 Quelle: Eigene Darstellung.
48 Quelle: Eigene Darstellung.
49 Quelle: Eigene Darstellung.

Nachfolgend werden die Interviewteile 2 „Persönliche Einstellung/Erfahrung zum Thema strategische Unternehmensplanung" und 3 „Die strategische Unternehmensplanung in Ihrem Unternehmen" interpretiert, in Kategorien gebildet und die verschiedenen Ergebnisse *zusammengefasst* dargestellt.

→ Allgemeine Betriebsdaten:
Bei den befragten KMU ist die Mehrzahl der IHK und dem Dienstleistungszweig zugeordnet. Die Gründungsideen sind unterschiedlich, zeigen jedoch alle eine langfristige Orientierung auf.

→ Unternehmenskennzahlen und Unternehmensentwicklung:
Die angebotenen Produkte/Dienstleistungen haben bei 79 Prozent der KMU einen Lebenszyklus von fünf Jahren und länger. Die Zielgruppen sind bei 93 Prozent im B2B-Segment zu finden. In diesem Bereich werden vorrangig langfristige Geschäftsbeziehungen gepflegt. Diese beiden Aspekte bedingen auch eine Auseinandersetzung mit strategischer Planung.

Die Vergangenheitsbetrachtung der Jahre 2004 bis 2009 wird von den KMU positiv gesehen. So sind 65 Prozent der KMU zufrieden mit der Entwicklung, 72 Prozent zufrieden mit der Umsatzentwicklung und 58 Prozent zufrieden mit den Geschäftsergebnissen. 93 Prozent der KMU sehen optimistisch in die Zukunft.

Diese positive Grundstimmung lässt annehmen, dass die Unternehmer der jungen KMU strategisch orientiert denken, da die positive Entwicklung sich in der zukünftigen Betrachtung fortsetzt.

4.3 Ergebnisse für die qualitative Analyse

Im zweiten Teil nach der Vorstellung des Interviewers wurden folgende offene Fragen im Interview zur persönlichen Einstellung bzw. Erfahrung zum Thema strategische Unternehmensplanung gestellt:

1. Was verstehen Sie unter einer strategischen Unternehmensplanung?
2. Glauben Sie, dass die strategische Unternehmensplanung für KMU grundsätzlich sinnvoll ist?
3. Wer sollte die strategische Unternehmensplanung in KMU durchführen?
4. Was sind Ihrer Meinung nach grundsätzlich die drei wesentlichen Erfolgsfaktoren für erfolgreiche KMU?
5. Welche Ausbildung hat die Person, welche die strategische Unternehmensplanung durchführt?
6. Wie viel Berufs-/Branchenerfahrung hat die Person, welche die strategische Unternehmensplanung durchführt?
7. Welchen Einfluss hat die Erfahrung bzw. die Intuition des Unternehmers auf strategische Entscheidungen?

Bei der Frage, was die Unternehmer unter einer strategischen Unternehmensplanung verstehen, kamen folgende Aussagen, siehe *Abb. 4.8*.

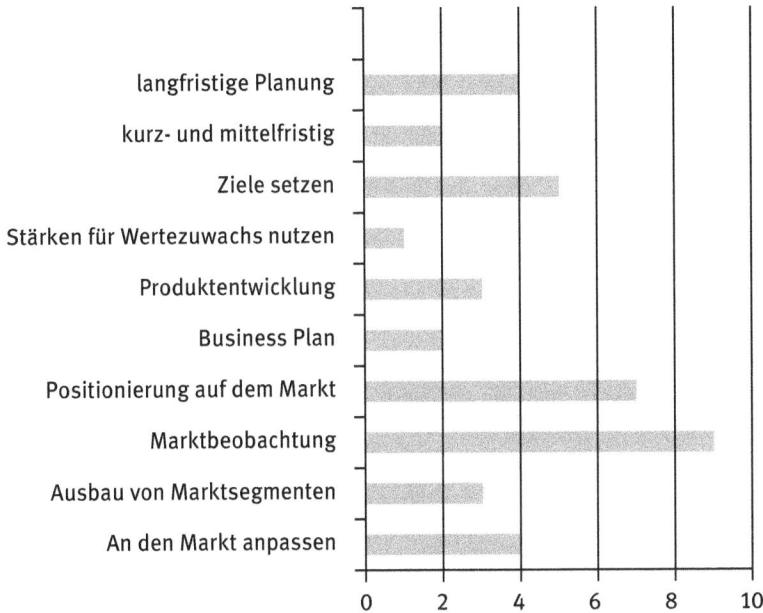

Abb. 4.8: Was ist strategische Planung für die untersuchten KMU?[50]

Im Einzelnen wurden folgende Aussagen von den Unternehmern bzgl. der strategischen Planung getroffen:
- Erkennen von Trends, Kontakte schließen, Einflussnahme auf Entwicklungen, Aufbau und Investition in gut ausgebildetes Personal, Aufbau von Kooperationen und Erschließung neuer Märkte.
- Eine Planung, um einen langfristigen Unternehmenserfolg zu sichern und die Führerschaft in einem Zielgruppensegment zu erreichen (Preis- oder Innovationsführerschaft).
- Stärken des Unternehmens in einen Wertezuwachs des Unternehmens umzuwandeln.
- Einbeziehen aller Faktoren in die Planung und Einbeziehen aller Personen in die Planung, also Verteilen der Verantwortung.
- Ein tragfähiges Geschäftsmodell aus einer Idee ableiten.

---

50 Quelle: Eigene Darstellung.

- Definition von Unternehmenszielen, Kontrolle und Korrektur. Marktbeobachtung/-ausrichtung, Forschung und Entwicklung neuer Geschäftsfelder.
- Erstellung, Durchführung und Auswertungen von Aktionen und Zielsetzungen und das im Turnus einerseits monatlich, andererseits aber auch jährlich.
- Gedanken machen, was man erreichen will, Kennzahlen planen, die man zu erwarten hat, eine Marktentwicklung abzusehen und schon entsprechende Korrekturen vorzunehmen.
- Einen Businessplan aufstellen und danach einen Zielmarkt finden.
- Ein ausgewogenes Produktmanagement mit Marktbeobachtung und verschiedenen Tests.
- Planung unter Berücksichtigung des Marktes, des Umfelds, der Rahmenbedingungen.
- Langfristige Planung fürs Unternehmen vornehmen, womit ich in Zukunft Geld verdienen will. Habe ich die richtigen Mitarbeiter dazu?
- Anpassen des Unternehmens inklusive seiner Leistungen an die Gegebenheiten und Veränderungen des Marktes.
- Ausgehend von den eigenen Stärken und den Ressourcen vorausschauend für die heterogenen Märkte von heute und morgen planen.

Alle vierzehn Interviewpartner gaben an, dass die strategische Unternehmensplanung für KMU grundsätzlich sehr sinnvoll ist. Alle nannten auch die Person des Inhabers bzw. die des Geschäftsführers als die Person, die diese strategische Unternehmensplanung durchführen soll. Acht Gesprächspartner nannten die leitenden Mitarbeiter und fünf nannten externe Berater als diejenigen, die die strategische Unternehmensplanung durchführen sollen. Bei den *wesentlichen Erfolgsfaktoren* für erfolgreiche KMU wurden die guten und qualifizierten Mitarbeiter, die strategische Unternehmensplanung und die Kapitalausstattung genannt, siehe *Abb. 4.9.*

Der überwiegende Teil, zehn der Interviewpartner, sind von ihrer Ausbildung Techniker, Ingenieur, Mechaniker oder Informatiker. Vier Interviewpartner haben einen betriebswirtschaftlichen Hintergrund.

Alle Unternehmer haben mehrjährige Berufs-/Branchenerfahrungen. So können sechs auf über zehn Jahre, sieben auf über 15 Jahre und zwei auf über 20 Jahre Erfahrung zurückblicken.

Abschließend wurde zum Thema persönliche Einstellung/Erfahrung auch die Frage gestellt, welchen Einfluss die Erfahrung bzw. die Intuition des Unternehmers auf strategische Entscheidungen hat. Alle Interviewpartner sehen einen sehr hohen Einfluss von Erfahrung und Intuition auf die strategischen Entscheidungen. Das Bauchgefühl sollte weitestgehend mit der Vernunft im Einklang stehen, da der Unternehmer letztendlich auch das Risiko trägt. Es ist hierbei auch wichtig, dass in der Umsetzung die Entscheidungen gemeinschaftlich getragen werden.

Gute und qualifizierte Mitarbeiter	13
Strategische Unternehmensplanung	6
Kapitalausstattung	5
Optimale interne Arbeitsprozesse	4
Mitarbeiterführung	3
Gewinn	3
Geschäftsführer	3
Klare Struktur der Organisation	2
innovative Produkte	2
Team	1
Motivation	1
Vernetzung zum Zielmarkt	1

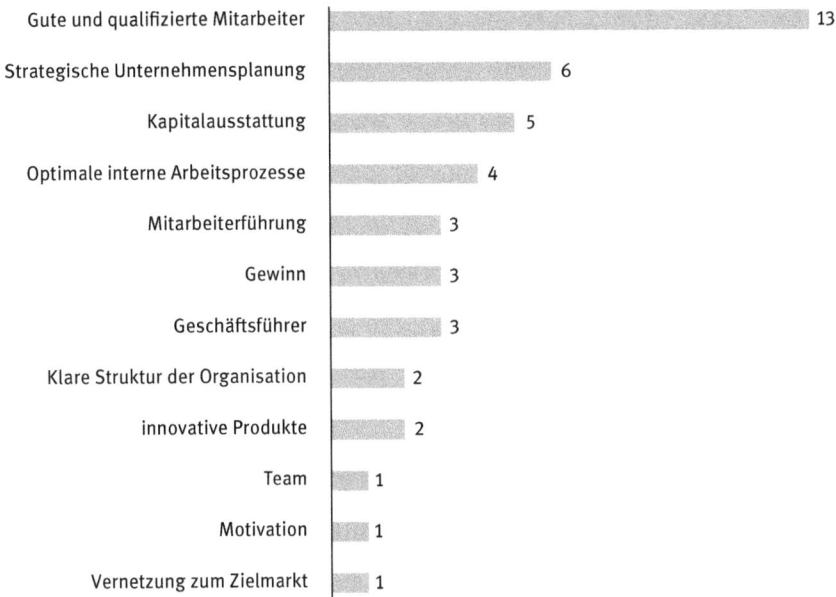

Abb. 4.9: Erfolgsfaktoren für die untersuchten KMU[51]

Im *dritten Teil* des Interviews wurde mit folgenden geschlossenen und offenen Fragen nach der strategischen Unternehmensplanung im jeweiligen Unternehmen gefragt:

1. Wer führt in Ihrem Unternehmen schwerpunktmäßig die strategische Unternehmensplanung durch?
2. Sind in Ihrem Unternehmen grundsätzlich externe Experten/Personen/Berater unterjährig in den strategischen Planungsprozess integriert?
3. Weshalb wird in Ihrem Unternehmen zurzeit keine strategische Unternehmensplanung durchgeführt?
4. Welche Institutionen (Banken, Verbände, Vereinigungen) kennen Sie, die Ihnen bei strategischen Unternehmensplanungen helfen?
5. Haben Sie einen Businessplan und welche Teile davon sind strategischer Art?
6. Wann werden in Ihrem Unternehmen die strategische Unternehmensplanung oder entsprechende Analysen durchgeführt?
7. Sind in Ihrem Unternehmen die Wertvorstellungen und längerfristigen Absichten der Inhaber schriftlich niedergelegt? Wenn ja, welche?
8. Wem sind diese Wertvorstellungen, Ziele und Strategien bekannt?
9. Welche wesentlichen Ziele wollen Sie mit dem Einsatz der strategischen Unternehmensplanung verfolgen?

---

51 Quelle: Eigene Darstellung.

10. Was sind aktuell Ihre wesentlichen strategischen „Herausforderungen" bzw. „Baustellen"?
11. Welchen Zeithorizont haben Ihre strategischen Unternehmenspläne?
12. Wie oft werden Ihre strategischen Unternehmenspläne den aktuellen Gegebenheiten angepasst?
13. Kennen Sie folgende Instrumente der strategischen Unternehmensplanung? Welche der folgenden Instrumente nutzen Sie für die strategische Unternehmensplanung in Ihrem Unternehmen?
14. Welche Hindernisse bzw. Probleme sehen Sie bei der Durchführung der strategischen Unternehmensplanung in der Praxis?
15. Sehen Sie ein festes Jahresbudget für die strategische Unternehmensplanung vor?
16. Wer führt die Kontrolle bzgl. der Zielerreichung durch und wie oft?
17. Wie hoch schätzen Sie insgesamt den Aufwand zur Durchführung der strategischen Unternehmensplanung in Ihrem Unternehmen?
18. Fragen zur operativen Umsetzung der strategischen Unternehmensplanung – Kreuzen Sie bitte an, wenn die Aussage für Sie zutrifft:
19. Glauben Sie, dass Sie gegenüber Ihrem härtesten Wettbewerber oder gegenüber relevanten Wettbewerbern „besser" strategisch planen?

Hier wurde deutlich, dass bei allen befragten KMU die Geschäftsleitung, in neun Fällen auch der Inhaber und in nur einem Fall die leitenden Mitarbeiter die strategische Unternehmensplanung durchführen. In drei KMU werden grundsätzlich externe Berater hinzugezogen, bei sechs KMU hingegen gelegentlich. Fünf KMU setzten grundsätzlich keine externen Berater ein. Dies zeigt, dass der Einsatz von externem Know-how nicht uneingeschränkt akzeptiert wird.

Bei der Bewertung von unterstützenden Institutionen gaben vier KMU an, dass es keinerlei Unterstützung gibt. Die anderen KMU nannten nachfolgende Institutionen, *Abb. 4.10*, haben aber überwiegend diese noch nicht in Anspruch genommen und können somit deren Leistungsfähigkeit nicht abschließend bewerten.

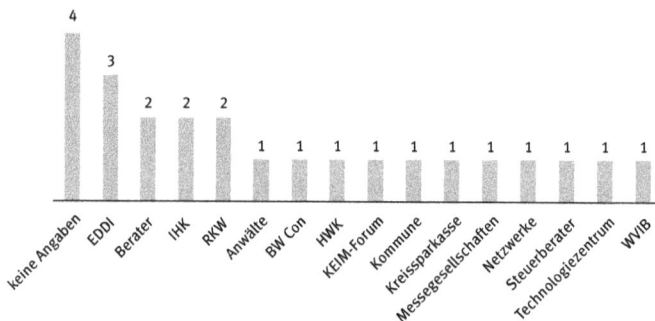

Abb. 4.10: Welche Institutionen helfen bei der strategischen Unternehmensplanung?[52]

Bei der Frage, ob in den KMU mit einem Businessplan gearbeitet wird, sagten sechs KMU, dass sie lediglich für die Gründungsphase einen Businessplan erstellt hatten.

52 Quelle: Eigene Darstellung.

Die anderen acht KMU verwendeten seit der Firmengründung einen Businessplan, siehe *Abb. 4.11.*

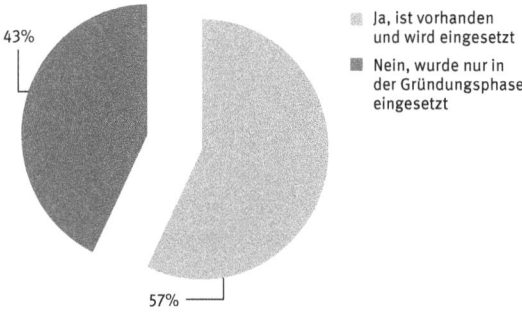

43%

☷ Ja, ist vorhanden
   und wird eingesetzt

◼ Nein, wurde nur in
   der Gründungsphase
   eingesetzt

Abb. 4.11: Businessplaneinsatz in den untersuchten KMU[53]

57%

Bei jeweils zehn KMU werden strategische Unternehmensplanung und Analysen sowohl zeit- als auch ereignisbezogen durchgeführt.

Ein wichtiger Punkt ist auch, ob die Planungen kommuniziert werden, und wenn ja, für welche Personenkreise. Hierbei wurde deutlich, dass in erster Linie nur die Geschäftsführung involviert ist. Bei lediglich bei fünf KMU werden die Mitarbeiter und die Banken über die Wertvorstellungen in Kenntnis gesetzt.

In dem Interview sollten auch die Ziele, die mit dem Einsatz der strategischen Planung verfolgt werden, ermittelt werden. Bei der Beantwortung der Frage wurde deutlich, dass der „Zugewinn von Kunden" oberstes Ziel ist, gefolgt von der „Steigerung der Umsätze", zusammen auf Rang drei ist die „Bessere Kontrolle des Mitteleinsatzes" und die „Verbesserung der Ertragslage", siehe *Abb. 4.12.*

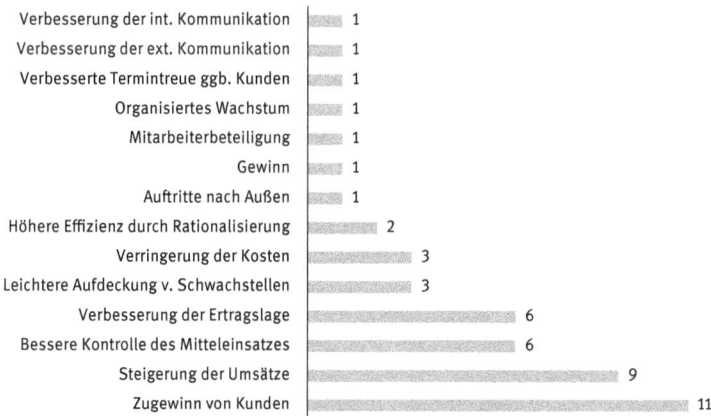

Verbesserung der int. Kommunikation	1
Verbesserung der ext. Kommunikation	1
Verbesserte Termintreue ggb. Kunden	1
Organisiertes Wachstum	1
Mitarbeiterbeteiligung	1
Gewinn	1
Auftritte nach Außen	1
Höhere Effizienz durch Rationalisierung	2
Verringerung der Kosten	3
Leichtere Aufdeckung v. Schwachstellen	3
Verbesserung der Ertragslage	6
Bessere Kontrolle des Mitteleinsatzes	6
Steigerung der Umsätze	9
Zugewinn von Kunden	11

Abb. 4.12: Ziele der strategischen Unternehmensplanung in den untersuchten KMU[54]

---

53 Quelle: Eigene Darstellung.
54 Quelle: Eigene Darstellung.

Die Arbeitsschwerpunkte der KMU wurden mit der Fragestellung nach den derzeitigen zwei Herausforderungen/Baustellen ermittelt. Da dies eine offene Frage war, wurden nachfolgend die ähnlich lautenden Aussagen zusammengefasst und kategorisiert. Anhand der Nennungen wurde eine Rangfolge gebildet:

Strategische Herausforderungen:
1. **Vertrieb/Akquise:** Angebotserweiterung, Innovationen, richtige Multiplikatoren, Dienstleistungserweiterung, Kunden überzeugen, Modernisierung des Erscheinungsbilds nach außen, Verbesserung des Leistungsangebots, Gewinnen und Halten von Kunden, strategisch wichtige Partner finden.
2. **Planung:** Ganzheitliche strategische Planung, interne Organisation neu ausrichten, Neugründungsprozess umsetzen.
3. **Finanzen/Kosten:** Verringerung der internen Kosten, Finanzsituation.
4. **Personal:** Diskussion mit Mitarbeitern, richtige Mitarbeiter auf die richtigen Kunden ansetzen.

In den KMU wurden die eingesetzten strategischen Unternehmenspläne zumeist mit einem Planungshorizont von bis zu fünf Jahren geplant und die Pläne wurden unterschiedlich angepasst, siehe *Abb. 4.13*.

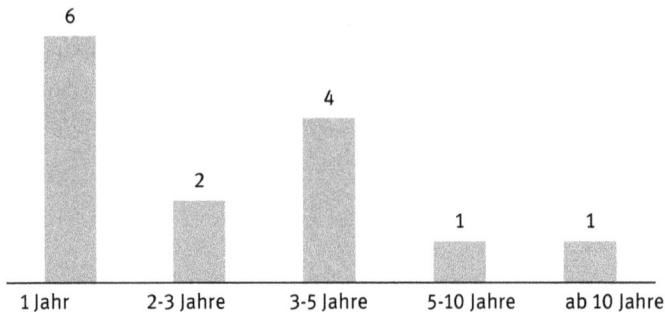

Abb. 4.13: Zeithorizont der strategischen Unternehmensplanung in den untersuchten KMU[55]

Drei KMU passten ihre Pläne selten an, nachdem sie erstellt wurden, siehe *Abb. 4.14*.

Bei der Befragung nach den bekannten und auch eingesetzten bzw. nicht bekannten strategischen Instrumenten ergab sich folgende Darstellung, siehe *Abb. 4.15*. Bei 50 Prozent der befragten KMU wurden die SWOT-Analyse und die Konkurrenzanalyse eingesetzt. Lediglich bei drei KMU wurden die Instrumente Benchmarking, Portfolio-Analyse und Szenarioanalyse eingesetzt. Weitgehend unbekannt

---

55 Quelle: Eigene Darstellung.

hingegen sind die Analysen für die Branchenstruktur, das Umfeld, die Erfahrungs-kurven, die Wertschöpfungskette und die Delphi-Methode.

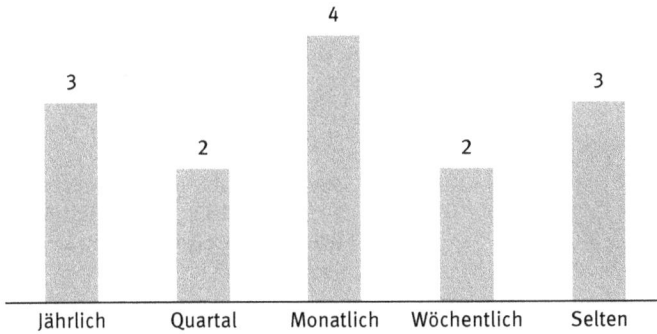

Abb. 4.14: Anpassung der strategischen Unternehmensplanung in den untersuchten KMU[56]

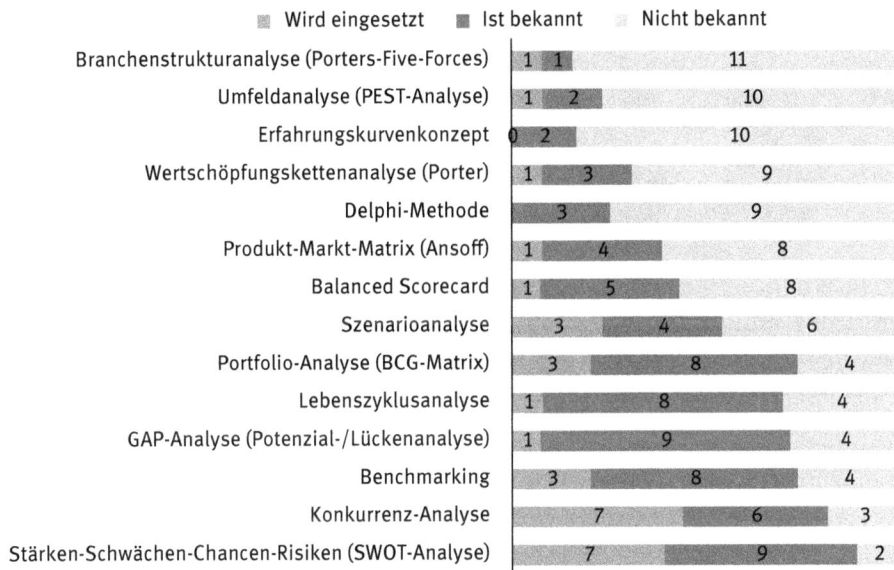

Abb. 4.15: Eingesetzte strategische Planungsinstrumente in den untersuchten KMU[57]

Bei der Frage, welche Probleme in der strategischen Unternehmensplanung gesehen wurden, antworteten die KMU, dass der Faktor Zeit das größte Problem darstellt, siehe *Abb. 4.16*.

---

56 Quelle: Eigene Darstellung.
57 Quelle: Eigene Darstellung.

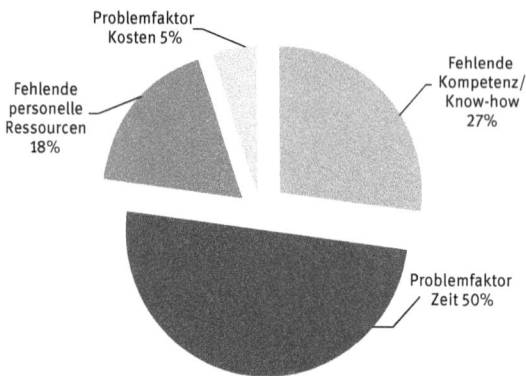

Abb. 4.16: Probleme oder Hindernisse bei der Umsetzung der strategischen Unternehmensplanung in den un tersuchten KMU[58]

Weitere Erklärungen für den Nichteinsatz liegen in der fehlenden Kompetenz und in den fehlenden Ressourcen. Der Aufwand für die strategische Unternehmensplanung wurde als gering bis mittelmäßig eingestuft, siehe *Abb. 4.17.*

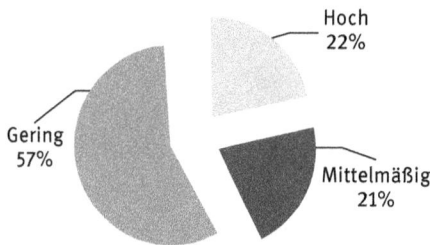

Abb. 4.17: Aufwand zur Durchführung der strategischen Unternehmensplanung in den untersuchten KMU [59]

Bei den KMU, die die strategische Unternehmensplanung und Analysen operativ umsetzten, wurden Kontrollen mit Hilfe von regelmäßigen Gesprächen, einem internen „Strategierat" oder auch extern durchgeführt, siehe *Abb. 4.18.*

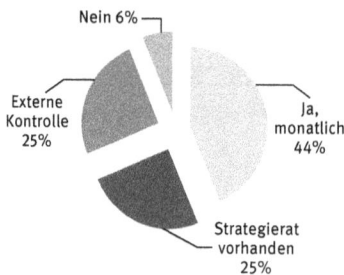

Abb. 4.18: Operative Umsetzung der strategischen Unternehmensplanung in den untersuchten KMU [60]

---

58 Quelle: Eigene Darstellung.
59 Quelle: Eigene Darstellung.
60 Quelle: Eigene Darstellung.

Bei der letzten Frage dieses Interviewteils, haben die Interviewten Experten noch einmal Bezug auf die strategische Unternehmensplanung genommen.

Dabei wurden folgende Gedanken und Feststellungen mitgeteilt:
- „Ohne Marktbekanntheit, Marktwert ist es sehr schwer, sich im technologieorientierten Markt zu behaupten."
- „Ertrag wird von den Banken und Wirtschaftsprüfern vorrangig zum Wachstum gesehen."
- „Planung ist ein laufender, kontinuierlicher Prozess."
- „Die strategische Unternehmensplanung ist der Grundstein, das Fundament für den Erfolg."
- „Informationen sind unerlässlich für die strategische Unternehmensplanung."
- „Strategische Unternehmensplanung funktioniert nicht immer nach einem festgesetzten Schema."
- „Wenn Beratung, dann immer mit „alten Hasen", die ein entsprechendes Knowhow haben."
- „Um strategisch planen zu können, braucht der Unternehmer eine finanzielle Unabhängigkeit."
- „Wenn ein Unternehmer, ein Gründer seine Strategie nicht geplant hat, nicht im Kopf hat, nicht für sich drin hat, wird er scheitern."
- „Erstellen eines Businessplans und anschließende Kontrolle bzw. Aktualisierung."
- „Jeder Unternehmer ist gut beraten, sich Beratung ins Haus zu holen und sich anleiten zu lassen."

Nachfolgend werden die Interviewteile zwei „Persönliche Einstellung/Erfahrung zum Thema strategische Unternehmensplanung" und drei „Die strategische Unternehmensplanung in Ihrem Unternehmen" interpretiert, in Kategorien gebildet und die verschiedenen Ergebnisse zusammengefasst dargestellt:

→ Persönliche Einstellung bzw. Erfahrung zum Thema strategische Unternehmensplanung
Die Aussagen der Interviewpartner zur Thematik strategische Unternehmensplanung waren sehr positiv und zeigen, dass sich jeder mit Ressourcen, Planung, Innovation, Branchenbetrachtung, Stärken und Controllingmaßnahmen auseinandersetzt, in der Auswertung letztendlich zeigte sich jedoch, dass dies letztendlich nicht umgesetzt wird. Ausnahmslos alle halten strategische Unternehmensplanung für sehr sinnvoll. Die Kompetenz liegt in den Augen der Interviewpartner in den Händen der Geschäftsführung. Bei der Nennung der Erfolgsfaktoren wurden die guten und qualifizierten Mitarbeiter als wichtigster Erfolgsfaktor genannt. Das heißt, hier ist ein wesentlicher Ansatz zur Einbindung von Mitarbeitern in die strategische Unternehmensplanung als Voraussetzung zum Erfolg notwendig. Die Erfahrung und die Intuition hatten einen maßgeblichen Einfluss auf die langfristigen Entscheidungen. Auch

hier wird deutlich, dass neben strukturierter Planung auch das „Bauchgefühl" mit berücksichtigt werden muss.

→ Die strategische Unternehmensplanung im Unternehmen

Externe Beratungsangebote zum Thema strategische Unternehmensplanung werden von einigen KMU als nicht vorhanden und nicht kompetent angesehen. 57 Prozent der KMU arbeiteten mit einem Businessplan. Nur 36 Prozent der KMU informierten die Mitarbeiter über die Wertvorstellungen des Unternehmens. Diese Wertvorstellungen sollten mitgeteilt werden, wenn der Mitarbeiter, wie bereits genannt, als Erfolgsfaktor angesehen wird. Dies zeigt sich auch in der Nennung der Ziele der KMU. Die Verbesserung der internen Kommunikation und die Mitarbeiterbeteiligung wurden nur von sieben Prozent als wichtig erachtet. Vorrangige Ziele sind zu 79 Prozent der Zugewinn von Kunden, zu 64 Prozent die Steigerung der Umsätze. Diese Orientierung auf den Vertrieb zeigte sich auch anhand der strategischen Herausforderungen/Baustellen der KMU.

43 Prozent der KMU arbeiteten mit Jahresplänen, die anderen mit längerfristig angesetzten Unternehmensplänen. Die Anpassung erfolgte unterschiedlich, wobei 21 Prozent angegeben haben, den Plan nicht mehr anzupassen, nachdem er erstellt wurde. Umsetzungsprobleme bei der Strategischen Unternehmensplanung wurden bei 50 Prozent mit dem Problemfaktor Zeit begründet und 27 Prozent gaben fehlendes Know-how als Grund an. Dies steht in einem Widerspruch zu der Aussage der KMU, die mit 57 Prozent angegeben haben, dass die Durchführung der strategischen Unternehmensplanung nur einen geringen Aufwand bedeutet. Sehr wahrscheinlich liegt der Grund in der fehlenden Konsequenz. Dies ist aber durch Zeitmanagement und Delegation an kompetente Mitarbeiter möglich.

Beim Einsatz der strategischen Instrumente zeigt sich, dass die gängigsten Tools nicht bei allen KMU bekannt sind. Nur 50 Prozent setzen die SWOT-Analyse und 50 Prozent die Konkurrenzanalyse ein. Die anderen genannten Tools werden aufgrund der Nichtbekanntheit auch nicht eingesetzt. Insgesamt wird von den KMU der Einsatz der strategischen Instrumente als relevant eingestuft. Bei der Betrachtung des Wettbewerbs wird deutlich, dass nur 22 Prozent der Meinung sind, vermutlich besser zu planen als der Wettbewerber. Die strategische Unternehmensplanung muss besser institutionalisiert werden. Durch eine einfache, verständliche und anwendbare Vorgehensweise wird es möglich sein, die Mitarbeiter in den strategischen Planungsprozess einzubinden. Die notwendige Kommunikation fördert das Einbinden und mindert das Frustrationsrisiko der Mitarbeiter.

4.4 Beantwortung der Forschungsfragen

Das Ziel der explorativen Expertenbefragung bestand darin, von der strategischen Planung in jungen KMU einen umfassenden Überblick zu bekommen. Mit welchen

Herausforderungen sehen sich die Unternehmer konfrontiert und welche Erkenntnisse ergeben sich für eine mögliche Handlungsempfehlung? Im *Kapitel 1.3* wurden
drei zentrale Forschungsfragen formuliert, welche im *Kapitel 3.5* anhand der Studien
beantwortet wurden. Im folgenden werden sie anhand des explorativen Experteninterviews beantwortet.

---

1 Setzen junge KMU strategische Unternehmensplanungskonzepte ein?
2 Welche Rahmenbedingungen gelten für junge KMU bei der strategischen Unternehmensplanung?
3 Welche anwendbaren und umsetzbaren Instrumente können junge KMU für die strategische
   Unternehmensplanung einsetzen?

Es soll in erster Linie aus den Antworten ein Fazit für die Ausgestaltung einer Handlungsempfehlung abgeleitet werden. Bei den 14 durchgeführten Befragungen sind
die Entscheider im Unternehmen, die maßgeblich in den strategischen Prozess involviert sind, befragt worden.

Von den 14 interviewten KMU werden nachfolgend jeweils zwei KMU aus den
Gründungsjahren 2000, 2005/2006 und 2008/2009 einzeln anhand der drei Forschungsfragen betrachtet:

Setzen junge KMU strategische Unternehmensplanungskonzepte ein?

→ KMU 1:
Gründungsjahr 2000, GmbH, Wirtschaftszweig Gesundheitswesen, bis 1 Mio. EUR
Umsatz, 17 Mitarbeiter, die Entscheider haben ein Studium und verfügen über zehn
bis 15 Jahre Berufserfahrung.

Die strategische Unternehmensplanung wird von den leitenden Mitarbeitern/
Geschäftsführung vorgenommen. Für die Planung werden keine externen Berater
beteiligt. Ein Businessplan ist vorhanden, der auch strategisch ausgerichtet und für
zwei bis drei Jahre aufgestellt ist. Eine Anpassung wird jährlich vorgenommen. Ein
Qualitätsmanagement-Handbuch wird derzeit erstellt. Den leitenden Mitarbeitern
und den Kreditgebern sind die Wertvorstellungen bekannt.

→ KMU 2:
Gründungsjahr 2000, GmbH, Wirtschaftszweig Softwareentwicklung, bis fünf Mio.
EUR Umsatz, 25 Mitarbeiter, die Entscheider haben eine Ausbildung und verfügen
über zehn Jahre Berufserfahrung.

In erster Linie übernimmt die Geschäftsleitung die strategische Unternehmensplanung. Als externe Beratung wird der Geschäftsführer des Technologiezentrums
mitbeteiligt. Banken können bei der strategischen Unternehmensplanung nicht
unterstützen, lediglich bei der Finanzierung. Das Unternehmen verfügt über einen
Businessplan, der für die Bank jedoch zu umfangreich war. Die Planungen und Analysen werden regelmäßig und auch ereignisbezogen vorgenommen. Die Wertvorstel-

lungen und längerfristigen Ziele sind nicht schriftlich niedergelegt, aber allen leitenden Angestellten und der Hausbank bekannt. Die Unternehmenspläne sind auf der Basis von Monaten/Quartalen und auch Jahren aufgestellt.

→ KMU 3:

Gründungsjahr 2005, GmbH, Wirtschaftszweig Baugewerbe, bis 1 Mio. EUR Umsatz, vier Mitarbeiter, die Entscheider haben ein Studium und verfügen über 15 und 17 Jahren Berufserfahrung.

In dem Unternehmen wird keine strategische Unternehmensplanung durchgeführt. Wenn eine langfristige Planung vorgenommen wird, wird ein externer Berater hinzugezogen und die Planung sollte dann auch in einem zwei und fünf Jahresschritt geplant werden. Die strategische Planung wird derzeit nicht durchgeführt, da der Planung nicht die notwendige Aufmerksamkeit geschenkt wird. Die Prioritäten liegen auf dem Tagesgeschäft und auf dem Wettbewerbsvergleich. Die Entwicklung des Unternehmens in den vergangenen fünf Jahren war zufriedenstellend und für die nächsten fünf Jahr wird dies auch positiv beurteilt. Es gibt einen Gründungsplan mit einer geplanten Unternehmensentwicklung. Dieser ist auf fünf Jahre angelegt, wobei damit nur der Geschäftsbetrieb aufrechterhalten werden soll. Derzeit wird sehr ergebnisbezogen gedacht, das heißt, wenn ein Mitarbeiter eingestellt wird, muss ein Bedarf/Auftragsvolumen dahinter stehen. Wertvorstellungen werden nur mit den Banken besprochen. Die Arbeitsschwerpunkte sind derzeit auf Wachstum und Prozessablaufoptimierung festgelegt.

→ KMU 4:

Gründungsjahr 2006, GmbH, Wirtschaftszweig verarbeitendes Gewerbe, bis 1 Mio. EUR Umsatz, zwei Mitarbeiter, die Entscheider haben ein Studium und verfügen über zehn und sechs Jahre Berufserfahrung.

Die Geschäftsleitung führt die strategische Unternehmensplanung mit externen Personen durch. Es gibt zwar die IHK, das Technologiezentrum oder das Forschungsprojekt EDDI, dennoch wird die strategische Ausrichtung nicht konsequent umgesetzt. Der vorhandene Businessplan war durch die Gründung bedingt und die strategischen Komponenten waren hier die Märkte und der Wettbewerb. Derzeit wird eine Planung nur ereignisbezogen durchgeführt, gerade wenn es um Bankengespräche geht und Finanzmittel benötigt werden. Schriftlich hinterlegte Wertvorstellungen gibt es nicht im Unternehmen. Der noch vorhandene Businessplan ist auf fünf Jahre ausgelegt und wird halbjährlich überprüft.

→ KMU 5:

Gründungsjahr 2008, GmbH, Wirtschaftszweig verarbeitendes Gewerbe, bis 1 Mio. EUR Umsatz, vier Mitarbeiter, der Entscheider hat ein Studium und verfügt über neun Jahre Berufserfahrung.

Die strategische Unternehmensplanung wird als sehr sinnvoll betrachtet und sie wird vom Geschäftsführer schwerpunktmäßig in Absprache mit externen Personen durchgeführt. Hilfe kann das Unternehmen auch von Steuerberatern und Anwälten bekommen. Ein Businessplan ist vorhanden, wird aber nicht konsequent aktualisiert, wobei es aber klar definierte Ziele gibt, die auch verfolgt werden. Eine Änderung der strategischen Unternehmensplanung wird beim Eintritt von bestimmten Ereignissen vollzogen. Wertvorstellungen sind vorhanden und teilweise schriftlich festgehalten. Die Mitarbeiter werden darüber informiert. Die Pläne haben einen Zeithorizont von fünf bis zehn Jahren, wobei die schriftlich fixierten Pläne nur für ein Jahr festgelegt sind. Diese werden auch alle zwei Wochen angepasst.

→ KMU 6:

Gründungsjahr 2009, GmbH, Wirtschaftszweig Dienstleistungen, bis 125.000 EUR Umsatz, fünf Mitarbeiter, die Entscheider haben ein Studium und verfügen über zehn Jahre Berufserfahrung.

Die strategische Unternehmensplanung wird von der Geschäftsführung, den leitenden Mitarbeitern sowie den externen Beratern, die über Unternehmer-Erfahrungen verfügen vorgenommen. Diese externen Berater sitzen auch im technischen Beirat der Firma.

Welche Rahmenbedingungen gelten für junge KMU bei der strategischen Unternehmensplanung?

→ KMU 1:

Problemfelder sind in dem fehlenden Know-how, der Kompetenz und dem Faktor Zeit zu sehen. Andererseits wird von dem Unternehmer gesagt, dass der Aufwand für eine strategische Unternehmensplanung als gering eingestuft wird.

Die strategische Unternehmensplanung hat das Ziel der Gewinnung von Kunden und der Steigerung der Umsätze. Dabei sollen auch Schwachstellen aufgedeckt werden und der Mitteleinsatz besser kontrolliert werden. Der bisherige Planungseinsatz hat gezeigt, dass in den vergangenen fünf Jahren jährlich eine Verdopplung der Umsätze vorhanden war und die Zukunft optimistisch bis sehr optimistisch gesehen wird. Die strategische Unternehmensplanung wird auf jeden Fall als sehr sinnvoll angesehen.

→ KMU 2:

Die Problemfelder liegen in den fehlenden Ressourcen, der Kompetenz und der Zeit, obwohl der Aufwand für die Anfertigung einer strategischen Unternehmensplanung als gering eingestuft wird.

Die strategische Unternehmensplanung wird als sehr sinnvoll betrachtet. Die Erfahrung des Unternehmers trägt zur erfolgreichen Umsetzung bei. Wichtig sind die Nachhaltigkeit und das strategische Wachstum, weniger der Gewinn. Die strategische Planung ist auch relevant für die Mitarbeiter, die mit in der Entscheidungsfindung beteiligt werden. Die Produktlebenszyklen sind vier bis sechs Jahre lang. Die Umsatzentwicklung der vergangenen Jahre war positiv und die kommenden fünf Jahre werden sehr optimistisch betrachtet.

→ KMU 3:

Das Hauptproblem für die Nichtdurchführung der strategischen Unternehmensplanung liegt in der fehlenden Zeit und personellen Ressourcen. Andererseits ist der Zeitansatz dafür bei vier bis sechs Manntagen im Jahr zu sehen. Daher ist eigentlich das Hauptproblem die fehlende Aufmerksamkeit und fehlende Zielstrebigkeit. Es gibt zwar viele Möglichkeiten sich die notwendigen Informationen über Messen, Wettbewerber oder Partner zu besorgen, aber man muss als Unternehmer kontinuierlich „am Ball" bleiben.

Wenn eine strategische Unternehmensplanung vorgenommen wird, dann dient dies dem Zugewinn von Kunden und dem Auftritt des Unternehmens nach außen. Die strategische Planung wird als sehr sinnvoll betrachtet. Derzeit wird jedoch die Planung aus dem Bauch heraus und lediglich für ein Vierteljahr im Voraus durchgeführt.

→ KMU 4:

Die Problemfelder in Bezug auf die strategische Unternehmensplanung liegen in den personellen Ressourcen, Kosten- und Zeitgründen, obwohl der Aufwand nur als mittelmäßig angesehen wird. Junge Gründungsunternehmen haben oft gute Ideen, aber nicht die Kompetenz, die Zeit, als auch die Ressourcen das Konzept richtig zu planen.

Die strategische Unternehmensplanung wird als sehr sinnvoll angesehen. Auf der einen Seite steht die Flexibilität, auf der anderen Seite gibt es Restriktionen aufgrund von Ressourcen. Erfahrungen und Intuitionen unterstützen die erfolgreiche Planung. Insgesamt betrachtet ist die Planung notwendig, um die Umsätze zu steigern, eine bessere Kontrolle des Mitteleinsatzes zu erhalten und auch um die externe Kommunikation gegenüber Investoren zu verbessern. Die zurückliegenden fünf Jahre waren sehr zufriedenstellend und die zukünftigen fünf Jahre werden sehr positiv beurteilt.

→ KMU 5:

Der Zeitfaktor ist das größte Hindernis, um eine strategische Unternehmensplanung durchzuführen. Um eine umfangreiche Planung vorzunehmen, ist eine Softwareunterstützung im Unternehmen geplant, die aber auch ein Kostenfaktor ist. Der Aufwand für die Durchführung einer strategischen Unternehmensplanung wird als sehr hoch eingestuft, insgesamt ca. fünf bis zehn Prozent der Arbeitszeit.

Die strategische Unternehmensplanung wird dennoch als sehr sinnvoll eingestuft. Der Einfluss des Geschäftsführers mit seiner Erfahrung und seiner Intuition ist sehr hoch. Sollte er nicht dahinter stehen, werden die Pläne nicht umgesetzt. Insgesamt wird mit der strategischen Unternehmensplanung die Steigerung der Umsätze, der Zugewinn von Kunden und dadurch die Verbesserung der Ertragslage angestrebt. In den zurückliegenden Jahren war die Entwicklung eher negativ, für die zukünftigen fünf Jahre wird die Entwicklung optimistisch betrachtet.

→ KMU 6:

Das Hauptproblem für die Nichtdurchführung der strategischen Unternehmensplanung ist der Faktor Zeit, bedingt durch das Tagesgeschäft. Der Aufwand hierfür wird sehr hoch eingeschätzt.

Die strategische Unternehmensplanung gilt als unerlässlich, gerade auch für kleine KMU, da sie von Großunternehmen abhängig sind. Erfahrung und Intuition sind in KMU einfacher umzusetzen, da hier weniger Absprachen vorzunehmen sind. Mit dem Einsatz der strategischen Unternehmensplanung sind der Zugewinn von Kunden und eine bessere Kontrolle des Mitteleinsatzes möglich. Zurückliegend ist die Entwicklung nicht zufriedenstellend, aber für die kommenden fünf Jahre ist die Entwicklung optimistisch zu sehen.

Welche anwendbaren und umsetzbaren Instrumente können junge KMU für die strategische Unternehmensplanung einsetzen?

→ KMU 1:

Um Trends frühzeitig zu erkennen und eine Einflussnahme auf Entwicklungen vorzunehmen, muss in gut ausgebildetes Personal und den Aufbau von Kooperationen investiert werden. Erfolgsfaktoren für diese Ziele sind die Geschäftsführung und eine vorhandene strategische Unternehmensplanung. Eingesetzt werden die Instrumente Umfeldanalyse/PEST, SWOT-Analyse, Konkurrenzanalyse und die Szenarioanalyse. Bekannt sind, aber derzeit nicht eingesetzt werden Benchmarking, GAP-Analyse und die Lebenszyklusanalyse. Bei der operativen Umsetzung wird ein Strategierat eingesetzt. Ebenfalls wird für eine erfolgreiche Umsetzung eine schrittweise Etablierung vorschlagen.

→ KMU 2:

Die strategische Unternehmensplanung ist ein laufender Prozess, welcher mit dem Unternehmen umfangreicher wird. Im Unternehmen wird eine eigens konzipierte Software als Instrument eingesetzt, analog zum SWOT-Instrument.

→ KMU 3:

Es gibt Beratungsgesellschaften wie die RKW oder HWK, von denen das Unternehmen hilfreiche Hinweise erhält. Es gibt aber auch andere diverse Berater, wobei schwer einzuschätzen ist, wie seriös dort gearbeitet wird. Die Definition von Unternehmenszielen, deren Kontrolle und Korrektur, die Marktbeobachtung und Ausrichtung gehören zur strategischen Unternehmensplanung. Erfolgsfaktoren für KMU sind zu sehen in der Kapitalausstattung, guten und qualifizierten Mitarbeitern, der strategischen Unternehmensplanung und den optimalen Arbeitsprozessen. Bekannte Instrumente sind nur die SWOT- und die GAP-Analyse. Eine Kontrolle bzgl. der Zielerreichung sollte von der Geschäftsführung halbjährlich erfolgen.

→ KMU 4:

Die strategische Unternehmensplanung sollte mit externen Beratern durchgeführt werden, da die Gefahr einer Betriebsblindheit vorhanden ist. Zu den Beratern zählen auch die Investoren, mit denen derzeit ein Quartals-Reporting durchgeführt wird. Folgende Instrumente werden eingesetzt: SWOT, Benchmarking und die Konkurrenz-Analyse. Bekannt aber nicht eingesetzt sind die GAP-Analyse, Portfolio, Lebenszyklus, Balanced Scorecard und die Produkt-Markt-Matrix.

→ KMU 5:

Ganz wichtig ist die Betrachtung des Marktes, dass die richtigen Mitarbeiter im Unternehmen sind und letztendlich dass konkrete Aussagen beim Kunden getroffen werden. Es ist wichtig, dass bei der Formulierung der langfristigen Ziele kurze Statements gefasst werden. An Instrumenten wird ein Konzept mit einer engpass-konzentrierten Strategie verwendet. Die SWOT- und die GAP-Analyse sind bekannt, werden aber nicht verwendet, alle anderen genannten Instrumente sind größtenteils unbekannt. Der Geschäftsführer ist derjenige, der die Ziele und die Termine festlegt, koordiniert und kontrolliert.

→ KMU 6:

Ein tragfähiges Geschäftsmodell ist Grundlage für die strategische Unternehmensplanung. Dabei geht es um den Status quo, den Bedarf und womit Geld verdient wird. Weiterer Erfolgsfaktor für erfolgreiche KMU neben guten qualifizierten Mitarbeitern und Motivation die strategische Unternehmensplanung. Für die Umsetzung werden folgende Instrumente verwendet: Branchenstrukturanalyse, SWOT- und Konkurrenzanalyse, Benchmarking, Wertschöpfung, Portfolio, Balanced Scorecard und Szenarioanalyse. Die Kontrolle der Planungen erfolgt monatlich durch die Geschäftsführung.

4.5 Fallvergleiche der empirischen Untersuchung

Bei den 14 explorativen Expertenbefragungen wurden die sieben Umsetzungsbedingungen/Dimensionen, welche am Ende des *Kapitels 3* aufgestellt wurden, folgendermaßen beantwortet:

1. Strategische Orientierung:

Die strategische Orientierung wird als vorausschauende und langfristige Orientierung angesehen. Marktpotenziale werden als Chance betrachtet, um das Unternehmen kundenorientiert und zielmarktorientiert unter Berücksichtigung des Marktumfelds auf Marktnischen und neue Geschäftsfelder auszurichten. Dabei sollen die eigenen Leistungen und Stärken mit Hilfe von Kooperationen genutzt und verstärkt werden.

2. Ressourcen:

Die Ressourcen werden in drei Bereiche unterteilt. Als Erstes wird die finanzielle Unabhängigkeit bzw. die wirtschaftliche Stabilisierung mit Hilfe von Gründungszuschüssen als Grundlage betrachtet. Der zweite wichtige Aspekt ist in den qualifizierten Mitarbeitern zu sehen und zuletzt wird die Erfahrung/das Know-how des jungen Unternehmens als wichtige Ressource bewertet.

3. Strategische Instrumente:

Die Masse der jungen KMU kennt wenige Instrumente und setzt die ihnen bekannten Instrumente kaum ein. Es werden in der Reihenfolge der Nutzung die Instrumente SWOT-Analyse, Konkurrenz-Analyse, Benchmarking, GAP-Analyse, Lebenszyklus und Portfolio-Analyse genannt. In der Gründungsphase sind Unternehmenspläne in Form von Businessplänen vorhanden. Diese werden aber hauptsächlich verwendet, um den Forderungen der Kapitalgeber Rechnung zu tragen. Nach der Gründungsphase werden die Businesspläne nicht fortgeführt.

4. Formalisierung:

Es zeigt sich, dass häufig kein nachvollziehbares Planungssystem vorhanden ist. Eine Aussage lautet z. B.: „Planung ist das eine, die Realität das andere!" Die Entwicklungen der jungen KMU zeigen, dass eine formalisierte Planung nicht immer zwingend notwendig ist.

5. Organisationsstruktur:

Aufgrund der geringen Mitarbeiteranzahl sind auch keine klaren Abteilungsstrukturen oder Verantwortungsbereiche in Form von ausgewiesenen Stellenbeschreibungen vorhanden. Es wird die Verantwortung mündlich übertragen und letztendlich beschäftigen sich die Mitarbeiter mit vielfältigen Aufgaben.

6. Zeithorizont:

Die zeitliche Ausrichtung der strategischen Unternehmensplanung kann nicht umfassend bestätigt werden, da die Hälfte der jungen KMU zwar die Produkt-/ Dienstleistungszyklen und die strategischen Unternehmenspläne mit bis zu fünf Jahren angibt. Die andere Hälfte verfügt über einen Einjahres- bzw. Zwei- bis Drei-Jahresplänen.

7. Permanente Analyse und Anpassung:

Dieser Punkt konnte bestätigt werden, da 13 junge KMU ihre Pläne regelmäßig kontrollieren und elf auch anschließend anpassen. Es werden laufende Verbesserungen des Leistungsangebotes unternommen. Durch Bewusstseinschaffen für die Notwendigkeit der strategischen Unternehmensplanung bei den Mitarbeitern entsteht ein kontinuierlicher Prozess, um „alles richtig zu tun". Dabei werden auch monatliche Auswertungen von externen Personen vorgenommen.

Bei der Auswertung der 14 explorativen Expertenbefragungen sind neben den aus der Theorie und den Studien entwickelten sieben Dimensionen/Faktoren weitere relevante Dimensionen/Faktoren für die strategische Unternehmensplanung in jungen KMU benannt worden, siehe *Abb. 5.13*. Analog der ersten *Abb. 5.1*, der Dimensionen/Faktoren, werden die neu ermittelten als Garant für den Erfolg betrachtet und können somit als Ergebnis der explorativen Expertenbefragung aufgezeigt werden:

Die genannten zusätzlichen Umsetzungsbedingungen/Dimensionen werden von den befragten KMU nachfolgend beschrieben. Anschließend wird eine persönliche Beurteilung durch den Verfasser der vorliegenden Arbeit auf die Umsetzbarkeit und Anwendbarkeit in Form von **(–, -, o, +, ++)** vorgenommen.

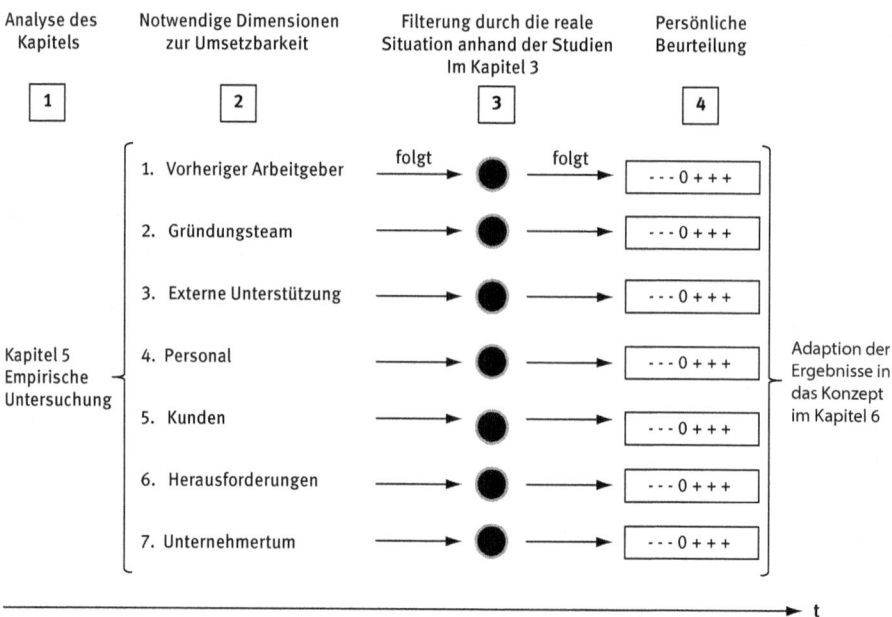

Abb. 4.19: Ergebnisse der Umsetzungsbedingungen/Dimensionen aus den Fallvergleichen

1. Vorheriger Arbeitgeber:

Bei vier KMU kam die Initialzündung für die Gründung durch den vorherigen Arbeitgeber, der entweder die Selbstständigkeit empfohlen hat, um die Ausgründung zu unterstützen und davon auch zu profitieren, oder die Idee entstand innerhalb der vorherigen Firma. Wenn dann die Firma die Motivation der Mitarbeiter unterstützt hat, war das auch ein Anlass für eine Ausgründung.

(++): Die Anregung und auch Unterstützung durch den bisherigen Arbeitgeber ist sicherlich eine gute Starthilfe. Diese Option, sofern sie angeboten wird, sollte ein Jungunternehmer nutzen, um mit den Erfahrungen oder auch den Unterstützungen z. B. durch erste Aufträge sein neues Geschäftskonzept zu starten. Ein weiterer Vorteil ist auch, dass bestehende Kontakte die Wachstumsphase unterstützen.

2. Gründungsteam:

Ehemalige Kollegen wurden zu Partnern bzw. aus dem Studium heraus wurde eine Idee weiter entwickelt und die Kommilitonen formierten sich zu einem Gründerteam. Gute Kontakte und Empfehlungen von ehemaligen Kollegen unterstützten das Gründungsvorhaben.

(++): Gerade zum Unternehmensstart ist es wichtig, mit bekannten „Gesichtern" zu arbeiten. Das erleichtert den Start und der Jungunternehmer kann mit dieser Unterstützung seine Schwerpunkte anders setzen.

3. Externe Unterstützung:

Alle befragten KMU gehören einem Technologiezentrum an, was gleichbedeutend mit einem Gründungszentrum zu sehen ist. Hier werden die jungen KMU in vielen geschäftlichen Tätigkeiten unterstützt und erhalten Dienstleistungskompetenzen und Know-how.

(++): Die externe Unterstützung kann Mangelqualifikationen ausgleichen und das Jungunternehmen coachen und begleiten, sodass diese fehlenden Kompetenzbereiche ausgebildet werden können.

4. Personal:

Das Einbeziehen der Mitarbeiter in die Entscheidungen, gerade bei jungen und kleinen KMU, sind ein Erfolgsfaktor. Eine hohe Motivation und eine gute Ausbildung, der Mitarbeiter gehören dazu wie auch die richtige Zuordnung zu den Kunden. Der marktorientierte Einsatz aller Mitarbeiter steht im Fokus des Unternehmers.

(++): Ein ganz wichtiger Fokus liegt auf der korrekten Auswahl des richtigen Personals. Gerade im Dienstleistungssektor ist die Personalauswahl, -qualifikation,-führung und–einbindung in die unternehmerischen Verantwortlichkeiten sehr wichtig.

5. Kunden:

Die Kundenorientierung und die Einbindung der Kunden unterstützen das zielgerichtete Vorgehen. Ebenfalls ist es wichtig, konkrete Aussagen beim Kunden zu treffen, um zum einem die Glaubwürdigkeit und zum anderen die Zuverlässigkeit aufzuzeigen. Dadurch können Kunden gewonnen und auch gehalten werden.

(++): Ohne Kunden gibt es keinen Umsatz und ohne Kundenorientierung kein Wachstum. Jedes KMU muss sich bei der Zielgruppenbildung Zeit nehmen, um so den relevanten Markt zu finden. Danach muss der Kunde so eingebunden werden, dass die Wachstumsphase des KMU und die Kundenbindung an das Unternehmen gleichermaßen wachsen.

6. Herausforderungen:

Für die befragten KMU gibt es mehrere Herausforderungen. Zum einem muss die Finanzsituation berücksichtigt werden, zum anderen entscheiden Innovationen über die Zukunft des Unternehmens. Partner und Kooperationen zu finden fördern das strategische Wachstum.

(+): Herausforderungen sind für junge KMU grundsätzlich gegeben, da die Ziele Wachstum und Etablierung des KMU im Fokus stehen.

7. Unternehmertum:

Der Unternehmer sollte offen sein für Netzwerke und auch Allianzen eingehen wollen. Die Fokussierung auf eine Nische ist ein Erfolgsfaktor, da hierbei auf die Bedürfnisse einer eingegrenzten Branche eingegangen wird und womit auch ein Alleinstellungsmerkmal entstehen kann.

(++): Mit „offenen Augen und Ohren" am Markt, mit dem Blick über den Teller-rand des eigenen Unternehmens und mit der nötigen Neugier eines Unternehmers ist der Erfolg greifbarer, als wenn das Unternehmen sich nicht an dem ihm umge-benden Umfeld orientiert.

Zusammenfassend kann festgehalten werden, dass alle genannten Ergebnisse im nachfolgenden Kapitel verarbeitet werden müssen, um eine erfolgreiche Umset-zung der strategischen Unternehmensplanung gerade in jungen KMU zu erreichen. Folgende **Kernaussagen/Ergebnisse** der Experten unterstützen die nachfolgende Vorgehensweise:

- Junge KMU haben bereits in der Gründungsphase langfristige Ziele/Vorstellungen.
- Junge KMU planen mit langfristigen Produkt-/Dienstleistungslebenszyklen.
- Junge KMU müssen ihre Produkte/Dienstleistungen permanent den Marktgege-benheiten anpassen.
- Strategische Planung wird als sehr wichtig beurteilt.
- Strategische Unternehmensplanung geht von den leitenden Mitarbeitern aus. Die Einbindung von qualifizierten Mitarbeitern ist hierfür ein wichtiger Erfolgsfaktor.
- Erfahrungen und Intuitionen beeinflussen alle strategischen Entscheidungen.
- Ein Businessplan ist für die erfolgreiche Entwicklung nicht notwendig.
- Strategische Unternehmensplanung ist immer zeit- und ereignisbezogen.
- Die Kundenorientierung ist ein wichtiges Ziel bei einer strategischen Unterneh-mensplanung.
- Die strategische Unternehmensplanung muss regelmäßig aktualisiert werden.
- Der Zeitfaktor ist das größte Problem bei der Umsetzung, gefolgt von fehlendem Know-how.
- Die strategische Unternehmensplanung muss einfach und nicht komplex gestal-tet sein.

Festzuhalten ist zudem, dass der Strategieentwicklungsprozess in jungen KMU stark mit der Person des Unternehmers verbunden ist. Dieser Prozess und das Treffen von strategischen Entscheidungen sind intuitiv, erfahrungsbegründet und weniger theoretisch-wissenschaftlich ausgearbeitet. Die Entscheidungsfindung wird in jungen KMU oft durch situationsbedingte Interpretationen und die Dynamik der Geschehnisse geprägt. Strategien sind häufig nicht zu erkennen. Formale strategische Planung wird für Großunternehmen vorausgesetzt und ist oft nicht in jungen wachsenden KMU anwendbar. Die Unternehmer sagen einstimmig, dass strategische Unternehmensplanung für das Überleben und den Erfolg der jungen KMU wichtig und notwendig ist. Aufgrund der Schnelllebigkeit und der erforderlichen Flexibilität ist mangelnde Planung der Grund für das Scheitern junger KMU. Es gibt sehr wohl limitierende Faktoren wie Zeit, Know-how und Ressourcen, dennoch gibt es einen hohen Bedarf an strategischen Instrumenten, die in jungen KMU eingesetzt werden können. Daher wird im nachfolgenden Kapitel ein mögliches Konzept hierfür vorgestellt.

Anhand der vorliegenden empirischen Untersuchung und der Analyse ist auch die berechtigte Frage zu stellen, ob es überhaupt notwendig ist, eine strategische Unternehmensplanung für junge KMU in der bisher bekannten Form durchzuführen.

Die analysierten Ergebnisse der *Kapitel 2* (theoretische Grundlagen), *Kapitel 3* (Studien) und *Kapitel 4* (explorative Befragung) zeigen die Notwendigkeit einer Erstellung eines umsetzbaren und anwendbaren Konzepts der strategischen Unternehmensplanung für junge KMU.

Folgende ableitbare **Konsequenzen** ergeben sich für die weitere Vorgehensweise der empirischen Untersuchung:

–   Strategische Unternehmensplanung ist sinnvoll. Wenn dafür qualifizierte Mitarbeiter einen Erfolgsgaranten darstellen, muss die Einbindung und Qualifikation aller beteiligten Personen noch stärker berücksichtigt werden!
–   Der Wille und die Ansatzpunkte für Veränderungen müssen durch die Unternehmer auch delegiert werden. Fehlende Qualifikationen und fehlende Methodenkenntnisse können durch zusätzliche Schulungs- und Qualifizierungsveranstaltungen bei den Entscheidungsträgern erreicht werden. Der Zeitfaktor, der hierzu notwendig ist, muss berücksichtigt werden.
–   Externe Berater sind in die strategische Unternehmensplanung mit einzubinden, wenn das junge KMU nicht in der Lage ist, dies selbstständig umzusetzen. Dabei sollten Kostengründe für den Einsatz nicht als Hinderungsgrund gelten. Wenn finanzielle Ressourcen nicht vorhanden sind sollte nach Förderprogramme gesucht werden.
–   Die einfachsten und effektivsten strategischen Unternehmensplanungsinstrumente sind zu finden. Der erste Einsatz kann mit einem erfahrenen Coach erfolgen, der auch Anwendungen empfehlen kann.
–   Die strategische Unternehmensplanung muss institutionalisiert werden, um die Sicherung der Kernkompetenzen zu gewährleisten. Die zu qualifizierenden Mitarbeiter, aber auch die Partner müssen eingebunden werden.

– Die Unternehmensgrundsätze, -ziele, -strategien, die ausgearbeitet werden, müssen in Form eines Wissensmanagements fixiert werden.

4.6 Problemfelder der strategischen Unternehmensplanung in jungen KMU

Die gestiegene Komplexität und die Dynamik des wirtschaftlichen Umfeldes sowie die Problematik einer jungen Organisation wird umfangreich in der Literatur behandelt worden.[61] Diese Komplexität ist der Kern der Führungsaufgabe in einem Unternehmen.[62] *Stüttgen* (1999) sagt hierzu: „Eine zufriedenstellende Beantwortung der Frage, nach welchen Mustern komplexe soziale Systeme zu gestalten sind, um der proliferierenden Umweltkomplexität eine adäquate Eigenkomplexität der Unternehmung gegenüberstellen zu können, ist in diesem Kontext für das Management erfolgskritisch.“[63]

Wie können junge KMU strategische Probleme in ihren Unternehmen lösen?

Ashby (1964) hat ein Varietätsgesetz aufgestellt, welches für eine Problemlösung angewendet werden kann: „Only variety can absorb variety.“[64] *Schwaninger* (1999) erläutert dazu: „Um ein komplexes System unter Kontrolle zu halten, muss das Lenkungssystem eine Varietät aufweisen, die der Varietät des zu lenkenden Systems ebenbürtig ist.“[65] *Malik* (1996) hat zu dieser Aussage folgendes festgestellt: „Wir können ein System mit einer gegebenen Komplexität nur mithilfe eines mindestens ebenso komplexen Systems unter Kontrolle bringen.“[66]

Anhand der Analyse und Befragung von KMU in den vorherigen Kapiteln zeigt sich die Problematik, dass Planungsdefizite bestehen. Ein Dilemma ist, dass mit der zunehmenden Komplexität eines wachsenden Unternehmens auch die Notwendigkeit für die Planung steigt. Die Möglichkeiten und die Notwendigkeiten der strategischen Unternehmensplanung stehen sich oft diametral gegenüber.[67] In der Gründungsphase bzw. in der Frühentwicklungsphase verhalten sich Unternehmer teilweise als „Antiplaner“[68] und reagieren erst auf die Anforderungen durch z. B. Geldgeber.[69]

---

61 Vgl. Bleicher (2002), S. 34; Malik (1996), S. 86; Ulrich/Probst (1990), S. 23ff; Gomez (1999), S. 65.
62 Vgl. Bleicher (1992), S. 19ff; Malik (1996), S. 184.
63 Stüttgen (1999), S. 8.
64 Ashby (1964), S. 86.
65 Schwaninger (1999), S. 60.
66 Malik (1996), S. 191.
67 Vgl. Szyperski (1973), S. 26f.
68 Vgl. Szyperski (1971), S. 645ff.
69 Vgl. Picot et al. (1989), S. 172.

Zider (1991) stellt hierzu fest: „Die Geschäftspläne neuer Unternehmen (sind) oft nur unzureichend belegt, lassen ganze Analyseblöcke vermissen und sprechen eine Vielzahl operativer Fragen gar nicht erst an. Das ist insofern nicht überraschend, als Unternehmer eher Macher als Planer sind. Sie haben meist weder die Voraussetzung noch die erforderliche Disziplin, um eine Strategie zu entwickeln. Sie haben in ihrem Unternehmen Führungsrollen oder technische Aufgaben wahrgenommen und verfolgen jetzt aggressiv eine Idee, an die sie glauben. Deshalb suchen sie erst gar nicht nach Anzeichen, die auf mögliche Schwachstellen in ihrer Strategie, ihrem Team oder ihrem Plan deuten, bzw. weigern sich, solche Anzeichen zu erkennen".[70]

Die Gründungs- und die Frühentwicklungsphase junger KMU sind Herausforderungen für jeden Unternehmer. Oft wird der Aufwand gescheut, sich strategisch und planerisch auszurichten, weil eine Ungewissheit der Entwicklung des jungen KMU die Planung schwierig macht. Oder die Gründungsidee ist so bahnbrechend, dass eine strategische Planung obsolet wird, oder es fehlt schlichtweg an den Ressourcen wie Zeit, Know-how und Personal und die laufenden Probleme haben Vorrang.[71]

Ergänzend zu den vorherigen Kapiteln stellen *Müller-Bölling/Graf* (1988) fest, dass:

- Unternehmensgründer mangelnde bzw. keine Planungserfahrung haben,
- der Arbeitsaufwand zu hoch erscheint,
- die fehlende Zeit charakteristisch für die Gründungs- und Frühentwicklungsphase ist und somit keine strategische Unternehmensplanung vorgenommen wird.[72]

Eine mögliche Ursache ist das „Gresham´sche Gesetz der Planung". Das besagt, dass die Führungskapazität sich auf operative, tendenziell auf die Tagesgeschäfte, zulasten der Führungsaufgaben fokussiert. Diese Präferenzbildung führt zu einem Verdrängen des strategischen Planens und der Orientierung an kurzfristigen Krisenbekämpfung.[73]

Wie kann diese Problematik gelöst werden?

Auf der einen Seite sind nicht-systemische Ansätze für die Problemlösung möglich. Jedoch ist hier eine geringe Varietät von eigenen Verhaltensmöglichkeiten zur Bearbeitung der komplexen Sachverhalte möglich. Das Ergebnis sind entpersönlichte Unternehmensprozesse/-strukturen, mit denen die aufgetretenen Probleme nicht gelöst werden.[74] Auf der anderen Seite sind systemische Ansätze überlegen, dass sie das Varietätsgesetz von *Ashby* (1964) unterstützen. Hierbei wird strukturel-

---

70 Zider (1991), S. 95.
71 Vgl. Szyperski/Nathusius (1999), S. 48.
72 Vgl. Müller-Bölling/Graf (1988), S. 615.
73 Vgl. Zahn (1979), S. 17f.
74 Vgl. Bleicher (1992), S. 19f; Malik (1996), S. 36ff.

len und sozio-kulturellen Aspekten in den jungen KMU Rechnung getragen. Die Methodiken alleine garantieren nicht den Erfolg, sie unterstützen ihn aber.

Die Problemlösungsansätze mit systemischen Komponenten müssen umsetzbar sein. Diese Umsetzbarkeit haben schon *Espejo et al.* (1996) untersucht. Es wurde festgestellt, dass ungenügendes Verständnis und die ungenügende Berücksichtigung der kontextualen Faktoren zu Umsetzungslücken führen.[75] Junge KMU müssen Prioritäten setzen. Das fängt nach *Schwaninger* (1994) schon in den Köpfen der Unternehmer an, indem nicht von „Problemen", sondern von „Sachverhalten" und Begriffen wie „gestalten" oder „finden" gesprochen werden sollte.[76] *Vennix* (1996) sagt hierzu bezeichnenderweise: „However, what is meant is that a clear purpose is needed to focus the study and to decide what to include in the model and what to leave out."[77]

Im *Kapitel 3.5* wurden zahlreiche Forschungsstudien analysiert, u. a., warum die strategische Unternehmensplanung nicht umgesetzt wird. Dabei wurde festgestellt, dass die Hauptgründe für eine fehlende strategische Unternehmensplanung die Ressourcen Zeit und Know-how sind.

Im nachfolgenden *Kapitel 5* müssen die Methodik und Struktur der strategischen Unternehmensplanung mithilfe von quantitativen und qualitativen Modellen drei Prinzipien erfüllen:
– Verständnis schaffen für die Probleme und Auswirkungen von Handlungsweisen,
– Exploration der möglichen Dynamik der identifizierten Unternehmensstruktur,
– Aufstellen und Testen der ermittelten Theorien und ihrer dynamischen Implikationen.[78]

Ein vorrangiges Ziel muss es in dem nun folgenden Konzept sein, ein einfaches, nachvollziehbares, umsetzbares und anwendbares Konzept zu erstellen, mit dem junge KMU zielgerichtet arbeiten können. Die Implementierung muss aber auch anhand der gewonnenen Erkenntnisse aus den vorher gehenden Kapiteln über einen längeren Zeitraum systematisch in einem angeleiteten Lernprozess integriert sein.

Im *Kapitel 6* wird mit einem Wissenstransferkonzept die Thematik der strategischen Unternehmensplanung mit den Unternehmern der jungen KMU umgesetzt, damit die Anwendung der ermittelten Instrumente aus *Kapitel 5* auch zum Erfolg führt.

---

75 Vgl. Espejo et al. (1996).
76 Vgl. Schwaninger (1994).
77 Vennix (1996), S. 49.
78 Vennix (1996), S. 50f.

5 Adaption der Erkenntnisse auf strategische Unternehmensplanungsinstrumente für junge KMU

Da die strategische Unternehmensplanung ein zentraler Aspekt der vorliegenden Arbeit ist, wurde in den vorhergegangenen Kapiteln der Stand der Literatur und der Forschungsstand in den Studien aufgezeigt. Eine methodische Synthese sowie eine Diskussion von Folgerungen und Handlungsempfehlungen für die strategische Planung von jungen KMU werden im nachfolgenden Kapitel vorgenommen. Die dritte Forschungsfrage aus dem *Kapitel 1.3* wird als Ausgangspunkt für dieses Kapitel herangezogen:

Welche anwendbaren und umsetzbaren Instrumente können junge KMU für die strategische Unternehmensplanung einsetzen?

Die Instrumente vereinfachen die Darstellung komplexer Sachverhalte. Sie sind aufgrund ihrer Strukturierung nachvollziehbar und fördern somit das Verständnis bei allen Beteiligten sowie die Kontinuität und führen zur Verwendung einer gemeinsamen Sprache. In der Theorie und in der Praxis gibt es eine Vielzahl von Instrumenten für die strategische Unternehmensplanung.
– Welche davon sind relevant für junge KMU, welche nicht?
– Welche Instrumente, die bisher in Großunternehmen eingesetzt werden, können in KMU umgesetzt werden?
– Welche Methoden und Instrumente sind einfach anzuwenden?

Wie in den vorangegangenen Kapiteln als Erkenntnis ermittelt wurde, ist oftmals eine Ressourcenknappheit bei KMU vorhanden. Ebenfalls gibt es teilweise Verständnisschwierigkeiten und fehlendes Know-how bei dem Einsatz der strategischen Planung. Der zeitliche Aspekt spielt eine bedeutende Rolle. Dies ist in der Tatsache begründet, dass viele Unternehmer ihre KMU intuitiv und erfolgreich über Jahre geführt haben. Gewinne wurden in neue Vorhaben oder für Privatentnahmen abgezogen, aber nicht für die Investition in Planungsinstrumente. Von Beratungsunternehmen und Wissenschaftlern wird eine solche Vorgehensweise oft als kühn gewertet, jedoch sollte man hierbei auch Zugeständnisse machen.[1] Oftmals kommt die Einsicht beim Unternehmer, wenn er leidvolle Erfahrungen gemacht hat. Die Notwendigkeit der strategischen Unternehmensplanung wird in den jungen KMU

---

[1] Vgl. Kirsch (1983), S. 399ff.

gesehen, wenn es gelingt, die unternehmerische Leistung und die Struktur der KMU so anzupassen, dass nach der Zielerreichung ein betriebswirtschaftlicher Nutzen entsteht. Daher ist es dringend notwendig, die strategische Unternehmensplanung an die vorhanden Strukturen der jeweiligen KMU anzupassen.[2] Diese flexible Anpassung an die Verhältnisse der KMU ist letztendlich eine Herausforderung. Bei dem Einsatz der strategischen Unternehmensplanung können sich junge KMU nicht auf die Ergebnisse von Controllingabteilungen stützen, daher ist der Fokus in vielen Bereichen abhängig von Schätzungen und Erfahrungswerten des Unternehmers. Dies bedeutet, dass mit einem Minimum an strategischer Planung begonnen werden muss, um so lehrreiche Erfahrungen zu sammeln.[3]

Als Basis der strategischen Ausrichtung kann, soweit vorhanden, eine Vision oder das Leitbild des jeweiligen Unternehmens dienen. Da junge KMU am Anfang ihrer Entwicklung stehen, wird dieses Unternehmensleitbild mit dem Eigentümer bzw. Unternehmer-Leitbild übereinstimmen.[4]

Bei der strategischen Planung für junge KMU wird eine systematische Herangehensweise von externer Betrachtung zur internen Analyse bzw. vom Allgemeinen zum Speziellen praktiziert. Die Strategieformulierung setzt somit eine „Exploration" und „Analyse" voraus. Das heißt, dass aus der Analyse des Umfeldes Informationen erhoben, analysiert, aufbereitet und bewertet werden. Diese so verstandene strategische *Exploration* und *Analyse* ist unternehmensextern und unternehmensintern ausgerichtet, *siehe Abb. 5.1.*

Bei der externen Analyse, *Kapitel 5.1,* wird das externe Umfeld der KMU analysiert. Als nächstes wird das interne Umfeld betrachtet und anschließend mit Hilfe eines Benchmarking Prozesse und Strategien mit anderen „Best Practice" Unternehmen verglichen. Abschließend wird in diesem Kapitel der direkte Wettbewerber betrachtet. Bei der internen Analyse, *Kapitel 5.2,* wird speziell das betreffende KMU analysiert. Hierbei wird ausgehend vom möglichen Potenzial des jungen KMU die SWOT-Analyse vorgenommen. Es folgen die Portfolioanalyse und die Wertschöpfungskettenanalyse. Darauf aufbauend wird die Zielbildung im *Kapitel 5.3* mit der Zielgruppenanalyse, der Gap-Analyse und der Szenariotechnik vorgenommen. Bei der Strategiebildung in *Kapitel 5.4* wird zuerst eine Segmentierung des Marktes durchgeführt, um dann mit der Ansoff-Matrix die Wachstumsstrategien festzulegen und danach wird auch die wettbewerbsstrategische Ausrichtung festgelegt. Im *Kapitel 6* wird dieses Konzept in Form einer Fallstudie in 17 jungen KMU umgesetzt.

---

2 Vgl. Kunesch (1996), S. 635.
3 Vgl. Kirsch (1983), S. 410ff; Kunesch (1996), S. 633ff.
4 Vgl. Lanz (1992), S. 224ff.

```
┌─────────────────────────────┐      ┌─────────────────────────────┐
│    5.1. Externe Analyse     │      │    5.2. Interne Analyse     │
│       Umfeldanalyse         │      │      Potenzialanalyse       │
│  Branchenstrukturanalyse    │      │        SWOT Analyse         │
│       Benchmarking          │      │      Portfolioanalyse       │
│     Wettbewerbsanalyse      │      │  Wertschöpfungskettenanalyse│
│  *Gefahren / Gelegenheiten* │      │   *Stärken / Schwächen*     │
└─────────────────────────────┘      └─────────────────────────────┘
```

```
        ┌─────────────────────────────────────────┐
        │  5.3. Formulierung strategischer Ziele   │
        │          Zielgruppenanalyse              │
        │             Gap-Analyse                  │
        │            Szenariotechnik               │
        └─────────────────────────────────────────┘
```

```
        ┌─────────────────────────────────────────┐
        │      5.4. Entwicklung von Strategien     │
        │             Segmentierung                │
        │             Ansoff-Matrix                │
        │          Wettbewerbsstrategien           │
        └─────────────────────────────────────────┘
```

```
        ┌─────────────────────────────────────────┐
        │      6. Umsetzung der strategischen      │
        │  Unternehmensplanung in jungen KMU       │
        └─────────────────────────────────────────┘
```

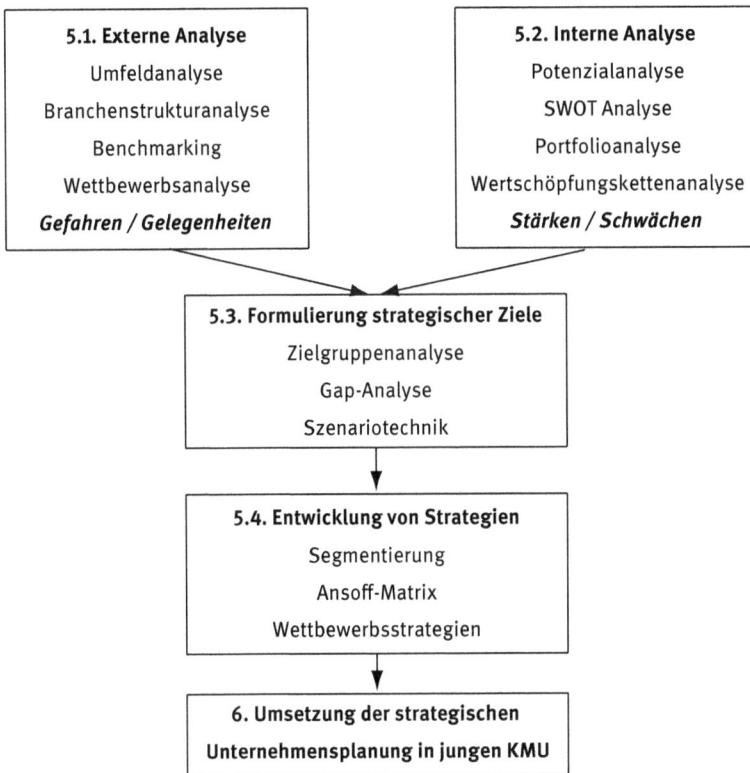

Abb. 5.1: Struktur der Instrumente für die strategische Unternehmensplanung für junge KMU[5]

Alle vorgestellten Instrumente werden in folgender Systematik präsentiert: Nach der theoretischen Erläuterung mit der Darstellung des Instruments erfolgt die Darstellung der Handhabung mit diesem Instrument und es werden soweit vorhanden Forschungserkenntnisse mit der Umsetzung dieser Instrumente in Unternehmen dargestellt. Danach werden die Vor- und Nachteile des Instruments bewertet. Abschließend wird die bisherige Erläuterung mit einem Statement kommentiert, warum dieses Instrument gerade für junge KMU sinnvoll ist.

Bei der Umsetzung der strategischen Unternehmensplanungsinstrumente in jungen KMU empfehlen sich Vorgehensweisen, die im *Kapitel 6* dargestellt werden. Alle Instrumente unterstützen die jungen KMU bei den Fragestellungen zur strategischen Ausrichtung. Der Leitfragenkatalog, der die vorgestellten Instrumente ergänzt, ist im *Anhang 3* zur Vervollständigung angefügt.

Mit dieser Vorgehensweise soll aufgezeigt werden, wie KMU mit solchen gängigen Methoden ihre strategische Unternehmensplanung durchführen können. Hinter-

---

5 Quelle: Eigene Darstellung.

grund hierfür ist die konzeptionelle herangehensweise, unter Berücksichtigung der Ausrichtung auf wenige Geschäftsfelder, der Marktanalyse auf regionale Märkte und Konkurrenten.[6]

Mit der Erreichung der strategischen Ziele sollen die Stärken und Chancen der KMU ausbauen, die Schwächen abstellen und die Risiken kontrollieren. Mitarbeiter müssen diese Ziele verstehen und umsetzen können. Dies bedeutet, dass diese auch realistisch sind und sich mit den vorhandenen Ressourcen decken. Diese Abstimmung kann nicht generalisiert werden. Hilfreich ist eine zielführende Sachlichkeit aller Beteiligten, die auch in Form von Kennzahlen vereinfacht werden kann.[7]

5.1 Betrachtung der Umwelt als externe Analyse

5.1.1 Umfeldanalyse (PEST) zur Betrachtung der nicht veränderbaren äußeren Einflussfaktoren

Für jedes Unternehmen ist es wichtig, neben den internen und den branchenrelevanten Einflussfaktoren auch das externe Umfeld zu analysieren. Dies wird im Vorfeld der eigentlichen strategischen Planung vorgenommen, um für Chancen und Risiken außerhalb des Einflussbereiches gewappnet zu sein. Das Umfeld bzw. die globale Umwelt beeinflusst junge KMU direkt und indirekt und kann vom KMU nicht kontrolliert werden. Daher müssen Umweltfaktoren in der Strategieformulierung berücksichtigt werden.[8] *Chandler* (1962)[9] hat den Umwelt-Strategie-Struktur-Ansatz entwickelt und geht von der Hypothese aus, dass die Strategiewahl zunächst von der Umwelt bestimmt wird. Wenn ein Unternehmen erfolgreich sein will, ist die Strategiewahl auf die Bedingungen der Unternehmensumwelt abzustimmen. Hier werden fünf verschiedene Einflussfaktoren (Bevölkerung, Gesellschaft, Technologie, Politik und Gesamtwirtschaft), die auf das Unternehmen und den Markt einwirken können, festgelegt.[10]

Eine umfassende Übersicht, welche die möglichen Einflussfaktoren auf das Unternehmen darstellen, ist in der *Abb. 5.2* aufgeführt. Dabei werden aktuelle Tendenzen im Umfeld, wie die Globalisierung, Ökologisierung, Demokratisierung und Perfektionierung, berücksichtigt. Die Führung eines Unternehmens ist daher mehreren Einflussfaktoren ausgesetzt, die es zu berücksichtigen gilt.

---

6 Vgl. Lanz (1992), S. 224ff.
7 Vgl. Erichsen (2006), S. 279.
8 Vgl. Reisinger (2007), S. 216ff.
9 Vgl. Chandler (1962), S. 23ff.
10 Bea/Haas (2001), S. 88.

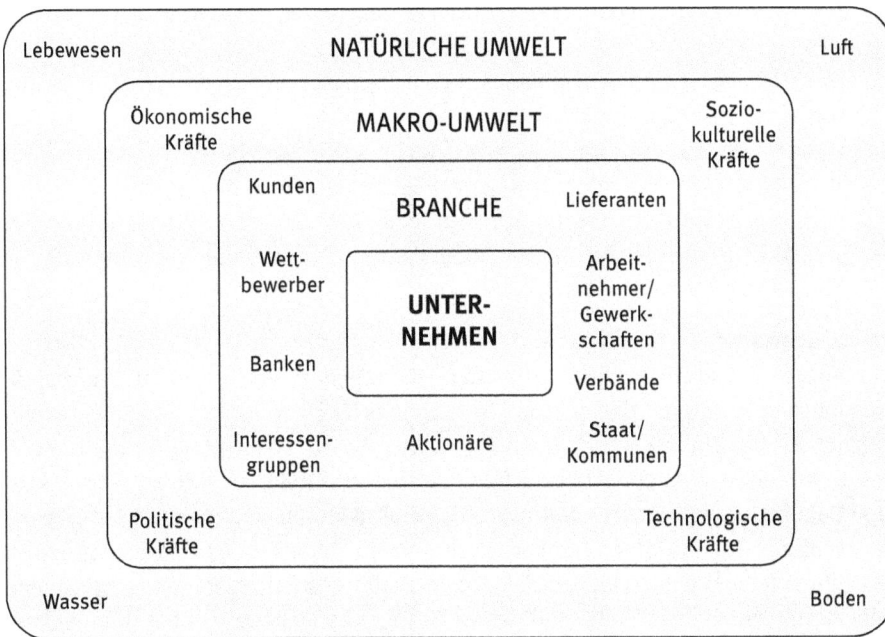

Abb. 5.2: Umweltdimensionen[11]

Fahey (1999) hat darüber hinaus sechs typische makroökonomische Faktoren betrachtet, die ein Unternehmen, eine Branche und einen Markt formen.[12] Die ursprünglichen vier Bereiche (PEST) werden um die demografischen und globalen Aspekte ergänzt.

In der nachfolgenden PEST-Analyse wurden diese Faktoren auf vier wichtigsten Bereiche reduziert und stellen nun einen sinnvollen Ausgangspunkt für die Analyse des externen Unternehmensumfeldes und der dort wirkenden Triebkräfte dar. PEST steht für **P**olitische, wirtschaftliche (**E**conomic), **S**ozio-kulturelle, **T**echnologische Einflussfaktoren. Die PEST-Analyse wird mit der Brainstorming-Technik durchgeführt und bietet eine Betrachtungsperspektive von der Umwelt auf das Unternehmen, im Gegensatz zur SWOT-Analyse, die sich mit der Perspektive vom Unternehmen auf die Umwelt befasst. Für eine valide Analyse können Quellen aus der Sekundärforschung, wie Analysen des Statistischen Bundesamts, des ifo-Institut für Wirtschaftsordnung, von Kammern, Verbänden, Wirtschaftsdatenbanken und Wirtschaftsforschungsinstituten, verwendet werden. Diese externen Faktoren spiegeln für die nachfolgende SWOT-Analyse die Chancen und Risiken wider.

---

11 Paul/Wollny (2014), S. 102.
12 Vgl. Fahey (1999), S. 78.

Für jeden der vier genannten Einflussfaktoren sollten bei der PEST-Analyse folgende Fragen gestellt werden[13]:
- Welche zukünftigen Trends könnten das Nachfrageverhalten verändern? Wann
  wird hierfür der Zeitpunkt sein?
- Welche zukünftigen Trends könnten das Marktverhalten der Lieferanten des
  jungen KMU beeinflussen? Zu welchem Zeitpunkt könnte dies eintreten?
- Welche zukünftigen Trends könnten das Verhalten der Wettbewerber des
  jungen KMU beeinflussen? Zu welchem Zeitpunkt könnte dies geschehen?

Vorgehensweise

Die Vorgehensweise zur Ermittlung der relevanten Einflussfaktoren umfasst in
einem ersten Schritt die Überprüfung des Umfelds im Hinblick auf mögliche Auswirkungen auf das Unternehmen. In einem zweiten Schritt werden die für die Zukunft
des Unternehmens wichtigsten Einflussfaktoren ermittelt. Im dritten Schritt wird
eine Dokumentation und Auswertung der Einflussfaktoren vorgenommen.

Typische Inhalte einer PEST-Analyse sind in der *Abb. 5.3* zusammengefasst.
Diese Inhalte sind jedoch keinesfalls allgemeingültig, sondern sollten entsprechend
dem zu untersuchenden KMU und dessen Situation angepasst werden. Die genannten Einflussfaktoren verändern sich langfristig, sodass Unternehmen sich rechtzeitig
auf mögliche Veränderungen einstellen können. Um aus diesen Faktoren Trends zu
entwickeln, sind vorhergehende Analysen notwendig. Sobald neue Prognosen vorhanden sind, kann das Management gezielt reagieren. Dies bedingt u. a. eine Flexibilität des Managements, indem auch vorhandene Strategien angepasst werden.[14]

Lybaert (1998) hat in einer Studie nachgewiesen, dass es einen positiven Zusammenhang gibt zwischen Informationsgewinnung und Erfolg, wenn eine umfassende
Umweltanalyse vorgenommen wird.[15] Für junge KMU ist die Gewinnung von externen
Informationen eine Herausforderung. Daher kommt es häufig vor, dass KMU interne
Quellen vor externen Informationsquellen bevorzugen, was *McGee/Sawyer* (2003) in
einer Analyse von Studien nachweisen.[16] Diese Tatsache ist darin begründet, dass
u. a. die Kosten bei KMU und auch die fehlenden zeitlichen Ressourcen zu Defiziten
in der externen Informationsbeschaffung führen können.[17] Für den Fortbestand
junger KMU hat diese Form der strategischen Frühaufklärung eine hohe Relevanz, da
die möglichen Auswirkungen mitunter eine existenzielle Bedeutung erlangt haben.[18]

---

13 Venzin (2003), S. 65.
14 Vgl. Allaire/Firsirotu (1989), S. 7ff.
15 Vgl. Lybaert (1998), S. 346.
16 Vgl. McGee/Sawyer (2003), S. 387ff.
17 Vgl. Legenhausen (1998), S. 44.
18 Vgl. Rohrbeck/Gemünden (2006), S. 67.

Ökonomisch
- Wirtschaftliche Entwicklung
- Kreditsicherheit
- Höhe des verfügbaren Einkommens
- Konsumneigung
- ausschlaggebender Zinssatz
- Steuer
- aktueller Wechselkurs
- Internationale wirtschaftliche
  Entwicklung
- Bruttoinlandsprodukt
- Einkommensverteilung in der
  Bevölkerung
- Pro-Kopf Einkommen
- Lohn- und Gehaltsniveau

Sozio-kulturell
- Werte und Einstellungen
  der Bevölkerung
- Lebensstil und Bevöl-
  kerungsmix
- Arbeitseinstellung
- Demographie der Bevölke-
  rung
- Religion
- Einstellung der Bevölkerung
  gegenüber der Industrie
- Status- Symbole

Unternehmung

Globale
Umwelt

Globale
Umwelt

Technologisch
- Erfindungen in der Wissenschaft
- Technische Entwick-
  lungen in alternativen
  Industriezweigen
- Technologische
  Entwicklungen in der
  Industrie

Politisch
- Gesetzgebung des
  Bundes, der Bundesstaaten
  und der Gemeinden
- Politische Ideologie der
  Regierung
- Politische Einstellungen
  gegenüber der Industrie

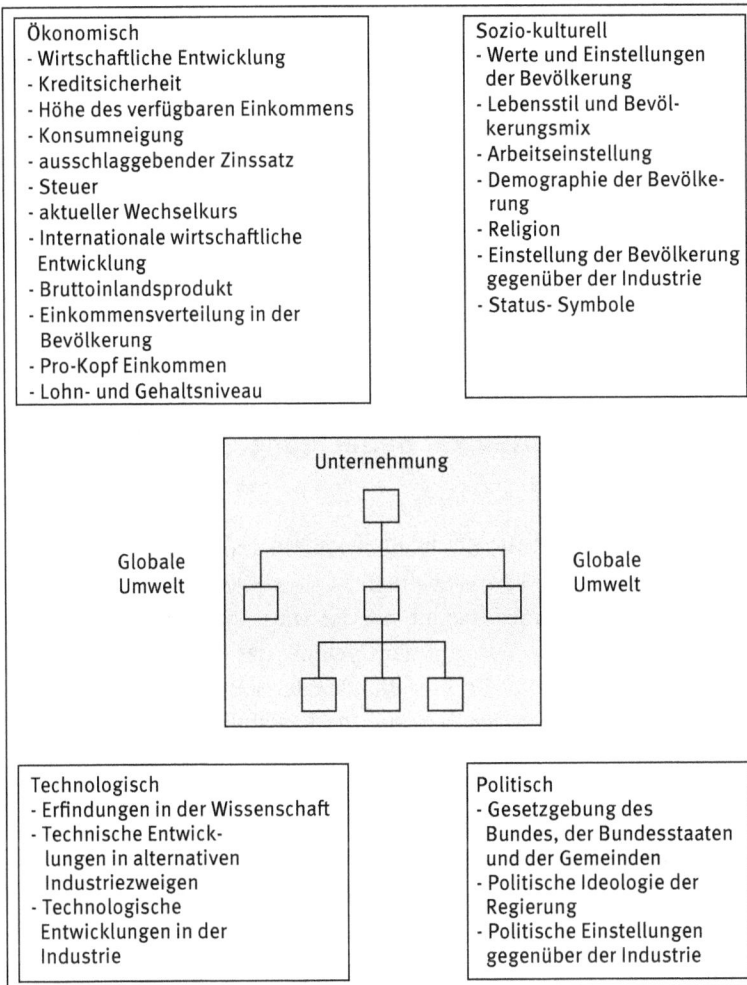

Abb. 5.3: PEST-Analyse Beispiel[19]

Vor- und Nachteile

Vorteil dieser Umfeldanalyse ist es, dass soziodemografische Aspekte betrachtet werden, die in den meisten Strategietools vernachlässigt werden.

Nachteile sind in der Datenflut und auch in einer möglichen Falschbewertung (Unter-/Überbewertung) zu sehen. Wenn sämtliche Faktoren analysiert und bewertet werden, ist dies zudem teuer und aufwendig. Als alleinstehende Analyse reicht dies

---

19 Boseman/Phatak (1989), S. 26.

nicht aus, da Kunden-, Wettbewerbs- und Marktanalysen fehlen, die aber nachfolgend behandelt werden.

Es gibt eine Vielzahl von äußeren Einflussfaktoren, die gerade auf junge KMU, die sich im Aufbau und der Etablierung befinden, einwirken. Bereits im *Kapitel 1.1* wurde in der *Abb. 1.1* diese Situation des Einflusses auf den Erfolg dargestellt. Daher ist es unabdingbar und der erste Schritt in der strategischen Unternehmensplanung diese Umfeldanalyse durchzuführen. Für die weiteren Instrumente können auch die Informationen aus der Umfeldanalyse verwendet werden, so werden z. B. in die SWOT-Analyse auch Erkenntnisse aus der PEST-Analyse einfließen.

5.1.2 Branchenstrukturanalyse zur Betrachtung des näheren Umfelds

Das nähere Umfeld, die Branche bzw. die Wettbewerbssituation wird mit der Branchenstrukturanalyse „Porters-Five-Forces" betrachtet, siehe *Abb. 5.4*.

Porter (1999) geht bei diesem Instrument von der These aus, dass die Strukturmerkmale einer Branche die Intensität und die Dynamik des Wettbewerbs bestimmen.[20] Dabei geht es nicht nur um die Einzelmerkmale, sondern auch um deren Verhältnis untereinander innerhalb der Branche. Die Rentabilität einer Branche ist ebenfalls von dieser Intensität und Dynamik abhängig. *Porter* (1999) hat fünf Wettbewerbskräfte ermittelt, die Einfluss auf die Rentabilität einer Branche haben und damit auch auf die Marktattraktivität.

Unter einer Branche wird eine Gruppe von Unternehmen verstanden, deren Leistungsangebot von Produkten und Dienstleistungen vergleichbar ist. Alle fünf Faktoren werden einzeln untersucht und ergeben somit ein umfangreiches Gesamtbild der Branchensituation. Bei der nach außen gerichteten Betrachtungsweise wird das nähere Unternehmensumfeld mit diesen möglichen Einflussfaktoren bewertet. Dadurch können Trends und Gefahren rechtzeitig erfasst werden. Die Ergebnisse dieser Analyse dienen für die Entwicklung einer strategischen Planung für Unternehmen als Grundlage.[21] Im verschärften Wettbewerb von KMU mit Großunternehmen ist die Auseinandersetzung mit den Wettbewerbskräften innerhalb einer Branche immer wichtiger, da KMU von ihren traditionellen Nischenmärkten von diesen Großunternehmen verdrängt werden.[22]

---

20 Vgl. Porter (1999), S. 35.
21 Vgl. Aigner (1997), S. 5f; Koenig (2004), S. 150.
22 Vgl. Klett et al. (1998), S. 23.

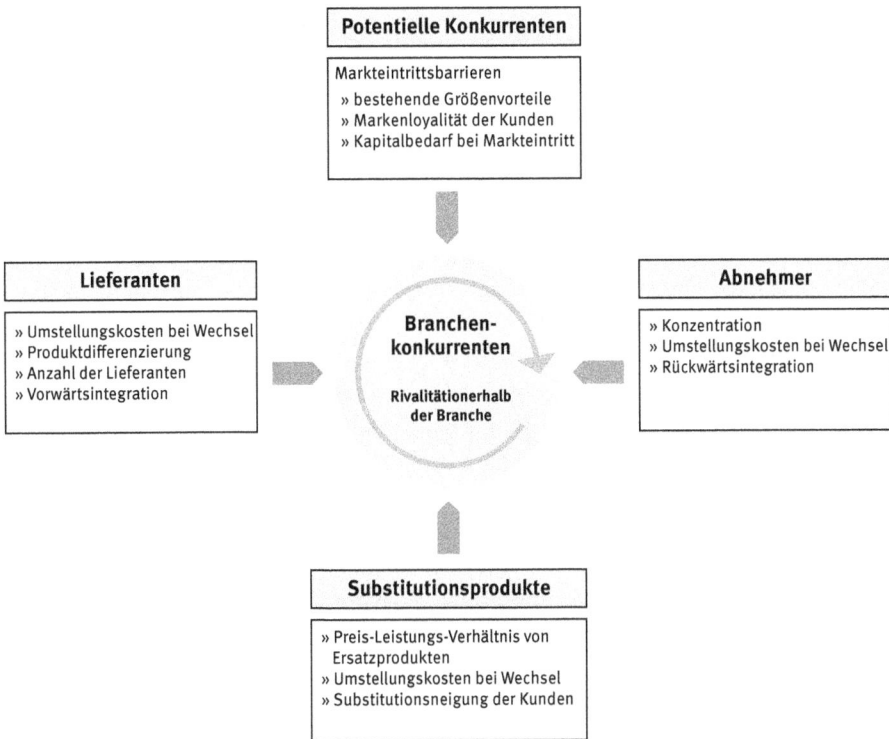

Potentielle Konkurrenten

Markteintrittsbarrieren
» bestehende Größenvorteile
» Markenloyalität der Kunden
» Kapitalbedarf bei Markteintritt

Lieferanten

» Umstellungskosten bei Wechsel
» Produktdifferenzierung
» Anzahl der Lieferanten
» Vorwärtsintegration

Branchen-konkurrenten

Rivalität innerhalb der Branche

Abnehmer

» Konzentration
» Umstellungskosten bei Wechsel
» Rückwärtsintegration

Substitutionsprodukte

» Preis-Leistungs-Verhältnis von Ersatzprodukten
» Umstellungskosten bei Wechsel
» Substitutionsneigung der Kunden

Abb.5.4: Branchenstrukturanalyse nach Porter[23]

Beim ersten Faktor den **„Wettbewerbern in der Branche"** werden die bestehenden Konkurrenten und die Beziehungen untereinander untersucht (z. B. stille Absprachen, gemeinsame Vertriebskanäle oder gemeinsame F & E). Eine hohe Rivalität besteht, wenn viele ähnliche Wettbewerber und ein schwaches Branchenwachstum vorhanden sind. Ebenfalls problematisch ist, wenn eine Differenzierung nur über den Preis möglich ist und/oder hohe Austrittsbarrieren vorhanden sind. Diese Kraft wird durch die anderen vier Kräfte geprägt und genießt daher einen hohen Stellenwert in der Gesamtbetrachtung.

Beim zweiten Faktor **„Neue Anbieter"** wird die Wahrscheinlichkeit ermittelt, mit der neue Konkurrenten in den Markt treten können. Dabei werden Markteintrittsbarrieren untersucht, wobei zusätzlich auch analysiert werden muss, wie etablierte Wettbewerber auf neue Konkurrenten reagieren. Somit werden neben einer Abschätzung der Konsequenzen durch den Eintritt neuer Marktteilnehmer auch die daraus resultierenden Aktionen etablierter Konkurrenten analysiert. Typische Eintrittsbar-

---

23 Runia et. Al (2011), S. 54.

rieren können der hohe Kapitalbedarf, Zugang zu den Vertriebskanälen und Image und Marke bei etablierten Unternehmen sein.

Beim dritten Faktor den **„Ersatzprodukten"** wird die Frage betrachtet, inwieweit Ersatzprodukte möglich sind. Es wird ermittelt, ob andere Produkte mit anderer Beschaffenheit die gleiche Funktion haben und somit das Kundenbedürfnis erfüllen können. Ein Fokus sollte hierbei u. a. auf die Entwicklung neuer Technologien gelegt werden. Eine Substitutionsgefahr besteht auch, wenn offensives Marketing für Ersatzprodukte und Ersatzdienstleistungen gemacht wird oder wenn einheitliche Standards oder das Besetzen von Vertriebskanälen eine Abwehr unmöglich machen.

Beim vierten Faktor den **„Lieferanten"** werden die Beziehungen von Unternehmen zu den Lieferanten, die wechselseitige Beeinflussung und Machtverhältnisse behandelt. Welche Verhandlungsstärke hat der Lieferant oder das Unternehmen? Typische Faktoren, die diese Verhandlungsmacht erhöhen, sind z. B.: große Wettbewerbsvorteile des gelieferten Produkts, geringe Zahl der potenziellen Lieferanten, große Bedeutung des gelieferten Produkts für die Qualität des Endproduktes und die evtl. geringe Bedeutung des Kunden für den Lieferanten.

Beim fünften Faktor den **„Abnehmern"** betrachtet man nicht nur aktuelle, sondern auch potenzielle Kunden und deren Verhandlungsmacht. Welche Marktmacht hat der Abnehmer und/oder gibt es Alternativanbieter? Gibt es eine Markttransparenz durch z. B. Online-Marktplätze?

Vorgehensweise

In einem ersten Schritt wird die Branchenstruktur analysiert, um eine Einschätzung der Wettbewerbskräfte zu erhalten. In einem zweiten Schritt werden die wichtigsten „Spielregeln" (Logik des Geschäfts, Gesetze der Branche) der Branche identifiziert und Chancen und Risiken abgeleitet. Abschließend werden notwendige Maßnahmen entwickelt und umgesetzt.

Vor- und Nachteile

Vorteile dieser Analyse liegen in der Betrachtung der Einflussfaktoren auf die Branche sowie der wechselseitigen Beziehungen und Abhängigkeiten. Es handelt es sich bei diesem Instrument um eine umfassende Unternehmensumfeldanalyse.

Nachteilig ist, dass diese Analyse schwer operationalisierbar ist und dass sie stark an Produktunternehmen orientiert ist.

Für die Praxis junger KMU ist es sehr nützlich inhaltliche Aussagen über Wirkungszusammenhänge der Wettbewerbslage und der Branchensituation zu ermitteln. Nicht hilfreich wären bloße Checklisten über strategierelevante Umweltfaktoren.

Es ist ersichtlich, dass junge KMU genau wissen müssen, wer in derselben Branche agiert, wer der direkte und indirekte Wettbewerber ist und wie die Kräfte in der tatsächlichen Branche wirken. Welche Möglichkeiten bestehen für junge KMU sich in der angestrebten Branche zu etablieren? Was muss bedacht werden? Dafür dient die Branchenstrukturanalyse und ist somit ein wichtiges Instrument für junge KMU in der Wachstumsphase.

5.1.3 Benchmarking

Beim Benchmarking werden Produkte, Methoden und Prozesse des eigenen Unternehmens mit denen der „Best-Practice"-Unternehmen verglichen. Das Ziel ist hierbei von erfolgreichen Unternehmen zu lernen. Benchmarking wurde 1979 von Xerox entwickelt, um der Bedrohung durch japanische Gerätehersteller entgegen zu treten. Die Erkenntnisse, die aus der Analyse ermittelt wurden, sind als Maßstab für die weitere Vorgehensweise definiert worden.[24]

Beim Benchmarking werden nicht nur branchenzugehörige Unternehmen, sondern auch branchenfremde Unternehmen betrachtet, die vergleichbaren Prozesse analysiert, um so Anhaltspunkte für die Kontrolle der eigenen Position zu erreichen. Benchmarking dient auch der Qualitätssicherung, der Wettbewerbsbeobachtung und der Effizienzanalyse. Dabei werden vor allem erfolgreiche Produkte, Dienstleistungen, Strategien, Prozesse, Organisationsstrukturen, Methoden oder Instrumente analysiert.

Bei der Analyse werden Vergleichsmaßstäbe, wie Qualität, Zeit, Kosten und Kennzahlen angesetzt. Neben „Best Practice" (beste Umsetzung) können auch „Best Theory" (beste Planung) als Ziele für die Unternehmensausrichtung dienen.[25] Benchmarking bedeutet das Streben des Unternehmens nach Verbesserung der eigenen Leistungen und Prozesse, durch Orientierung an den jeweiligen Bestleistungen.[26] Somit kann Benchmarking auch als strukturierter Lernprozess bezeichnet werden, als Benchlearning.[27, 28]

Kein Unternehmen wird in allen Bereichen Spitzenleistungen erbringen und des Weiteren muss man bestehende Leistungen, Prozesse und Methoden nicht immer neu erfinden. Durch kontinuierliche Vergleichsprozesse können bereits bestehende Lösungen übernommen werden, nach der Devise, dass „es besser ist, eine Sache gut abzugucken, als diese in schlechter Weise selbst zu erfinden".[29]

Vorgehensweise

Nach der Wahl des Analyseobjekts folgt die Identifikation geeigneter Benchmarking-Partner, siehe *Tab. 5.1*. Danach werden die vorhandenen Leistungsdiskrepanzen

---

24 Vgl. Kerth/Asum (2008), S. 160.
25 Vgl. Camp (1997), S. 27; Pieske (1997), S. 37.
26 Vgl. Camp (1994), S. 18 ff; Sabisch (1994), S. 58.
27 Vgl. Reinecke/Janz (2007), S. 116f.
28 Vgl. Horváth/Herter (1992), S. 4ff.
29 Tödtmann (1993), S. 42.

und deren mögliche Ursachen analysiert. Anschließend werden in der Realisationsphase die festgestellten Leistungsdifferenzen abgebaut und schließlich ein Überwachungssystem in Form eines kontinuierlichen Verbesserungsprozesses (KVP) eingesetzt.[30] Dadurch soll neben dem Vergleich auch eine Weiterentwicklung vollzogen werden.

Tab. 5.1: Typen von Benchmarking[31]

Art des Benchmarking	Intern	Branchenbezogen	Funktional	Generisch
Vergleich von	Standorten oder Abteilungen	Unmittelbaren Wettbewerbern oder der gesamten Branche	Verschiedenen Branchen mit gleichen Verfahren und Prozessen	Anderen Branchen mit ähnlichen Abläufen
Ermittlung der Vergleichspartner	Einfach	Einfach	Aufwendiger	Aufwendiger
Datenermittlung	Einfach	Wagen Konkurrenz problematisch	Andere Messgrößen und Denkweisen!	In der Regel Standardprozesse
Übertragbarkeit	Hoch	Hoch	Anpassung erforderlich	Anpassung erforderlich
Verbesserungspotenzial	Gering	Mittel	Hoch	Hoch

Vor- und Nachteile

Vorteile liegen in dem hohen Innovationspotenzial der Analyse, vor allem weil bewährte Methoden oder Prozesse auf das eigene Unternehmen übertragen werden können. Eine Vergleichbarkeit ist bei Wettbewerbsbenchmarking und bei der Einstufung der eigenen Position im Wettbewerbsvergleich gegeben.

Nachteile sind zu sehen in der umfangreichen Analyse und Auswertung sowie dem möglicherweise schwierigen Transfer von branchenfremden Methoden und Prozessen. Ebenfalls ist es oft schwierig gerade von Wettbewerbern die notwendigen Informationen zu erhalten.

Für junge KMU erweitert dieses Instrument die Möglichkeit für junge KMU den Vergleich nicht nur branchenintern, sondern auch branchenübergreifend vorzunehmen.

Dieses Instrument kann junge KMU befähigen, die eigenen Prozesse zu optimieren, indem alle Prozesse konsequent überdacht werden. Warum muss ein Prozess

---

30 Kerth/Asum (2008), S. 167.
31 Paul/Wollny (2014), S. 154.

neu definiert werden, wenn es erfolgreiche Konzepte in der eigenen oder auch anderen Branche gibt? In der *Abb. 1.2* im *Kapitel 1.1* wird deutlich, dass gerade die Prozesse einen Bezug und Einfluss auf den strategischen Erfolg haben. Daher ist es für junge KMU notwendig, die sich in der Wachstumsphase neu strukturieren und entwickeln, sich an „Best-Practice" Lösungen zu orientieren. Dieses „Über-den-Tell-errand-sehen" ist oftmals in etablierten KMU schwer umsetzbar, da eingefahrene Strukturen und Prozesse diese Neuausrichtung verhindern. Junge KMU sind hier viel flexibler und offener.

5.1.4 Wettbewerbsanalyse

Um wettbewerbsfähig zu bleiben, muss das junge KMU den Wettbewerb erkennen und diesen auch einschätzen können. Wettbewerber sind nicht nur Unternehmen, die in einem Geschäftsfeld auf denselben Marktzweck wie das eigene Unternehmen ausgerichtet sind. Das bedeutet, dass nicht nur aktive Wettbewerber berücksichtigt werden, sondern auch potenzielle. Bei der Wettbewerbsanalyse geht es in erster Linie um die Sammlung und Auswertung aller verfügbaren Informationen der Wettbewerbsunternehmen, deren strategische Entwicklung, Stärken und Schwächen, und zweitens um die Analyse der zu erwartenden Aktionen der Konkurrenten. Die Wettbewerbsanalyse versucht alle entscheidungsrelevanten Informationen zusammenzutragen, um so ein Reaktionsprofil der Wettbewerber auszuarbeiten und hiermit, wenn notwendig, auch die eigene Strategie zu ändern.[32] Um hier entsprechende Entscheidungen treffen zu können, empfiehlt sich die strukturierte Herangehensweise mit Hilfe von Checklisten und Kriterienkatalogen, z.B.:
– Organisation und Management,
– Strategisches Gesamtbild,
– Stärken/Schwächen des Wettbewerbers,
– Umsatz nach Produktsegmenten/Regionen,
– Kapitalmarktinformationen,
– Finanzkennzahlen.[33]

Um eine weitere Wettbewerberanalysemöglichkeit darzustellen, kann auch die Konkurrentenanalyse von *Porter* (1999) verwendet werden. Hier werden die Aktivitäten des Wettbewerbs in Bezug auf die gegenwärtige und auf die zukünftige Ausrichtung betrachtet, um somit einen konzeptioneller Rahmen der Bearbeitung aufzustellen. Mit diesem Instrument kann vom Konkurrenten ein Reaktionsprofil erstellt sowie die Prognose der nächsten Schritte und die Einstufung seiner Verwundbarkeit ermittelt

---

32 Vgl. Baum et al. (1999), S. 65f; Koenig (2004), S. 155.
33 Bausch (2006), S. 210.

werden.[34] Im Mittelpunkt der Betrachtung ist das Reaktionsprofil des Konkurrenten. Zuerst werden Fragen gestellt, wie: Was den Konkurrenten motiviert?; Wie sich der Konkurrent verhält und verhalten kann?; Ob der Konkurrent derzeit zufrieden ist?; Wo ist der Konkurrent verwundbar? und Was wird die größte und wirkungsvollste Reaktion des Konkurrenten hervorrufen?[35]

Vorgehensweise

Die Wettbewerbsanalyse wird in vier Schritten umgesetzt:

„(1) Beschreibung der bestehenden Strategien der wichtigsten Konkurrenten, (2) Beschreibung der wichtigsten Ressourcen (F & E-, Produktion-, Finanzierungs-, Führungspotenzial, Kernkompetenzen, usw.) über die Hauptkonkurrenten in der Vergangenheit verfügten und über die für die Implementierung der unter (1) genannten Strategien eingesetzt wurden, (3) Prognose der wichtigsten Ressourcen und Kernkompetenzen, die die Hauptkonkurrenten in Zukunft für die Erreichung der strategischen Ziele einsetzen werden, und Ermittlung ihrer voraussichtlichen Strategien, (4) Formulierung von Annahmen über die Beweggründe und Selbsteinschätzung der Hauptkonkurrenten sowie über ihre Beurteilung der Branchenevolution."[36]

Für das Erstellen des strategischen Wettbewerbsprofils können Primär- (Kunden, Lieferanten, Marktforschungsinstitute, Banken, ehemalige Mitarbeiter) und Sekundärquellen (Veröffentlichungen, Massenmedien, Datenbanken, Forenseiten im Internet, Verbände) herangezogen werden. Unterstützend sollten auch Kunden befragt werden, um eine Einschätzung über die Wettbewerber zu erhalten.

Der Fokus dieses Instruments liegt auf dem direkten Wettbewerb. In der vorhergehenden Branchenstrukturanalyse wird dies auch durchgeführt, jedoch wird es dort intensiver betrachtet. Für die weitere Vorgehensweise ist die Wettbewerbsanalyse notwendig, um die SWOT-Analyse mit Daten zu ergänzen. Wer ist der direkte Wettbewerb, mit wem muss sich das junge KMU auseinandersetzen? Welche Unternehmen werden die Kunden zusätzlich aufsuchen, bevor die Kaufentscheidung getroffen wird? Das sind elementare Fragen, die gerade für junge KMU zu beantworten sind, vor allem wenn das junge KMU noch nicht im Markt etabliert ist.

Vor- und Nachteile

Vorteile liegen in dem Bewusstseinwerden der Basisfakten des Wettbewerbers, mit dem sich das junge KMU mit der Marktsituation auseinandersetzt. Die einzelnen Elemente sind austauschbar und es ist damit möglich, einfache bis umfan-

---

34 Vgl. Welge/Al-Laham (2003), S. 232.
35 Porter (1999), S. 88.
36 Hinterhuber (2004), S. 175.

greiche Analysen vorzunehmen. Das eigene Unternehmen wird auf den Prüfstand gestellt, indem der Wettbewerb analysiert wird.

Nachteilig ist, dass es dennoch viel Spielraum bei der Interpretation der strategischen Ausrichtung des Wettbewerbers gibt. Es handelt sich auch um eine aufwendige Analyse, bei der die Korrektheit und Verlässlichkeit der Daten nicht immer vorhanden ist.

Eine Untersuchung des österreichischen Controller-Instituts kennen 92,9 Prozent der befragten KMU dieses Instrument aber nur 37,6 Prozent wenden es an.[37] Dieser geringe Einsatz ist aber nicht gleichbedeutend, dass dieses Instrument unwichtig ist.

5.2 Betrachtung der jungen KMU als interne Analyse

5.2.1 Potenzialanalyse

Gälweiler (1986) stellt fest, dass jedes Unternehmen erfolgreich sein kann, wenn es die vorhandenen Potenziale mit der Unternehmensumwelt und dem Wettbewerb abstimmt. Er verwandte 1974 als Erster in diesem Zusammenhang den Begriff „Erfolgspotenziale".[38] *Macharzina/Wolf* (2010) sprechen von einer Unternehmensanalyse, in der ein Zukunftsbild strategisch relevanter Unternehmensfaktoren erstellt wird, unter Berücksichtigung des Status quo im Unternehmen.[39] *Remy* (2006) versteht unter der Potenzialanalyse die Analyse des Leistungsangebots, den strategischen Geschäftseinheiten, die sich an den marketingrelevanten Erkenntnissen aus der Wettbewerbsanalyse und der Beschaffungsmarktanalyse orientiert.[40] Vom Ansatz des strategischen Managements betrachtet, sind die Leistungs- und Führungspotenziale strategische Erfolgsfaktoren. Diese sind in der *Abb. 5.5* dargestellt.

Mit der Planung werden die Kontrolle, die Information, die Organisation und die Unternehmenskultur strukturiert und abgestimmt. Die Leistungs- und Führungspotenziale können bei der Auswertung in Form einer Punkteskala visualisiert werden. Durch die kritische Analyse der Erfolgspotenziale können die internen Ressourcen und Kompetenzen der jungen KMU gezielt aufgebaut und eingesetzt werden, um auch verborgene Potenziale zu ermitteln.[41]

---

37 Vgl. Schadenhofer (2000), S. 34f.
38 Gälweiler (1986), S. 123.
39 Vgl. Marchazina/Wolf (2010), S. 302.
40 Vgl. Remy (2006), S. 1035.
41 Vgl. Aigner (1997), S. 6; Kosmider (1994), S. 123f.

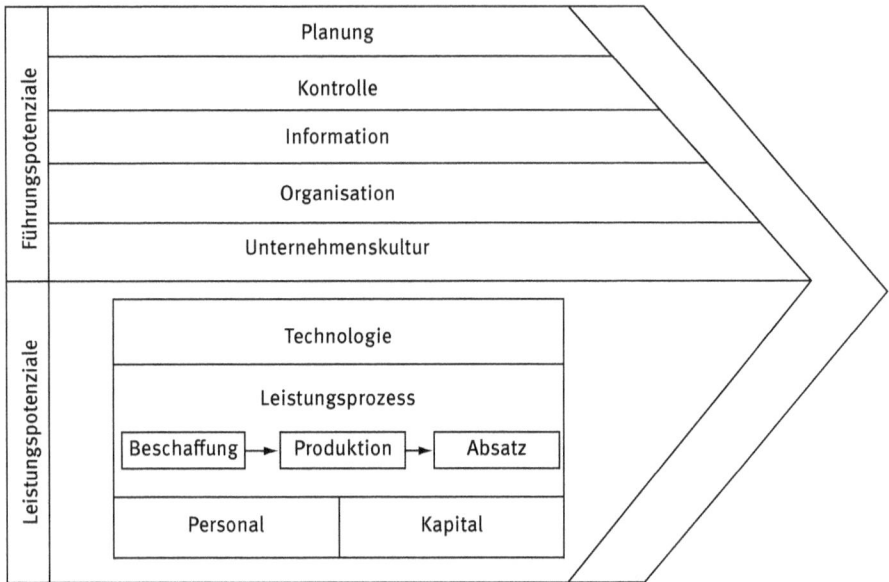

Abb. 5.5: Strategische Potenziale[42]

Die Potenzialanalyse hat eine weitreichende Bedeutung bei den mittelständischen Unternehmen. Nach der Studie von *Kosmider* (1994) wenden 57 Prozent aller großen mittelständischen Unternehmen diese Potenzialanalyse einmal pro Jahr an.[43]

Mit diesem Instrument besteht die Möglichkeit, das Leistungs- und Führungspotenzial des jungen KMU zu ermitteln, um darauf aufbauend das Leistungsprogramm aufzustellen. Die Potenzialanalyse kann auch als Instrument für die strategische Ausrichtung genutzt werden. Junge KMU müssen wissen, wie sie stehen und welche Perspektiven möglich sind, um so auch das junge KMU aufzubauen, damit der größtmögliche Erfolg gewährleistet ist.

5.2.2 SWOT-Analyse

Auf die Potenzialanalyse aufbauend kann eine Stärke-Schwächen-Analyse entwickelt werden, die in die SWOT-Analyse eingearbeitet wird. Seit den 1960er Jahren sind eine Reihe von strategischen Analyse- und Planungsmethoden entwickelt worden.[44]

---

42 Bea/Haas (2001), S. 110.
43 Vgl. Kosmider (1994), S. 125.
44 Vgl. Meffert/Bruhn (2009), S. 122.

Die SWOT-Analyse (**S**trengths, **W**eaknesses, **O**pportunities, **T**hreats) stellt eine Kombination und Weiterentwicklung von Informationen aus der Unternehmens- und der Umweltanalyse dar. Dabei wird davon ausgegangen, dass die Identifikation von Chancen und Risiken aus der Unternehmensumwelt im Zusammenhang mit den Fähigkeiten, also Stärken und Schwächen, eines Unternehmens gesehen werden muss. Die SWOT-Analyse bietet den methodischen Rahmen, gibt aber keine konkreten Handlungsanweisungen. Es werden in erster Linie strategische Optionen generiert. Mit der Entwicklung der Stärken und Schwächen des Unternehmens und den Chancen und Risiken aus der PEST-Analyse können Erfolgspotenziale der KMU identifiziert werden. Die SWOT-Analyse wird deshalb auch von verschiedenen Autoren wie *Meffert/Bruhn* (2009) und *Cravens* (1997) als „Key-Issue-Analyse" bezeichnet.[45]

Vorgehensweise

Nach der internen Analyse des Unternehmens mit seinen Stärken und Schwächen wird die externe Analyse mit den Chancen und Risiken ermittelt (dies wurde bereits mit der PEST-Analyse vollzogen) und im Rahmen eines kombinierten Portfolios aufgezeigt. Bei dieser Analysetechnik werden die Schlüsselfaktoren in externe und interne Einflussgrößen unterschieden.[46] Die internen Schlüsselfaktoren werden mit der Ressourcenanalyse in gegenwärtige und zukünftige beurteilt.[47] Die bereits ermittelten externen Faktoren sollen betrachtet werden, um strategische Diskontinuitäten aufzudecken, die für das Unternehmen relevant sein können.[48] Mit den Normstrategien, siehe *Abb. 5.6*, werden Handlungsempfehlungen abgeleitet. Diese Vorgehensweise ermöglicht dem jungen KMU, sich nachhaltige Wettbewerbsvorteile gegenüber der Konkurrenz herauszuarbeiten. Es sollen aber auch die Schwächen im Unternehmen beseitigt werden, damit die Risiken handhabbar sind und reduziert werden.[49]

Informationen, die zur Erstellung einer SWOT-Analyse notwendig sind, können anhand einer Vielzahl von Input-Quellen gewonnen werden. Im Bereich der Stärken- und Schwächenanalyse sind zu nennen ABC-Analyse, Lebenszyklusanalyse, Erfahrungskurvenanalyse, Wertkettenanalyse, Portfolioanalyse, usw. Für die Umweltanalyse können die in *Kapitel 5.1* beschriebenen Analysen verwendet werden, wie PEST, Branchenanalyse, Benchmarking und Wettbewerbsanalyse.

---

45 Vgl. Bruhn (2009), S. 34; Cravens (1997), S. 29; Meffert/Bruhn (2009), S. 145.
46 Vgl. Hermanns/Glogger (1996), S. 638.
47 Vgl. Christensen et al. (1982), S. 49; Hinterhuber (2004), S. 30f.
48 Vgl. Ansoff (1976), S. 139; Hinterhuber (2004), S. 34.
49 Vgl. Koenig (2004), S.171.

POSITIV   NEGATIV

INTERN

Stärken
(S – Strengths)

Welches sind die
Quellen des heutigen
Erfolgs?

Welches sind die Quellen
des Erfolgs von morgen?

Schwächen
(W – Weaknesses)

Was behindert weiteren
Erfolg heute?

Wodurch könnte unser
Erfolg in Zukunft behindert
werden?

Wettbewerbsvorteile

EXTERN

Chancen
(O – Opportunities)

Welche
Geschäftschancen
stehen offen?

Auf welche Trends
setzt unser Business?

Gefahren
(T – Threats)

Welche Entwicklungen
können unseren Erfolg
behindern?

Was machen
Konkurrenten?

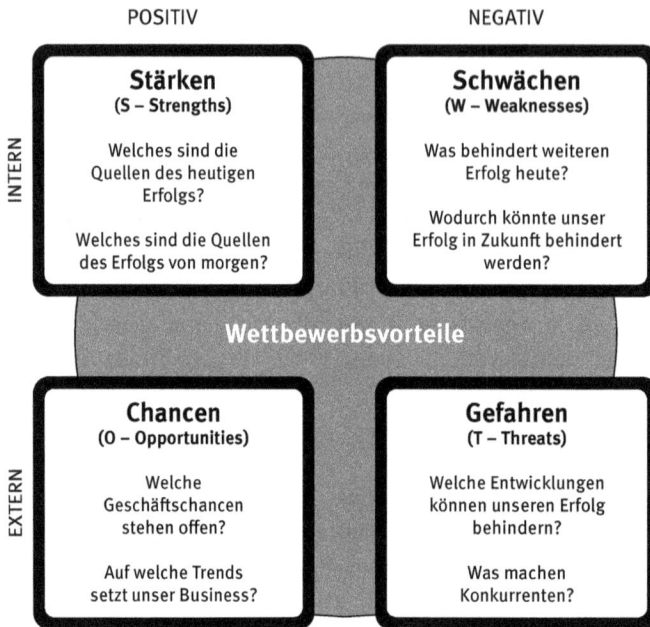

Abb. 5.6: SWOT-Analyseraster[50]

Vor- und Nachteile

Vorteile dieser Analyse sind in der Übersichtlichkeit und der notwendigen Auseinandersetzung mit der Unternehmenssituation zu sehen. Weitere Vorteile liegen in der Komplexitätsreduktion und in der Tatsache, dass bei einer regelmäßigen Anwendung Trends identifiziert werden können. Die SWOT-Analyse hat aufgrund ihrer Einfachheit und Visualisierung den Vorteil, dass sie eine klare Positionierung gegenüber dem Wettbewerb darlegt.[51]

Nachteilig ist jedoch, dass keine konkreten Hilfestellungen gegeben werden, und dass es durch die Wechselwirkung der einzelnen Untersuchungsfelder zu Widersprüchen kommen kann.

Das Controller-Institut hat nicht konkret nach der SWOT-Analyse gefragt, sondern nach der Stärken-Schwächen-Analyse, die in der SWOT-Analyse in Teilen vorhanden ist. Demnach kennen 89,4 Prozent der befragten KMU die Stärken-Schwächen-Analyse, jedoch nur 29,8 Prozent setzen sie ein.[52] Das kann durch fehlendes Anwendungswissen bzw. fehlende Erfahrung begründet sein.

---

50 Scheuss (2008), S. 38.
51 Vgl. Schwindt (2003), S. 19.
52 Vgl. Müller-Stewens/Lechner (2005), S. 225.

Analog zu den bisher vorgestellten Instrumenten ist die SWOT-Analyse gerade für junge KMU geeignet, da sich hiermit das junge KMU strategisch ausrichten kann.

5.2.3 Portfolioanalyse

Ursprünglich basiert die Portfolioanalyse auf der Portfoliotheorie der Finanzierung, wobei es vorrangig um ein Konzept der effizienten Anlagenstreuung (Wertpapier-Mischung) ging. Hierdurch kann ein Anleger eine optimale Zusammensetzung seines Wertpapierportfolios erstellen. *Markowitz* (1952)[53] ist Begründer dieser Portfoliotheorie und hat folgende Forderungen dafür aufgestellt:

- „Kombiniere eine Gruppe von Vermögenswerten so, dass bei einer gegebenen Höhe des Risikos der erwartete Gesamtgewinn aus dem Portefeuille maximiert wird.
- Kombiniere eine Gruppe von Vermögenswerten so, dass für eine gegebene Gewinnrate das Risiko des Portefeuilles minimiert wird."[54]

In den 1970er Jahren ist die Portfoliotechnik aufgrund der zunehmenden Diversifizierung der Unternehmen auf die strategische Unternehmensplanung übertragen worden.[55] Das Ziel der Portfolioanalyse ist die Relation zwischen Risiko und Erfolg zu optimieren.[56] Es gibt verschiedene Portfolioansätze, u. a. die 4-Felder- (BCG-Matrix), 6-Felder- (erweiterte BCG-Matrix), 9-Felder-Matrix (McKinsey-Wettbewerbs-vorteils-Marktattraktivitäts-Portfolio) oder das Technologie-Portfolio.[57] Die bekannteste und für junge KMU am einfachsten umzusetzende Portfoliotechnik ist die BCG-Matrix, welche ein Marktwachstums-Marktanteils-Portfolio beschreibt. The Boston Consulting Group hatte bereits Ende der 1960er Jahre von Finanzmodellen einen Analogieschluss auf das strategische Management ermittelt. Die Beschreibung der strategischen Positionen der einzelnen strategischen Geschäftsfelder wird mittels einer 4-Felder-Matrix vorgenommen. Dabei werden neben dem Cashflow die Deckungsbeiträge sowie Kapitalbedarf, relative Marktanteile und Wachstumsbereiche dargestellt. Dadurch ist eine Steuerung der Geschäftsfelder mit dem Ziel der Ausbalancierung möglich.

Die BCG-Matrix basiert auf Grundannahmen in den strategischen Geschäftsfeldern:

---

53 Vgl. Markowitz (1952), S. 77ff.
54 Bea/Haas (2001), S. 132.
55 Vgl. Benkenstein/Uhrich (2009), S. 70f.
56 Vgl. Antoni/Riekhof (1994), S. 29.
57 Vgl. Marchazina/Wolf (2010), S. 349ff.

- „Gewinn und Cashflow steigen mit zunehmendem Marktanteil durch die Wirksamkeit des Erfahrungskurveneffekts.
- Das Wachstum auf einem Produkt-Markt-Segment folgt weitestgehend der für das Produktfeld geltenden Lebenszykluskurve.
- Umsatzwachstum ist mit Kapitalbedarf verbunden."[58]

Die Grafik wird mittels einer Umwelt- und einer Unternehmensachse aufgeteilt, siehe *Abb. 5.7*.

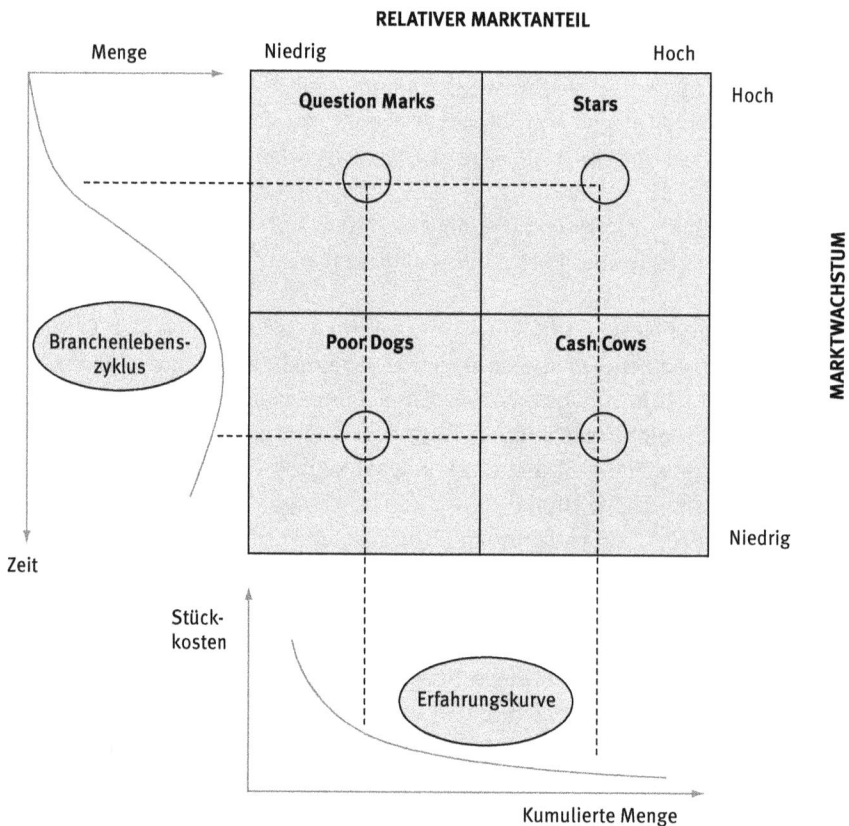

Abb. 5.7: Schematische Darstellung der BCG-Matrix[59]

Auf der Umweltachse wird das Marktwachstum als zentrales Merkmal charakterisiert. Der relative Marktanteil wird auf der Unternehmensachse dargestellt. Die

---

[58] Kerth/Asum (2008), S. 77.
[59] Paul/Wollny (2014), S. 221.

dritte Dimension wird mit der Darstellung der Geschäftsfelder über den Durchmesser der Kreise verdeutlicht. Im Zentrum der vier Quadranten steht der Kapitalfluss, das heißt, ob die Geschäftseinheit Kapitalbedarf aufweist oder Kapital generiert. Darüber hinaus werden neben dem Cashflow auch Aussagen getroffen über Deckungsbeiträge, Wachstumsraten und Marktanteile. Die BCG-Matrix integriert zudem eine Lebens- und Erfahrungskurve des jeweiligen Unternehmens.

Question Marks: Hierbei handelt es sich um Geschäftsfelder mit geringem Marktanteil und möglichen hohen Wachstumsraten. Es sind oftmals vielversprechende Entwicklungen, die mit entsprechendem Aufwand eine gute Investition darstellen. Wenn eine Perspektive gegeben ist, können aus solchen Geschäftsfeldern Stars werden. Zeichnet sich jedoch ab, dass ein weiteres Engagement nur Kapital verschlingt, ist eine Desinvestition mit einer Rückzugsstrategie empfehlenswert.

Stars: Die hier zugeordneten Geschäftsfeldern zeichnen sich durch eine vorteilhafte Wettbewerbssituation aus, verzeichnen hohe Gewinne, benötigen aber auch einen hohen Kapitalbedarf aufgrund hoher Wachstumsraten. Die Stars befinden sich in einem frühen Lebenszyklusstadium und haben Wettbewerbsvorteile. Hierbei sind u. a. Ziele Differenzierungs-Vorteile auszubauen, um die Marktführerschaft nachhaltig zu sichern.

Cash Cows: Cash Cows befinden sich in reifen Lebenszyklusphasen und haben einen hohen Marktanteil. Teilweise handelt es sich auch um Marktführerpositionen. Geringes Marktwachstum und dadurch auch geringe Kapitalinanspruchnahme sind kennzeichnend. Die Normstrategie in diesem Fall ist die Abschöpfung der Gewinne.

Poor Dogs: Die Poor Dogs haben keinen bedeutenden Marktanteil mehr, hier sollte eine klare Desinvestitionsstrategie vorgenommen werden. Ausnahmen bestehen lediglich, wenn unverzichtbare Verbundvorteile durch eine Rückzugsstrategie verloren gehen würden.

Vorgehensweise

Um eine Normstrategie aus der Portfolioanalyse zu erstellen, ist nach der Eingrenzung und der Zuordnung der Geschäftsfelder ein Zielsystem des Unternehmens festzulegen. Danach wird das IST-Portfolio ausgewertet und ein Ziel-Portfolio erarbeitet, wo das junge KMU in z. B. fünf Jahren stehen will. Danach werden Maßnahmen abgeleitet und der Fortschritt regelmäßig kontrolliert.

Das Ziel dieses Instruments ist es, ein Gleichgewicht der Produkte im Unternehmen herzustellen, um dadurch eine Steuerungsmöglichkeit des Unternehmens zu erhalten.[60] Durch die Portfolioanalyse kann das junge KMU strategische Entschei-

---

[60] Vgl. Müller-Stewens/Lechner (2005), S. 300; Nagel (2002), S. 25.

dungen nicht isoliert, sondern im gesamtunternehmerischen Zusammenhang betrachten und Entscheidungen treffen.[61]

Vor- und Nachteile

Vorteile dieser Analyse liegen in der einfachen Darstellung komplexer Vorgänge und der Nachvollziehbarkeit der normativen Behauptungen. Für die interne als auch für die externe Kommunikation ist das Portfolio sehr gut geeignet, um daraus strategische Optionen herzuleiten.

Nachteilig sind die sehr allgemeinen Aussagen, die operationalisiert werden müssen. Die Normstrategien basieren auch auf stark verdichteten Dimensionen.

Kosmider (1994) hat in seiner Studie ermittelt, dass 57 Prozent der befragten mittelständischen Unternehmen die Portfolioanalyse einsetzen. Die Begründung für diesen hohen Einsatz liegt in der Einfachheit der Handhabung des Instruments, indem die Produkte auch leicht den Feldern zugeordnet werden können.[62] In der Studie des Controller-Instituts jedoch wird eine mangelnde Akzeptanz festgestellt. Lediglich 17 Prozent der befragten kleinen und mittleren Unternehmen wenden dieses Instrument an.[63] *Ossadnik et al.* (2004) ermittelten in ihrer Studie, das KMU dieses Instrument „selten bis gar nicht" nutzen.[64] Ein Grund kann hier in der mangelnden Informationsgrundlage liegen.[65]

Mit diesem Instrument besteht für junge KMU die Möglichkeit sich darüber zu informieren, welche Produkt-/Leistungsangebote vom Markt angenommen werden und wie das junge KMU davon profitieren kann. Es ist auch möglich zu erkennen, ob das junge KMU sich breit aufgestellt und sich strategisch positioniert hat. Diese Notwendigkeit muss ein junges KMU erkennen und dieses Instrument einsetzen.

5.2.4 Wertschöpfungskettenanalyse für die Prozessoptimierung

Bei der Betrachtung von Stärken und Schwächen in Unternehmen sind wertorientierte Ansätze wichtig. Die Wertkette wurde Anfang der 1980er Jahre von *McKinsey*[66] als strategisches Managementinstrument entwickelt. Mit der Wertschöpfungskette werden die Prozesse eines Unternehmens betrachtet und die betrieblichen Funktionen analysiert. *Porter* (1996) hat diese Betrachtung des Unternehmens als eine ganzheitlich kompetitive Analyse bewertet. „Jedes Unternehmen ist eine Ansammlung von Tätigkeiten, durch die sein Produkt entworfen, hergestellt, vertrieben, ausgelie-

---

61 Vgl. Bea/Haas (2001), S. 131.
62 Vgl. Kosmider (1994), S. 125.
63 Vgl. Schadenhofer (2000), S. 34f.
64 Vgl. Ossadnik et al. (2004), S. 627.
65 Vgl. Kunesch (1996), S. 585.
66 Vgl. Glueck (1980), S. 28.

fert und unterstützt wird. All diese Tätigkeiten lassen sich in einer Wertkette darstellen."[67] Bei der Wertkette handelt es sich um ein Abbild des Unternehmens, aufgeschlüsselt nach den wichtigsten Aktivitäten, siehe *Abb. 5.8.*

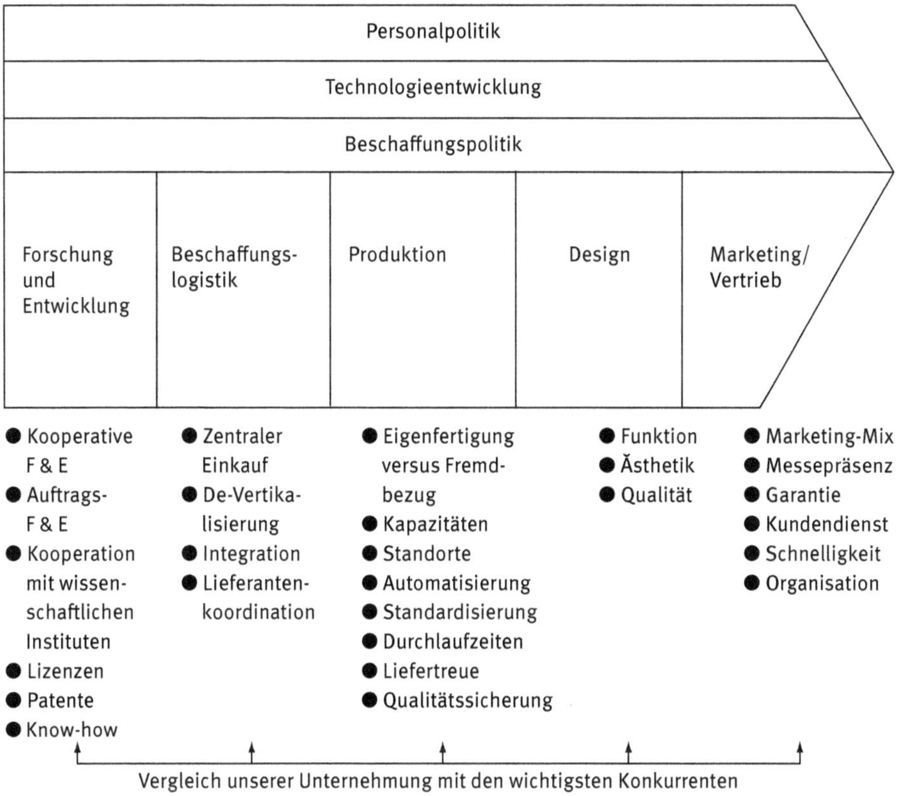

Personalpolitik				
Technologieentwicklung				
Beschaffungspolitik				
Forschung und Entwicklung	Beschaffungs- logistik	Produktion	Design	Marketing/ Vertrieb

- Kooperative F & E
- Auftrags- F & E
- Kooperation mit wissen- schaftlichen Instituten
- Lizenzen
- Patente
- Know-how

- Zentraler Einkauf
- De-Vertika- lisierung
- Integration
- Lieferanten- koordination

- Eigenfertigung versus Fremd- bezug
- Kapazitäten
- Standorte
- Automatisierung
- Standardisierung
- Durchlaufzeiten
- Liefertreue
- Qualitätssicherung

- Funktion
- Ästhetik
- Qualität

- Marketing-Mix
- Messepräsenz
- Garantie
- Kundendienst
- Schnelligkeit
- Organisation

Vergleich unserer Unternehmung mit den wichtigsten Konkurrenten

Abb. 5.8: Die Wertschöpfungskette nach Porter[68]

Die *primären Aktivitäten* befassen sich mit der Erstellung und Vermarktung der
Kernleistung. Die *unterstützenden (sekundären) Aktivitäten* behandeln die Versor-
gungsfunktionen, die indirekt zur Gewährleistung und Umsetzung der primären
Aktivitäten erforderlich sind.[69] Weitergehende Aspekte sind u. a., dass auch externe
Faktoren wie die „Abnehmeraktivitäten" und deren Einfluss mit berücksichtigt
werden müssen.[70] Die Wertschöpfungskettenanalyse hat das Ziel, die Wettbewerbs-

---

67 Porter (2000), S. 67f.
68 Hinterhuber (2011), S. 179.
69 Vgl. Esser (1991), S. 134.
70 Vgl. Fantapié Altobelli/Bouncken (1998), S. 287ff.

vorteile (Kosten- und Differenzierungsvorteile) in den Unternehmen aufzuzeigen. Jeder Teilbereich kann einen wichtigen Beitrag zur Differenzierung und/oder zur Kostenhöhe leisten.[71] Dabei erfolgt eine abteilungsübergreifende Zusammenfassung aller Tätigkeiten. Dies dient den jungen KMU zur Organisations- und Prozessoptimierung. Der Ansatz der Wertschöpfungskette ist ein *offenes Modell der Unternehmensanalyse* und beinhaltet sechs Grundannahmen:

- „Der Gesamtwert eines Produkts oder einer Dienstleistung ist derjenige Betrag, den die Kunden dafür anzulegen bereit sind.
- Für die Erzielung einer befriedigenden Gewinnspanne ist eine differenzierte Betrachtung und Ausgestaltung der Wertschöpfungsaktivitäten unabdingbar.
- Um zu einem Bezugsrahmen zu gelangen, müssen die Teilaktivitäten entlang des Wertschöpfungsprozesses geordnet werden.
- Der Ausgangspunkt der Analyse ist nicht das Unternehmen allein, sondern die Einbettung seiner Wertschöpfungskette in die Branche.
- Das Top-Management muss die Wertschöpfungskette des Unternehmens im Vergleich zu denjenigen der Konkurrenten analysieren und gegebenenfalls im Hinblick auf die Branchenverhältnisse neu definieren.
- Wettbewerbsvorteile/-nachteile eines Unternehmens lassen sich nur ermitteln, wenn nicht nur einzelne Teilaktivitäten strukturiert und dokumentiert, sondern auch die Modi ihrer Erledigung überprüft werden."[72]

Vorgehensweise

Um eine schlüssige Wertkette zu bilden, empfiehlt sich folgende Vorgehensweise:[73]
- Abbildung der Prozesse mit der Wertkette,
- Analyse der Kostenpositionen der Wertschöpfungsaktivitäten,
- Identifikation der Differenzierungsmöglichkeiten je Wertschöpfungsaktivität,
- Analyse des Technologieniveaus der Wertschöpfungsaktivitäten,
- Ermittlung der erfolgskritischen Wertschöpfungsaktivitäten,
- Ableitung konkreter Handlungsempfehlungen.

Die Betrachtung der Wertkette kann nach *Porter* (1996) für folgende Einsatzmöglichkeiten erweitert werden:

Analyse der eingesetzten Technologien, Analyse von vertikalen Verknüpfungen zwischen Lieferant, Unternehmen, Kunde, Analyse horizontaler Verknüpfungen (*Synergieeffekte*) oder zur optimalen Wertschöpfung durch Vorwärts-/Rückwärtsintegration durch z. B. *Outsourcing* und als Letztes durch die *Kooperation* mit Partnern.[74]

---

71 Vgl. Porter (1996), S. 59.
72 Marchazina/Wolf (2010), S. 305ff.
73 Vgl. Eschenbach (1996), S. 29.
74 Vgl. Porter (1996), S. 120.

Vor- und Nachteile

Vorteilhaft erweist sich die vollständige Abbildung des Geschäftssystems als Wertschöpfungsprozess. Dadurch werden alle Aktivitäten, die dem Kunden einen Nutzen bringen, abgebildet. Dies hat zur Folge, dass das Verständnis für die Unternehmensprozesse gefördert wird.

Nachteilig ist der Arbeitsaufwand für Unternehmen, die sehr heterogen aufgestellt sind. Es ist ein hoher Arbeitsaufwand nötig, um alle relevanten Informationen zu verarbeiten. Ebenfalls ist dann die Zuordnung der Kosten zu den Aktivitäten sehr aufwendig und Vergleichsdaten zu Wettbewerbern sind schwer zu beschaffen.

Mit diesem Instrument besteht für junge KMU die Möglichkeit, wenn sie sich im Aufbau befinden, die Organisationsstruktur als auch die Prozesse effizient und effektiv zu gestalten. Junge KMU befinden sich am Anfang ihres Unternehmenswerdegangs und haben noch keine festen Strukturen oder Organisationsabläufe. Daher müssen sich junge KMU mit diesem Instrument ihre Abläufe gestalten. Ein weiterer Aspekt spricht für die Wertkette gerade in jungen KMU. In der Wachstumsphase ergeben sich neue Aufgaben, neue Kunden und Marktstrukturen. Das Produkt-/Leistungsprogramm wird neu aufgestellt und erweitert und es ist ein ständiger Wechsel in der Struktur bzw. den Abläufen zu erwarten. Das bedeutet, dass die Wertkette permanent überprüft und angepasst werden muss. Mit dieser Wertkettenanalyse haben junge KMU auch die Möglichkeit Schnittstellen und Doppelarbeiten bei Prozessabläufen zu minimieren. Ebenfalls ist eine Wertsteigerung des Produkt-/Leistungsangebots mit diesem Instrument möglich und es fördert so die Werthaltigkeit und Ertragssteigerung.

5.3 Formulierung strategischer Ziele

5.3.1 Zielgruppenanalyse

Die Zielgruppenbestimmung dient für junge KMU zur Positionierung und zur kundenorientierten Gestaltung des Marketing-Mix. Um die potenziellen Kundengruppen anzusprechen, muss diese im Vorfeld eindeutig festgelegt werden. Bei der Auswahl der relevanten Zielgruppe und der Abgrenzung der Marktsegmente kann nach Demografie, Verhalten oder psychografischen Kriterien unterschieden werden.[75] Moderne Marktsegmentierungsansätze betrachten verstärkt die psychografischen Kriterien,

---

75 Vgl. Bauer (1976), S. 37; Böhler (1977), S. 20.

wie Motive, Einstellungen, Nutzenvorstellungen oder Lebensstil.[76] Bei der möglichen Segmentierung wird der Markt aufgeteilt in in sich homogene Gruppen und untereinander heterogene Gruppen.[77] Ebenfalls wird bei der Marktsegmentierung zwischen Kunden und der Ableitung von Implikationen im Hinblick auf die Marktbearbeitung unterschieden.[78] Um Segmentierungskriterien aufzustellen, müssen die Anforderungen in Bezug auf Messbarkeit, Kaufverhaltensrelevanz, Erreichbarkeit, Handlungsfähigkeit, Wirtschaftlichkeit und zeitliche Stabilität gewährleistet sein.[79] Die *Tab. 5.2* zeigt einen Überblick über mögliche Segmentierungskriterien. Dabei wird nach Segmentierungsvariablen unterschieden, wie z. B. sozioökonomischen-, demografischen-, verhaltensorientierten-, psychografischen-, medienorientierten-, Besitz- und Verbrauchs-Merkmalen.

Tab. 5.2: Verfahren der Marktsegmentierung[80]

Geographische Segmentierung	(Sozio-) demographische Segmentierung
Makrogeographische Segmentierung	Alter
Nation, Staat	Geschlecht
Bundesländer, Regionen	Familienlebenszyklus
AC-Nielsen Gebiete	Sozioökonomische Kriterien
Kreise, Städte, Gemeinden	Ausbildung
Mikrogeographische Segmentierung	Beruf
Stadtteile	Einkommen
Wohngebiet	Nationalität
Straßen/Nachbarschaften	Religion
Psychographische Segmentierung	**Verhaltensbezogene Segmentierung**
(Produktspezifische) Einstellungen	Anlässe
Werte	Nutzennachfrage (Benefit)
Lifestyle (A-I-O)	Mediennutzung
Persönlichkeit	Preisverhalten
	Einkaufsstättenwahl
	(Geschäftstreue, Geschäftswechsel)
	Verwenderstatus (Käufer, Nicht-Käufer)
	Verwendungsrate (Viel-, Wenig-Käufer)
	Markenwahl

Vorgehensweise

Zuerst sind die aktuellen und potenziellen Kunden in Gruppen einzuordnen. Nach der Bedürfnisanalyse erfolgt die Ist-Analyse durch z. B. einer Marktforschung in

---

76 Vgl. Freter et al. (2008), S. 59.
77 Vgl. Freter (1983), S. 44f; Meffert et al. (2008), S. 232.
78 Vgl. Freter (2001), S. 38.
79 Vgl. Kotler/Bliemel (2006), S. 451f; Meffert et al. (2008), S. 190f.
80 Runia (2011), S. 126.

Form von Primär-/Sekundärforschung. Hieraus werden dann die potenziellen Kunden bestimmt und die Produkt- bzw. Dienstleistungsangebote daraufhin abgestimmt.

Vor- und Nachteile

Ein wesentlicher *Vorteil* der Zielgruppenanalyse ist die zielgerichtete Fokussierung der Kunden und dadurch auch die differenzierte Befriedigung der Kundenwünsche. Als positiver Aspekt ergibt sich auch eine ressourcenschonende Konzentration der Maßnahmen.

Nachteile sind u. a. in dem Aufwand und den Kosten zu sehen.

Mit dem Instrument besteht die Möglichkeit der Fokussierung auf die relevante Zielgruppe. Eine falsch orientierte Zielgruppenansprache birgt hohe Gefahren für junge KMU, die noch über keine Kundenbeziehungen verfügen und daher den potenziellen Kundenstamm langsam aufbauen müssen.

5.3.2 Gap-Analyse zur Minimierung der Lücke von Plan- und Ist-Größen

Ansoff (1966) hat das Konzept der Lückenplanung so konzipiert, dass ein Vergleich der Wachstumsziele des Unternehmens mit den voraussichtlichen Umsatz- und Absatzentwicklungen vorgenommen wurde.[81] Die Lücken zwischen den Wachstumszielen und der zu erwartenden Entwicklung sollen durch die Anpassung oder auch Veränderung der marktgerichteten Strategien geschlossen werden.[82] Die Gap-Analyse projiziert die Unterschiede zwischen Plan- und voraussichtlichen Ist-Größen in der Zukunft. Diese Lückenanalyse (Lücke, engl.: Gap) hat die Aufgabe, im Rahmen einer Ursachenforschung Strategien zu entdecken, um die strategische Lücke zu schließen, siehe *Abb. 5.9*. Die strategische Lücke ist die Differenz zwischen der Zielprojektion und dem Basisgeschäft. Die operative Lücke wird als Differenz zwischen dem Basisgeschäft und der Status-quo-Projektion gesehen.[83]

Die festgestellten Lücken werden analysiert, um daraus geeignete Maßnahmen abzuleiten. Man versucht die Lücken mit z. B. Maßnahmen zur Effizienzsteigerung, wie Rationalisierungen, Leistungssteigerungen, Produktverbesserungen oder Qualitätssteigerungen, zu schließen. In vielen KMU wird aufgrund von operativen Maßnahmen eine Ergebnissteigerung erreicht, häufig ist aber das tatsächlich erreichte Ziel hinter der ursprünglichen Zielplanung. Dies kann auch mit der Unternehmensstruktur zusammenhängen, welche bei diesem Instrument den Umfeldbe-

---

81 Vgl. Ansoff (1966), S. 28.
82 Vgl. Becker (2006), S. 124; Kreikebaum (1997), S. 89.
83 Vgl. Kreikebaum (1997), S. 92ff.

dingungen angepasst werden sollte, um so mit der Abstimmung langfristig die Zielprojektion zu erreichen.[84]

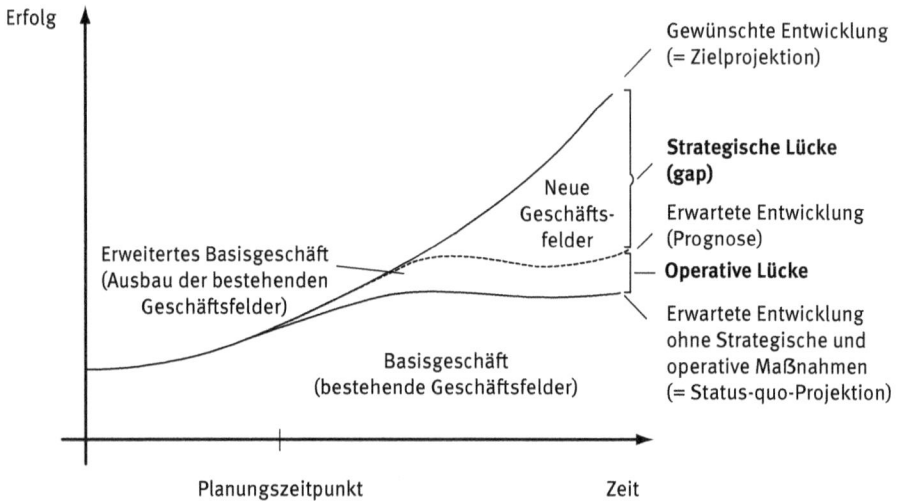

Erfolg

Gewünschte Entwicklung
(= Zielprojektion)

**Strategische Lücke
(gap)**

Neue
Geschäfts-
felder

Erwartete Entwicklung
(Prognose)

Erweitertes Basisgeschäft
(Ausbau der bestehenden
Geschäftsfelder)

— **Operative Lücke**

Erwartete Entwicklung
ohne Strategische und
operative Maßnahmen
(= Status-quo-Projektion)

Basisgeschäft
(bestehende Geschäftsfelder)

Planungszeitpunkt   Zeit

Abb. 5.9: Strategische und operative Lücke[85]

Um Entscheidungen treffen zu können, werden alle bisher ermittelten Informationen verarbeitet. Mit der Gap-Analyse können Maßnahmekataloge erarbeitet werden.
Daher wird diese Analyse sowohl als Planungsinstrument als auch als Instrument
für die Erkennung strategischer Probleme angesehen.[86]

Vor- und Nachteile
Der *Vorteil* dieser Analyse liegt in der Tatsache, dass mit den vorherigen Planungen
Daten vorhanden sind und eine vorhergehende Überprüfung der relevanten
Möglichkeiten durchgeführt wurde. Eine Zielorientierung durch die Überprüfung
von Alternativen ist ebenfalls gegeben.

Der *Nachteil* besteht darin, dass dieses Modell nur eindimensional ausgerichtet ist.

Vorgehensweise
Zu Beginn ist die Zielprojektion mit der gewünschten Entwicklung von z. B. Gewinn,
Umsatz, Marktanteile. Mit diesen Daten wird eine quantitative Bestimmung für die
nachfolgenden Jahre aufgestellt. Erwartungen aus dem Makroumfeld und der Branche-
nentwicklung sind hierbei zu berücksichtigen und es werden für jeden Bereich die

---

84 Vgl. Baum et al. (1999), S. 18f.
85 Bea/Haas (2008), S. 179.
86 Vgl. Probst (2007), S. 107.

Lücken zwischen Ist- und Planwerten identifiziert. Aus den Ergebnissen der Daten werden neue Ziele formuliert und Maßnahmenkataloge zusammengestellt.

Zur Schließung der operativen Lücke ist die Bezugsgröße zu analysieren und einzelne Bereiche werden auf Effizienz und Effektivität überprüft. Mit den entwickelten Ideen für den operativen und den strategischen Bereich werden dann die Maßnahmenpläne umgesetzt.[87]

Die Einsatzrate der Gap-Analyse in KMU ist nach einer Studie von *Ossadnik et al.* (2004) sehr niedrig. Bei Unternehmen mit bis zu 100 Mitarbeitern wird die Gap-Analyse „nicht eingesetzt" und ist nicht einmal bekannt. Bei den Unternehmen von 101 bis 500 Mitarbeitern beträgt der Durchschnitt der Anwendung „selten bis gar nicht".[88] Dies wird mit der Stellung des Unternehmers zusammenhängen, der gebündelte Entscheidungskompetenzen hat, sofern er nicht Aufgaben delegieren kann. Bei KMU legt der Geschäftsführer die strategischen Entscheidungen fest und hat maßgeblichen Einfluss auf die Entwicklung und Umsetzung der strategischen Konzepte.[89] Viele Unternehmer lassen sich zudem ungern in die Arbeit reinreden und verhindern die Implementierung eines Controllingsystems, da sie dadurch glauben an Einfluss zu verlieren. Daher ist die Skepsis oft ein Hinderungsgrund für die Durchführung wichtiger Unternehmensplanungen.[90]

5.3.3 Szenariotechnik als Zukunftsprognose

Die Aufgabe der Szenarioanalyse ist es, Zukunftsperspektiven zu entwickeln. *Gausemeier/Fink* (1999) definieren die Szenariotechnik wie folgt: „Ein Szenario ist eine allgemein verständliche Beschreibung einer möglichen Situation in der Zukunft, die auf einem komplexen Netz von Einflussfaktoren beruht. Ein Szenario kann darüber hinaus die Darstellung einer Entwicklung enthalten, die aus der Gegenwart zu dieser Situation führt."[91]

Dieses Instrument schreibt die Vergangenheit in die Zukunft fort, ohne mögliche Veränderungen in der Zukunft ausreichend zu berücksichtigen. Auch wenn die Zukunft nicht vorhersagbar ist, muss sich jeder Unternehmer mit den möglichen Entwicklungen auseinandersetzen. Gerade in KMU, bei denen die Flexibilität und das Reagieren auf Marktveränderungen wichtig sind, kann dieses Instrument helfen, Chancen und Risiken rechtzeitig zu identifizieren und Möglichkeiten zu erarbeiten, um mit diesen dann arbeiten zu können.[92] Die Szenariotechnik betrachtet nicht

---

87 Kerth/Asum (2008), S. 255.
88 Vgl. Ossadnik et al. (2004), S. 627.
89 Vgl. Reisinger (2007), S. 216ff.
90 Vgl. Horváth/Weber (1997), S. 352.
91 Gausemeier/Fink (1999), S. 80.
92 Vgl. Berekoven et al. (2001), S. 278ff; Geschka (1999), S. 518ff.

einen festgelegten Punkt in der Zukunft, sondern zeigt Möglichkeiten auf für zukünftige wahrscheinliche Entwicklungen.[93]

KAHN beschäftigte sich in den 1950er Jahren in der RAND-Corporation mit der Entwicklung militärischer Planspiele und verwendete in diesem Zusammenhang den Begriff „Szenario".[94] Er veröffentlichte 1967 die Studie, die als Geburtsstunde der Szenario-Technik gilt: „The Year 2000. A framework for Speculation on the next Thirty-Three-Years".[95] In der strategischen Unternehmensplanung ist diese Technik vorrangig von Shell, bedingt durch die Ölkrise, in den 1970er Jahren entwickelt worden, um Instabilität und Unsicherheit mit Handlungsoptionen entgegen treten zu können.[96] Bei der Szenariotechnik wird versucht, möglichen Unberechenbarkeiten und Trends Rechnung zu tragen, siehe *Abb. 5.10.*

Üblicherweise werden drei Szenarien erarbeitet, um eine ausreichende Bandbreite möglicher Entwicklungen zu berücksichtigen:
- Best-Case – optimistisches Szenario,
- Worst-Case – pessimistische Szenario,
- Normalsituation – Trendszenario.

Hiermit können dann Chancen und Risiken eines Unternehmens eingeschätzt werden, welche dann auch in die strategische Planung mit einfließen und der Unternehmer hat zudem auch die Möglichkeit, verschiedene Alternativen zu entwickeln. Es ermöglicht dem Unternehmer sich im Vorfeld mit verschiedenen Szenarien auseinanderzusetzen und führt zur systematischen Sichtweise. Bei entsprechenden Störereignissen müssen Entscheidungen schnell und flexibel getroffen werden und Maßnahmen erfolgen.

Zur Ermittlung der Daten für die Szenariotechnik werden sowohl Primär- als auch Sekundärquellen verwendet.

Im Rahmen der vorgestellten Definition ist der Begriff des Szenarios durch zwei wesentliche Kriterien vom traditionellen Umgang mit der Zukunft zu unterscheiden:
- *Multiple Zukunft*: Es gibt mehrere Möglichkeiten, wie sich die Zukunft entwickeln könnte. Damit trägt er der Erkenntnis Rechnung, dass die Zukunft nicht exakt prognostizierbar ist.
- *Vernetztes Denken*: Die Zukunft wird in komplexen Zukunftsbildern beschrieben. Da Gesellschaft, Technik und damit auch die Unternehmensumwelt immer komplizierter und dynamischer werden, reicht es nicht mehr aus, die Zukunft als einfaches System zu beschreiben.

---

93 Vgl. Backhaus/Schneider (2007), S. 249.
94 Vgl. von Reibnitz (1992), S. 11f.
95 Vgl. Gausemeier et al. (1996), S. 91f.
96 Vgl. van der Heijden (1996), S. 15f.

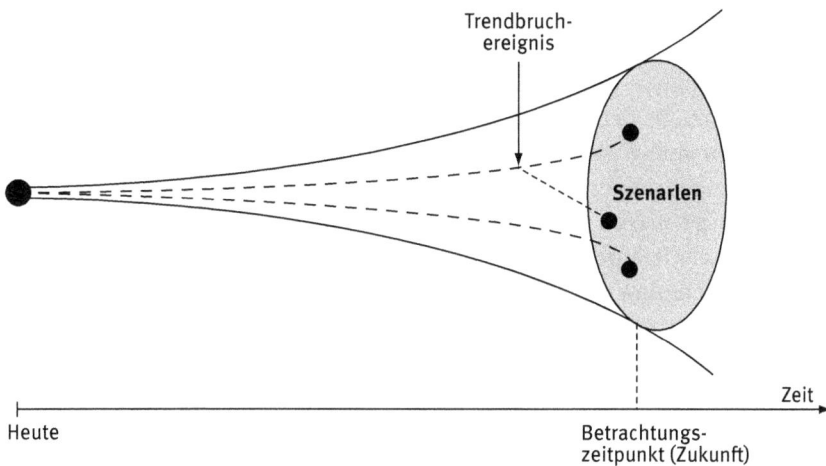

Trendbruch-
ereignis

Szenarien

Zeit

Heute

Betrachtungs-
zeitpunkt (Zukunft)

Abb. 5.10: Denkmodell für Szenarien[97]

Darüber hinaus kann eine weitere Differenzierung von Szenarien nach Global-, Branchen-, Produkt-, Technologie- und unternehmensspezifischen Strategieszenarien vorgenommen werden.[98]

Unvermeidbare Unsicherheiten werden klar identifiziert. Die Szenarien ermöglichen einen Prozess dialektischer Konversation, in welchem unterschiedliche Sichtweisen einander gegenübergestellt werden. Dabei werden die innerhalb einer Unternehmung verfügbaren Ressourcen und das Wissen auf diese Weise einbezogen. Erforderliche Informationen über die Außenbeziehungen und die Umfeldentwicklungen werden sichtbar dargestellt und die notwendigen Informationen für die jeweiligen Szenarien werden in eine transparente und umsetzbare Form gebracht.[99]

Der Zweck der Szenario-Analyse liegt demnach nicht in der Vorhersage, welche Zukunftslage und welches Ereignis auf dem Weg dorthin eintreten werden, sondern es sollen alternative Annahmen von der Entwicklung der Umwelt ermittelt und überprüft werden. Damit können verschiedene Handlungsoptionen abgeleitet werden, um dem Unternehmen beim Eintreffen der verschiedenen Szenarien jeweils einen Erfolg zu sichern. Dies bedeutet, dass sich das Unternehmen bewusst mit den wichtigen Einflussgrößen auseinandersetzen und eine Änderungsstrategie herstellen soll.

Die Bedeutung der Szenario-Analyse für junge KMU zeigt auch einen Zusammenhang zwischen Unsicherheit und Vorbestimmtheit. Dabei ist der Einsatz von quantitativen Prognosemethoden sinnvoll.[100]

---

97 Alter (2011), S. 96.
98 Vgl. Gausemeier et al. (1996), S. 127ff; Geschka/Hammer. (1997), S. 57f.
99 Vgl. Graf (1999), S. 164.
100 Vgl. van der Heijden (1996), S. 92f.

Vorgehensweise

Bei der Szenario-Analyse wird in fünf Phasen vorgegangen. In der ersten Phase wird die Problemanalyse durchgeführt und die zukünftige Zielsituation des Unternehmens bestimmt. In der zweiten Phase kommen die Einflussanalyse und die Deskriptorenbestimmung. Anschließend werden in der dritten Phase die zukünftigen Szenarien im Zusammenhang mit der heutigen Situation betrachtet und eine Trendexploration vorgenommen. In der vierten Phase werden die Entwicklungslinien abgeglichen und ein Roadmap aufgestellt. Dies wird mit der Fragestellung erreicht, wie man unter Einbeziehung der Entwicklungslinien und des heutigen Zustandes die Zukunftssituation erreichen kann. Zum Schluss wird in der fünften Phase eine Auswertung erstellt.[101] Erfahrungsgemäß werden drei alternative Szenarien entwickelt. Die Entwicklung dieser Szenarien erfolgt in drei Phasen:

Analyse-Phase:
– Analyse der gegenwärtigen Situation, die zu einem Verständnis der Wirkungszusammenhänge führt.
– Identifizierung der Schlüsselfaktoren, die zur Beschreibung der Zukunft und der Entwicklung dorthin analysiert werden sollen.
– Einbeziehen von Makro- und Branchenumwelt des Unternehmens.
– Nicht mehr als fünf Faktoren auswählen.

Prognose-Phase:
– Entwicklung von sinnvollen Annahmen für alle Einflussbereiche.
– „Forward-Approach" bzw. das Treffen von Annahmen über denkbare Alternativen von Ausprägungen (z. B. Marktentwicklung = dynamisch oder stabil; staatliche Einflussnahmen = günstig oder ungünstig).
– Definition von zwei bis drei Szenarien, die jeweils ein Bündel unterschiedlicher, aber konsistenter Ausprägungen aller Faktoren darstellen.
– „Backward-Approach" bedeutet, dass zunächst bis zu drei konsistente Annahmebündel entwickelt werden („Best-Case", Normalszenario, „Worst-Case"). Hierbei wird versucht festzustellen, welche Veränderungen stattgefunden haben müssen, um zu dem jeweiligen Szenario zu gelangen.

Synthese-Phase:
– Konzipierung alternativer, in sich konsistenter Zukunftsbilder.
– Beurteilen der Auswirkungen von Strategien anhand dieser Szenarien.[102]

---

101 Kerth/Asum (2008), S. 249.
102 Vgl. Hungenberg (2001), S.144f.

Aus diesen Phasen leiten sich die folgenden Vorgehensweisen ab. Dabei handelt es sich um die intuitive Logik und den Ansatz der modellgestützten Logik.

Die *intuitive Logik* ist stark qualitativ geprägt und gekennzeichnet durch eine iterative Vorgehensweise. Sie verzichtet vollkommen auf Algorithmen. Die *modellgestützte Logik* hingegen umfasst alle Ansätze, die bei der Bündelung von Alternativen und der Auswahl der Szenarien auf eine strukturierte und mathematische Vorgehensweise zurückgreifen.[103]

Die Szenario-Analyse kann durch die ihr inhärente Einschränkung des Zukunftsspektrums zu einer Komplexitätsreduktion der Ausgangsproblemstellung beitragen.

Vor- und Nachteile

Vorteile sind darin zu sehen, dass auch unwahrscheinliche Szenarien betrachtet und so die Eventualitäten durchgespielt werden. Die Szenario-Analyse als Instrument der Bestimmung von Szenarien hat sich zu einer Methode der strategischen Frühaufklärung entwickelt, deren großer Vorteil darin besteht, sowohl quantitative als auch qualitative Informationen verarbeiten zu können.[104] Die Szenario-Analyse bietet darüber hinaus Vorteile, von denen die wesentlichen im Folgenden dargestellt werden[105]:

- Als Planungswerkzeug konsequent angewendet, zwingt die Szenario-Analyse die Entscheidungsträger, sich permanent mit unbekannten und dynamischen Elementen von unternehmensrelevanten Fakten der Gegenwart und Zukunft auseinanderzusetzen.
- Die Aufmerksamkeit wird auf eine größere Vielfalt von Optionen gelenkt, die bei der Analyse der Zukunft in Betracht gezogen werden müssen.
- Das Szenario hebt bestimmte Prinzipien, Probleme und Grundsätze hervor, die allzu häufig als gegeben hingenommen und daher auch leicht übersehen werden können. Der Blick auf ein anderes Extrem-Szenario veranschaulicht dies meist eindrucksvoll.

Die *Nachteile* liegen in der aufwendigen Recherche und die Operationalisierung gestaltet sich schwierig.

Mit diesem Instrument besteht für junge KMU die Möglichkeit sich zum einen eine Planung und Zielvorgabe aufzuerlegen, aber auch die Eventualitäten von Erfolg oder Misserfolg, dem „Best-Case" und „Worst-Case", in Betracht zu ziehen. Dieses Instrument ist eines der entscheidenden Instrumente, da bei jungen KMU in der Wachstumsphase neue Strukturen und Märkte vorhanden sind, die in der Entwicklung zu betrachten sind. Bei unbekannten Variablen muss ein junges KMU gewapp-

---

103 Vgl. Meyer-Schönherr (1992), S. 33ff.
104 Vgl. Simon/Gathen (2002), S. 80.
105 Vgl. Simon/Gathen (2002), S. 82f.

net sein, da die Ressourcen knapp bemessen sind. Ebenfalls muss das junge KMU bei einem möglichen Rückschlag für die Ausweichvariante vorbereitet sein.

5.4 Entwicklung von Strategien

5.4.1 Ansoff-Matrix zur Festlegung der Wachstumsstrategie

Junge KMU, die sich in der Wachstumsphase befinden, müssen sich über eine nachvollziehbare Weiterentwicklung der bestehenden Produkte/Dienstleistungen machen. Für die Anwendung und Festlegung von Strategien lässt sich die *Ansoff-Matrix* (1966) verwenden.[106] Diese Vorgehensweise wird für die Konzeption von Wachstumsstrategien und Absatzkonstellationen durchgeführt. Dabei werden Wachstumsstrategien verschiedenen Kombinationen aus Märkten und Produkten zugeordnet. Die Gliederung erfolgt zweidimensional jeweils nach neuen und bestehenden Märkten und nach neuen und bestehenden Produkten, siehe *Abb. 5.11*.

Märkte / Produkte		bisherige Märkte	neue Märkte
		Bearbeitung	
Angebot	bisherige Produkte	**Marktdurchdringung** verstärkte Bearbeitung bisheriger Märkte mit bestehenden Produkten	**Markentwicklung** Angebot der bisherigen Produkten auf neuen Märkten
	neue Produkte	**Produktentwicklung** Angebot von neuen Produkten für die bisherigen Märkte	**Diversifikation** Angebot von neuen Produkten für neue Märkte

Abb. 5.11: Wachstumsmatrix[107]

Marktdurchdringung: Hier wird die Intensivierung der Bearbeitung der vorhandenen Kunden und der gegenwärtigen Produkte vorgenommen. Mögliche Maßnahmen wären hier erreichbar mit der Vergrößerung der Verpackungseinheiten, Gewährung von Preisnachlässen oder das Herbeiführen einer künstlichen Alterung der Produkte.

---

106 Ansoff (1966), S. 13ff.
107 Braunschweig (2000), S. 87.

Produktentwicklung: Es sollen neue Produkte entwickelt werden, um die bestehenden Kunden mit Neuentwicklungen zu bedienen. Dies kann u. a. durch die äußerliche Anpassung der Produkte oder durch die Entwicklung von Qualitätsvariationen geschehen.

Marktexpansion: Für die vorhandenen Produkte sollen neue Märkte gefunden werden, indem z. B. eine räumliche Markterweiterung oder die Gewinnung neuer Marksegmente vorgenommen wird.

Diversifikation: Bei der Diversifikationsstrategie versucht das Unternehmen mit neuen Produkten neue Märkte zu erschließen.[108]

Mit diesen Ansatzpunkten können die verschiedenen Stoßrichtungen aufgezeigt werden, wobei auch der unterschiedliche Mehraufwand zu beachten ist. Die Diversifikationsstrategie kann nach vorsichtigen Schätzungen das 16fache in Bezug auf den Ressourcenbedarf einer Marktdurchdringungsstrategie erfordern.[109] Je nach Diversifikationsgrad lässt sich zwischen drei verschiedenen Diversifikationsformen unterscheiden[110]:

- Horizontale Diversifikation: Das Programm wird mit den Leistungen aus vergleichbaren Branchen erweitert, wobei zumindest einzelne Aktivitäten aus der Wertkette eine Nutzung von Synergien ermöglichen (z. B.: Finanzdienstleistungen bei Bausparkassen)[111];
- Vertikale Diversifikation: Hier wird die Wertschöpfungstiefe entweder in vorgelagerter oder nachgelagerter Richtung vergrößert (z. B.: ein Verlagshaus baut eine Buchhandelskette auf oder beteiligt sich an einem Papierproduzenten);
- Laterale Diversifikation: Hier stößt das Unternehmen in völlig neue Branchen vor, wo keinerlei Beziehungen zwischen dem bisherigen und neuen Geschäftsfeld bestehen (z. B.: Aldi betätigt sich als Reiseveranstalter).

Bei der Auswahl der einzelnen Stoßrichtungen spricht *Ansoff* (1965) von dem *Gesetz der abnehmenden Synergie*.[112] Dabei wird vom Synergieeffekt gesprochen, wenn das Unternehmen in miteinander verwandte Produkte investiert und sich dadurch insgesamt Einsparungseffekte in der Herstellung, der Investition und im Absatz ergeben. Vergleichbar ist hier das Konzept „Economies of Scope",[113] wo Verbundeffekte auftreten können, wenn flexibel einsetzbare Potenziale vorhanden sind. Die größten Synergieeffekte sind bei der Marktdurchdringung, die wenigsten bei der Diversifikation zu erreichen.

---

108 Vgl. Marchazina/Wolf (2010), S. 339ff.
109 Vgl. Aurich/Schröder (1977), S. 242.
110 Vgl. Meffert/Burmann (2005); Yip (1982), S. 129 ff.
111 Vgl. Very (1993).
112 Vgl. Ansoff (1965), S. 77f.
113 Vgl. Goldhar/Jelinek (1983), S. 141ff.

Vorgehensweise

Die Anwendung der Ansoff-Matrix lässt sich in einem Phasenmodell aufzeigen. Zuerst wird die Ist-Situation analysiert und in einer zweiten Phase werden strategischen Optionen beschrieben. In der dritten Phase wird die Strategie ausgewählt, die auf der Basis der analysierten Ausgangssituation am sinnvollsten erscheint. Abschließend wird die gesamte Wachstumsstrategie für die weiteren Schritte zusammengefasst und abgebildet.[114]

Vor- und Nachteile

Der *Vorteil* dieser Matrix ist, dass sie leicht einzusetzen ist und eine gute Entscheidungsvorbereitung durch die übersichtliche Abbildung der strategischen Optionen darstellt. Ebenfalls kann man unmittelbare Handlungsempfehlungen ableiten.

Nachteile liegen zum einem in der Unterstellung einer einseitigen Wachstumsorientierung und zum anderem werden andere Markteilnehmer nicht berücksichtigt. Es gibt auch keine allgemeingültigen Regeln zur Auswahl einer Strategie.

Mit diesem Instrument besteht für junge KMU eine Möglichkeit, sich stetig und nachhaltig zu entwickeln, indem sie sich analog der „Ansoff-Matrix" an die Produkte/Dienstleistungen und Märkte heranarbeiten. Die Marktdurchdringung sollte vorrangig forciert werden und anschließend zeitgleich die Marktexpansion und Produktentwicklung. Junge KMU, die mit Diversifikation anfangen können noch nicht auf Bekanntes zurückgreifen. Dennoch sollte bedacht werden, dass für die Etablierung mit neuen Produkten/Dienstleistungen in neuen Märkten ein hoher Aufwand betrieben werden muss. Junge KMU benötigen ein kurzes „Time-to-Market" (Markteintritt) und ein funktionierendes Rechnungswesen für die Liquidität speziell am Anfang des Unternehmenslebenszyklus.

5.4.2 Wettbewerbsstrategien für die Positionierung im Markt

Junge KMU können mit einer Wettbewerbsstrategie festlegen, wie sie in ihrem Geschäftsfeld auf die Wettbewerber agieren. Hierbei wird festgelegt, welche Vorteile bei den Leistungsangeboten der Markt respektive der Kunde erhält und sich somit auch für das Unternehmen entscheidet.[115] Bei der Entscheidung, welche Wettbewerbsstrategie das Unternehmen anstrebt, können die in der nachfolgenden *Abb. 5.12* vorgeschlagenen Strategien verfolgt werden, die sich in drei *Generic Competitive Strategies* unterscheiden. Dabei müssen folgende zentrale Fragen geklärt werden: Welcher Markt soll bearbeitet werden, wie soll er von anderen abgegrenzt sein und

---

114 Kerth/Asum (2008), S. 192.
115 Vgl. Gerpott (2004), S. 1624; Porter (1985), S. 1.

wie will sich das Unternehmen positionieren? Bei der Marktbearbeitung stellt sich die Frage, ob sich der Markt über die Branche oder über eine Nische abgrenzt. Weiterhin stellt sich die Frage, ob das Ziel die Erreichung von Wettbewerbsvorteilen über eine Differenzierung oder über eine vorteilhafte Kosten-/Preisstruktur erreicht werden kann.

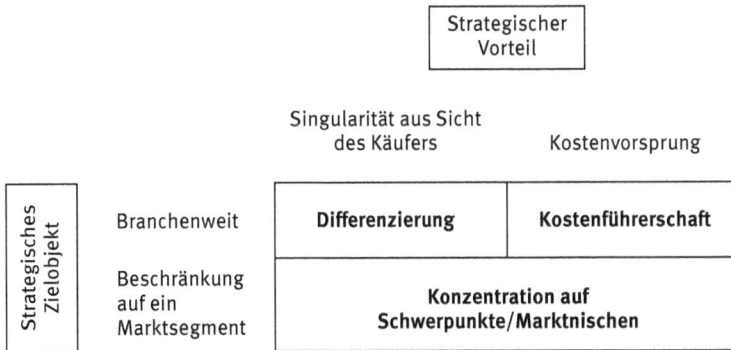

Abb. 5.12: Geschäftsbereichsstrategien nach Porter[116]

Differenzierung: Das Ziel der Differenzierung besteht in der Herstellung und dem Angebot eines Produktes oder einer Dienstleistung, das bzw. sich in Qualität und Service von Konkurrenzprodukten deutlich abhebt. In diesem Zusammenhang wird auch von einem *Unique-Selling-Proposition* (USP) gesprochen. Ziel ist auch, dass die Preiselastizität der Nachfrage gesenkt wird. Ansatzpunkte für eine Differenzierung liegen in der technischen Ausstattung eines Produktes, dem Design, der Markenbildung, dem Service und dem Vertriebsnetz. Die Voraussetzungen für eine Differenzierungsstrategie sind nach *Hax/Majluf* (1991):
-   „In vorzüglichen Produkteigenschaften (technische Funktionalität, Design),
-   im Aufbau eines perfekten Händlernetzes, das einen umfassenden Service bietet,
-   in einem hohen Innovationspotenzial und einer hohen Innovationsfreudigkeit,
-   in hoch qualifizierten, flexiblen, unternehmerisch denkenden Mitarbeitern, in einer intensiven Öffentlichkeitsarbeit."[117]

Umfassende Kostenführerschaft: Hier liegen die Ziele darin, sich als preisgünstigster Wettbewerber auf dem Markt oder als kostenorientiertes Unternehmen zu platzieren. Dies kann durch die Betrachtung von Erfahrungskurveneffekten in

---

116 Bea/Haas (2008) S. 197.
117 Hax/Majluf (1991), S. 50.

Verbindung mit der Fixkostendegression oder durch Prozessoptimierungen erreicht werden. Dies bedeutet u.a. eine Fokussierung auf eine aggressive Mengenpolitik, eine Standardisierung der Produkte und die Analyse der Kostenstruktur. Um diese Punkte zu erreichen, sind nach *Hax/Majluf* (1991) verschiedene Maßnahmen notwendig:

- „Aggressiver Aufbau von Produktionsanlagen auf Efficient-Scale-Niveau,
- laufende Verfahrensinnovationen zum Zweck der Prozessrationalisierung,
- Einsatz von Gemeinkosten-Wertanalysen,
- Standardisierung der Abläufe,
- hohes Maß an spezialisierender Arbeitsteilung zwischen den Mitarbeitern und Produktion an lohnkostengünstigen Standorten,
- Vereinfachung der Produkte sowie des Produktprogramms,
- weitgehende Konzentration auf Großkunden bei Vermeidung von marginalen Kunden."[118]

Konzentration auf Schwerpunkte: Die Konzentration auf Schwerpunkte (Nischenstrategie) bedeutet die Fokussierung auf eine eng abgegrenzte Zielgruppe, ein bestimmtes Leistungsprogramm oder einen regionalen Markt. Diese Nischenorientierung als Wettbewerbsstrategie ist sehr profil bildend.[119] Dieser Umstand wurde von *Porter* (1999) in Studien empirisch nachgewiesen. Dabei waren die sehr kleinen und sehr großen Unternehmen, die sich den jeweiligen Strategien zuordneten besonders erfolgreich.[120] Unternehmen die sich nicht fokussieren, sitzen demnach „zwischen den Stühlen" und sind nicht erfolgreich und haben einen schlechten ROI.[121]

Vorgehensweise

Da es sich bei der Wettbewerbsstrategie um ein Denkmodell handelt, sollten im Vorfeld die Analysen der Ressourcen und des Umfelds durchgeführt werden. Anschließend erfolgt dann die Entscheidung für einen Schwerpunkt.

Vor- und Nachteile

Der *Vorteil* ist darin zu sehen, dass mit diesem Modell ein gezieltes Ansteuern eines eindeutigen Wertangebotes für den Kunden möglich ist. Die Anhaltspunkte sind übersichtlich und es werden Mischstrategien vermieden. Das Geschäftsmodell wird auf die wesentlichen Faktoren reduziert und durchdacht.

---

118 Hax/Majluf (1991), S. 50.
119 Vgl. Dalgic/Leeuw (1994), S. 56.
120 Vgl. Porter (1999), S. 87f.
121 Vgl. Benkenstein/Uhrich (2009), S. 113.

Nachteilig ist, dass z. B. eine eindeutige Abgrenzung der drei Strategien nicht automatisch bedeutet, dass z. B. Kostenführerschaft und Differenzierung nicht zusammen verwendet werden können.

Mit diesem Instrument besteht für junge KMU die Möglichkeit sich zu fokussieren. Gerade am Anfang des Unternehmenslebenszyklus ist eine Mischstrategie zu vermeiden. Die Konzentration ermöglicht dem jungen KMU den Aufbau von Kompetenzen. Die Aussage „Schuster bleibt bei Deinem Leisten!" kann als Hinweis dem Unternehmer gegeben werden. Wie bereits im *Kapitel 2.4* bei den Erfolgsfaktoren beschrieben wurde, haben sich die „Hidden Champions" auf eine Nische spezialisiert und sind mit dieser strategischen Ausrichtung erfolgreich. Den harten Wettbewerb im Massenmarkt kann nur ein Großunternehmen erfolgreich bestreiten. Im Nischenmarkt sind bei entsprechender Kompetenz Märkte und Erträge vorhanden und unterstützen somit die Nachhaltigkeit und den Fortbestand der jungen KMU.

Zusammenfassend kann gesagt werden, dass junge KMU das Umfeld und das Unternehmen permanent kritisch zu betrachten und zu analysieren haben. Veränderungen müssen bewertet werden, um so Auswirkungen auf das Unternehmen zu ermitteln. Es darf nicht mehr von festen Rahmenbedingungen ausgegangen werden, die langfristig konstant bleiben. Die äußeren Strukturen und das Wachstum gerade bei jungen KMU zeigen, dass „ein Wandel Programm ist". Dazu müssen sich die jungen KMU eine größtmögliche unternehmerische Flexibilität erhalten. Die KMU sind im Vorteil, die sich eröffnende Geschäftsgelegenheiten und Potenziale erkennen können. Um diese Potenziale zu erkennen, muss auch die Bereitschaft für Restrukturierungen und Neuausrichtungen vorhanden sein. Das junge KMU muss sich frühzeitig mit den Instrumenten auseinandersetzen und die Chancen nutzen. Dabei müssen auch die Ausstiegsszenarien geplant werden. Analogien von Entwicklungen in anderen Branchen, die eher auf Veränderungen reagieren müssen können ein Beispiel geben.

Um diese Vorgaben umzusetzen, wurden im *Kapitel 5* die wichtigsten strategischen Unternehmensplanungsinstrumente zusammengestellt und auch in der Reihenfolge ihrer Anwendung erläutert. Dabei wurden die Vor- und Nachteile behandelt und die Vorgehensweise beschrieben. Vorhandene Forschungsstudien mit Erfahrungswerten über den Einsatz dieser Instrumente zeigten die Relevanz für den Einsatz bei jungen KMU. Diese Vorgehensweise wurde bewusst so vorgestellt, damit für die nachfolgende Fallstudie diese Instrumente auch in der Praxis erprobt werden. Das *Kapitel 5* stellt somit als wesentliches Ergebnis ein umsetzbares und anwendbares Konzept für die strategische Unternehmensplanung in jungen KMU vor.

6 Umsetzung der strategischen Unternehmensplanung in jungen KMU in einer Fallstudie

6.1 Grundlagen der Fallstudienforschung

Nach dem hier zugrunde angenommenen Verständnis der angewandten Forschung sind die in den vorherigen Kapiteln ermittelten praxisrelevanten Probleme, *Kapitel 2 und 3*, die untersuchten Anwendungszusammenhänge, *Kapitel 4* und die Ableitung von Gestaltungsmodellen, *Kapitel 5* die strategischen Unternehmensplanungsinstrumente auf ihre Anwendung und Umsetzung zu überprüfen. Das bedeutet, dass sich die strategische Führung von jungen KMU in einem komplexen Umfeld behaupten und sich gerade im Wachstum einer vielschichtigen, komplexen und aufwendigen Managementaufgabe stellen muss.

Diese komplexe Ausgangslage begründet den Einsatz einer Fallstudie. Fallstudien werden in den Sozialwissenschaften als Forschungsmethode genutzt, da komplexe soziale Phänomene mit Fallstudien ganzheitlich charakterisierbar sind. Hierbei werden die Daten einer Untersuchungseinheit gesammelt und ausgewertet.[1] Für diese Analyse sind Beobachtungen, Befragungen und Analysen der eingesetzten strategischen Instrumente notwendig. *Yin* (1994) empfiehlt die Fallstudie als Forschungsstrategie, wenn „Wie"- oder „Warum"-Fragen geklärt werden müssen. Da die strategische Unternehmensplanung in jungen KMU sehr aufwendig, individuell und spezifisch ist, wird nachfolgend eine Fallstudie durchgeführt, um den Entwicklungsprozess über einen längeren Zeitraum zu ermöglichen.[2] Bereits *Schramm* (1971) konstatiert, dass die Fallstudienforschung klären kann, wie Entscheidungen bzw. Bündel von Entscheidungen getroffen werden und welche Ergebnisse damit einhergehen.[3]

Yin (2003) unterscheidet verschiedene Dimensionen in der Fallstudienforschung. Er unterscheidet zwischen einer „single-case study" und einer „multiple-case study". Innerhalb eines möglichen Falls wird auch in der Anzahl von Analyseeinheiten unterschieden. Dabei repräsentiert eine Analyseeinheit eine Person, ein Projekt oder ein Unternehmen. Wenn bei einer Fallstudie eine Analyseeinheit betrachtet wird, spricht man von einer „holistic"-Fallstudie, bei mehreren von „embedded"-Fallstudien.[4] Die Fallstudie hat das Ziel ein lesbares oder erklärendes Bild der betrachteten Person, des Programms oder von Entscheidungen bzw. Ereig-

---

1 Vgl. Boos (1992); S. 7; Müller-Böling/Klandt (1996), S. 81.
2 Vgl. Yin (1994), S. 38.
3 Vgl. Schramm (1971), S. 127.
4 Vgl. Yin (2003), S. 39ff.

nissen sowie Institutionen zu zeichnen, um die Vorgehensweisen und Prozesse nachvollziehen zu können.[5]

Die Fallstudienforschung gehört zur qualitativen Forschung und unterscheidet sich von der quantitativen Forschung in folgende Kriterien:

Ziel des Forschungsvorhabens: Ziel ist es, die Komplexität von Entscheidungen, Projekten oder Gesellschaften mit der Berücksichtigung des Forschungsgegenstands transparent zu machen. Es handelt sich um einen induktiven Ansatz der Theorieentwicklung.[6]

Forschungswerkzeuge: In der qualitativen Forschung werden unterschiedlichste nicht standardisierte Hilfsmittel verwendet, wobei der Forschende selbst ein Teil des Forschungsergebnisses ist. In der quantitativen Forschung werden standardisierte Werkzeuge wie Fragebögen eingesetzt, um den Einfluss des Interviewers gering zu halten.[7]

Forschungsprozess: Die qualitative Forschung folgt dem zirkulären Modell, welches eine kontinuierliche Reflexion des Forschungsvorhabens ermöglicht. Bei der quantitativen Forschung wird das lineare Model (bestehend aus Theorie, Hypothese, Operationalisierung, Stichprobe, Datenerhebung, Datenanalyse, Überprüfung) eingesetzt.[8]

Probandenauswahl: In der qualitativen Forschung wird sich bei der Wahl der Probanden an der Relevanz des Forschungsthemas orientiert. In der quantitativen Forschung wird der Fokus auf die Repräsentativität gelegt, um die statistische Absicherung der Ergebnisse zu gewährleisten.[9]

Die qualitative Forschung orientiert sich an:
- der Gegenstandsangemessenheit von Methode und Theorie,
- dem Prinzip der Offenheit,
- dem Verstehen als Erkenntnisprinzip.[10]

Nur ganz wenige Phänomene in der komplexen Realität lassen sich mit isolierten und einzelnen Merkmalen beschreiben. In der nachfolgenden Fallstudie wird es möglich sein, zu belegen,
- ob die ausgewählten Instrumente der strategischen Unternehmensplanung den gestellten Anforderungen aus der Umsetzbarkeit und Anwendbarkeit bei jungen KMU erfüllen konnten und

---

5 Vgl. Patton (1990), S. 388.
6 Vgl. Flick (1995), S. 10f.
7 Vgl. Flick (1995), S. 11.
8 Vgl. Flick (1995), S. 59.
9 Vgl. Flick (1995), S. 81f.
10 Vgl. Flick (1995), S. 12ff.

– ob das modulare Konzept als Heuristik beschrieben werden kann, mit der die Unternehmensführung von jungen KMU eine adäquate Varietät erreichen kann.

Hieraus lassen sich dann sowohl Folgerungen für die Praxis und Forschung als auch Implikationen ableiten.[11]

6.2 Die funktionale Umsetzung der strategischen Unternehmensplanung in jungen KMU

Die vorliegenden Untersuchungen in den *Kapiteln 2 bis 5* zeigen, dass die jungen KMU ein sehr heterogener Wirtschaftsbereich sind. Dieser Wirtschaftsbereich steht weiterhin vor großen strategischen Herausforderungen aufgrund der wirtschaftlichen und politischen Rahmenbedingungen. Daher müssen gerade junge KMU ihr Umfeld ständig kritisch im Auge behalten und analysieren. Es gibt keine Rahmenbedingungen, die langfristig konstant bleiben. Die Öffnung der Märkte, Veränderungen der Kundenbedürfnisse und Veränderungen des Konkurrenzverhaltens sind nur einige der vielfältigen Aspekte. Junge KMU müssen sich daher diesem Strukturwandel mit einer größtmöglichen unternehmerischen Flexibilität stellen. Potenziale sind zu erkennen und als Informationstool ist ein Wissensmanagement einzuführen. Restrukturierungsmaßnahmen und verschiedene Szenarien müssen in Betracht gezogen werden. Die Beobachtung über den Tellerrand hinaus zu Best-Practice KMU und anderen Branchen muss selbstverständlich sein.

Da in den Studien und in der Befragung deutlich ein Defizit in der strategischen Unternehmensplanung in jungen KMU erkannt wurde, wurden im *Kapitel 5* die relevanten umsetzbaren und anwendbaren Instrumente für ein mögliches Konzept der strategischen Unternehmensplanung vorgestellt. Die Methodik und die umsetzbaren Instrumente für strategische Unternehmensplanung müssen von den Entscheidern in jungen KMU verstanden und umgesetzt werden. Es ist somit die Aufgabe der leitenden Angestellten und Führungskräfte in jungen KMU sich dem komplexen und dynamischen Umfeld zu stellen. Ausgehend von diesem Personenkreis muss sich ein Verständnis auf alle Mitarbeiter ausbreiten, die in der Strategiefindung integriert werden müssen. Die Grundkenntnisse und der Umgang mit den komplexen Fragestellungen als Ausbildungsinhalt für alle Mitarbeiter gehören zum Selbstverständnis einer Führungskraft.

Die hier vorgestellten Instrumente eignen sich besonders gut für junge KMU. Für die Umsetzung von strategischer Unternehmensplanung empfiehlt sich die Betrachtung von Vorgehensmodellen, Methoden und Werkzeugen.

---

11 Vgl. Yin (1994), S. 30ff.

Vorgehensmodelle: Vorgehensmodelle spielen eine nennenswerte Rolle bei der Umsetzung der Unternehmensplanung, denn sie teilen den Prozess in verschiedene Phasen ein, von der ersten Idee bis zur Realisierung. Die einzelnen Phasen werden systematisch durchlaufen bzw. abgearbeitet. Die Literatur liefert dabei eine große Anzahl von Konzepten, bei denen zwischen linearen Vorgehensmodellen, iterativen Vorgehensmodellen und Prototyping-Modellen unterschieden werden kann.[12]

Das lineare Modell beschreibt die Entwicklungsschritte, die in einer sequenziellen Abfolge durchlaufen werden müssen. Bei dem iterativen Modell wird beim Auftreten eines Fehlers in die vorangegangene Phase zurückgegangen, dieser Fehler beseitigt und die folgende Phase erneut durchlaufen. Beim Prototyping-Modell wird frühzeitig ein fixes Modell entwickelt, anhand dessen man die Merkmale und auch die Funktionen testen kann.[13]

Methoden: Der Begriff „Methode" steht für ein regelbasiertes, planmäßiges Vorgehen bei der Ausführung bestimmter Tätigkeiten zur Erreichung von festgelegten Zielen. Diese Definition umfasst drei wichtige Aspekte von Methoden:
- Methoden sind präskriptiv, d. h. als eine Vorschrift zu verstehen.
- Methoden sind zielorientiert, also auf die Lösung eines Problems fokussiert.
- Methoden sind operativ. [14]

Die konkrete Anwendung der Methoden wird daher in der Praxis oft durch Werkzeuge unterstützt, sodass man Letztere als Hilfsmittel zur Operationalisierung der Methoden auffassen kann.[15] Hilfreich zum Verständnis der Wirkungsweise von Methoden ist eine Betrachtungsweise, die eine Methode als ein mögliches System mit definierten Eingangs- und Ausgangsgrößen beschreibt.[16] Dabei werden Eingangsgrößen, wie z. B. Informationen, durch die Übergangsfunktion, die ihrerseits sowohl methoden- als auch anwendungsspezifisch ist, in die Ausgangsgröße umgesetzt. Vor allem in der Produktentwicklung ist der Einsatz von Methoden sehr verbreitet.[17]

Ein Modell ist das Münchener Methodenmodell. Zuerst wird nach den Ausgangsbedingungen des Methodeneinsatzes gefragt. Dabei steht das Ziel am Anfang der Betrachtung. Anschließend werden die Ressourcen betrachtet. Bei der Methodenauswahl werden die erforderlichen Eingangsgrößen (Input) bestimmt und es wird geprüft, ob die Methode die erwünschten Ergebnisse (Output) liefern kann. Bei

---

12 Vgl. Schneider/Daun (2006), S. 117.
13 Vgl. Bullinger/Meiren (2001), S. 238.
14 Vgl. Lindemann (2005), S. 48.
15 Vgl. Ehrlenspiel (2003), S. 15f.
16 Vgl. Gausemeier et al. (2001), S. 49.
17 Vgl. Fähnrich et al. (1999), S. 53.

der Anpassung werden auch die Ressourcen, wie z. B. die Erfahrungen von Mitarbeitern, einen bedeutenden Beitrag leisten. Im letzten Schritt werden die Werkzeuge und die Hilfsmittel die ausgewählte Methode unterstützen, um Effektivität, das heißt die Anwendung der richtigen Methode für die ausgewählte Fragestellung, und Effizienz, das heißt den schnellen zielgerichteten und ressourcenschonenden Einsatz der Methode durch spezifische Anpassungen, zu erreichen.[18]

In der Betriebswirtschaftslehre und den Ingenieurwissenschaften existiert eine Vielzahl von Methoden, die für die Konzeption einer Planung verwendet werden können, wie z. B. Wirtschaftlichkeitsanalysen, Kosten-Nutzen-Analysen, Wettbewerbsanalysen, Stärken-Schwächen-Analysen und Kreativitätstechniken. Weitere Methoden wie Prozessmodellierung, Prototyping-Verfahren, objektorientierte Modellierung, FMEA oder QFD hingegen werden seltener eingesetzt.[19]

Werkzeuge: Werkzeuge sind Hilfsmittel, die der Unterstützung konkreter Anwendungen von Methoden auf der niedrigsten verwendeten Detaillierungsebene dienen.[20] Unternehmen, die zur methodischen Unterstützung der Unternehmensplanung geeignete Werkzeuge einsetzen wollen, stehen unter anderem vor der Herausforderung geeignete Werkzeuge für die Prozessschritte anzuwenden und die Organisationsstruktur des Unternehmens an die Anforderungen anzupassen. In der Praxis finden vor allem Werkzeuge wie Groupware-Systeme, Projektmanagement-Software, Office Tools und Software zur Prozessmodellierung Verwendung.[21] IT-Lösungen wie strategische Planungssoftware sind häufig bei der Erstellung von strategischen Unternehmensplänen im Einsatz.

Die strategische Unternehmensplanung muss bei der Umsetzung in den *operativen Bereich* übergehen. Hierbei müssen konkrete Maßnahmen, Aktivitäten und Aktionen von den Verantwortlichen in den KMU durchgeführt werden. Unabdingbar für den Erfolg der strategischen Planung ist das Gleichgewicht bei der Ressourcenverteilung, um dadurch ein akzeptables Risiko und nicht kurzfristige Erfolgskriterien und hohe Risikoaversion als Hemmfaktor in der Durchführungsplanung zu haben.[22] Ein Kernproblem in der operativen Planung für viele KMU ist das Zusammenspiel und die Abstimmung von strategischer und operativer Planung, d. h., die resultierenden Maßnahmen aus der strategischen Planung in die Ziele der operativen Planung umzusetzen. Ein zusätzliches Problem ist das Zeitmanagement bei der operativen Planung und deren Kontrolle.[23] Oft wird die Planungsfunktion in KMU von einer existierenden Stelle nebenbei durchgeführt, was bedeutet, dass diese Pla-

---

18 Vgl. Lindemann (2005), S. 50.

19 Vgl. Fähnrich et al. (1999), S. 129.

20 Vgl. Bullinger/Schreiner (2002), S. 72f; Warnecke/Stammwitz (1996), S. 4f.

21 Vgl. Bullinger/Schreiner (2001), S. 256.

22 Vgl. Hammer (1991), S. 53; Zahn (1989), Sp. 1914.

23 Vgl. Lachnit/Amman (1992), S. 830; Lanz (1992), S. 245.

nungsaufgaben neben dem Tagesgeschäft laufen.[24] Eine Teilplanung in Form von
z. B. Investitions-, Finanz- und Umsatzplanung ist zu vermeiden, da Insellösungen
die Koordinationsfunktion erschweren. Teilpläne können zudem nur vollständig
sein, wenn alle Unternehmensbereiche involviert sind.[25] Für die Überschaubarkeit
des Gesamtplanungssystems sollte auf bekannte und einfache Instrumente zurückgegriffen werden, was dann auch zur Akzeptanz und Identifikationserhöhung der
Planung im Unternehmen führt. Eine Schwierigkeit besteht in der zeitlichen und
sachlichen Integration der einzelnen Planungselemente. Dabei ist das erste Pla-
nungsjahr sehr wichtig, da hier das Bindeglied zu sehen ist zwischen der mehrjähri-
gen Ausrichtung und der unterjährigen Planung und Steuerung.[26]

6.3 Die personelle Umsetzung der strategischen Unternehmensplanung in jungen KMU

Eine in den Studien und in der explorativen Expertenbefragung immer wiederkeh-
rende Erkenntnis ist der Mangel an Ressourcen bzgl. Personal, Zeit und Finanzen.
Daher ist es unabdingbar, eine Festlegung zu treffen, wer die strategische Unternehmensplanung verantwortlich durchführt. Dazu gibt es mehrere Möglichkeiten für
junge KMU.

Vom Grundsatz gehört die Unternehmensplanung in das Aufgabegebiet eines
Geschäftsführers. Beginnend mit der Entwicklung des Unternehmensleitbildes, der
Definition langfristiger Ziele und der Festlegung von Strategien.[27] In diese Planungsprozesse müssen auch die leitenden Angestellten mit einbezogen werden, da dies
die Akzeptanz und die Umsetzung sowie Koordination der einzelnen Unternehmensbereiche vereinfacht. Die Planung muss auf einer wirtschaftlichen Basis aufgebaut
werden, daher bietet es sich an, das Know-how zu nutzen, um die Objektivität, die
Unabhängigkeit sowie Innovation und Kreativität zu steigern.[28] Die Hauptaufgabe
hierbei ist für die Geschäftsführung, einen „Kreis" an kompetenten Mitarbeitern festzulegen. Hier liegt oft die Problematik für junge KMU, welche oftmals kein geeigne-
tes Personal mit betriebswirtschaftlichem Hintergrund haben.[29] Dies bedeutet
zwangsläufig, dass als weiteres Problem der Zeitfaktor für den Geschäftsführer zu

---

24 Vgl. Rautenstrauch/Müller (2005), S. 191.
25 Vgl. Lachnit/Ammann (1992), S. 829.
26 Vgl. Lachnit/Ammann (1992), S. 831ff.
27 Vgl. Szyperski (1971), S. 639ff.
28 Vgl. Gälweiler (1986), S. 33.
29 Vgl. Rautenstrauch/Müller (2006), S. 1616.

Engpässen führt. Hier muss die Geschäftsführung erkennen, dass langfristig die Unternehmensplanung auch erhebliche zeitliche Einsparpotenziale in sich birgt.[30]

Controller sind in kleinen Unternehmen i. d. R. nicht vorhanden, bei mittleren Unternehmen wird diese Funktion oft vom kaufmännischen Leiter übernommen. Der Controller ist in der Führungsebene angesiedelt.[31] Die Funktion des Controllers ist häufig mit den Zielen des Unternehmens verbunden und eine seiner Hauptaufgaben ist die Mitwirkung bei der Unternehmensplanung,[32] um dabei angefangen von der Strategieentwicklung, der Informationsbeschaffung, der Analyse, der operativen Umsetzung bis hin zur Überwachung der Planungsprozesse diese Ziele zu bearbeiten. Er darf die Unternehmensziele nicht aus den Augen verlieren und muss alle Unternehmensbereiche koordinieren. Seine Aufgabe ist die Beratung der Unternehmensführung, damit diese eine Beurteilung und anschließend eine Entscheidungen treffen kann.

Rautenstrauch/Müller (2006) ermittelten in ihrer Umfrage von 1998, dass in Unternehmen mit bis zu 50 Mitarbeitern neun Prozent, in Unternehmen mit 51 bis 200 Mitarbeitern zwanzig Prozent und bei Unternehmen mit 201 bis 500 Mitarbeitern 50 Prozent über einen Controller oder eine Controllingabteilung verfügen.[33] Die Performance eines jungen KMU wird durch die strategische Unternehmensplanung positiv beeinflusst.[34] Der Prozess der strategischen Planung und Kontrolle kann mithilfe eines strategischen Controllings in jungen KMU analog zu Großunternehmen umgesetzt werden.[35] Jedoch sollte berücksichtigt werden, dass ein zu intensiv betriebenes Controlling auch einen Flexibilitätsverlust für ein junges KMU bedeuten kann.[36]

Eine weitere Funktion innerhalb des KMU ist die Position des **Leiters Rechnungswesen**, der sich mit Planungen auseinandersetzen muss. Unternehmensplanung bezieht sich auf das betriebliche Rechnungswesen. Dies wird aber nur dann möglich sein, wenn die Buchhaltung im Unternehmen durchgeführt wird. Oftmals haben kleine Unternehmen diese ausgelagert. Sollte ein Leiter Rechnungswesen vorhanden sein, ist zu prüfen, ob er aufgrund des vergangenheitsorientierten Rechnungswesens auch zukunftsorientierte Instrumente beherrscht. Dadurch kann eine Mehrbelastung durch die zusätzliche Bearbeitung von Planungsaufgaben entstehen, die dann durch Aufgabenverteilung zu vermeiden ist.[37]

---

30 Vgl. Mugler (1998), S. 97.
31 Vgl. Horvath (2009), S. 60ff.
32 Vgl. Hering/Rieg (2002), S. 12.
33 Vgl. Rautenstrauch/Müller (2005), S. 194.
34 Vgl. Gibbons/O´Connor (2005), S. 171; Miller/Cardinal (1994), S. 1662.
35 Vgl. Schwindt (2003), S. 1.
36 Vgl. Günther (1991), S. 79f.
37 Vgl. Kosmider (1993), S. 196.

Aus den oben genannten Problemen ergibt sich als eine letzte Möglichkeit, indem **externe Berater** (Unternehmensberater, Wirtschaftsprüfer, Steuerberater) zurate gezogen werden. Junge KMU schrecken oft vor den hohen Tagessätzen der Berater zurück. Wirtschaftsprüfer müssen das Verbot der Selbstprüfung beachten, da die Unternehmensplanung auch in der Abschlussprüfung im Fokus ist und der Wirtschaftsprüfer nicht Ersteller der Unternehmensplanung sein darf. Sollte es einen Steuerberater geben, so sollte der neben den Steuererklärungen auch das Rechnungswesen bearbeiten. Somit hat dieser Zugang zu relevanten Daten, die für die strategische Unternehmensplanung und für die Beantwortung von Fragen bei den jeweiligen Instrumenten nötig sind. Jedoch sollte hier die Richtigkeit der Daten geprüft werden, da diese auch fehlerhaft sein könnten.[38]

Es kann somit festgestellt werden, dass es sinnvoll ist, wenn junge KMU Teilgebiete der strategischen Unternehmensplanung von externen Beratern durchführen lassen, da diese eine größere Objektivität besitzen. Besonders ist dies bei der Unternehmensanalyse hilfreich, da hier junge KMU oft betriebsblind sind und oft unrealistische subjektive Ergebnisse prognostizieren.[39]

Welche Ansätze gibt es für junge KMU, diese Unterstützungsmöglichkeiten für die Entwicklung und Begleitung von strategischer Unternehmensplanung umzusetzen?

Eine Möglichkeit ist die Zuhilfenahme von darauf spezialisierten Beratern. Das Bundesministerium für Wirtschaft und Technologie (BMWi) unterstützt auf seinem Online-Portal, siehe www.existenzgründer.de, Existenzgründer und junge Unternehmen mit diversen Onlinetools. Dabei haben die Unternehmen die Möglichkeit aus einer Vielzahl an Tools zu wählen. Alleine für Planungsunterstützung gibt es folgende Themenfelder: Businessplan, Controllingplan, Marketingplan, Patentplan, Markenplan, Ratingplan und Finanzierungsplan.[40] Diese diversen Unternehmenspläne unterstützen Unternehmen, Maßnahmen und Projekte voranzutreiben. Das BMWi hält hierbei auch Kurzzusammenfassungen für KMU zu verschiedenen Themenbereichen vor, während und nach der Gründungsphase. Hilfreich zu der vorliegenden Thematik sind die Broschüren „GründerZeiten" Nr. 32 „Beratung" und Nr. 54 „Ziele setzen, Strategien entwickeln".[41] Dabei wird auch unterschieden zwischen „Gründungswerkstatt" und „Gründercoaching". Eine weitere Möglichkeit ist die Beratungsleistung mit dem Lebenszyklus der KMU zu verknüpfen. Das heißt, KMU können vor, während und nach der Gründung diverse Angebote in Anspruch nehmen.

---

38 Vgl. Rautenstrauch/Müller (2005), S. 191.
39 Vgl. Gälweiler (1986), S. 32.
40 www.existenzgruender.de URL-Aufruf am 09.07.2010, (https://www.existenzgruender. de/online planer/).
41 BMWi (2008b); BMWi (2008c).

Die *Gründungswerkstatt* wird von IHK, HWK sowie Gründungsförderungsinstitutionen in Zusammenarbeit mit der KfW-Bankengruppe betrieben. Diese Unterstützung für KMU gibt es seit 2006 in Hamburg und seit 2009 deutschlandweit. Die Gründungswerkstatt soll Existenzgründer und auch KMU in der Nachgründungsphase qualifizieren und beraten. Das Konzept sieht vor, dass mit dieser Leistung die Lücke zwischen passiver (Broschüren) und aktiver Information (individuelle Beratung) geschlossen werden soll. Die Zielgruppen sind KMU aus allen Wirtschaftszweigen bis zu einem Unternehmensalter von drei Jahren. Sobald sich ein Unternehmen auf der Online-Plattform angemeldet hat, steht ein Online-Tutor zur Verfügung. Hierbei werden u. a. Businesspläne gemeinsam erstellt und auch regionale Kontakte zur Unterstützung hergestellt. Weitere Informationen sind hinterlegt unter www. gruendungswerkstatt-deutschland.de.

Die KMU, die in dieser Arbeit befragt werden, kommen aus Baden-Württemberg. Dort wird vor der Existenzgründung durch folgende Organisationen eine Beratung angeboten. KMU mit Sitz in Baden-Württemberg werden durch die *RKW-Baden-Württemberg GmbH* mit Beraterleistungen unterstützt. Dabei werden drei Beratertage anteilig bezuschusst, siehe www.rkw-bw.de. Durch die *Unternehmensberatung Handel GmbH* werden ebenfalls in Baden-Württemberg KMU im Handel mit bis zu fünf Beratertagen anteilig bezuschusst, siehe www.handel-bw.de. Im Handwerk gibt es die *Beratungs- und Wirtschaftsförderungsgesellschaft für Handwerk und Mittelstand GmbH* (BWHM), welche ebenfalls KMU mit bis zu fünf Beratertagen anteilig fördert, siehe www.handwerk-bw.de. Diese drei Möglichkeiten können KMU bis zu zwölf Monate nach Gründungsdatum in Anspruch nehmen. Dabei bezieht sich die Beratung auf die Erstellung, Konkretisierung und Evaluierung des Geschäftskonzepts/Businessplans. In allen drei Fällen werden die fünf Beratertag bis zu einer Höhe von 590 EUR vom Land bezuschusst, der Eigenanteil liegt bei 150 EUR, sodass insgesamt das Beratungshonorar bis zu 740 EUR betragen darf.

Nach der Gründung wird vom BMWi das *Gründercoaching* angeboten, welches sich speziell für die Start- und Festigungsphase eignet. Das Gründungsdatum darf nicht länger als fünf Jahre zurückliegen und es werden nur KMU gefördert, die bereits gegründet sind. Somit unterscheidet sich diese Beratung von der Gründerwerkstatt und ist als Anschluss daran zu sehen. Die Förderung wird aus den Mitteln des Europäischen Sozialfonds (ESF) ermöglicht. Der Förderzweck ist der Vorbereitung von Finanzierungsgesprächen, der Ausarbeitung von Marketingstrategien und der Erstellung von Marktstudien zugeordnet. Als Zielgruppe sind Gewerbetreibende und auch die freien Berufe festgelegt. Dabei können KMU über einen Zeitraum von zwölf Monaten von einem Coach beraten werden. Das Beraterhonorar wird mit bis zu 800 EUR je Tag und bis zu max. 3.000 EUR in Baden-Württemberg gefördert. Nicht gefördert werden Krisenberatung, Software oder Bilanzthemen. Gründungen aus der Arbeitslosigkeit werden mit bis zu 3.600 EUR gefördert. Der Antrag für die Beratung wird über die KfW-Regionalpartner gestellt, siehe www.gruendercoaching-deutschland.de. Sobald der Antrag positiv bestätigt wird, kann das

Unternehmen einen Berater aus der KfW-Beraterbörse auswählen, siehe www.kfw-beraterboerse.de.

KMU, die bereits ein Jahr bestehen, haben weiterhin die Möglichkeit eine *Beratungsförderung* zu organisatorischen Fragen der Unternehmensführung zu erhalten. Diese Förderung wird ebenfalls vom ESF und aus Mitteln des Bundes finanziert. Die Förderungshöchstgrenze liegt hier bei 1.500 EUR. Diese Förderung wird als „De-minimis"-Beihilfe gewährt, siehe www.beratungsfoerderung.info.

Die KfW-Bankengruppe hat eine Vielzahl von Unterstützungsprogrammen. Die Initiative *„Kleiner Mittelstand"* fokussiert sich auf Gründer mit geringem Mittelbedarf bis 50.000 EUR, während sich das Programm „ERP-Kapital für Gründung" hingegen an Gründer mit höherem Kapitalbedarf richtet. Neben den Finanzierungsangeboten wird auch eine Gründungsberatung von der KfW angeboten, wie z. B. die *„startothek"* als Internetplattform mit aktuellen Rechtsinformationen. Die Verbindung von Finanzierungsangeboten und qualifizierten Beratungsdienstleistungen führt zu höherer Bestandsfestigkeit und nachhaltigem Erfolg von Gründungen.[42] Sollten KMU in Schwierigkeiten geraten, bietet sich das Beratungsprogramm „Runder Tisch" der KfW an. Hierbei werden Schwachstellenanalysen in Form eines „Unternehmens-Check" in höchstens zehn Werktagen à acht Stunden durchgeführt. Die KMU zahlen lediglich die Mehrwertsteuer des Netto-Honorars des Beraters. Der Berater erhält eine Aufwandsentschädigung von 160 EUR je Tag von der KfW. Auch hier hilft die KfW-Beraterbörse. Aus dem ESF-Programm ist hier auch eine „Turn Around-Beratung" möglich. Zuschüsse sind für dieses Programm seit dem 01.05.2009 möglich.

Die Initiative „Gründerland Deutschland" wurde am 25.01.2010 vom BMWi und den Vertretern des Deutschen Industrie- und Handelskammertag (DIHK), dem Zentralverband Deutsches Handwerk (ZDH) und dem Bundesverband der freien Berufe (BFB) ins Leben gerufen. Hierbei sollen die KMU auch im Hinblick auf die Erstellung von Businessplänen unterstützt werden. Dabei werden neben den bereits genannten Hilfsmaßnahmen auch Wettbewerbe wie „Exist-Gründungskultur – die Gründerhochschule" oder auch die Initiative „Business Angel Jahr 2010" durchgeführt.[43]

Der Bundesverband Deutscher Unternehmensberater e. V. (BDU) hat aus Expertensicht einen Leitfaden für Unternehmen entwickelt. In diesem Leitfaden *Grundsätze ordnungsgemäßer Planung* (GoP) werden relevante Informationen zur operativen und strategischen Planung vermittelt. Seit Dezember 2009 gibt es hier die Version 2.1, siehe www.bdu.de. In dieser Unterlage werden für Unternehmen auch drei Kernthesen aufgestellt:

---

42 Vgl. MittelstandsMonitor (2009), S. 92f.
43 www.existenzgruender.de URL-Aufruf am 09.07.2010 (http://existenzgruender.de/initiative_gruenderland/index.php).

> **!** „KT 5.1: Trotz der sich tendenziell verkürzenden Produktlebenszyklen ist eine längerfristige Perspektive mit einem Horizont von mindestens fünf Jahren angebracht.
> KT 5.2: Für einen erfolgreichen Planungsprozess und die Akzeptanz der strategischen Planung ist es unabdingbar, dass die oberste Führungsebene ein eindeutiges Bekenntnis zu Notwendigkeit und Zielen der Planung abgibt und sich entschieden und maßgeblich am Prozess beteiligt.
> KT 5.3: Durch den Einsatz geeigneter Verfahren und die Nutzung der Möglichkeit von Alternativprüfungen und Szenarien sind denkbare Risiken frühzeitig zu identifizieren und Vorsorgemaßnahmen rechtzeitig einzuleiten."[44]

Dieser Leitfaden stellt einen Überblick für KMU zur Verfügung, um alle relevanten Punkte in Bezug auf Planung zu berücksichtigten. Hierzu bietet der BDU in der Zusammenarbeit mit der Universität für Wirtschaft und Recht (EBS) eine Weiterbildung für Unternehmensberater an, die sich mit der „strategischen Planung" befassen wollen.

Das Rationalisierungs- und Innovationszentrum der Deutschen Wirtschaft e. V. (RKW) ist ein Netzwerk für KMU. In den Bundesländern gibt es Landesgesellschaften, die Beratungsobjekte anbieten. In Baden-Württemberg bietet das RKW Seminare für KMU mit dem Fokus auf „Strategische Planung" an. Dabei werden Unternehmer mit einem Instrumentarium für die Erarbeitung und Implementierung einer Strategie vertraut gemacht, siehe www.rkw-bw.de. Das RKW entwickelt auch mit einem Förderprojekt „Wachstum lernen – lernend wachsen" aus dem Jahr 2008 des Bundesministeriums für Bildung und Forschung (BMBF) für interessierte Unternehmen neue Managementkonzepte. Forschungspartner ist die Fachhochschule Wiesbaden, welche die Projektleitung innehat. 2011 sollten hier Managementkonzepte für KMU vorgestellt werden, siehe www.lernend-wachsen.de. Ziel dieses Projekts ist ein „kompetenzorientiertes Management-System" zu gestalten, um die Lücke zwischen dem „Tagesgeschäft" und der strategischen Planung zu schließen.

Zusammenfassend kann gesagt werden, dass in Baden-Württemberg unterschiedliche Programme für KMU in der Gründungsphase und in der Wachstumsphase von verschiedenen Organisationen angeboten werden. Die Schwierigkeit besteht darin, zuerst einmal darüber Kenntnis zu erlangen und dann das passende Programm zu wählen. Dies setzt voraus, dass der Unternehmer diese Unterstützungsleistungen in Anspruch nehmen will und die Voraussetzungen zur Inanspruchnahme erfüllt. Bei den Programmen handelt es sich um langfristig orientierte Planungsmethoden, die sich auch dem Wachstum des Unternehmens anpassen können.

---

44 BDU (2009), S. 18ff.

6.4 Die Umsetzung und Implementierung der strategischen Unternehmensplanung in jungen KMU am Beispiel eines Drittmittelprojekts der Baden-Württemberg Stiftung gGmbH

Elf der 14 KMU, die im *Kapitel 4* an der explorativen Expertenbefragung zur Thematik der strategischen Unternehmensplanung in jungen KMU teilgenommen haben, waren an einem Drittmittelprojekt der Baden-Württemberg Stiftung gGmbH beteiligt. Das Forschungsprojekt begann am 01.01.2009 mit anfänglich 17 KMU und endete erfolgreich am 31.07.2011 mit 14 KMU. Der Titel der Ausschreibung lautete „Wissenstransfer Dienstleistungsforschung - Mit Dienstleistungen wettbewerbsfähig bleiben". Hierbei widmete sich das Forschungsprojekt dem Themenfeld der systematischen Entwicklung neuer Dienstleistungen für junge KMU im Verarbeitenden Gewerbe. Die Disziplin „Service Engineering" wurde in den vergangenen Jahren durch verschiedene Förderprogramme u. a. durch das BMBF forciert. Vor dem Hintergrund, einen Wissenstransfer aus der Dienstleistungsforschung in die KMU-Praxis zu transferieren, sollten die beteiligten KMU dauerhaft in die Lage versetzt werden, neue dienstleistungsorientierte/-basierte Angebote zu schaffen, um kundenorientierte Wertangebote zu generieren. In diesem Projekt ging es um die Ausrichtung der jungen KMU mit Hilfe von strategischen Unternehmensplanungsinstrumenten, die in der Dienstleistungsentwicklung gerade für junge KMU eingesetzt werden können. Häufig sind KMU nicht oder nur auf vergleichsweise ineffiziente oder ineffektive Weise in der Lage, alle für den Eigen- oder Fremdbedarf erforderlichen Dienstleistungen selbst zu erbringen. Daher verfolgte das Projekt das Ziel, das Wissen aus der Dienstleistungsforschung in die KMU-Praxis zu transferieren und nutzbar zu machen. Dieses Forschungsprojekt veranschaulicht in geradezu bestechender Art, wie junge KMU befähigt werden können, strategische Unternehmensplanung anzuwenden. Bei diesem Projekt wurde mit drei Transfereinrichtungen, der Technologiefabrik Karlsruhe GmbH, dem MITT e. V. und dem Technologiezentrum St. Georgen zusammengearbeitet, die als Bindeglied zwischen der Hochschule und den jungen KMU fungiert haben. Diese Transfereinrichtungen verfügten über reichhaltige Erfahrungen in der Beratung und Unterstützung von jungen KMU und hatten ein entsprechendes Unternehmensnetzwerk.

Technologiezentren sind Organisationen, die Entrepreneuren helfen, Startups zu konkurrenzfähigen Unternehmen zu entwickeln. Das Technologiezentrum ist somit ein Dienstleistungszentrum, das den Startups in der Frühentwicklungsphase eine ganzheitliche Unterstützung bei der Umsetzung der Geschäftsideen gibt. Dabei ist das Ziel für das neue Unternehmen mögliche Dienstleistungen unterstützend zur Verfügung zu stellen oder zu vermitteln, um die Geschäftsidee in kurzer Zeit in ein marktfähiges Produkt zu transformieren. Die Technologie- und Gründerzentren sind in Deutschland öffentliche Einrichtungen für junge Unternehmen, die vorwiegend im Technologiebereich angesiedelt sind und die für einen Zeitraum Geschäftsräume, Einrichtungen und Beratungsleistungen benötigen. Seit 1988 gibt es die Arbeitsgemeinschaft deutscher Technologie- und Gründerzentren (ADT), die als Bundesverband der deutschen Innovations-, Technologie- und Gründerzentren sowie Wissenschafts- und Technologieparks arbeitet. Der Verband will Technologietransfer und Innovation für Startups unterstützen. Dabei soll die wirtschaftliche Basis von innovativen Unternehmen durch Erweiterung von Netzwerken profitieren. Leistungspotenziale sollen gefördert werden und auch der Informationsaustausch zwischen den Trägern und den Förderern dieser Innovationszentren. Die Bezeichnungen dieser Gründerzentren sind teilweise unterschiedlich. So heißen die Zentren u. a. auch Wissenschaftspark, Gewerbepark oder Innovationszentrum.

Die Anzahl der **Technologiezentren** in Baden-Württemberg beträgt aktuell 40, wobei mehr als 850 Unternehmen dort angesiedelt sind. Rechnet man auch die Unternehmen ein, die die Zentren bereits verlassen haben, zu denen aber noch Kontakte bestehen, so sind mehr als 1900 Unternehmen mit über 15.000 geschaffenen Arbeitsplätzen potenzielle Adressaten, die z. B. entsprechende Seminarangebote nutzen könnten. Die Aufgaben liegen hier in der Realisierung von Kontakten und dem Erfahrungsaustausch aus der Wissenschaft mit den Startups.

Nachfolgend werden zum einem das Vorgehensmodell in diesem Drittmittelprojekt dargestellt, aus dem hervorgeht, welche strategischen Unternehmensplanungsinstrumente hier berücksichtigt wurden, und zum anderem wird die Umsetzungssystematik aufgezeigt, wie junge KMU die strategische Unternehmensplanung anwenden können.

6.4.1 Die Integrierung der strategischen Unternehmensplanunginstrumente im Vorgehensmodell des Drittmittelprojekts

Das in dem Projekt entwickelte und eingesetzte Vorgehensmodell wurde anhand von verschiedenen in der Dienstleistungsforschung vorhandenen Vorgehensmodellen im Hinblick auf die Bedürfnisse der jungen KMU und das Ziel des Drittmittelprojekts entwickelt. Analog zum *Kapitel 2.3*, wo die strategische Unternehmensplanung vorgestellt wird, wurden in dem Projekt Vorgehensmodelle mit den Schwerpunkten in der Planung, Konzeption und Umsetzung analysiert. Es wurden das Phasenmodell des Institut für Zukunftsstudien und Technologiebewertung (IZT) (2004),[45] das Drei-Phasen-Modell von *Jaschinski* (1998),[46] das Fünf-Phasen-Modell von *Meiren/Barth* (2003)[47] und

---

45 Vgl. IZT (2004).
46 Vgl. Jaschinski (1998), S. 97.
47 Vgl. Meiren/Barth (2003), S. 17ff.

das Modulbasierte Vorgehensmodell aus dem Forschungsprojekt CASET-Computer Aided Service Engineering Tool (2001)[48] in das neue Modell integriert. Darüber hinaus wurden das DIN-Phasenmodell (1998)[49] und das Vorgehensmodell von *Ramaswamy* (1996)[50] berücksichtigt. Alle genannten Vorgehensmodelle sind mit einem strategischen Unternehmensplanungsmodell gleichzusetzen. Die einzelnen Phasen, die Abfolge, die Inhalte und die Zielrichtung sind vergleichbar. Das in der nachfolgenden *Abb. 6.1* dargestellte Vorgehensmodell aus dem Drittmittelprojekt hat viele Verbindungs- und Anknüpfungspunkte zur vorliegenden Forschungsarbeit. In diesem Vorgehensmodell sind alle strategischen Unternehmensplanungsinstrumente aus dem *Kapitel 5*, siehe *Abb. 6.2*, integriert. Diese wurden im Rahmen der Fallstudie erfolgreich eingesetzt und können die Umsetzbarkeit und Anwendbarkeit erfolgreich bestätigen.

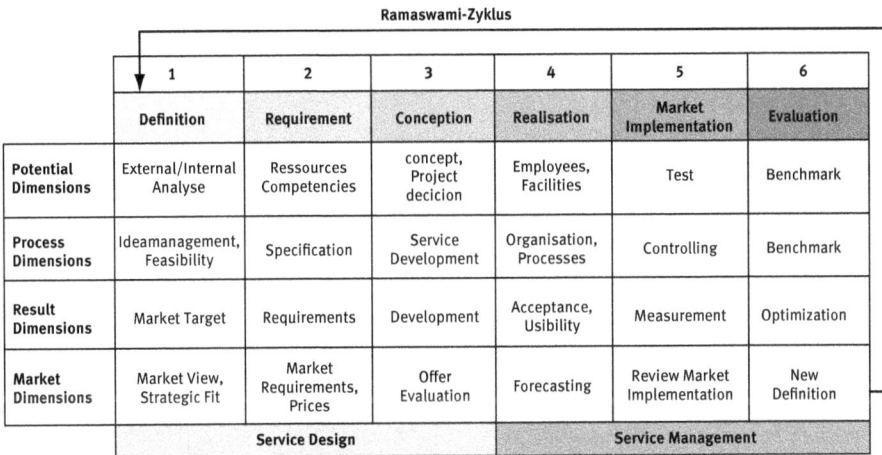

Ramaswami-Zyklus

	1	2	3	4	5	6
	Definition	**Requirement**	**Conception**	**Realisation**	**Market Implementation**	**Evaluation**
Potential Dimensions	External/Internal Analyse	Ressources Competencies	concept, Project decicion	Employees, Facilities	Test	Benchmark
Process Dimensions	Ideamanagement, Feasibility	Specification	Service Development	Organisation, Processes	Controlling	Benchmark
Result Dimensions	Market Target	Requirements	Development	Acceptance, Usibility	Measurement	Optimization
Market Dimensions	Market View, Strategic Fit	Market Requirements, Prices	Offer Evaluation	Forecasting	Review Market Implementation	New Definition
	Service Design			**Service Management**		

Abb. 6.1: Angewandtes Vorgehensmodell zur Dienstleistungsentwicklung[51]

Das Vorgehensmodell hat insgesamt sechs Phasen, wovon jeweils drei dem Service Design und dem Service Management zuzuordnen sind. Bei der strategischen Ausrichtung werden die Dimensionen der Potenziale der KMU, die Prozesse innerhalb der Vorgehensweise, die Ausrichtung auf die Ergebnisse und die Betrachtung des Marktes berücksichtigt. Innerhalb des Vorgehensmodells war es auch möglich iterativ vorzugehen, falls eine Abweichung von der vorgesehenen Planung erkennbar war.

---

48 Vgl. Meiren (2001), S. 39.
49 Vgl. DIN (1998).
50 Vgl. Ramaswamy (1996), S. 78.
51 Siegfried (2010), S. 34.

6.4.2 Die Anwendung der strategischen Unternehmensplanunginstrumente im Rahmen des Drittmittelprojekts

Die Analyse der Studien in *Kapitel 3* und die Ergebnisse der Befragung der jungen KMU in *Kapitel 4* haben gezeigt, dass die Notwendigkeit und die Bedeutung der strategischen Unternehmensplanung als sehr hoch angesehen werden. Die Problematik besteht oft in der fehlenden Zeit, den fehlenden Ressourcen und dem fehlenden Know-how. Entscheidend sind daher auch das Vermitteln, die Umsetzung und die Implementierung der strategischen Instrumente mithilfe der Mitarbeiter.

Daher wird nachfolgend eine methodische Synthese vorgestellt, wie gerade junge KMU in die Lage versetzt werden können, um erfolgreich mit den auf die KMU angepassten Instrumenten zu arbeiten, siehe *Abb. 6.2*. Hierbei soll mithilfe eines externen Beraters Unterstützungsleistung in Form eines Coachings gegeben werden.

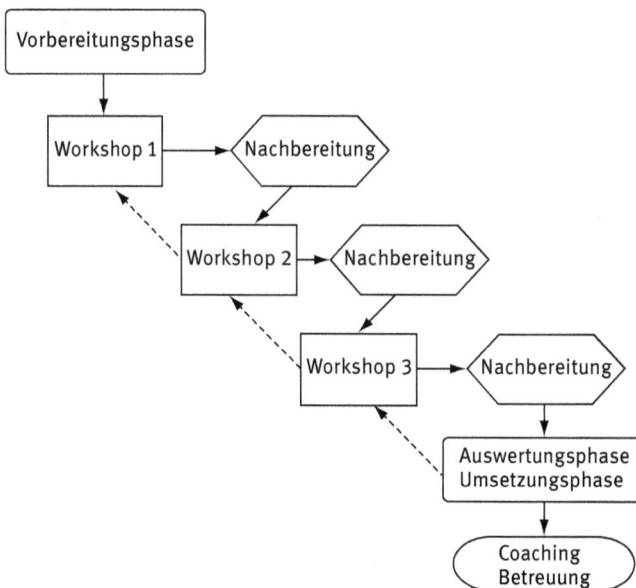

Abb. 6.2: Umsetzung der strategischen Unternehmensplanung in jungen KMU[52]

Nach der Vorbereitungsphase auf das Projekt wird eine Einführungsveranstaltung durchgeführt, um einen Überblick der Prozesse, Best-Practice-Beispiele und der zu erwartenden Resultate zu geben. In dieser Veranstaltung werden auch der Zeitplan

---

52 Quelle: Eigene Darstellung.

und die Arbeitsschritte vorgestellt. Im ersten Workshop werden die Ausgangslage geklärt und Zusammenhänge und Spannungsfelder aufgezeigt. Im zweiten Workshop werden die bisherigen Ergebnisse behandelt und weitere Gestaltungs- und Steuerungsmöglichkeiten erarbeitet. Im dritten Workshop werden die Lösungsansätze systematisiert, diskutiert, beurteilt und für die Umsetzung und Implementierung vorbereitet. Alle drei Workshops werden in der Nachbereitungsphase wiederholt und aufgearbeitet, um so auch einen nachhaltigen Lerneffekt und Routinesicherheit in den jungen KMU zu erlangen. Nach der Auswertung und Umsetzung ist eine weitere Betreuung in Form eines Coaching angedacht.

Es handelt sich somit um ein Konzept mit Unterstützung von Expertenwissen und der schrittweisen, linearen Umsetzung eines Strategieentwicklungsprozesses, siehe *Tab. 6.1.*

Diese Vorgehensweise ist linear angedacht, kann aber auch iterativ umgesetzt werden. Die beteiligten Personen werden von einem Moderatorenteam in die Thematik eingeführt. Das Moderatorenteam ist für die Vorbereitung und Organisation der Workshops, die Auswertung und die Synthetisierung der Inhalte und die Evaluation des Strategieentwicklungsprozesses verantwortlich. Ergebnisse und Entscheidungen sind unternehmensspezifisch und werden vertraulich behandelt. Die einzelnen strategischen Unternehmensplanungsinstrumente wurden im *Kapitel 5* bereits beschrieben.

Tab. 6.1: Prozessablauf der Umsetzung[53]

Phase	Inhalt	Ziel
Vorbereitung	Vorbesprechung mit den leitenden Angestellten, dabei klären des Status Quo, dem Bedarf, dem Vorgehen und der beteiligten Mitarbeiter	Abstimmung der Erwartungshaltungen, gegenseitiges kennen lernen der beteiligten Personen
	Beschaffung von internen und externen Daten	Klärung der Ausgangslage
	Vorbereitung von Workshop 1	Vorbereitung der Grundlagen
Workshop 1	Einführung, Überblick, Vorgehensweise	Einführung der Methodik
	Erarbeitung der externen und internen Analysen	Klärung der Ausgangslage
	Standpunkte, Perspektiven, Netzwerk aufbauen	Erfahrungsaustausch forcieren
Nachbereitung 1	Aufbereitung und Synthese des WS 1	Ergebnisse entwickeln
	Erarbeitung einer eigenen Unternehmensanalyse	Umsetzung des Erlernten
	Vorbereitung Workshop 2	

Tab. 6.1 (fortgesetzt)

---

53 Quelle: Eigene Darstellung.

Tab. 6.1 (fortgesetzt)

Phase	Inhalt	Ziel
Workshop 2	Revision Netzwerk innerhalb der Gruppen und der KMU, Diskussion	
	Erarbeitung der Ziele und Strategien	Gestaltungs- und Steuerungsmöglichkeiten erarbeiten
	Bearbeiten der Schlüsselfragen	
	Indikatoren für die Zielerreichung festlegen	
Nachbereitung 2	Aufbereitung und Synthese des WS 2	
	Entwicklung von Modellen	Umsetzung des Erlernten
	Erarbeitung von Grundlagen für die Entscheidungsfindung	
Workshop 3	Strategien vorstellen, beurteilen und diskutieren	Problemlösungen beurteilen
	Projekt- und Aktionspläne erarbeiten	Ansatzpunkte für die Umsetzung erarbeiten
	Aufstellung eines Strategischen Controllings	
Nachbereitung 3	Aufbereitung und Synthese des WS 3	
	Umsetzung der Maßnahmen	Umsetzung des Erlernten
	Einbindung der qualifizierten Mitarbeiter	
Auswertung	Auswertung aller vorangegangenen Maßnahmen	Zusammenfassung aller Ergebnisse
	Konzipierung eines Wissensmanagements	Entwickeltes Know-how greifbar machen
	Darstellung der Ergebnisse	Beurteilung der Effektivität und der Effizienz
Betreuung	Regelmäßige Rücksprachen in kurzen Zeitintervallen	Coaching und Unterstützung der KMU

Bei diesem Prozessablauf ist es relevant, dass folgende Ergebnisse erreicht werden:
- Bewusstseinschaffung eines Handlungsbedarfs für strategische Unternehmensplanung in den jungen KMU.
- Verständnis für die relevanten Themenbereiche wecken.
- Gemeinsame Sprache und Begrifflichkeiten verwenden.
- Konkrete Ansatzpunkte für die strategische Ausrichtung entwickeln und die Ausgestaltung eines Produkt-/Dienstleistungsangebots vornehmen.
- Bewusstsein schaffen, dass mit Abschluss des letzten Workshops nicht alles vorbei ist. Dann werden die jungen KMU selbstständig arbeiten müssen.
- Vertrautheit mit der systematischen Denkweise schaffen.
- Methodisches Know-how aufbauen.
- Bilden eines unternehmerischen Netzwerks gleichgelagerter junger KMU.

Diese Herangehensweise wurde auch in dem Drittmittelprojekt umgesetzt, siehe *Abb. 6.3.*

	1	2	3	4	5	6
	Definition	**Requirement**	**Conception**	**Realisation**	**Market Implementation**	**Evaluation**
Duration	6-8 weeks	4-6 weeks	8-12 weeks	6-8 weeks	8-10 weeks	15-20 weeks after Market Implementation
Timetable	01.11.-18.12.2009	21.12.-22.01.2010	25.01.-02.04.2010	05.04.-21.05.2010	24.05.2010-23.07.2010	between 08.11 and 17.12.2010
Activities	Information Seminar, Seminar 1	Seminar 2, Workshop 1	Seminar 2 and 3, Workshop 2 and 3	Project 1	Project 2	Workshop 4
Surrender	Analyse, Ideas, Target, Strategies	Ressources, Competencies	Study, Design, Process, Organisation	Implementation, Simulation, Acceptance	controlled Market Implementation	Evaluation, Decision
	Service Design			**Service Management**		

Abb. 6.3: Aktivitätenplan des Drittmittelprojekts[54]

Die Umsetzung der strategischen Dienstleistungsentwicklung wurde folgenderma-ßen vorgenommen. Nach der Aufbereitung und Analyse des Stands der Forschung zum Service Engineering wurden die identifizierten Vorgehensmodelle und strategi-schen Instrumente/Methoden im Hinblick auf die Belange der jungen KMU im Dritt-mittelprojekt konkretisiert. Daraus wurde die Methodentoolbox entwickelt und Handlungsleitfäden zur Einführung und Anwendung verschiedener Methoden sowie die Schulungs- und Evaluationsunterlagen des Umsetzungserfolgs erstellt. Weiterhin wurde ein modulares Seminar- und Workshopangebot konzeptioniert. Hierbei wurden Informations- und Qualifizierungsveranstaltungen/**Projektmee-tings** für die Transfereinrichtungen/Technologiezentren zur Vermittlung des Modell- und Methoden-Know-hows durchgeführt. Die Informationsveranstaltun-gen/**Seminare** für die jungen KMU dienten zur Schaffung von Grundlagenwissen für den Einsatz der strategischen Instrumente. Diese Seminare wurden mit allen jungen KMU gemeinsam durchgeführt, um damit auch eine Netzwerkbildung und einen kommunikativen Austausch zu schaffen. Darauf aufbauend wurden dann in einzelnen **Workshops** die Umsetzung und Anwendung der vorher in den Semina-ren geschulten strategischen Instrumente vorgenommen. Hier wurden die strategi-sche Planung konkretisiert und die Projekte realisiert. Vorgelagert und nachgelagert

---

54 Quelle: Eigene Darstellung.

zu den einzelnen Veranstaltungen gab es Informationsveranstaltungen und Evaluierungen durch die jungen KMU hinsichtlich Beurteilung des Gesamtprojekts. Die Ergebnisse wurden im Abschlusssymposium mit dem Projektträger, dem Ministerium sowie den beteiligten KMU und den beteiligten Transfereinrichtungen präsentiert.

Zusammenfassend kann aufgrund der Abschlussinterviews und der Reflexion des Drittmittelprojekts folgendes Ergebnis aufgrund der Evaluation von 14 KMU (17 Unternehmern) dargestellt werden:

– Das Projekt war für zwölf KMU sehr relevant für die strategische Planung von Dienstleistungen, da die jungen KMU diese in der Vergangenheit nicht so durchgeführt haben.
– Alle im *Kapitel 5* vorgestellten strategischen Unternehmensplanungsinstrumente wurden in den 17 KMU erfolgreich umgesetzt und angewendet.
– Das Projekt übte bei zehn KMU einen Einfluss auf die strategische Planung und auf das Basisgeschäft aus, indem sich die Verhaltensweisen der Unternehmer vom Grundsatz her verändert haben.
– Der Aufwand in Form der Interviews, Seminare und Workshops über einen Zweijahres-Zeitraum wurde von zehn KMU als angemessen betrachtet, in vier Fällen empfanden die KMU den Nutzen eindeutig höher als den Aufwand.
– Die Projektstruktur mit den zwei Hauptbestandteilen Seminare und Workshops wurde sieben mal als optimal, acht mal als angemessen bzw. insgesamt passend bewertet und einmal als teilweise unausgewogen empfunden.
– Die Erwartungen wurden zum größten Teil fünf mal bzw. vier mal sogar vollkommen erfüllt und in nur vier Fällen teilweise erfüllt.
– Die Rolle der Transfereinrichtungen ist gerade für junge KMU unverzichtbar. 17 mal wurde sie als Auslöser und entscheidungsrelevant genannt. Kein Unternehmer hätte eigenständig nach einer Unterstützung oder einem Konzeptmodell gesucht.

Von den 14 KMU, die das ganze Projekt mitgemacht haben, konnten elf junge KMU konkrete Umsatzprognosen abgeben, siehe *Abb. 6.4*.

Hieraus wird auch deutlich, dass die langfristige Ausrichtung und der konsequente Einsatz von strategischen Unternehmensplanungsinstrumenten zu solchen konkreten Aussagen führen.

Die Ergebnisse der begleitenden Umsetzung und Anwendung von strategischen Unternehmensplanungsinstrumenten für die Dienstleistungsentwicklung können in der folgenden abgegeben Umsatzprognose bestätigt werden und zeigen das Potenzial was in dem Einsatz von strategischen Unternehmensplanungsinstrumenten steckt.

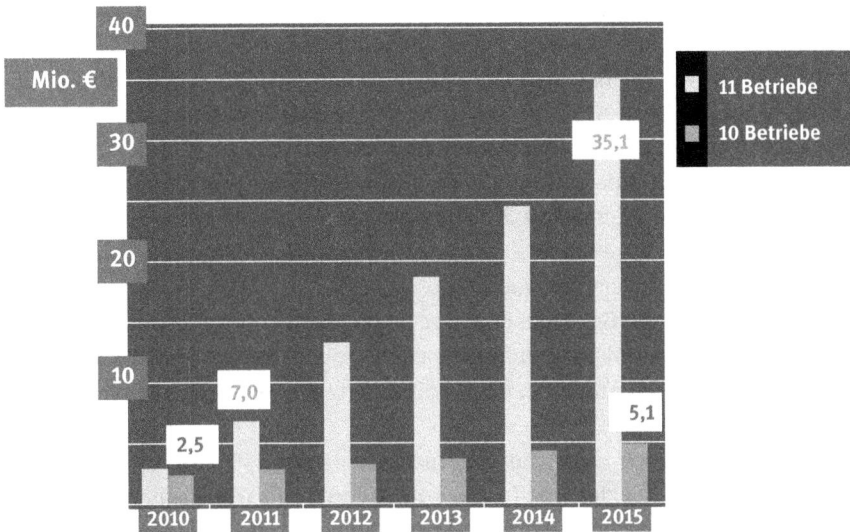

Abb. 6.4: Umsatzprognosen der KMU im Drittmittelprojekt[55]

6.5 Aufbau eines Wissensmanagements für die Unterstützung der strategischen Unternehmensplanung in jungen KMU

Trotz der Bedeutung der Ressource Wissen sind hier Unterschiede in KMU vorhanden. Wissenspotenziale werden nicht immer optimal genutzt, Wissensträger nicht systematisch weiterentwickelt bzw. gefördert. Dabei gehen Ideen verloren und mögliche Synergieeffekte werden nicht erkannt. Dies kann dazu führen, dass Recherchen und Projekte unabhängig voneinander wiederholt werden. Untersuchungen von Dataquest, GartnerGroup und Delphi belegen diesen Wissensverlust.[56] Gerade junge KMU verzichten auf das Wissensmanagement mit der Begründung, dass aufgrund der Größe des Unternehmens und der regionalen Orientierung diesbezüglich keine Notwendigkeit bestehen würde. Aufgrund der Informationstechnologie ist eine Beschaffung von Informationen weltweit einfacher geworden, sodass die Option eines Wissensmanagements für KMU immer interessanter wird. Eine Studie der TU Chemnitz aus dem Jahr 2006 belegt, dass 89 Prozent der insgesamt 2.342 befragten Unternehmen den zielgerichteten Umgang mit Wissen als wichtig erachten. Nach einer Studie von *Pawlowsky* (2006) wird deutlich, welche Wissensmanagementmaß-

---

55 Quelle: Eigene Darstellung.
56 Vgl. Rohleder (2009), S. 66.

nahmen im Mittelstand verbreitet sind und welche geplant werden. Das Ergebnis von Lernprozessen ist auch Wissen und in einem lernenden System ist das Management des Wissens als ein Baustein strategischer Kompetenz zu sehen. Die strategische Kompetenz des Wissens ist zu unterscheiden in *implizites* (Personengebunden) und *explizites* (transferierbares und archivierbares) Wissen.[57]

In einer anderen Studie von *Pfau et al.* (2007) betonten zwei Drittel der befragten Unternehmen diese Wichtigkeit des Einsatzes eines Wissensmanagements.

Folgende Aspekte zeigen die Relevanz des Aufbaus eines Wissensmanagements:
–   Zunehmende Spezialisierung von KMU,
–   aufgrund der geringen Größe der KMU ist die potentielle Informationsüberflutung so zu organisieren, dass relevante Informationen richtig verarbeitet werden können,
–   KMU sind von den Kenntnissen und Fähigkeiten ihrer Mitarbeiter abhängig.[58]

Edler (2003) befragte 497 deutsche Unternehmen (davon 55 Prozent KMU) nach „Nutzung, Motivation, Effekten und Institutionalisierung von Wissensmanagement".[59] Dabei stellte er einen Zusammenhang von Wissensmanagement-Aktivitäten und Innovationsfähigkeit fest. *Kriegesmann/Schwering* (2005) überprüften in 451 Unternehmen den Zusammenhang zwischen Innovationsaktivität und Wissens- bzw. Kompetenzmanagement.[60] Auch hier zeigte sich, dass die innovativen und entwicklungsdynamischen KMU in allen Belangen höhere Wissensmanagementaktivitäten aufwiesen.

Barrieren für die Einführung sind in der fehlenden Zeit, in der fehlenden Transparenz, in der fehlenden Bereitschaft zum Austausch und in der fehlenden Kenntnis der Bedeutung der Ressource Wissen zu sehen.[61] Ziel für das Wissensmanagement in KMU ist einerseits die Förderung der Zusammenarbeit der Mitarbeiter mit dem Kunden und andererseits eine größere Verantwortung der Mitarbeiter, die für die Arbeitsgänge gebraucht werden, zu erreichen. Durch organisiertes Wissensmanagement können das Risiko bei Mitarbeiter- oder Generationswechsel minimiert und Prozesse verbessert werden, um frei werdende Ressourcen gewinnbringend einzusetzen.

Eine Umsetzung in jungen KMU kann durch die Festlegung eines Verantwortlichen unterstützt werden. Hilfreich ist hierbei auch die Idee der Wissensbilanz für KMU, ein Projekt des BMWi, welches in 14 Unternehmen erprobt wurde.[62] Mit dieser Wissensbilanz werden das im Unternehmen vorhandene Wissen, die Kompetenzen und Fähigkeiten, erfasst und entwickelt und können als externes Kommunikationsmittel eingesetzt werden, um Kunden und Investoren in Bezug auf das Potenzial des

---

57 Vgl. Pawlowsky et al. (2006) S. 10f.
58 Vgl. Pfau et al. (2007), S. 25.
59 Edler et al. (2003), S. 2.
60 Vgl. Kriegesmann/Schwering (2005), S. 88.
61 Vgl. Pfau et al. (2007), S. 29.
62 Vgl. BMWi (2008a).

Unternehmens zu überzeugen. Für die interne Kommunikation ergeben sich zudem Synergieeffekte durch z. B. Schaffung von Transparenz und Vertrauen. Mit dem vom BMWi herausgegebenen Leitfaden können KMU eine Wissensbilanzierung selbst initiieren und durchführen.

In dem Forschungsprojekt MISTRAKO-**Mi**ttelstandsstudie zur **stra**tegischen **Ko**mpetenz von Unternehmen der TU Clausthal/Haufe Akademie (2007)[63] wurden 228 KMU befragt, welche Instrumente für das Wissensmanagement eingesetzt werden, siehe *Abb. 6.5.*

Hierbei ist ersichtlich, dass verstärkt technologieorientierte Instrumente anstelle von human orientierter Instrumente eingesetzt werden. Um eine strategische Wissensmanagementkompetenz aufzubauen, bedarf es eines „gesunden Mixes" an medialen (Festplatten, CD) und personalen (Mitarbeiter, Abteilungen) Speichermöglichkeiten. Um einen ´Information Overload´ zu vermeiden, muss das KMU eine Informationsinfrastruktur aufbauen.

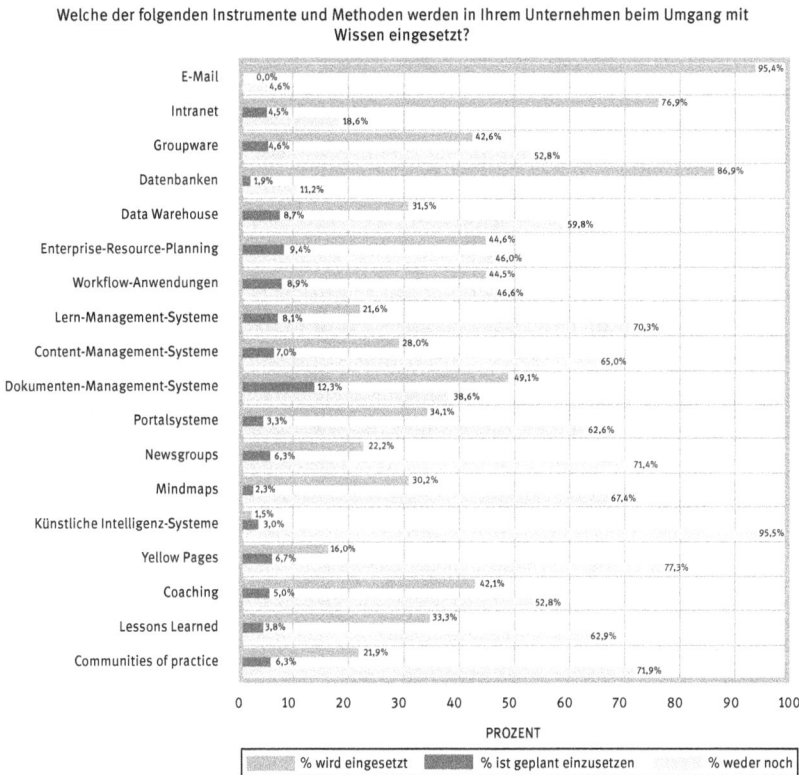

Welche der folgenden Instrumente und Methoden werden in Ihrem Unternehmen beim Umgang mit Wissen eingesetzt?

Abb. 6.5: Eingesetzte Instrumente des Wissensmanagements[64]

---

63 Vgl. TU Clausthal/Haufe Akademie (2007).
64 TU Clausthal/Haufe Akademie (2007), S.27.

Diese Studien zeigen, dass gerade die Dokumentation von Wissen bei jungen KMU die Grundlage für den kontinuierlichen Erfolg bedeuten kann.

Dies wurde auch in dem bereits vorgestellten Drittmittelprojekt welches hier in der Fallstudie vorgestellt wurde deutlich. Hier wurden schriftliche Umsetzungshilfen für die Transfereinrichtungen und die jungen KMU in den Seminaren und Workshops zur Verfügung gestellt. Diese Schulungsunterlagen und Handlungsleitfäden dienten als Grundlage für die Erarbeitung der Strategien in den jungen KMU. Alle erarbeiteten Informationen wurden dokumentiert und für die einzelnen Instrumente verarbeitet.

6.6 Strategisches Controlling als Unterstützung für die erfolgreiche Umsetzung der strategischen Unternehmensplanung in jungen KMU

Für die jungen KMU macht es Sinn, eine Person im Unternehmen mit den Aufgaben des strategischen Controllings vertraut zu machen. In KMU wird der Controller als „wirtschaftliches Gewissen" bezeichnet, der auch dadurch als Generalist im Unternehmen tätig ist.[65] Seine Bedeutung gerade für junge KMU ist als sehr hoch einzuschätzen. Unter strategischem Controlling versteht *Horváth* (2009) „die Wahrnehmung der Controllingaufgaben zur Unterstützung der strategischen Führung der Unternehmung. Strategisches Controlling ist die Koordination von strategischer Planung und Kontrolle mit der strategischen Informationsversorgung."[66] Die Koordination des gesamten Planungsprozesses ist auch die Aufgabe des Controllers.[67]

Horváth (2000) und *Steinle/Bruch* (2003) sehen die Aufgabe des strategischen Controllers in der Unterstützung der Geschäftsführung zur Erreichung der Unternehmensziele. Dabei sollen nach der Controllingphilosophie von *Horváth* (2000) im leistungswirtschaftlichen Bereich die Nutzen- und Erfolgspotenziale bestimmt, entwickelt und gesteuert werden.[68] Das heißt, dass die Funktion des strategischen Controllings nicht nur die Planung selbst, sondern auch die Unterstützung des Planungsprozesses gewährleisten soll, um die langfristige Existenz des Unternehmens zu sichern.[69] Um dieses Ziel zu erreichen, muss die Unternehmensführung auch mit entscheidungsrelevanten Informationen versorgt werden und die einzelnen Bereiche müssen strategisch und operativ koordiniert werden.[70]

---

65 Vgl. Horváth/Weber (1997), S. 340.
66 Horváth (2009), S. 197.
67 Vgl. Horváth (2000), S. 6.
68 Vgl. Steinle/Bruch (2003), S. 23.
69 Vgl. Horváth (2000), S. 193ff.
70 Vgl. Baum et al. (1999), S. 9.

Diesen Gedanken verarbeitete *Küpper* (1987) in der Darstellung des Controllings im Führungssystem eines Unternehmens, wo Controlling in der Mitte umrahmt vom Zielsystem, Planungs-/Kontrollsystem, Informationssystem, Personalführungssystem und Organisation steht.[71]

Die Aufgabe des Controllings ist die Sekundärkoordination, also die Koordination innerhalb und zwischen den Subsystemen der Unternehmensführung. Darunter fallen neben dem Planungssystem das Kontrollsystem, das Informationsversorgungssystem sowie Personalführungssystem und Organisationssystem.[72] Für das strategische Controlling müssen die Elemente Prämissenkontrolle, strategische Durchführungskontrolle und strategische Überwachung berücksichtigt werden.[73]

Der strategische Controller hat neben der Konzipierung und Unterstützung der strategischen Planung für die Geschäftsführung auch die Verantwortung für die Umsetzung der Strategie auf die operative Ebene.

Dabei stellt er auch die geeigneten Instrumente und Tools für die strategische Unternehmensplanung zur Verfügung.[74] Das strategische Controlling orientiert sich am strategischen Unternehmensplanungsprozess, der Umsetzung in die operative Planung, dem Aufbau und der Durchführung der strategischen Kontrolle. Strategisches Controlling ist kein Ersatz für Strategisches Management, sondern eine Unterstützung im strategischen Unternehmensplanungsprozess. Dabei hilft es die strategische Unternehmensplanung zu operationalisieren und somit die Verknüpfung zur operativen Ebene herzustellen.[75]

Günther (1991) zeigt in seiner Studie auf, dass strategisches Controlling und eine positive Performance eines Unternehmens in einem Zusammenhang stehen. Er weist auch nach, dass dies vernünftig durchgeführt werden sollte, da ansonsten ein höherer Einsatz an Sach-, Personal- und Zeitaufwand notwendig wird.[76] Die Entwicklung der Bedeutung des strategischen Controllings in jungen KMU nimmt jedoch im Laufe der Zeit zu. So konnte *Kosmider* (1994) ermitteln, dass 59 Prozent der Unternehmen Controlling als unverzichtbar bezeichneten.[77] Zehn Jahre später wiesen *Ossadnik et al.* (2004) nach, dass bereits 95 Prozent der befragten KMU Controlling als sehr wichtig einstuften.[78] In jungen KMU, in denen eine Controllingfunktion selten gegeben ist, übernimmt das Management aufgrund von Erfahrungs- und/oder Intuitionskenntnissen das strategische Controlling.

---

71 Küpper (1987), S. 99.
72 Vgl. Küpper (2001), S. 15.
73 Vgl. Becker (2001), S. 149; Schreyögg/Steinmann (1985), S. 401ff.
74 Vgl. Baum et al. (1999), S. 10; Horváth (2000), S. 198.
75 Vgl. Horváth (2000), S. 194ff.
76 Vgl. Günther (1991), S. 79f.
77 Vgl. Kosmider (1994), S. 106f.
78 Vgl. Ossadnik et al. (2004), S. 625.

Die strategische Planung ist nur dann erfolgreich, wenn ein Regelkreissystem vorhanden ist. Hierzu gehören auch das Berichtswesen und das bereits beschriebene Informationssystem, um Analysen durchzuführen und auch Gegensteuerungsmaßnahmen oder Verbesserungen im Planungszyklus durchzuführen.[79] Zur Unterstützung des strategischen Controllings benötigt das Management daher relevante Informationen, die z. B. auch durch den Aufbau eines Wissensmanagements ermittelt werden können.

---

79 Vgl. Mann (1983), S. 5.

7 Folgerungen für Wissenschaft und Praxis

7.1 Zusammenfassung

Das inhaltliche und das methodische Ziel der vorliegenden Arbeit war es, zum einen die Praxis von strategischer Planung und die Umsetzung und Anwendung von strategischen Unternehmensplanungsinstrumenten in jungen KMU zu untersuchen und zum anderen ein Konzept zur strategischen Planung, speziell für junge KMU, mit dessen Anwendung die Leistungsfähigkeit und Erfolgswahrscheinlichkeit junger KMU gesteigert werden kann, zu ermitteln. Diese zwei Ziele konnten erreicht werden.

Die Generierung von handlungsrelevantem Wissen für junge KMU im Bereich der strategischen Unternehmensplanung orientierte sich an dem Ansatz von *Ulrich* (2001), der Philosophie der angewandten Forschung.[1] Es ging um das Entwerfen praktisch tauglicher Regeln, um eine noch zu schaffende Wirklichkeit zu gestalten. Die Ausgangspunkte waren die praxisrelevanten Umstände, in denen sich junge KMU befinden, die sich nicht unbedingt an den jeweiligen Grundlagenwissenschaften orientieren, sondern an denjenigen, die in der Regel nicht disziplinär sind.

Daher wurde auch der angewendete Methoden-Mix als Theoriebezug, *Kapitel 2*, von vorhandenen Studien, *Kapitel 3*, den durchgeführten Experteninterviews, *Kapitel 4*, dem Identifizieren von Herausforderungen, dem Vorstellen von Handlungsempfehlungen, *Kapitel 5*, und letztendlich der Nachweis über eine erfolgreiche Umsetzung und Anwendung aller vorgestellten strategischen Unternehmensplanungsinstrumente anhand einer zweijährigen Fallstudie in einem Drittmittelprojekt, *Kapitel 6* eingesetzt.

Im Einzelnen kann Folgendes konstatiert werden:
Im *Kapitel 1*, der Einleitung, wurden die Ausgangslage, die Situation, in der sich junge KMU befinden, und die theoretische Ansätze, die einen Zusammenhang zwischen strategischer Unternehmensplanung und Erfolg des Unternehmens verknüpft, kurz skizziert. Anschließend wurde anhand von Forschungsstudien dargestellt, dass es gerade bei jungen KMU eine Forschungslücke gibt, wenn es um den erfolgreichen Einsatz von strategischen Unternehmensplanungsinstrumenten geht. Daher wurden ein inhaltliches und ein methodisches Ziel der Arbeit formuliert. Die drei Forschungsfragen, die sich daraus ergaben, wurden sodann als wichtige Fragestellungen, die sich durch die ganze Arbeit ziehen, festgelegt.

---

1 Vgl. Ulrich (2001a), S. 19ff.

?

1. Setzen junge KMU strategische Unternehmensplanungskonzepte ein?
2. Welche Rahmenbedingungen gelten für junge KMU bei der strategischen Unternehmensplanung?
3. Welche anwendbaren und umsetzbaren Instrumente können junge KMU für die strategische Unternehmensplanung einsetzen?

Diese Forschungsziele und Forschungsfragen waren die Grundlage für die weitere Vorgehensweise, welche in der *Abb. 1.3*, dem Aufbau der Forschungsarbeit in einem Ablaufprozess dargestellt wurde. Der Aufbau der Arbeit orientierte sich an der Philosophie der angewandten Wissenschaft nach *Ulrich* (2001). Das gewählte Forschungsdesign betrachtete den qualitativen Ansatz der „zirkulären Strategie" von *Flick* (1998).[2]

Das *Kapitel 2* setzte sich mit den theoretischen Konzepten und Ansätzen der strategischen Unternehmensführung auseinander. Hier wurden die Definitionen und Grundlagen der Begriffe, die für die Eingrenzung des Untersuchungsgegenstandes wichtig sind, behandelt. Da ein Untersuchungsschwerpunkt auf der „strategischen Unternehmensplanung" lag, wurde zuerst der Unternehmenslebenszyklus in den einzelnen Phasen betrachtet, da in der strategischen Ausrichtung die Lebensdauer eines jungen Unternehmens ein wichtiges Kriterium für den Fortbestand darstellt. Wie können strategisches Management und die strategische Unternehmensplanung definiert werden und welche Theorien und praktische Ansätze sind hier vorhanden? Dies wurde umfassend analysiert, sowie die Betrachtung von Unternehmenserfolgsfaktoren und deren kausale Zusammenhänge, analog zur Kausalstruktur von *Jenner* (1999)[3] berücksichtigt. Die kurze Betrachtung von „Hidden Champions", welche von *Simon* (2006)[4] beschrieben wurden, die zu ihren Anfängen ja auch junge KMU waren und sich dann zu erfolgreichen Unternehmen entwickelt haben, stellten eine zusätzliche Betrachtung zur Gesamtthematik dar.

Im *Kapitel 3* wurden verschiedene Untersuchungen zur Thematik „Strategische Unternehmensplanung in jungen KMU" vorgestellt. Dabei ging es zuerst um die Eingrenzung von „KMU" und die Begrifflichkeit „jung". Für die vorliegende Arbeit wurde die EU-Definition für KMU[5] verwendet und das Unternehmensalter nach *Chrismann* (1998)[6] für die zu betrachtenden KMU auf bis zu zwölf Jahre festgelegt. Ein wichtiger Bereich, der dann analysiert wurde, waren die aktuellen Rahmenbedingungen, in denen sich die jungen KMU befinden. Dazu zählten Untersuchungen von Gründungs- und Jungunternehmen, die wirtschaftliche Situation mit all ihren Facetten wie Trends, Kurzarbeit, Liquidation und Insolvenz. Bei den zahlreichen analy-

---

2 Vgl. Flick (1998), S. 67f.
3 Vgl. Jenner (1999), S. 55.
4 Vgl. Simon (2006), S. 124.
5 Vgl. EU (2003).
6 Vgl. Chrismann (1998), S. 87f.

sierten Studien zeigte sich auch, dass die strategische Unternehmensplanung ein Garant für den Fortbestand und den Erfolg junger KMU ist. Diese Erkenntnisse und die vorgestellten Maßnahmen wurden dann in einer umfassenden Forschungsstudienrecherche im *Kapitel 3.4 bis 3.6* hinsichtlich auf die aufgestellten Forschungsfragen analysiert. In der Zusammenfassung im *Kapitel 3.7* sind die wichtigsten sieben Umsetzungsbedingungen/Dimensionen für die Umsetzbarkeit und Anwendbarkeit der strategischen Unternehmensplanung und deren Instrumenten benannt worden.

Im *Kapitel 4* wurden mit der explorativen Expertenbefragung die vorher ermittelten Primärdaten mit den Sekundärdaten verglichen und bestätigt. Hierzu wurden 14 junge KMU mit einem teilstandardisierten Fragebogen zu der Untersuchungsthematik interviewt. In der Auswertung wurde ebenfalls mithilfe der Forschungsfragen die Situation in den betrachteten jungen KMU ermittelt. Es zeigte sich, dass neben den in der bisherigen Sekundärrecherche sieben ermittelten Umsetzungsbedingungen/Dimensionen weitere sieben entscheidende Umsetzungsbedingungen/Dimensionen für die strategische Ausrichtung von jungen KMU wichtig sind. Im *Kapitel 4.6* wurde dann auf die Probleme der Anwendung von strategischen Unternehmensplanungsinstrumenten eingegangen, damit in der nachfolgenden Fallstudie das richtige Konzept eingesetzt wurde.

Das *Kapitel 5* stellt die Adaption der Ergebnisse dar und diente der Konzipierung von umsetzbaren und anwendbaren strategischen Unternehmensplanungsinstrumenten. Hierzu war zu Beginn der Forschungsarbeit auch die dritte Forschungsfrage konzipiert gewesen. Daher wurde eine Struktur für die Vorgehensweise verschiedener Instrumente konzipiert, siehe *Abb. 5.14*. Diese logische Herangehensweise an die strategische Unternehmensplanung orientierte sich an den bisher ermittelten Ergebnissen. Bei der Vorstellung der jeweiligen Instrumente wurden auch die Vor- und Nachteile betrachtet. Die jeweiligen Vorgehensweisen wurden dargestellt und anhand von vorhandenen Forschungsstudien bestätigt.

Im *Kapitel 6* wurde eine zweijährige Fallstudie im Rahmen eines Drittmittelprojekts der Baden-Württemberg Stiftung vorgestellt, wobei alle strategischen Unternehmensplanungsinstrumente aus *Kapitel 5* in den jungen KMU aus *Kapitel 4* erfolgreich eingesetzt wurden. Kernelement der erfolgreichen Fallstudie war die funktionale Vorgehensweise in Form eines auf sich aufbauenden iterativen Phasenkonzepts mit Interviews, Seminaren und Workshops auf der einen Seite und der personellen Einbindung des Unternehmers auf der anderen Seite. Hierbei zeigte sich sehr deutlich, dass die Umsetzung und Anwendung von strategischer Unternehmensplanung sich über einen Lernprozess über einen längeren Zeitraum entwickeln muss. Ein weiteres wichtiges Kriterium war die externe Betreuung durch Transfereinrichtungen (z. B. Technologie-/Gründerzentren) bzw. Coaching (z. B. Berater), die die jungen KMU über diesen Entwicklungsprozess hin begleitet und gesteuert haben. Wichtig ist zudem auch, dass die jeweiligen Unternehmer vorrangig alle strategischen Unternehmensplanungsinstrumente selbst mit Inhalt/Informationen füllen und eigenständig die Umsetzung in ihrem Unternehmen vornehmen. Abschließend ist festzustellen, dass ein Wissensmanagement ein wichtiges Kriterium für die notwendige Datensammlung/-aufbereitung/-nutzung darstellt. Das strategische Controlling mit seinen Schwerpunkten der Planung, Steuerung und Kontrolle des jungen KMU ist ebenfalls für die jungen KMU ein wichtiger Erfolgsfaktor. Gerade dieses Kriterium wurde in den Analysen, warum Unternehmen scheitern, benannt.

Zusammenfassend kann festgestellt werden, dass neben den vorhandenen theoretischen Ansätzen zur strategischen Planung im *Kapitel 2 und 3* auch durch die Ergebnisse der empirischen Untersuchung im *Kapitel 4* neue Impulse für die Weiterentwicklung der Theorie gefunden wurden, da viele Konzepte vorrangig für Großunternehmen entwickelt wurden und daher nicht automatisch die Nutzbarkeit für junge KMU gegeben war. Dabei war die Einfachheit der Anwendung vorrangiges Ziel, um so die Akzeptanz zu erhöhen. Die ermittelten Umsetzungsbedingungen/ Dimensionen stellten zugleich die Schlüsselfaktoren dar, wann der Einsatz der strategischen Unternehmensplanung für junge KMU erfolgreich sein kann. Die Fallstudie, die über einen Zweijahreszeitraum in jungen KMU vorgenommen wurde, belegte, dass junge KMU in der Lage sind, strategisch zu planen. Voraussetzungen hierfür liegen in dem bewusst gesteuerten Coaching und dem heran führen der Unternehmer an die Anwendung dieser Instrumente. Der strategische Prozess ist ein Lernprozess und es zeigte sich, dass mit zunehmendem Alter und zunehmender Unternehmensgröße dieser auch konvergiert.

Der Zeitfaktor ist neben dem Personal eine wichtige Ressource und muss entsprechend insgesamt in eine

flexible iterative Vorgehensweise der strategischen Unternehmensplanung in jungen KMU

führen. Die strategische Unternehmensplanung ist höchst heterogen. Dieses Ergebnis war zu Beginn dieses Forschungsvorhabens bewusst und wurde im Laufe des Forschungsvorhabens mit der explorativen Expertenbefragung und der durchgeführten Fallstudie bestätigt.

Welche methodischen Folgerungen für die Praxis und die Forschung können aus der vorliegenden Arbeit abgeleitet werden?

- Gerade bei jungen KMU müssen die Konzepte einfach und verständlich aufbereitet werden.
- Die Unternehmer müssen über einen längeren Zeitraum mit der strategischen Unternehmensplanung vertraut gemacht werden.
- Coaching in Form von Seminaren und Workshops gewährleistet eine nachhaltige Anwendung von strategischer Unternehmensplanung.
- Die relevanten Mitarbeiter sind in die Planungsprozesse zu integrieren.
- Es muss eine Dokumentation der Ergebnisse erfolgen, um diese auch für andere Instrumente nutzen zu können.
- Es muss eine Flexibilität in der Vorgehensweise grundsätzlich möglich sein.

Die strategischen Herausforderungen für junge KMU sind:

- Die Unternehmensaufgabe liegt darin, dass das Umfeld permanent kritisch zu analysieren ist, gerade im Hinblick auf die Veränderungen und deren Einflüsse auf das jeweilige KMU.
- Die jungen KMU müssen sich gerade in der Wachstums- und Etablierungsphase auf Änderungen in Form einer größtmöglichen unternehmerischen Flexibilität einrichten.
- Geschäftsgelegenheiten müssen schnell erkannt werden und die Potenziale sind auf diese Märkte auszurichten.
- Restrukturierungsmaßnahmen sind als Chance zu verstehen und auch Ausstiegsszenarien müssen diskutiert und umgesetzt werden.
- Es ist die Aufgabe des Unternehmers die strategische Orientierung und Ausrichtung im Unternehmen zu etablieren.
- Es sind alle Mitarbeiter in Schlüsselpositionen in die strategischen Diskussionen mit einzubeziehen.
- Grundkenntnisse in der Anwendung der strategischen Unternehmensplanungsinstrumente sind an die Mitarbeiter zu vermitteln.

7.2 Ausblick auf weiterführende Forschungsarbeiten

Die vorliegende Arbeit zeigt, dass in KMU nicht durchweg eine strategische Kompetenz und Methodenkenntnisse vorhanden sind. Systematische Prozesse zur Strategieentwicklung sind nur unzureichend in den KMU implementiert und etabliert. Anhand der Analyse der Literatur, der Studien und der genannten Internetportale ist erkennbar, dass oft standardisierte Checklisten oder Fragebögen verwendet werden und eine Erläuterung der Handhabung selten gegeben ist. Eine vermutete Korrelation zwischen strategischer Planung und Erfolg wurde in den empirischen Untersuchungen nicht eindeutig nachgewiesen. Dies kann sicherlich auch an der Fallzahl der untersuchten Unternehmen, den methodischen Aspekten (Operationalisierung) oder den verwendeten Erfolgskriterien liegen. Vor dem Hintergrund der empirischen Ergebnislage ist trotz der Vielzahl der Einwände gegenüber der strategischen Planung davon auszugehen, dass diese für KMU hilfreich sind. Strategische Unternehmensplanung mit Hilfe z. B. von alternativen Szenarien erweitert die Aktionsmöglichkeit von KMU, doch sicherlich ist es eine Vielzahl von Faktoren im Zusammenspiel, die letztendlich zum Erfolg führt. Dieses Konzept kann nicht nur junge KMU unterstützen sich strategisch auszurichten, sondern es kann durchaus auch Institutionen wie dem Wirtschaftsministerium, den Kreditinstituten, den Föderdarlehengebern oder auch Beratern als Konzept oder Grundlage für die Zusammenarbeit mit jungen KMU dienen.

Eine Vielzahl von *Implikationen* lässt sich für die Forschung und für die Praxis ableiten. Anhand der konjunkturellen Entwicklung müssen sich junge KMU für den

Wettbewerb stärken, indem sie sich intensiver mit der Erkennung und Entwicklung von Erfolgspotenzialen und Wettbewerbsvorteilen befassen. Dazu ist es notwendig, dass die Unternehmer sich über die Notwendigkeit strategischer Prozesse und die Erarbeitung eines Know-how bezogen auf die Unternehmensstrategie, auch durch Einbindung der Mitarbeiter bewusst werden.

Natürlich hat diese Untersuchung *Limitationen* in der Art, dass die Anzahl der untersuchten KMU nicht eine Generalisierbarkeit unterstützt. Die Interviewpartner trafen zum Teil auch subjektive Einschätzungen. Die vorliegende Untersuchung hatte zum Ziel Instrumente für die jungen KMU aufzuzeigen, die umsetzbar und anwendbar sind, was auch mit dem *Kapitel 6* bestätigt wurde.

Permanente Marktveränderungen, Wettbewerbsdruck, Kostendruck, Globalisierung und der wachsende Kundenanspruch u. a. in Bezug auf Dienstleistungen sind nur ein paar wichtige Faktoren, mit jenen sich die Unternehmensführung in KMU auseinandersetzen muss. Wenn Unternehmer auf diese Faktoren reagieren sollen, reicht es nicht aus vielleicht nur einmal im Jahr strategisch zu planen, sondern der strategische Unternehmensplan muss sich den ständig wechselnden Gegebenheiten anpassen. Häufig übernimmt das Tagesgeschäft die Führung und der Unternehmer hat nicht die Zeit strategisch zu planen. Entscheidungen werden intuitiv vorgenommen und Planungstools außer Acht gelassen. Für die langfristige Orientierung bzw. die unternehmerische Zukunft bedarf es einer strukturierten, konsequenten und flexibel angepassten strategischen Unternehmensplanung. Dafür sind Kompetenzen im strategischen Management, im Zeitmanagement und Wissensmanagement wichtig, um erfolgreich zu sein.

Die zirkuläre Kausalität von Planung und Erfolg kann mit weiterführenden Forschungsarbeiten untersucht werden. Die Arbeit konnte aufgrund der Vielzahl von Konzepten und Instrumenten nicht alle Themenfelder der strategischen Planung abdecken. Es ist daher notwendig, sich mit der strategischen Ausrichtung und Entwicklungsfähigkeit von KMU auseinanderzusetzen und sich zudem mit folgenden *weiteren Forschungsfragen* zu beschäftigen:
–   Gibt es Unterschiede in der Strukturierung der strategischen Unternehmensplanung in den Wirtschaftszweigen?
–   Ab welchem Zeitpunkt, in der Betrachtung des Unternehmenslebenszyklus der jungen KMU, ist der Einsatz von strategischen Unternehmensplanungsinstrumenten sinnvoll?
–   Gibt es strategische Tools, die von Mitarbeitern in Form von Bottom-up-Verfahren in die strategische Unternehmensplanung eingesteuert werden können?
–   Können die ermittelten strategischen Unternehmensplanungsinstrumente noch weiter vereinfacht werden?
–   Wie flexibel muss die strategische Unternehmensplanung sein, um die KMU umfassend zu unterstützen?
–   Wie können die ermittelten Instrumente zukünftigen potenziellen Unternehmern von KMU vermittelt werden?

– Gibt es Abweichungen im Ergebnis unter der Betrachtung von informellen Prozessen oder wenn Frauen als Geschäftsführerinnen die strategische Planung durchführen?

Eine weitere Möglichkeit für den Ausblick und für weiterführende Arbeiten ist nach *Witzel* (1989/1996) mit der *kontrollierten Form der Interpretation*[7] bzw. einer *diskursive Validierung*[8] vorzunehmen. Dies geschieht in einer Gruppendiskussion der Einzelinterpretationen mit mehreren Forschern. Dies kann zum einen nach den Einzelanalysen oder zum anderen auch nach der generalisierenden Analyse aller Interviews geschehen. Dafür kann die vorliegende Untersuchung als Diskussionsgrundlage gelten und Ansätze für neue Forschungsvorhaben liefern.

---

7 Vgl. Witzel (1989), S. 243.
8 Vgl. Witzel (1996), S. 67.

Anhang

A.1 Egene tabellarische Übersicht der zitierten Studie

Autoren	Methoden	Jahr	Gegenstand	Ergebnis
Aragón-Sánchez/ Sánchez-Marin		2005	KMU aus Spanien	
Bain&Company	Befragung	2003	n=708 Unternehmen	Einsatz von Management- Tools in einer Übersicht
Bantel/Osborn	Analyse	1995	n=200 Banken aus GB	Eine fehlende Strategie ist nicht gleichzusetzen mit einer fehlenden strategischen Orientierung
BDI-Mittelstand-spanel	Befragung	2010	n= 1.250 Unternehmen aus D	Befragung der relevantenbetriebs-wirtschaftlichen und wirtschafts-politischen Informationen
Bernasconi/Galli	Empirische Studie	2004	n=1.000 KMU in D/A/CH	27,5% der KMU führen aufgrund von Zeitmangel keine strategische Planung durch
Berry	Explorative schriftliche Befragung	1998	n=30 High-Tech Unternehmen aus GB	42% halten langfristige Planung für sehr wichtig, 69% bearbeiten den Businessplan 1-2 mal im Jahr, 45% betreiben formale/explizite Planung, 62% haben einen Planungshorizont von 3-5 Jahren
Boyd	Metaanalyse	1991	n=23 Studien, 2.496 Unternehmen	Strategische Planung und finanzieller Erfolg stehen in einem Zusammenhang
Bracker/Pearson	Befragung	1986	n=188 kleine alte Unternehmen aus den USA	Es gibt 8 Planungsinstrumente: die Zielsetzung, eine Umweltanalyse, die SWOT-Analyse, eine Strategieformulierung, Finanzziele, ein funktionales Budget, operative Leistungskennziffern sowie Kontrollorozeduren
Brüderl et al.	Persönliche Interviews	1996	n=1.849 Gründe runternehmen aus Deutschland	51% haben den Markt vor der Gründung beobachtet, 63% haben die Gründung max. 3 Monate geplant, 18% hatten einschriftliches Planungskonzent
Bundesagentur für Arbeit	Analyse	2009	n=staatliche Angaben aus D	Informationen zum Arbeitsmarkt in D
Buzzell/Gale	Analyse	1989	n=300 Unternehmen	PIMS-Studie, Ermitteln der Erfolgsfaktoren in Unternehmen

A.1 (fortgesetzt)

Autoren	Methoden	Jahr	Gegenstand	Ergebnis
Capon/Farley/ Hoenig	Metaanalyse	1990	n=20 Studien	Es gibt eine positive Beziehung zwischen Qualität und Erfolg
Carland et al.	Befragung	1989	n=368 KMU aus den USA (<250 Mitarbeiter)	Zusammenhang zwischen Persönlichkeit und Planung
Controller-Institut		2005		89,4% der Unternehmen kennen die Stärken-Schwächen Analyse aber nur 29.8% setzen sie ein
Creditreform-Insolvenzen/ Neugründunge n/ Löschungen	Analyse	2010	n=staatliche Angaben aus D	Untersuchung zu Insolvenzen/ Neugründungen/Löschungen in Deutschland
Creditreform/ IfM/ZEW/rwi/ KfW-Mittel-standsMonitor	Befragung	2010	n=4.000 Unternehmen aus D	Umfrage zur Wirtschaftslage im Mittelstand
Creditreform-Wirtschaftslage und Finanzierung im Mittelstand	Befragung	2010	n=4.058 KMU aus D	Befragung der Konjunktursituation
Cromie et al.	Befragung	1999	n=1.065 Familienunternehmen in Schottland und Nordirland	Zusammenhang zwischen unternehmerischen Zielsetzungen und strategischem Verhalten
D' Amboise/ Bakanibona	Literaturstudie	1990	n=12 Auswertungen aus Sekundärstudien	in KMU sind eher operative als strategische Planung vorzufinden; es gibt einen positiven Zusammenhang zwischen Art, Umfang der Planung und Erfolg
Dean/Sharfman	Studienanalyse	1993	n=52 Entscheidungen in 24 Unternehmen	Unvollständige Entscheidungen beeinflussen den Planungserfolg
Deimel/Kraus	Literaturrecherche	2008	n=17 Studien	Strategisches Management ist in KMU wenig vorhanden, bei 64,7% ist ein positiver Zusammenhang zwischen strategischer Planung und Unternehmenserfolg zu erkennen
Delmar/Shane	Persönliche Interviews	2003	n=211 Gründerunternehmen aus Schweden	Planung erhöht den Grad an Unternehmensorganisation/Produktentwicklung und erhöht die Überlebenswahrscheinlichkeit von jungen KMU
DIHK-Gründerreport	Befragung	2010	n=360.000 Kontaktdaten	Ermittlung anhand IHK-Existenzgründungsberatung in Deutschland

A.1 (fortgesetzt)

Autoren	Methoden	Jahr	Gegenstand	Ergebnis
DIHK-Dienstleis-tungs report	Befragung	2010	n=10.000 Unternehmen aus D	DIHK-Umfrage bei den 80 IHKs zum Dienstleistungssektor und zur Stimmung und Planung der jeweiligen Unternehmen
Edler	Analyse	2003	n=497 Unternehmen (davon 55% KMU)	Es besteht ein Zusammenhang zwischen Wissensmanagement und Innovationsfähigkeit
Esser et al.	Schriftlicher Fragebogen	1985	n=214 deutsche Industrieunternehmen	Anwendung von strategischer Planung korreliert mit der Rechtsform, in GmbH und AG wird eher strategisch geplant
Fritz	Analyse	1990		
Fröhlich/Pichler	Persönliche Interviews	1988	n=107 österreichische KMU	23% keine Planung, 31% Kurzfristplanung, 33% Langfristplanung, 12% strategische Planung
Gooding/Wagner	Metaanalyse	1985		Unternehmensgröße ist nicht gleichbedeutend mit Unternehmenserfolg
Griggs	Metaanalyse	2002	n=127 KMU aus Australien	Kein signifikanter Zusammenhang zwischen strategischer Planung und Erfolg
Günther	Empirische Analyse	1991		Strategisches Controlling und Unternehmensperformance stehen in einem Zusammenhang
Haake	Persönliche Interviews	1987	n=127 KMU aus der Schweiz mit < 500 MA	27,9% keine schriftliche Planung; 31,4 % nur Kurzfristplanung; 26,9% Langfristplanung, Strategische Planung bei 13,7%
HTW Aalen	Befragung	2006	n=631 KMU	85% der KMU halten strategische Planung für sinnvoll, 42% sehen darin einen wesentlichen Erfolgsfaktor
Huber	Analyse	2008	n=100 Manager	KMU verwenden unterschiedliche strategische Methoden, Etablierte verwenden andere wie Unentschlossene oder wie Verfolgerunternehmen
LAB-Kurzbericht	Befragung	2009	n=8.000 Unternehmen	Unternehmensbefragung zur Entwicklung
Institut für Arbeitsmarkt- und Berufsforschung	Empirische Untersuchung	2009	n=8.000 Unternehmen	Es wurde nach den Reaktionen zur Wirtschaftskrise gefragt. Neben Reaktionen wie Einstellungsstopp und Kurzarbeit gibt es auch langfristig orientierte Maßnahmen wir Umstrukturierung und Erschließung neuer Märkte und Kunden

A.1 (fortgesetzt)

Autoren	Methoden	Jahr	Gegenstand	Ergebnis
IfM-Gründungen/ Liquidationen	Analyse	2010	n=amtliche Gewerbeanzeigenstatistik	Gründung- und Liquidationsstatistik anhand von amtlicher Gewerbeanzeigenstatistik des Statistischen Bundesamts
Jenner	Befragung	1999	n=220 Entscheidungsträgerdeutscher Industrieunternehmen	Determinanten des Unternehmenserfolgs stehen in einer kausalen Beziehung zueinander
Jones	Befragung	1982	n=69 KMU aus den USA	„Planer" sind älter und haben eine höhere Bildung als „Nicht-Planer"
Jungbauer-Gans Preisendörfer	Empirische Untersuchung	1991		Die Hälfte aller neu gegründeten Unternehmen überlebt nicht die ersten fünf Jahre
Kagar/Parnell	Befragung	1996	n=47 kleine Banken aus den USA	Positiver Zusammenhang zwischen effektiver strategischer Planung und finanziellen Erfolg
KfW-Gründungsmonitor	Befragung	2010	n=50.000 Personen	Ermittlung zum Gründungsgeschehen in Deutschland
KfW/ZEW-Gründungspanel	Befragung	2010	n=6.000 neu gegründete Unternehmen	Ermittlung von unternehmens- und gründungsspezifischen Daten ab dem Gründungszeitpunkt von KMU
KfW-Mittelstandspanel	Befragung	2010	n=12.560 Unternehmen	Ermittelt einen Längsschnittdatensatz des Mittelstands in Deutschland
Kosmider	Analyse	1994	mittelständische Industrieunternehmen	57% aller großen mittelständischen Unternehmen wenden eine Potenzialanalyse an, 57% setzen die BCG-Matrix ein
Kraus	Literaturanalyse	2006	Analyse von Fachzeitschriften zur Thematik Entrepreneurship und Strategisches Management aus den Jahren 1981-2005	73% der Studien zeigen einen positiven Zusammenhang zwischen Erfolg und strategischer Planung, bei Kleinunternehmen nur 56,3%
Kraus/Schwarz	Studienanalyse	2006	Münchener Gründungsstudie bei 1.850 Gründer	Gründungsplanung erhöht die Überlebensfähigkeit von KMU, strategische Planung ist jedoch in jungen Kleinunternehmen gering vorhanden
Kriegesman/ Schwering	Befragung	2005	n=451 Unternehmen	Es besteht ein Zusammenhang zwischen Wissensmanagement, Kompetenz und Innovationsfähigkeit
Kropfberger	Schriftlicher Fragebogen	1986	n=161 österreichische KMU	27% führen eine Mehrjahresplanung durch, 49% Kurzfristplanung und 31,7 keine Absatz Planung

A.1 (fortgesetzt)

Autoren	Methoden	Jahr	Gegenstand	Ergebnis
Küpper/Bronner	Befragung	1995	n=240 KMU aus Bayern/Hessen mit <500AN	Kaum langfristige Planungstechniken, Erfolg von der Erfahrung des Unternehmers und der Motivation der Mitarbeiter abhängig
Kuratko et al.		1998		Personengebundene und Familienbezogene Faktoren beeinflussen die strategischen Entscheidungen
Krüger et al.	Metaanalyse	2006	n=53 Managementberatungsprojekte von 1992 bis 1997	Der Unternehmenslebenszyklus ist in 4 Phasen zu unterscheiden: Pionier, Wachstum, Reife, Wende
Leitner	Persönliche Interviews	2001	n=100 KMU mit 50-500 MA aus Österreich	Stärken/Schwächen Analyse mit 55% an Platz 1; Produktlebenszyklus- und Portfolioanalyse sind < 20%, 88% legen Strategien anhand von Erfahrung und 31% anhand von Intuition fest, 62% haben eine fixierte Unternehmenspolitik
Link/Orbán	Befragung	2002	Umsatzstärkste deutsche Unternehmen	80% der befragten Großunternehmen führen eine strategische und 90% eine operative Planung durch
Löffler	Studienanalyse	1995	Analyse von 129 empirischen Studien bzgl. des Zusammenhangs von strategischer Unternehmensplanung und Unternehmenserfolg	Größere Unternehmen führen häufiger eine formale strategische Planung durch wie KMU, es gibt einen kausalen Zusammenhang zwischen der Intensität der strategischen Planung und finanziellen Unternehmensergebnis
Lyles et al.	Befragung	1993	n=188 KMU <500 Mitarbeiter aus den USA	Formale Planung hat einen Einfluss auf das Unternehmenswachstum, nicht formale Planung weniger
Masurel/Smit	Befragung	2000	n=900 KMU aus Vietnam	Es gibt einen positiven Zusammenhang zwischen strategischer Planung und Erfolg
Matzler et al.	Literaturanalyse	2003	Analyse der sieben größten deutschsprachigen Fachzeitschriften von 1990-2000	15% der vorhandenen Artikel befassen sich mit strategischem Management
Matzler et al.	Befragung	2004	n=114 Unternehmensberater aus AUT. D. CH	Strategische Planung ist das bedeutende Managementkonzept der Zukunft

A.1 (fortgesetzt)

Autoren	Methoden	Jahr	Gegenstand	Ergebnis
McKinsey/UNI Bremen/WHU	Befragung	2005	n=600 Unternehmen	„Unternehmertum Deutschland". Die Umsetzung stellt ein großes Problem dar. Viel Bauchgefühl, wenig strategische Planung
Neumair	Studienanalyse	1999		Ursachen wie ‚schlechtes Management', ‚fehlende Planung', etc. sind Ursachen erster Ordnung, Ursachen zweiter Ordnung sind begründet in ‚dysfunktionalem organisationalem Lernen'
Olson/Bokor	Befragung	1995	n=500 KMU in den USA	50% der schnell wachsenden KMU hatten keinen Businessplan
Orser et al.		2000		Ein Businessplan hat einen hohen Einfluss auf Wachstum und Erfolg in KMU
Ossadnik/Barklage/Lengerisch	Analyse	2004		BCG-Matrix wird in KMU nicht eingesetzt, GAP-Analyse wird in Unternehmen mit bis zu 100 Mitarbeitern nicht eingesetzt
Pearce et al.	Analyse	1987	n=18 empirische Studien	Es gibt einen Zusammenhang zwischen Planung und finanziellen Erfolg
Pelham/Clavson	Empirische Analyse	1988		Bei operationalem Zeitdruck werden nur relevante Informationen beschafft
Perry	Befragung	2001	n=152 KMU aus den USA	Es gibt einen positiven Zusammenhang zwischen strategischer Planung und Erfolg, Planung verringert die Wahrscheinlichkeit des Scheiterns, KMU mit bis zu 5 MA machen keine strategische Planung
Pfau et al.	Befragung	2007		Forschungsprojekt „MISTRAKO", Zwei Drittel der Unternehmen bewerten das Wissensmanagement hoch ein
Posner		1985		Entrepreneure planen nicht, sie nutzen die Zeit für operationale Tätigkeiten
Rauch/Frese	Literaturanalyse	1998		Das Zusammenwirken verschiedener Faktoren bestimmt den Unternehmenserfolg
Reid et al.		1999		Personengebundene und Familienbezogene Faktoren beeinflussen die strategischen Entscheidungen
Risseuw/Masurel	Befragung	1994	n=1.211 Immobilienmakler aus den Niederlanden	Planungsaktivitäten nehmen mit zunehmender Unternehmensgröße zu, positiver aber schwacher Zusammenhang zwischen strategischer Planung und Erfolg

A.1 (fortgesetzt)

Autoren	Methoden	Jahr	Gegenstand	Ergebnis
Robinson/Pearce	Befragung	1983	n=85 kleine Banken aus den USA	Kein Zusammenhang zwischen Art der Planung (formal vs. Informal) und Gewinn
Robinson/Pearce	Metaanalyse	1984	n=50 Sekundär-auswertung aus Studien	Wenig formale Planung, eher kurz-fristig orientierte Planung, positi-ver Zusammenhang zwischen externer Unterstützung bei Planung und Erfolg
Rue/Ibrahim	Befragung	1998	n=253 Kleinun-ternehmen(< 15 MA) USA	Es gibt einen positiven Zusam-menhang zwischen schriftlicher Planung und Absatzwachstum
Sattes et al.	Befragung	1995	n=1.667 Unter-nehmen aus der Schweiz (ETH Zürich)	KMU <50 Mitarbeitern führen 15% eine Marketingplanung durch, 25% Umsatzplanung 18% Produk-tionsplanung
Schadenhofer	Befragung	2000	österreichische Unternehmen	92,9% der Unternehmen kennen die Konkurrenzanalyse, nur 37,6% wenden es an
Schwenk/ Shrader	Metaanalyse	1993	n= 14 Sekundär-auswertungen aus Studien	Positiver, signifikanter Zusammen-hang zwischen Planung und finan-ziellem Erfolg
Sexton/Van Auken	Befragung	1982	n=357 KMU aus Texas	18% der Unternehmen planen strategisch, 25% verfügen über strategischem Denken
Silk/Kalwani	Befragung	1982	n=1.000 KMU in Aut, D, CH	Strategische Planung führt zu mehr Erfolg in der Positionierung gegenüber dem Wettbewerb
STRATOS-Group	Studienana-lyse	1990	n=1.172 KMU aus 8 europä-ischen Ländern	Unternehmen planen 31% Markt-durchdringung, 27% Produktent-wicklung, 15% Marktentwicklung, 27% Diversifikation
TU Chemnitz	Befragung	2006	n=2.342 Unter-nehmen	89% der Unternehmen betrachten Wissensmanagement als wichtig
TU Clausthal/ Haufe Akademie	Befragung	2007	n=228 Unterneh-men Mittelstand	Strategien haben eine hohe Rele-vanz für Erfolg, Strategische Planung existiert oftmals nur in den Köpfen der Unternehmer
Waalewijin/ Segar	Befragung	1993	n=200 mittlere Unternehmen >100 Mitarbeiter aus NL	Positiver Zusammenhang zwi-schen Planungstyp und ROI
Welter	Analyse	2003	n=56 empiri-schen Studien	Die Hälfte aller KMU in Deutsch-land haben keine Konzepte für die Geschäftsführung, 25% verfolgen eine Jahresplanung, 22% eine Mehrjahresplanung

A.1 (fortgesetzt)

Autoren	Methoden	Jahr	Gegenstand	Ergebnis
Wijewardena et al.	Befragung	2004	n=97 KMU aus SriLanka	Planungs- und Zielerreichungskontrollen haben einen positiven Einfluss auf den Unternehmenserfolg
Wittberg	Analyse	2000	n=750 Projektberichte aus der Managementberatung	Vorschlag von vier Schwerpunkten für die Unternehmen: Organisation, Kompetenz, Personal und Finanzen
Yusuf/Safu	Befragung	2005	n=297 KMU aus Ghana	Positive Beziehung zwischen strategischer Planung und Umsatzwachstum
ZIS	Analyse	2006	n=staatliche Angaben aus D	Ermittlung der Insolvenzdaten in D mit den Insolvenzgründen
ZIS	Analyse	2007	n=106 Insolvenzverwalter	Rettungen aus Insolvenzen
ZIS	Analyse	2009	n=124 Unternehmen	Insolvenzen in Zeiten der Finanzkrise

A.2 Interviewleitfaden explorative Expertenbefragung

Struktur des Interviews:

	Zeitansatz
1. Kurze Erläuterung des Befragungs- und Dissertationshintergrundes	10 min
2. Allgemeine Betriebsdaten zum Unternehmen	10 min
3. Unternehmenskennzahlen und Unternehmensentwicklung	30 min
4. Persönliche Einstellung Erfahrung zum Thema Strategische Unternehmensplanung	15 min
5. Die Strategische Unternehmensplanung in Ihrem Unternehmen	40 min

Teil 1: Kurze Erläuterung des Befragungs- und Dissertationshintergrundes

Vgl. Gliederung 1 der Dissertation

(Problemstellung, Forschungsfragen, Methode und Aufbau der Arbeit, Zielsetzung der Arbeit)

Teil 2: Allgemeine Betriebsdaten zum Unternehmen

1.) Name Ihres Unternehmens*: _____

Rechtsform Ihres Unternehmens:

☐ Einzelunternehmen
☐ GbR
☐ OHG
☐ GmbH
☐ KG
☐ AG
☐ Sonstige: _____

Gründungsjahr: _____

Name des **Ansprechpartners***: _____

Abteilung/Funktion: _____

Telefonnummer*: _____

Email-Adresse*: _____
Angaben zu diesen Punkten sind freiwillig

2.) Ihr Unternehmen kann folgender Kategorie zugeordnet werden:

☐ Handwerksunternehmen (HWK)
☐ Industrie-, Dienstleistungs- oder Handelsunternehmen (IHK)
☐ Freien Berufe bzw. Selbständigen Berufe

3.) Branchenzuteilung: (Bitte nur eine Nennung anhand des Umsatzschwerpunktes)

☐ Baugewerbe
☐ Verarbeitendes Gewerbe
☐ Land- und Forstwirtschaft
☐ Gastgewerbe
☐ Erziehung und Unterricht
☐ Gesundheits-, Veterinär- und Sozialwesen
☐ Kredit- und Versicherungsgewerbe
☐ Grundstücks- u. Wohnungswesen, Vermietung beweglicher Sachen
☐ Handel, Instandhaltung und Reparatur von Kfz und Gebrauchtgütern
☐ Groß- und Einzelhandel (ohne Kfz)
☐ Rechts-, Steuer- und Unternehmensberatung, Architektur, Werbung
☐ Verkehr und Nachrichtenübermittlung
☐ Erbringung von sonstigen öffentlichen und persönlichen Dienstleistungen
☐ Sonstige: _____

Bitte um kurze Beschreibung der ursprünglichen Gründungsidee und des anfänglichen Gründungsprozesses (etwa das erste Jahr):

_____

_____

Teil 3: Unternehmenskennzahlen und Unternehmensentwicklung

1.) Wie hoch ist in etwa der Jahresumsatz Ihres Unternehmens?

Kleinstunternehmen:
☐ unter 125.000 € pro Jahr
☐ ca. 125.000 € bis 1 Mio. € pro Jahr
☐ über 1,0 Mio. € bis 2,0 Mio. € pro Jahr

Kleinunternehmen:
☐ über 2,0 Mio. € bis 5,0 Mio. € pro Jahr
☐ über 5,0 Mio. € bis 10,0 Mio. € pro Jahr

2.) Welches sind Ihre wichtigsten Produkte / Dienstleistungen?

_____

3.) Wie lang ist der durchschnittliche Produktlebenszyklus Ihrer Produkte?

_____ Monate / Jahre

4.) Welches sind Ihre wichtigsten Zielgruppen?

_____

5.) Wie viele (sozialversicherungspflichtig) Beschäftigte gibt es in Ihrem Unternehmen?

ca. _____ Beschäftigte

6.) Ist Ihr Unternehmen mehrheitlich ein Familienunternehmen?

☐ ja, das Unternehmen befindet sich zu _____ % in Familienbesitz
☐ nein

7.) Ist das Unternehmen inhabergeführt, das heißt: Befinden sich ein oder mehrere Inhaber in der (operativen) Geschäftsführung?

☐ ja, und zwar ____ Person(en) im Alter von
☐ unter 35 Jahre, _____ Person(en)
☐ 35 bis 44 Jahre, _____ Person(en)
☐ 45 bis 54 Jahre, _____ Person(en)
☐ 55 bis 64 Jahre, _____ Person(en)
☐ 65 Jahre und älter, _____ Person(en)
☐ Nein

8.) Wie hat sich die Anzahl der Mitarbeiter in Ihrem Unternehmen zum Ende des Jahres 2009, im Vergleich zu den Jahren 2007 und 2008, entwickelt?

Vergleich zum Jahr 2007:

_____

Vergleich zum Jahr 2008:

_____

9.) Sind Sie mit der Gesamtentwicklung Ihres Unternehmens in den letzten 5 Jahren (2004* – 2009) zufrieden?

☐ ja, sehr zufrieden
☐ ja, zufrieden
☐ neutral
☐ nein, eher unzufrieden
☐ nein, sehr unzufrieden

10.) Wie sehen Sie die Zukunft Ihres Unternehmens in den nächsten 5 Jahren?

☐ sehr optimistisch
☐ optimistisch
☐ gleich bleibend
☐ eher pessimistisch
☐ sehr pessimistisch

11.) Wie beurteilen Sie die Entwicklung der Umsätze Ihres Unternehmens in den letzten 5 Jahren (2004* – 2009)?

☐ sehr positiv
☐ positiv
☐ gleich bleibend
☐ eher negativ
☐ negativ

12.) Wie beurteilen Sie die Entwicklung der Geschäftsergebnisse (Gewinn/Verlust) Ihres Unternehmens in den letzten 5 Jahren (2004* – 2009)?

☐ sehr positiv
☐ positiv
☐ gleich bleibend
☐ eher negativ
☐ negativ

__Hinweis:__ Sollte Ihr Unternehmen nach 2004 gegründet worden sein, bitte auf das entsprechende Gründungsjahr beziehen.

Teil 4: Persönliche Einstellung / Erfahrung zum Thema Strategische Unternehmensplanung

1.) Was verstehen Sie unter einer strategischen Unternehmensplanung?

_____

2.) Glauben Sie, dass die Strategische Unternehmensplanung für KMU grundsätzlich sinnvoll ist?

☐ Ja, auf jeden Fall sehr sinnvoll
☐ Bislang habe ich mir über dieses Thema noch keine Gedanken gemacht
☐ Nein, für den Mittelstand eher nicht sinnvoll, weil ....
....

3.) Wer sollte Ihrer Meinung nach die Strategische Unternehmensplanung in KMU durchführen? *(Mehrfachnennungen möglich)*

☐ Der oder die InhaberIn
☐ Die Geschäftsleitung
☐ Leitende Mitarbeiter
☐ Externe Berater
☐ Weitere: _____

4.) Was sind Ihrer Meinung nach grundsätzlich die 3 wesentlichen Erfolgsfaktoren für erfolgreiche KMU?

☐ Kapitalausstattung
☐ Gute und qualifizierte Mitarbeiter
☐ Gewinn
☐ Strategische Unternehmensplanung
☐ Umsatzwachstum
☐ Die Person des Geschäftsführers
☐ Mitarbeiterführung
☐ Klare Struktur der Organisation
☐ Eigenkapitalquote
☐ Optimale interne Arbeitsprozesse
☐ Weitere: _____

5.) Welche Ausbildung hat die Person, welche die Strategische Unternehmensplanung durchführt?

_____

6.) Wie viel Berufs- / Branchenerfahrung hat die Person, welche die Strategische Unternehmensplanung durchführt?

_____

7.) Welchen Einfluss hat die Erfahrung, bzw. die Intuition des Unternehmers auf strategische Entscheidungen?

_____

Teil 5: Die Strategische Unternehmensplanung in Ihrem Unternehmen

1.) Wer führt in Ihrem Unternehmen schwerpunktmäßig die Strategische Unternehmensplanung durch? (max. 2 Nennungen möglich!)

☐ Der oder die InhaberIn
☐ Die Geschäftsleitung
☐ Leitende Mitarbeiter
☐ Externe Berater
☐ Nicht exakt oder nicht speziell einer Person zugeordnet
☐ Strategische Unternehmensplanung wird von uns nicht konsequent betrieben („Niemand")
☐ Weitere: _____

2.) Sind in Ihrem Unternehmen grundsätzlich externe Experten / Personen / Berater unterjährig in den strategischen Planungsprozess integriert? (1 Nennung)

☐ grundsätzlich arbeiten wir bei strategischen Fragen nie mit externen Personen zusammen
☐ eigentlich eher nicht
☐ gelegentlich schon
☐ eigentlich eher ja
☐ grundsätzlich arbeiten wir bei strategischen Fragen immer mit externen Personen zusammen

3.) (Diese Frage beantworten, wenn Frage Nr. 1 mit „Niemand" beantwortet wurde!)
Weshalb wird in Ihrem Unternehmen derzeit (eher) keine Strategische Unternehmensplanung durchgeführt? (Mehrfachnennung möglich!)

☐ es fehlen die personellen Ressourcen
☐ findet aus Kostengründen keine Beachtung
☐ findet aus Zeitgründen keine Beachtung
☐ strategische Planungsprozesse sind zu schwierig und zu komplex
☐ weil eigentlich nicht notwendig
☐ weitere Gründe/Bemerkungen:

_____

4.) Welche Institutionen (Banken, Verbände, Vereinigungen) kennen Sie, die Ihnen bei strategischen Unternehmensplanungen helfen?

_____

5.) Haben Sie einen Businessplan und welche Teile davon sind strategischer Art?

_____

6.) Wann werden in Ihrem Unternehmen jeweils die Strategische Unternehmens-planung oder entsprechende Analysen durchgeführt? (Mehrfachnennungen möglich!)

☐ **Zeitbezogen**, und zwar in regelmäßigen Abständen von (bitte eintragen)
___ Wochen
___ Monaten
___ Jahren

☐ **Ereignisbezogen** (z. B. bei Eintritt von bestimmten Ereignissen wie z.B. Marktveränderungen, Einführung neuer Produkte etc.)

7.) Sind in Ihrem Unternehmen die Wertvorstellungen und längerfristigen Absichten der Inhaber schriftlich niedergelegt? Wenn ja, welche?

☐ ja
_____

☐ teilweise
_____

☐ nein

8.) Wem sind diese Wertvorstellungen, Unternehmensziele und Unternehmensstrategien bekannt? (Mehrfachnennungen möglich)

☐ Geschäftsführung
☐ Leitenden Mitarbeitern
☐ (Sonstigen) Mitarbeitern
☐ Kunden
☐ Lieferanten
☐ Kooperationspartnern
☐ Steuerberater
☐ Bank(en)
☐ Sonstigen: _____

9.) Welche wesentlichen Ziele verfolgen Sie mit dem Einsatz der strategischen Unternehmensplanung? (Bitte maximal 4 Antworten angeben!)

☐ Verbesserung der Ertragslage
☐ Verringerung der Kosten
☐ Gewinn
☐ Zugewinn von Kunden
☐ Bessere Beurteilung der Lieferanten
☐ Höhere Effizienz durch Rationalisierung
☐ Steigerung der Umsätze
☐ Leichtere Aufdeckung von Schwachstellen
☐ Bessere Kontrolle des Mitteleinsatzes
☐ Verbesserte Termintreue gegenüber Kunden
☐ Verbesserung der internen Kommunikation
☐ Sonstige: _____

10.) Was sind aktuell bzw. derzeit Ihre wesentlichen strategischen „Herausforderungen" bzw. „Baustellen"? (Bitte maximal 2 Antworten angeben!)

Strategische Herausforderung Nummer 1: _____

_____

Strategische Herausforderung Nummer 2: _____

11.) Welchen Zeithorizont haben Ihre strategischen Unternehmenspläne?

_____ Monate / Jahre

12.) Wie oft werden Ihre strategischen Unternehmenspläne den aktuellen Gegebenheiten angepasst?

_____

13.) Kennen Sie folgende Instrumente der Strategischen Unternehmensplanung? Welche der folgenden Instrumente nutzen Sie für die Strategische Unternehmensplanung in Ihrem Unternehmen?

Instrument:	ist bekannt	wird eingesetzt	nicht bekannt
Umfeldanalyse (PEST-Analyse)	☐	☐	☐
„Five Forces" – Branchenstrukturanalyse nach Porter	☐	☐	☐
Stärken-Schwächen-Chancen–Risiken–Analyse (SWOT)	☐	☐	☐
Benchmarking	☐	☐	☐
Konkurrenz-Analyse	☐	☐	☐
Delphi-Methode	☐	☐	☐
GAP-Analyse (Potenzial- und Lückenanalyse)	☐	☐	☐
Wertschöpfungskettenanalyse (Porter)	☐	☐	☐
Portfolio-Analyse, BCG-Matrix (=Marktanteils-Marktwachstums-Matrix)	☐	☐	☐

Lebenszyklusanalyse (Produkt, Markt, Branche)	☐	☐	☐
Erfahrungskurvenkonzept	☐	☐	☐
Balanced Scorecard (BSC)	☐	☐	☐
Szenarioanalyse	☐	☐	☐
Produkt-Markt-Matrix (Ansoff)	☐	☐	☐

Weitere:

_____ ☐ ☐ ☐

_____ ☐ ☐ ☐

14.) Welche Probleme oder Hindernisse sehen Sie bei der Durchführung der Strategischen Unternehmensplanung in der Praxis? (Mehrfachnennungen sind möglich!)

☐ (fehlende) personelle Ressourcen
☐ (fehlende) Kompetenz und Know-how
☐ Problemfaktor Zeit
☐ Problemfaktor Kosten
☐ Weitere Probleme oder Hindernisse: _____

15.) Sehen Sie ein festes Jahresbudget für die Strategische Unternehmensplanung vor?

☐ ja, und zwar pro Jahr ca. €_____
☐ nein
☐ keine Angabe

16.) Wer führt die Kontrolle bzgl. der Zielerreichung durch und wie oft?

_____

17.) Wie hoch schätzen Sie insgesamt den Aufwand zur Durchführung der Strategischen Unternehmensplanung in Ihrem Unternehmen?

☐ sehr hoch
☐ hoch
☐ mittelmäßig
☐ gering
☐ sehr gering

**18.) Fragen zur operativen Umsetzung der Strategischen Unternehmensplanung –
Kreuzen Sie bitte an, wenn die Aussage für Sie zutrifft:** (Mehrfachnennungen möglich)

☐ Ja, wir führen regelmäßig monatliche „Strategiegespräche" in unserem Unternehmen
durch
☐ Ja, wir haben eine Art fest installierten „Strategierat" in unserem Unternehmen
☐ Ja, wir lassen unsere Strategie regelmäßig durch externe Personen kritisch überprüfen

**19.) Glauben Sie, dass Sie gegenüber Ihrem härtesten Wettbewerber oder
gegenüber relevanten Wettbewerbern „besser" strategisch planen?**
(max. 1 Nennung)

☐ ja
☐ nein
☐ kann ich nicht beurteilen
☐ keine Angabe

Herzlichen Dank für Ihre Mitarbeit und Ihr Engagement

A.3 Leitfragenkatalog für die strategischen Unternehmensplanungsinstrumente

Umfeldanalyse:
- Was sind die externen Faktoren, die unser Geschäft beeinflussen?
- Wie entwickeln sich die Trends?

Branchenanalyse:
- Wie wird sich die Branche entwickeln?
- Wie kann unser Unternehmen wettbewerbsfähig bleiben?
- Welche Einflussfaktoren bestimmen den Wettbewerb?

Benchmarking:
- Was können wir tun, um zu den Besten zu gehören?
- Wie können wir einzelne Unternehmensprozesse auf Verbesserungspotenziale untersuchen?

Wettbewerbsanalyse:
- Welcher Wettbewerber bewegt sich wo auf dem Markt, in welchem Segment?
- Welche Stärken und Schwächen haben die Wettbewerber?

Potenzialanalyse:
- Welche Führungs- und Leistungspotenziale kann ich im Unternehmen generieren?

SWOT-Analyse:
- Welche Informationen müssen bei der Strategieentwicklung beachtet werden?
- Wie stellt sich meine aktuelle Situation dar?

Portfolioanalyse:
- In welche Geschäftseinheiten sollte investiert werden?
- Wie sollten die Unternehmensressourcen sinnvoll auf das Leistungsspektrum verteilt werden?

Wertschöpfungskettenanalyse:
- Wie viel wird durch welche Aktivität verdient?
- Welche Bereiche soll ich stärken?
- Was sind Schlüsselfaktoren für die eigenen Erträge?

Zielgruppenanalyse:
- Wer sind unsere Kunden?
- Wen wollen wir mit unseren Marktaktivitäten erreichen?

Gap-Analyse:
–   Erreichen wir unser Ziel, wenn wir so weiter machen?
–   Worin bestehen die Lücken zur festgelegten Strategie?
–   Welche Maßnahmen bieten sich an, um die strategischen Zielwerte zu erreichen?

Szenariotechnik:
–   Wie kann ich Einflussfaktoren meines Geschäfts besser einschätzen?
–   Wie kann ich ohne präzise Vorhersagen Handlungsalternativen konstruieren, damit ich schnell reagieren kann?

Ansoff-Matrix:
–   Welche verschiedenen Wachstumsstrategien bieten sich mir an?
–   Wie plane ich die Ausweitung meines Leistungsangebots?

Wettbewerbsstrategien:
–   Wie profiliert man sich am Markt?
–   Worauf müssen sich die Prozesse konzentrieren, was sollten die Kernprozesse sein?

Strategisches Controlling:
–   Wie kann ich meine strategische Unternehmensplanung konzipieren, unterstützen und kontrollieren?

Wissensmanagement:
–   Wie kann ich das Know-how meines Unternehmens, meiner Mitarbeiter konservieren und jedermann zugänglich machen?[1]

---

1 Kerth/Asum (2008), S. 13ff.

Literaturverzeichnis

Bücher/Zeitschriften

Aaker, D. (1995): Strategic Market Management, 4. Auflage, New York.

Adenäuer, C. (2007): Erfolgsunternehmen in der Industrie–Analyse von Einflussfaktoren auf Grundlage des BDI-Mittelstandspanels; in: *Jahrbuch zur Mittelstandsforschung 1-2007, Schriften zur Mittelstandsforschung* Nr. 115 NF, Wiesbaden.

Aigner, H. (1997): Strategische Instrumente für Klein- und Mittelbetriebe; in: Mayr, A./Stiegler, H. (Hrsg.): *Controllinginstrumente für Klein- und Mittelbetriebe in Theorie und Praxis*, S. 1–20, Linz.

Albers, S./Klapper, D./Konradt, U./Walter, A./Wolf, J. (Hrsg.) (2009): Methodik der empirischen Forschung, 3. Überarbeitete und erweiterte Auflage, Wiesbaden.

Aldrich, H.E./Auster, E. (1986): Even Dwarfs Started Small–Liabilities of Size and Age and their Strategic Implications, Research in Organizational Behaviour 8, S. 165–198.

Aldrich, H.E./Martinez, M.A. (2001): Many are Called, but Few are chosen: An Evolutionary Perspective for the Study of Entrepreneurship; in: *Entrepreneurship: Theory and Practice* 25, S. 41–56.

Allaire, Y./Firsirotu, M.E. (1989): „Coping with strategic uncertainty"; in: *Sloan Management Review*, Spring, S. 7–16.

Alter, R. (2011): Strategisches Controlling–Unterstützung des strategischen Managements, München.

Andrews, K. (1971): The Concept of Strategy, Homewood.

Ansoff, H. (1965): Corporate Strategy, New York.

Ansoff, H. (1966): Management Strategies, München.

Ansoff, H. (1976): Managing Surprise and Discontinuity. Strategic Response to Weak Signals; in: *Zeitschrift für betriebswirtschaftliche Forschung*, 28. Jahrgang, S. 129–152.

Ansoff, H. (1991): Critique of Henry Mintzberg's "The Design School: Reconsidering the Basic Premises of Strategic Management"; in: *Strategic Management Journal*, 12. Jahrgang, S. 449ff.

Antoni, M./Riekhof, H.C. (1994): Die Portfolio-Analyse als Instrument der Strategieentwicklung; in: Riekhof, H.C. (1991): *Praxis der Strategieentwicklung: Konzepte und Erfahrungen*, S. 109–128, Stuttgart.

Aragón-Sánchez, A./Sánchez-Marín, G. (2005): Strategic orientation, management characteristics, and performance: A study of Spanish SMEs; in: *Journal of Small Business Management*, 43. Jahrgang, Heft 3, S. 287–308.

Armstrong, J.S. (1982): The value of formal planning for strategic decisions–Review of empirical research; in: *Strategic Management Journal*, 3. Jahrgang, Nr. 3, S. 197–211.

Arnold, U. (1997): Beschaffungsmanagement, 2. Auflage, Stuttgart.

Ashby, W.R. (1964): An Introduction to Cybernetics, London.

Audretsch, D. (1995): Innovation and Industry Evolution, Cambridge, MA.

Aurich, W./Schröder, H.U. (1977): Unternehmensplanung im Konjunkturverlauf, 2. Auflage, München.

Backhaus, K./Schneider, H. (2007): Strategisches Marketing, Stuttgart.

Baker, W.H./Addams, H.L./Davis, B. (1993): Business planning in successful small firms; in: *Long Range Planning*, 26. Jahrgang, Nr. 6, S. 82–88.

Bamberger, I. (1987): Strategic orientations of small and medium-sized enterprises–A summary of first descriptive results, Brüssel.

Bantel, K.A./Osborn, R.N. (1995): The Influence of Performance, Environment and Size of the Identifiability of Firm Strategy, *British Journal of Management*, 6, S. 235–238.

Baptista, R./Karöz, M./Mendoca, J. (2007): Entrepreneurial Backgrounds, Human Capital and Start-up Success, *Jena Economic Research Paper 045*, Jena.

Barrenstein, P.F. (1980): Der mittelständische Einzelhandel in der Bundesrepublik Deutschland–Entwicklung, Entwicklungsdeterminanten und gesamtwirtschaftliche Definitionen, Frankfurt am Main.

Barringer, B.R./Jones, F.R./Lewis, P.S. (1998): A qualitative study of the management practice of rapid-growth firms and how rapid-growth firms mitigate the managerial capacity problem; in: *Journal of Development Entrepreneurship*, 3. Jahrgang, Nr. 1, S. 97–122.

Bartscher, S./Pomke, P. (Hrsg.) (1995): Unternehmenspolitik, 2. überarbeitete und erweiterte Auflage, Stuttgart.

Bauer, E. (1976): Markt-Segmentierung als Marketing-Strategie, Berlin.

Baum, H.-G./Coenenberg, A.G./Günther, T. (1999): Strategisches Controlling, 2. Auflage, Stuttgart.

Bausch, A. (2006): Branchen- und Wettbewerbsanalyse im strategischen Management; in:Hahn, D./Taylor, B. (Hrsg.): *Strategische Unternehmensplanung–Strategische Unternehmensführung–Stand und Entwicklungstendenzen*, S. 195–214, Berlin.

Bea, F.X./Göbel, E. (2006): Organisation, 3. Auflage, Stuttgart.

Bea, F.X./Haas, J. (2001): Strategisches Management, 3. Auflage, Stuttgart.

Bea, F.X./Haas, J. (2008): Strategisches Management, 5. Auflage, Stuttgart.

Becker, W. (2001): Strategisches Management, 5. Auflage, Bamberg.

Becker, J. (2006): Marketing-Konzeption. *Grundlagen des zielstrategischen und operativen Marketing-Managements*, 8. Auflage, München.

Beer, M./Voelpel, S.C./Leibold, M./Tekie, E.B. (2005): Strategic Management as organizational learning: Developing fit and alignment trough a disciplined process; in: *Long Range Planning*, 38. Jahrgang, Nr. 5, S. 445–465.

Benkenstein, M./Uhrich, S. (2009): Strategisches Marketing–Ein wettbewerbsorientierter Ansatz, 3. Auflage, Stuttgart.

Berekoven, L./Eckert, W./Ellenrieder, P. (2001): Marktforschung, 9. Auflage, Wiesbaden.

Bernasconi, M./Galli, P. (1999): Der Business-Plan–Für KMU immer noch ein Thema; in: *Der Schweizer Treuhänder*, Nr. 4, S. 361–376.

Berry, M. (1998): Strategic planning in small high tech companies; in: *Long Range Planning*, 31. Jahrgang, Nr. 3, S. 455–466.

Beutel, R. (1988): Unternehmensstrategien international tätiger mittelständischer Unternehmen, Frankfurt am Main.

Bhidé, A.v. (2000): The origin and evolution of new business, Oxford University Press, Oxford.

Bird, B. (1988): Implementing entrepreneurial ideas: The case for intention; in: *Academy of Management Review*, 13. Jahrgang, Nr. 3, S. 442–453.

Birker, K. (2010): Entwicklung des Betriebs; in: Pepels, W. (Hrsg.): *BWL im Nebenfach*, 2. Auflage, S. 443–500, Herne.

Bleicher, K. (1999): Das Konzept integriertes Management, Frankfurt am Main.

Bleicher, K. (2002): Paradigmawechsel zur Wissensgesellschaft–Veränderte Spielregeln erfordern neue Strategien, Strukturen und Kulturen, Edition Bleicher, K./Berthel, J., Frankfurt.

Block, Z./Mac Millan, I.C. (1985): Milestones for Successful Venture Planning; in: *Harvard Business Review*, Volume 63, S. 4–8.

Blum, U./Leibbrand, F. (2001): Entrepreneurship und Unternehmertum–Denkstrukturen für eine neue Zeit, Wiesbaden.

Böhler, H. (1977): Methoden und Modelle der Marktsegmentierung, Stuttgart.

Bokelmann, W. (2000): Strategische Unternehmensführung; in: Odening, M./Bokelmann, W. (Hrsg.): *Agrarmanagement Landwirtschaft/Gartenbau*, Stuttgart.

Boos, M.A. (1992): A Typology of Case Studies; in: Ó Súilleabhain, M./Stuhler, E.A./de Tombe, D.J. (Hrsg.): *Research on Cases and Theories*, Volume 1, München.

Bortz, J./Döring, N. (1995): Forschungsmethoden und Evaluation für Sozialwissenschaftler, Berlin.

Bortz, J./Döring, N. (2006): Forschungsmethoden und Evaluation für Human- und Sozialwissenschaftler, 4. Auflage, Heidelberg.

Boseman, G./Phatak, A. (1989): Strategic Management, Text and Cases, 2. Auflage, New York.

Boyd, B.K. (1991): Strategic Planning and financial Performance, A Meta-Analytic Review, *Journal of Management Studies*, 27, S. 353–374.

Bracker, J.S./Pearson, J.N. (1986): Planning and financial performance of small, mature firms, *Strategic Management Journal*, 7, 503–522.

Bracker, J. S./Keats, B. W./Pearson, J. N. (1988): Planning and financial performance among small firms in a growth industry; in: *Strategic Management Journal*, 9. Jahrgang, Heft 6, S. 591–603.

Braunschweig, C./Reinhold, K. (2000): Grundlagen des strategischen Managements, München.

Breid, V. (1994): Erfolgspotentialrechnung, Stuttgart.

Brinkmann, M. (2002): Strategieentwicklung für kleine und mittlere Unternehmen, Zürich.

Brouthers, K.D./Andriessen, F./Nicolaes, I. (1998): Driving Blind: Strategic decision making in small companies; in: *Long Range Planning*, 31. Jahrgang, Nr. 1, S. 130–138.

Brüderl, J./Preisendörfer, P./Ziegler, R. (1996): Der Erfolg Neugegründeter Betriebe. Eine empirische Studie zu den Chancen und Risiken von Unternehmensgründungen, 2. erweiterte Auflage, Berlin.

Brüderl, J./Schüssler, R. (1990): Organizational Mortality, *The Liability of Newness and Adolescence*, *Administrative Science Quarterly* 35, S. 530–547.

Bruhn, M. (2009): Marketing – Grundlagen für Studium und Praxis, 9. Auflage, Wiesbaden.

Brush, C.G./Vanderwerf, P.A. (1992): A comparison of methods and sources for obtaining estimates of new venture performance; in: *Journal of Business Venturing*, 7. Jahrgang, Nr. 2, S. 157–170.

Bühler-Niederberger, D. (1985): Analytische Induktion als Verfahren der qualitativen Methodologie; in: *Zeitschrift für Soziologie*, 14. Jahrgang, Nr. 6, S. 475–485.

Buehner, R./Cheng. (1989): Betriebswirtschaftliche Organisationslehre, München.

Bullinger, H.J./Meiren, T. (2001): Service Engineering – Entwicklung und Gestaltung von Dienstleistungen; in: Bruhn, M./Meffert, H. (Hrsg): *Handbuch Dienstleistungsmanagement*, 2. Auflage, S. 149–175, Wiesbaden.

Bullinger, H.J./Schreiner, P. (2001): Business Process Management Tools, Eine evaluierende Marktstudie über aktuelle Werkzeuge, Stuttgart.

Bullinger, H.J./Schreiner, P. (2002): Service Engineering – Ein Rahmenkonzept für die systematische Entwicklung von Dienstleistungen; in: Bullinger/Scheer: *Service Engineering: Entwicklung und Gestaltung innovativer Dienstleistungen*, S. 51–82, Berlin.

Buzzell, R.D./Gale, B.T. (1989): Das PIMS-Programm, Strategien und Unternehmenserfolg, Wiesbaden.

Camp, R. (1994): Benchmarking, München.

Camp, R. (1997): Benchmarking – the Search for Industry Best Practises that Lead to Superior Performance, 13. Auflage, Milwaukee.

Camphausen, B. (2003): Strategisches Management, München.

Capon, N./Farley, J.U./Hoenig, W. (1990): Determinants of Financial Performance – A Meta-Analysis; in: *Management Science*, Volume 36, Nr. 10, S. 1143–1159.

Carland, J.W./Carland, J.A.C./Aby, C.D. (1989): An assessment of the psychological determinants of planning in small businesses; in: *International Small Business Journal*, 7. Jahrgang, Nr. 4, S. 23–24.

Carrol, G.R. (1987): Organizational approaches to strategy: An introduction and overview; in: *California Management Review*, 30. Jahrgang, Nr. 1, S. 8–10.

Carson, D./Cromie, S. (1990): Marketing planning in small enterprises: A model and some empirical evidence; in: *Journal of Consumer Marketing*, 7. Jahrgang, Nr. 3, S. 5–18.

Cartwright, N. (1989): Nature's capacities and their measurement, Oxford.

Castrogiovanni, G.J. (1996): Pre-start-up planning and the survival of new small businesses: Theoretical linkages; in: *Journal of Management*, 22. Jahrgang, Nr. 6, S. 801–822.

Chandler, A. D. (1962): Strategy and structure. *Chapters in the history of the industrial enterprise*, Cambridge.

Chapman, L.J./Chapman, J.P. (1969): Illusory correlation as an obstacle to the use of valid psychodiagnostic signs, *Journal of Abnormal Psychology*, 74, S. 271–280.

Cheng, P.W./Novick, L.R. (1992): Co variation in natural causal induction, Psychological Review, 99, S. 365–382.

Cheng, P.W. (1997): From co variation to causation: A causal power theory, Psychological Review, 104, S. 367–405.

Chrisman, J. J./Bauerschmidt, A./Hofer, C. W. (1998): The determinants of new venture performance: An extended model; in: *Entrepreneurship: Theory & Practice*, 23. Jahrgang, Heft 1, S. 5–29.

Christensen, C. R./Andrews, K. R./Bower, J. L./Hamenesh, P. M. E. (1982): Business policy. Text and cases. 5. Edition, Homewood.

Churchill, G.A. (1991): Marketing Research, Methodological Foundations, Chicago.

Collins, J.C./Porras, J.J. (2005): Built to last: Successful habits of visionary companies, London.

Cooper, A. C./Gimeno-Gascon, F. J./Woo, C. Y. (1994): Initial human and financial capital as predictors of new venture performance; in: *Journal of Business Venturing*, 9. Jahrgang, Heft 5, S. 371.

Cox, W.E. (1967): Product Life Cycles as Marketing Models; in: *Journal of Business*, 40. Jahrgang, S. 375–384.

Cravens, D. (1997): Strategic Marketing, Homewood, 5. Auflage, Illinois.

Crawford-Lucas, P.A. (1992): Providing business plan assistance to small manufacturing firms; in: *Economic Development Review*, 10. Jahrgang, Nr. 1, S. 54–58.

Cromie, S./Adams, J./Dunn, B./Reid, R. (1999): Family firms in Scotland and Northern Ireland: An empirical investigation, *Journal of Small Business and Enterprise Development* 6 (3), S. 253–266.

Dalgic, T./Leeuw, M. (1994): Niche Marketing Revisited: Concept, Applications and Some European Cases; in: *European Journal of Marketing*, 28. Jahrgang, Nr. 4, S. 39–55.

D´Amboise, G./Bakanibona, A. (1990): La planification dans les PME, Revue internationale PME 3 (2), S. 147–166.

De, A.D. (2005): Entrepreneurship: Gründung und Wachstum von kleinen und mittleren Unternehmen, München.

Dean, J. (1950): Pricing Policies for New Products; in: *Harvard Business Review*, Volume 28, S. 45–53.

Dean, J.W./Sharfman, M.P. (1993): Procedural rationality in the strategic decision making process; in: *Journal of Management Studies*, Volume 30, S. 587–610.

Deckert, K. (1990): Ergebnisverbesserung durch (Re)vitalisierung, 1. Internationales Management-Forum, 19–20. Februar 1990, Köln.

Deimel, K. (2004): Strategieentwicklung in kleinen und mittleren Unternehmen; in: *Praxis des Rechnungswesens*, Nr. 3, S. 207–237.

Deimel, K./Kraus, S. (2008): Strategisches Management in kleinen und mittleren Unternehmen – Eine empirische Bestandsaufnahme; in: Lemathe, P./Eigler, J./Welter, F./Kathan, D./Heupel, T. (Hrsg.): *Management kleiner und mittlerer Unternehmen – Stand und Perspektiven der KMU-Forschung*, S. 153–169.

Delmar, F./Shane, S. (2003): Does business planning facilitate the development of new ventures?; in: *Strategic Management Journal*, Nr. 12, S. 1165–1185.

Dietz, J.W. (1989): Gründung innovativer Unternehmen, Wiesbaden.

Dintner, R./Schorcht, H. (1999): Empirische Untersuchungen zum Controlling in mittelständischen Unternehmen Thüringens; in: Dintner, R. (Hrsg.): *Controlling in kleinen und mittleren Unternehmen*, S. 67–309, Frankfurt am Main.

Drucker, P.F. (1999): Management im 21. Jahrhundert, München.

Drucker, P.F. (2002a): Die Kunst des Managements, München.

Drucker, P.F. (2002b): Was ist Management?, München.

Dubbert, M. (1990): Personalwesen; in: Pfohl, H.C. (Hrsg.): *Betriebswirtschaftslehre der Mittel- und Kleinbetriebe: Größenspezifische Probleme und Möglichkeiten zu ihrer Lösung*, 2. Auflage, S. 96-128, Berlin.

Edler, J./Rothgang, M./Döhrn, R. (2003): Internationalisierung industrieller Forschung und grenzüberschreitendes Wissensmanagement: Eine empirische Analyse aus der Perspektive des Standortes Deutschland.

Eells, E. (1991): Probabilistic Causality, Cambridge.

Ehrlenspiel, K. (2003): Integrierte Produktentwicklung–Denkabläufe, Methodeneinsatz, Zusammenarbeit, 2. überarbeitete Auflage, München.

Eisenhardt, K.M. (1989): Building Theories from Case Study Research; in: *The Academy of Management Review*, Volume 14, Nr. 4, S. 532–55.

Eisenhardt, K.M./Zbaracki, M.J. (1992): Strategic Decision Making, *Strategic Management Journal* 13, S. 17–37.

Erichsen, J. (2006): Strategische Planung–erfolgreicher wirtschaften durch langfristige Gestaltung des Unternehmens–Studien belegen: Vorausschauendes Handeln auch für kleine Betriebe unentbehrlich, in *BBB* 2006, S. 275–280.

Eschenbach, R. (1996): Controlling, 2. überarbeitete und erweiterte Auflage, S. 256–263, Stuttgart.

Espejo, R./Schuhmann, W./Schwaninger, M./Bilello, U. (1996): Organizational Transformation and Learning–A Cybernetic Approach to Management, Chichester.

Espel, P. (2008): Privates Beteiligungskapital im deutschen Mittelstand: Eine verhaltenspsychologisch fundierte Betrachtung der nachfrageseitigen Nutzungsintention, 1. Auflage, Wiesbaden.

Esser, W.M./Höfner, K./Kirsch, W./Wieselhuber, N. (1985): Der Stand der strategischen Unternehmensführung in der BRD und West-Berlin; in: Trux, W./Müller, G./Kirsch, W. (Hrsg.): *Das Management strategischer Programme*, Band 2, S. 495–568, München.

Esser, W.H. (1991): Die Wertkette als Instrument der strategischen Analyse; in: Riekhof, H.C. (Hrsg.): *Strategieentwicklung*, S. 191–211, Stuttgart.

Fahey, L. (1999): Competitors, New York.

Fähnrich, K.P./Meiren, T./Barth, T./Hertweck, A./Baumeister, M./Demuß, L./Gaiser, B./Zerr, K. (1999): *Service Engineering: Ergebnisse einer empirischen Studie zum Stand der Dienstleistungsentwicklung in Deutschland*, Stuttgart.

Fallgatter, M.J. (2002): Theorie des Entrepreneurship, Wiesbaden.

Fandel, G. (1983): Begriff, Ausgestaltung und Instrumentarium der Unternehmensplanung; in: *Zeitschrift für Betriebswirtschaft* 53-5, S. 479–508.

Fantapié Altobelli, C./Bouncken, R. (1998): Wertkettenanalyse von Dienstleistungs-Anbietern; in: Meyer, A. (Hrsg.): *Handbuch Dienstleistungs-Marketing*, Band 1, S. 282–296, Stuttgart.

Fichman, M./Levinthal, D.A. (1991): Honeymoons and the Liability of Adolescence: A New Perspective on Duration Dependence in Social and Organizational Relationships, *Academy of Management Review* 16, S. 442–468.

Flick, U. (1987): Methodenangemessene Gütekriterien in der qualitativ-interpretativen Forschung; in: Bergold, J.B./Flick, U. (Hrsg.): *Ein-Sichten*, S. 247–262, Tübingen.

Flick, U. (1995): Qualitative Forschung: Theorien, Methoden, Anwendungen in Psychologie und Sozialwissenschaften, *Rowohlts Enzyklopädie*, Reinbeck.

Flick, U. (2000): Konstruktivismus; in: Flick, U./Kardoff, v.E./Steinke, I. (Hrsg.): *Qualitative Forschung: Ein Handbuch*, Reinbeck.

Forrester, J.W. (1959): Advertising: A Problem in Industrial Dynamics; in: *Harvard Business Review*, Volume 37, S. 100–110.

Freiling, J. (2006): Entrepreneurship–Theoretische Grundlagen und unternehmerische Praxis, München.

Frenkel, M./Fendel, R. (1999): How important is the Mittelstand for the German Economy; in: *WHU Koblenz–Otto Beisheim Graduate School of Management (Hrsg.): Structure and Dynamics of the German Mittelstand*, S. 1–26, Heidelberg.

Frese, E. (1987): Unternehmensführung, Landsberg a. Lech.

Freter, H. (1983): Marktsegmentierung, Stuttgart.

Freter, H. (2001): Marktsegmentierung im Dienstleistungsbereich; in: Bruhn, M./Meffert, H. (Hrsg.): *Handbuch Dienstleistungsmanagement – Von der strategischen Konzeption zur praktischen Umsetzung*, S. 279–314, Wiesbaden.

Freter, H./Naskrent, J./Hohl, N./Staub, B. (2008): Markt- und Kundensegmentierung: Kundenorientierte Markterfassung und –bearbeitung, 2. Auflage, Stuttgart.

Friebertshäuser, B. (1997): Interviewtechniken–ein Überblick; in: Friebertshäuser, B./Prengel, A. (Hrsg.): *Handbuch Qualitative Forschungsmethoden in der Erziehungswissenschaft*, S. 371–395, Weinheim/München.

Friedrichs, J. (1990): Methoden empirischer Sozialforschung, Opladen.

Fritz, W. (1990): Marketing–ein Schlüsselfaktor des Unternehmenserfolges?–Eine kritische Analyse vor dem Hintergrund der empirischen Erfolgsfaktorenforschung, *Marketing Zeitschrift für Forschung und Praxis*, Nr. 12, S. 91–110.

Fröhlich, E./Pichler, J.H. (1988): Werte und Typen mittelständischer Unternehmer, Berlin.

Füglistaller, U./Frey, U./Halter, F. (2003): Strategisches Management für KMU–Eine praxisorientierte Anleitung, HSG, St. Gallen.

Gälweiler, A. (1981): Strategische Unternehmensplanung; in: Steinmann, H. (Hrsg.): *Planung und Kontrolle*, S. 80–102, München.

Gälweiler, A. (1986): Unternehmensplanung–Grundlagen und Praxis, Frankfurt am Main.

Gälweiler, A. (1990): Strategische Unternehmensführung, 2. Auflage, Frankfurt am Main.

Gartner, W.B. (1994): Where's Entrepreneurship? Finding the definitive Definition; in: Hills, G.E. (Hrsg.): *Marketing and Entrepreneurship: Research Ideas and Opportunities*, S. 25–34, Westport.

Garcia-Morales, V.J./Moreno, A.R./Llorens-Montes, F.J. (2006): Strategic capabilities and their effects on performance: entrepreneurial, learning, innovator and problematic SMEs; in: *International Journal of Management and Enterprise Development*, 3. Jahrgang, Nr. 3, S. 191–211.

Gausemeier, J./Fink, A./Schlake, O. (1996): Szenario-Management–Planen und Führen mit Szenarien, 2. Auflage, München.

Gausemeier, J./Fink, A. (1999): Führung im Wandel–Ein ganzheitliches Modell zur zukunftsorientierten Unternehmensgestaltung, München.

Gausemeier, J/Bätzel, D./Möhringer, S. (2001): Bildung von situationsspezifischen Methoden-Workflows; in: *Industrie-Management*, Ausgabe 2, S. 48–52.

Gerpott, T.J. (2004): Wettbewerbsstrategien; in: Schreyögg, G./Werder, A.v. (Hrsg.): *Handwörterbuch Unternehmensführung und Organisation*, 4. Auflage, Sp. 1624–1632, Stuttgart.

Geschka, H. (1999): Sie Szenariotechnik in der strategischen Unternehmensplanung; in: *Strategische Unternehmensplanung–Strategische Unternehmensführung*, 8. Auflage, Heidelberg.

Gergen, K.J. (1999): Realities and Relationships–Sounding in Social Construction, Third Printing, Harvard University Press, Cambridge/London.

Geschka, H./Hammer, R. (1997): Die Szenario-Technik in der strategischen Unternehmensplanung; in: Hahn, D./Taylor, B. (Hrsg.): *Strategische Unternehmensplanung–Strategische Unternehmensführung*, 7. Auflage, S. 464–489, Heidelberg.

Gibbons, P./O´Connor, T. (2005): Influences on Strategic Planning Processes among Irish SME´s; in: *Journal of Small Business Management*, Jahrgang 43, Heft 2, S. 170–186.

Gibson, B./Cassar, G. (2005): Longitudinal analysis of relationships between planning and performance in small firm; in: *Small Business Economics*, 25. Jahrgang, Nr. 3, S. 207–222.

Glaser, H./Petersen, L. (1997): in: Pfohl, H.C. (Hrsg.): Betriebswirtschaftslehre der Mittel- und Kleinbetriebe: Größenspezifische Probleme und Möglichkeiten zu ihrer Lösung, 3. Auflage, S. 135–160, Berlin.

Glueck, F. (1980): Strategic Choice and Resource Allocation; in: *McKinsey Quarterly*, 1. Jahrgang, Heft-Nr. Winter, S. 22–34.

Glueck, F./Kaufman, S.P./Walleck, A.S. (1980): Strategic management for competitive advantage, *Harvard Business Review*, 58, 4, S. 154–161.

Göttgens, O. (1996): Erfolgsfaktoren in stagnierenden und schrumpfenden Märkten: Instrumente einer erfolgreichen Unternehmenspolitik, Wiesbaden.

Goldhar, J.D./Jelinek, M. (1983): Plans for Economies of Scope; in: *Harvard Business Review*, 61. Jahrgang, Heft 4, S. 141–148.

Gomez, P. (1999): Vom Umgang mit Komplexität – Plädoyer für ein integriertes Management, Edition: Gomez, P./Müller-Stewens, G./Rüegg-Stürm, J., S. 3-22, Bern/Stuttgart/Wien.

Gooding, R.Z./Wagner, J.A. (1985): A Meta-analytic Review of the Relationship Between Size and Performance; in: *Administrative Science Quarterly*, 30, S. 462–481.

Graf, H.G. (1999): Prognosen und Szenarien in der Wirtschaftspraxis, Zürich.

Greiner, L. E. (1972): Evolution and Revolution as Organizations Grow; in: *Harvard Business Review*, Volume 50, Nr. 4, S. 37–46.

Griggs, H. E. (2002): Strategic planning system characteristics and organisational effectiveness in Australian small-scale firms; in: *Irish Journal of Management*, 23. Jahrgang, Heft 1, S. 23.

Gruber, M./Elsenmüller, B./Grampp, M./Fischer, F. (2002): Business-Planning in Start-ups: Wissenschaftliche Erkenntnisse und praktische Erfahrungen; in: *IGA Zeitschrift für Klein- und Mittelunternehmen*, 50. Jahrgang, S. 217–237.

Gruber, M. (2004): Marketing in new ventures: Theory and empirical evidence; in: *Schmalenbach Business Review*, 56. Jahrgang, April 2004, S. 164–199.

Gruber, M. (2005): Marketingplanung von Unternehmensgründungen – Eine theoretische und empirische Analyse, Habilitationsschrift Universität München, Wiesbaden.

Günther, T. (1991): Erfolgswirkung des strategischen Controlling: Ergebnisse einer empirischen Untersuchung zur Beziehung von Strategischem Controlling und Unternehmenserfolg in deutschen Unternehmen; in: *ZfB*, Jahrgang 61, Ergänzungsheft 3, S. 61–81.

Haake, K. (1987): Strategisches Verhalten in europäischen Klein- und Mittelunternehmen, Berlin.

Hagmayer, Y.C. (2000): Denken mit und über Kausalmodelle, Dissertation Universität Göttingen.

Hahn, D. (1996): PuK. Planung und Kontrolle. *Planungs- und Kontrollsysteme, Planungs- und Kontrollrechnung, Controllingkonzepte*, 5. überarbeitete und erweiterte Auflage, Wiesbaden.

Hahn, D. (1998): Konzepte strategischer Führung; in: *Zeitschrift für Betriebswirtschaft*, 68. Jahrgang, S. 563–579.

Hahn, D./Taylor, B. (2006): Strategische Unternehmensplanung – Strategische Unternehmensführung – Stand und Entwicklungstendenzen, 9. überarbeitete Auflage, Berlin.

Hamer, E. (1990): Unternehmensführung; in: Pfohl, H.C. (Hrsg.): *Betriebswirtschaftslehre der Mittel- und Kleinbetriebe: Größenspezifische Probleme und Möglichkeiten zu Ihrer Lösung*, 2. Auflage, S. 43–73, Berlin.

Hammann, P./Erichson, B. (2000): Marktforschung, 4. Auflage, Stuttgart.

Hammer, R.M. (1991): Unternehmensplanung – Lehrbuch der Planung und strategischen Unternehmensführung, 4. durchgesehene Auflage, München/Wien.

Hammer, R.M. (1998): Strategische Planung und Frühaufklärung, 3. Auflage, München.

Handelsgesetzbuch (2011): Handelsgesetzbuch, 52. Auflage.

Hannon, P.D./Atherton, A. (1998): Small firm success and the art of orienteering; the value of plans, planning and strategic awareness in the competitive small firm; in: *Journal of small Business and Enterprise Development*, Volume 5, No. 2, S. 102–119.

Hans, L./Warschburger, V. (1996): Controlling, München.

Hansmann, K.W. (1983): Kurzlehrbuch Prognoseverfahren, Wiesbaden.

Hardtke, A./Prehn, M. (2001): Perspektiven der Nachhaltigkeit – Vom Leitbild zur Erfolgsstrategie, Wiesbaden.

Harrison, R.T./Leitch, C.M. (2005): Entrepreneurial learning: Researching the interface between learning and the entrepreneurial context; in: *Entrepreneurship: Theory & Practice*, 29. Jahrgang, Nr. 4, S. 351–371.

Hax, A.C./Majluf, N.S. (1991): Strategisches Management, Frankfurt am Main/New York.

Helms, M. M./Ettkin, L. P./Baxter, J. T./Gordon, M. W. (2005): *Managerial implications of target costing; in: Competitiveness Review*, 15. Jahrgang, Heft 1, S. 49–56.

Herbeck, P. (2004): Strategische Unternehmensführung, Wien.

Hering, E./Rieg, R. (2002): Prozessorientiertes Controlling-Management, 2. Auflage, München/Wien.

Heriot, K.C./Campbell, N.D. (2004): The tentative link between planning and firm performance in small firms: An explanatory framework. USASBE Annual Conference.

Hermanns, A./Glogger, A. (1996): Issue-Management; in: *Das Wirtschaftsstudium*, 25. Jahrgang, Heft 7, S. 637–642.

Hinterhuber, H. (1992): Strategische Unternehmensführung – II. Strategisches Handeln, 5. Auflage, Berlin.

Hinterhuber, H.H. (1996): Strategische Unternehmensführung, Band I, Berlin.

Hinterhuber, H.H. (1997): Strategische Unternehmensführung Band II, Berlin.

Hinterhuber, H.H. (2003): Leadership, Frankfurt am Main.

Hinterhuber, H.H. (2004): Strategische Unternehmensführung Band I – Strategisches Denken, 7. Grundlegend neu bearbeitete Auflage, Berlin.

Hinterhuber, H. (2011): Strategisches Unternehmensführung – I. Strategisches Denken, 8. Auflage, Berlin.

Hinterhuber, H.H./Krauthammer, E. (1998): Leadership – mehr als ein Management, Wiesbaden.

Hisrich R.D./Peters M.P./Shepherd D.A. (2002): Entrepreneurship, New York.

Hommel, U./Knecht, T.C. (2002): Marktwertorientierte Entwicklung von Startup-Unternehmen; in: Hommel, U./Knecht, T.C. (Hrsg.): Wertorientiertes Start-up Management, S. 1–20, München.

Honig, B./Karlsson, T. (2001): Business Plans and the Nascent Firm: A study of instrumental and institutional theories; in: *Frontiers of Entrepreneurship Research*, S. 13–23.

Horovitz, J. (1979): Strategic control, A new task for top Management; in: *Long Range Planning*, Nr. 12, S. 2–7.

Horváth, P./Herter, R.N. (1992): Vergleich mit den Besten der Besten; in: *Controlling*, 4. Jahrgang, Heft 1, S. 4–11.

Horváth, P./Weber, J. (1997): Controlling; in: Pfohl, H.C. (1997): *Betriebswirtschaftslehre der Mittel- und Kleinbetriebe: Größenspezifische Probleme und Möglichkeiten zu ihrer Lösung*, 3. Auflage, S. 335–376, Berlin.

Horváth, P. (2000): Das Controllingkonzept: Der Weg zu einem wirkungsvollem Controllingsystem, 4. Auflage, München.

Horváth, P. (2009): Controlling, 10. Auflage, München.

Huber, A. (2008): Praxishandbuch Strategische Planung – Die neun Elemente des Erfolgs, Berlin.

Huber, G.L. (1992): Qualitative Analyse, Computereinsatz in der Sozialforschung, München.

Hungenberg, H. (2000): Strategisches Management in Unternehmen – Ziele – Prozesse – Verfahren, Wiesbaden.

Hungenberg, H. (2001): Strategisches Management in Unternehmen – Ziele – Prozesse – Verfahren, 2. Auflage, Wiesbaden.

Ibrahim, A.B. (1993): Strategy types and small Firm's performance: An empirical investigation; in: *Journal of Small Business Strategy*, 4. Jahrgang, Nr. 1, S. 13–22.

Ibrahim, N.A./Angelidis, J.P./Parsa, F. (2004): The status of planning in small businesses; in: *American Business Review*, 22. Jahrgang, Nr. 2, S. 52–60.

Jaschinski, C. (1998): Qualitätsorientiertes Redesign von Dienstleistungen, Dissertation, Aachen.

Jenner, T. (1999): Determinanten des Unternehmenserfolges.

Jones, D.W. (1982): Characteristics of planning in small firms; in: *Journal of Family Owned Business Management*, 20. Jahrgang, Nr. 3, S. 15–25.

Jungbauer-Gans, M./Preisendörfer, P. (1991): Verbessern eine gründliche Vorbereitung und sorgfältige Planung die Erfolgschancen neugegründeter Betriebe?; in: *Zeitschrift für betriebswirtschaftliche Forschung*, 43. Jahrgang, Heft 11, S. 987–997.

Kalveram, W. (1924): Die Gründung von Aktiengesellschaften; in: *Zeitschrift für Betriebswirtschaft*, 1. Jahrgang, S. 61–75.

Karagozoglu, N./Lindell, M. (1998): Internationalization of Small and Medium-Sized Technology-Based Firms: An Exploratory Study; in: *Journal of Small Business Management*, January 1998, S. 44–59.

Kargar, J./Parnell, J. A. (1996): Strategic planning emphasis and planning satisfaction in small firms: An empirical investigation; in: *Journal of Business Strategies*, Heft 1, S. 42–64.

Kayser, G. (1990): Organisation; in: Pfohl, H.C. (Hrsg.): *Betriebswirtschaftslehre der Mittel- und Kleinbetriebe: Größenspezifische Probleme und Möglichkeiten zu ihrer Lösung*, 2. Auflage, S. 74–95, Berlin.

Kayser, G. (1997): Unternehmensführung; in: Pfohl, H.C. (Hrsg.): *Betriebswirtschaftslehre der Mittel- und Kleinbetriebe: Größenspezifische Probleme und Möglichkeiten zu ihrer Lösung*, 3. Auflage, S. 81–102, Berlin.

Kelle, U./Kluge, S. (1999): Vom Einzelfall zum Typus, Opladen.

Kelle, U./Erzberger, C. (2000): Qualitative und quantitative Methoden: kein Gegensatz; in: Flick, U./Kardoff, v.E./Steinke, I. (Hrsg.): *Qualitative Forschung: Ein Handbuch*, S. 299-318, Reinbeck.

Kerth, K./Asum, H. (2008): Die besten Strategietools in der Praxis, 3. erweiterte Auflage, München.

Kessler, A./Frank, H. (2003): Strategische Planung und Controlling in österreichischen KMU der Industrie – empirische Bestandsaufnahmen und Reflexion; in: *Zeitschrift für KMU&Entrepreneurship*, 51. Jahrgang, Nr. 4, S. 237–253.

Kets de Vries, M.F.R. (1998): The Entrepreneurial Personality: A Person at the Crossroads; in: Birley, S. (Hrsg.): *Entrepreneurship*, S. 113–136, Dartmouth/Aldershot.

Keuper, F. (2001): Strategisches Management, München.

Kirchhoff, B. A./Acs, Z. J. (1997): Births and deaths of new firms.

Kirsch, W. (1983): Fingerspitzengefühl und Hemdsärmeligkeit bei der Planung im Mittelstand; in: Kirsch, W./Roventa, P. (Hrsg.): Bausteine eines strategischen Managements – Dialoge zwischen Wissenschaft und Praxis, Berlin/New York.

Kirsch, W. (1998): Die Handhabung von Entscheidungsproblemen: Einführung in die Theorie der Entscheidungsprozesse, 5. überarbeitete Auflage, München.

Klandt, H. (1996): Der integrierte Unternehmensplan – Ein Instrument für die Gründungsplanung, Köln/Dortmund.

Klandt, H. (2006): Aktivität und Erfolg des Unternehmensgründers: eine empirische Analyse unter Einbeziehung des mikrosozialen Umfeldes, Bergisch Gladbach.

Klett, Ch./Pivernetz, M./Hauke, D. (1998): Controlling in kleinen und mittleren Unternehmen, Band 1, 2. Auflage, Berlin.

Knips, S. (2000): Risikokapital und neuer Markt: die Aktie als Instrument der Risikokapitalbeschaffung für junge Wachstumsunternehmen, Frankfurt am Main.

Knyphausen, D. zu (1995): Theorie der strategischen Unternehmensführung, State of the Art und neue Perspektiven, Wiesbaden.

Koch, R. (1975): Planung, betriebswirtschaftliche; in: Grochla, E./Wittmann, W. (Hrsg.): *Handwörterbuch der Betriebswirtschaft*, 4. Auflage, Band I/2, Sp. 3001–3016, Stuttgart.

Koenig, J. (2004): Ein Informationssystem für das strategische Management in KMU, Lohmar.

Kosmider, A. (1993): Controlling im Mittelstand: Eine Untersuchung der Gestaltung und Anwendung des Controllings im mittelständischen Industrieunternehmen, 2. Auflage, Stuttgart.

Kotler, P./Bliemel, F. (2006): Marketing-Management–Analyse, Planung und Verwirklichung, 10. Auflage, Stuttgart.

Kotter, J.P. (1990): What Leaders Really Do; in *Harvard Business Review* 68, S. 68–96.

Kraus, S./Fink, M. (2008): Entrepreneurship–Theorie und Fallstudien zu Gründungs-, Wachstums- und KMU-Management, Wien.

Kraus, S./Schwarz, E.J. (2006): The Role of Pre-Start-Up-Planning in New Small Business; in: *International Journal of Management and Enterprise Development*.

Kraus, S./Harms, R./Schwarz, E. J. (2007): Zur Relevanz der strategischen Planung für das Wachstum junger KMU; in: *Zeitschrift für Management*, 2. Jahrgang, Heft 4, S. 374–400.

Kreikebaum, H. (1997): Strategische Unternehmensplanung, 6. Auflage, Stuttgart.

Kriegesmann, B./Schwering, M.G. (2005): Wissensmanagement.

Kromrey, H. (1991): Empirische Sozialforschung, Opladen.

Kromrey, H. (2000): Empirische Sozialforschung, 9. Auflage, Opladen.

Kropfberger, D. (1986): Erfolgsmanagement statt Krisenmanagement–Strategisches Management in Mittelbetrieben, Linz.

Krüger, W./Klippstein, G./Merk, R./Wittberg, V. (2006): Praxishandbuch des Mittelstands–Leitfaden für das Management mittelständischer Unternehmen, Wiesbaden.

Künzle, A. (2005): Finanzcontrolling in KMU, Dissertation, Universität St. Gallen.

Küpper, H.U. (1987): Konzeption des Controlling aus betriebswirtschaftlicher Sicht; in: Scheer, A.W. (Hrsg.): *Rechnungswesen und EDV, 8. Saarbrücker Arbeitstagung*, S. 82–116, Heidelberg.

Küpper, H.U./Bronner, T. (1995): Strategische Ausrichtung mittelständischer Unternehmungen, Internationales Gewerbearchiv 43, S. 73–87.

Küpper, H.U. (2001): Controlling-Konzepte, Aufgaben und Instrumente, Stuttgart.

Kuhn, D./Garcia-Mila, M./Zohar, A./& Andersen, C. (1995): Strategies of knowledge acquisition, Monographs of the Society for Research in Child Development, 60.

Kunesch, H. (1996): Besonderheiten des Controllings in Klein- und Mittelbetrieben; in: Eschenbach, R. (Hrsg.): *Controlling*, 2. Auflage, Stuttgart.

Kuratko, D.F./Hornsby, J.S./Naffziger, D.W. (1998): Unternehmerische Ziele von Eigentümern, Internationales Gewerbearchiv 46, S. 86–99.

Kutschker, M./Bäurle, I./Schmid, S. (1997): Quantitative und qualitative Forschung im Internationalen Management, Diskussionsbeiträge der Wirtschaftswissenschaftlichen Fakultät Ingolstadt, Nr. 82.

Lachnit, L./Ammann, H. (1992): PC-gestützte Erfolgs- und Finanzplanung als Instrument der Unternehmensführung und der Unternehmensberatung (Teil I); in: *DStR 1992*, S. 1699–1705.

Lammek, S. (1995): Qualitative Sozialforschung, Band 1: Methodologie, München/Weinheim.

Lamneck, S. (2005): Qualitative Sozialforschung, 4. Auflage, Weinheim/Basel.

Lange, J.E./Mollov, A./Pearlmutter, M./Singh, S./Byrave, W.D. (2005): Pre-start up formal Businessplans and post start-up performance: A study of 116 new ventures; in: Zahra et al. (Hrsg.): *Frontiers of Entrepreneurship Research Proceedings of the twenty-fifth annual entrepreneurship research conference*, Babson College.

Lanz, R. (1992): Controlling in kleinen und mittleren Unternehmen, 3. Auflage, Bern/Stuttgart.

Lechner, C./Müller-Stewens, G. (1999): Strategische Prozessforschung: Zentrale Fragestellungen und Entwicklungstendenzen, Arbeitspapier Nr. 33 des Instituts für Betriebswirtschaft an der Universität St. Gallen.

Leese, W./Deckert, K. (2000): Vitalitätsmanagement mit Kopf; in: *intra manager*, S. 4–6.

Legenhausen, C. (1998): Controllinginstrumente für den Mittelstand, Wiesbaden.

Leitner, K.H. (2001): Strategisches Verhalten von kleinen und mittleren Unternehmen–Eine empirische Untersuchung an österreichischen Industrieunternehmen vor einem industrieökonomischen und organisationstheoretischen Hintergrund, Dissertation, Wien.

Leimstoll, U. (2001): Informationsmanagement in mittelständischen Unternehmen, Frankfurt am Main.

Lenz, R. (1981): Determinants of organizational performance: An interdisciplinary review; *in Strategic Management Journal*, 2. Jahrgang, Nr. 2, S. 131–154.

Levenhagen, M./Thomas, H. (1993): Entrepreneurs Competitive Definitions: Evidence from Computer-software Start-ups; in: Klandt, H. (Hrsg.): *Entrepreneurship and Business Development*, S. 67–83, Aldershot.

Levitt, T. (1965): Exploit the Product Life Cycle; in: *Harvard Business Review*, Volume 43, S. 81–94.

Lindblom, C.E. (1959): The Science of „Muddling Through", Public Administration Review 19, S. 79–88.

Lindemann, U. (2005): Methodische Entwicklung technischer Produkte – Methoden flexibel und situationsgerecht anwenden, Berlin.

Lindsay, W.M./Rue, L.W. (1980): Impact of the Organization Environment on the Long-range Planning Process: A Contingency View; in: *Academy of Management Journal*, Volume 23, S. 385–404.

Link, C./Orbán, C. (2002): Unternehmensplanung – Wertschöpfung oder Pflichtübung? Ergebnisse einer Befragung unter den umsatzstärksten deutschen Unternehmen, krp 2002, S. 11–17.

Löffler, C. (1995): Die Wirkung der strategischen Planung auf den Unternehmenserfolg, Wiesbaden.

Lombriser, R./Abplanalp, P.A./Wernigk, K. (2007): Strategien für KMU – Entwicklung und Umsetzung mit dem KMU*STAR-Navigator, Zürich.

Lybaert, N. (1998): The association between information gathering and success in industrial SMEs: the case of Belgium; in: *Entrepreneurship and Regional Development*, Jahrgang 10, Heft 4, S. 335–351.

Lyles, M.A./Thomas, H. (1988): Strategic Problem Formulation: Biases and Assumptions embedded in Alternative Decision-Making Models, *Journal of Management Studies* 25 (2), S. 131–145.

Lyles, M. A./Baird, I. S./Orris, J. B./Kuratko, D. F. (1993): Formalized planning in small business: Increasing strategic choices; in: *Journal of Small Business Management*, 31. Jahrgang, Heft 2, S. 38–50.

Mag, W. (1995): Unternehmensplanung, München.

Malik, F. (1989): Strategie des Managements komplexer Systeme, Bern.

Malik, F. (1996): Strategie des Managements komplexer Systeme – Ein Beitrag zur Management Kybernetik evolutionärer Systeme, 5. Auflage, Bern.

Mann, R. (1983): Der Controlling-Berater, Band 2, Freiburg.

Marchazina, K./Wolf, J. (2010): Unternehmensführung – Das internationale Managementwissen, Konzepte-Methoden-Praxis, 7. Auflage, Wiesbaden.

Markowitz, H.M. (1952): Portfolio-Selection; in: *Journal of Finance*, Heft 7, S. 77–92.

Masurel, E./Smit, H.P. (2000): Planning behaviour of small firms in Central Vietnam; in: *Journal of Small Business Management*, 38. Jahrgang, Nr. 2, S. 95–102.

Matten, D. (2001): Umweltmanagement und Globalisierung: Konzeptionelle Überlegungen aus betriebswirtschaftlicher Sicht, *Zeitschrift für Betriebswirtschaft*, Ergänzungsheft 2/2002.

Mattersdorfer, H. (1993): Informationsmanagement im technisch-innovativen Klein- und Mittelbetrieb: eine Analyse betriebswirtschaftlicher Basisfunktionen auf deren Eignung und Umsetzung durch Informationstechnologie, Frankfurt am Main.

Matthews, C. H./Scott, S. G. (1995): Uncertainty and planning in small and entrepreneurial firms: An empirical assessment; in: *Journal of Small Business Management*, 33. Jahrgang, Heft 4, S.34–52.

Maturana, H./Varela, F.J. (1980): Autopoiese and Cognition.

Matzler, K./Hinterhuber, H.H./Friedrich, S./Stahl, H.K. (2003): Core issues in German strategic management research; in: *Problems and Methods in Management*, 1. Jahrgang, Nr. 1, S. 149–161.

Matzler, K./Rier, M./Renzl, B./Hinterhuber, H.H. (2004): Die wichtigsten Managementkonzepte und Methoden: Die Sicht der Unternehmensberater; in: *Zeitschrift für Controlling&Management*, 48. Jg., Nr. 2, S. 82–85.

Mayring, P. (1988): Qualitative Inhaltsanalyse: Grundlagen und Techniken, Weinheim.

Mayring, P. (2002): Einführung in die Qualitative Sozialforschung, Weinheim.

McGee, J./Sawyerr, O. (2003): Uncertainty and Information Search Activities: A Study of Owner-Managers of Small High-Technology Manufacturing Firms; in: *Journal of Small Business Management*, Jahrgang 41, Heft 4, S. 385–401.

McKiernan, P./Morris, C. (1994): Strategic planning and financial performance in UK SMEs: Does formality matter?; in: *British Journal of Management*, 5. Jahrgang, Heft 2, S. 31.

Meffert, H./Burmann, C. (2005): Managementkonzept der identitätsorientierten Markenführung; in: Meffert, H./Burmann, C./Koers, M. (Hrsg.): *Markenmanagement: Grundfragen der identitäts-orientierten Markenführung*, 2. Auflage, S. 73–112, Wiesbaden.

Meffert, H./Burmann, C./Kirchgeorg, M. (2008): Marketing–Grundlagen marktorientierter Unterneh-mensführung–Konzepte, Instrumente, Praxisbeispiele, 10. Auflage, Wiesbaden.

Meffert, H./Bruhn, M. (2009): Dienstleistungsmarketing, 6. vollständig neu bearbeitete Auflage, Wiesbaden.

Meiren, T. (2001): Entwicklung von Dienstleistungen unter besonderer Berücksichtigung von Human Resources; in: Bullinger, H.J. (Hrsg.): *Entwicklung und Gestaltung innovativer Dienstleistungen, Tagungsband Service Engineering*, Stuttgart.

Meiren, T./Barth, T. (2003): Service Engineering in Unternehmen umsetzen–Leitfaden für die Ent-wicklung von Dienstleistungen, Stuttgart.

Merkens, H. (1997): Stichproben bei qualitativen Studien; in: Friebertshäuser, B./Prengel, A. (Hrsg.): *Handbuch qualitative Forschungsmethoden in der Erziehungswissenschaft*, S. 97–106, Wein-heim/München.

Meuser, M./Nagel, U. (1991): Experteninterviews–vielfach erprobt, wenig bedacht. Ein Beitrag zur qualitativen Methodendiskussion; in: Garz, D./Kraimer, K. (Hrsg.): *Qualitativ-empirische Sozial-forschung*, S. 441–471, Opladen.

Meyer-Schönherr, M. (1991): Szenario-Technik als Instrument der strategischen Planung, Disserta-tion, Ludwigsburg.

Miller, C./Cardinal, L. (1994): Strategic Planning and Firm Performance: A Synthesis of more than two Decades of Research; in: *Academy of Management Journal*, Jahrgang 37, Heft 6, S. 1649–1665.

Miller, D./Friesen, P.H. (1977): Strategy-making in context: Ten empirical archetypes; in: *Journal of Management Studies*, 14. Jahrgang, Nr. 3, S. 253–280.

Mintzberg, H. (1978): Patterns in Strategy Information; in: *Management Science*, 24. Jahrgang, S. 44 ff.

Mintzberg, H. (1989): Mintzberg über Management, Wiesbaden.

Mintzberg, H. (1990a): The Design School: Reconsidering the Basic Premises of Strategic Manage-ment; in: *Strategic Management Journal*, 11. Jahrgang, S. 171ff.

Mintzberg, H. (1990b): Strategy formation: Schools of thought; in: J.W. Fredickson (ed.), *Perspecti-ves on strategic management*, New York: Harper & Row, S. 105–235.; in: Sydow, J. (1995): Stra-tegische Netzwerke: Evolution und Organisation, 3. Auflage, Neue betriebswirtschaftliche For-schung, 100, Wiesbaden.

Mintzberg, H. (1994): The fall and rise of strategic planning; in: *Harvard Business Review*, 72. Jahr-gang, Nr. 1, S. 107–114.

Mintzberg, H. (1995): Die strategische Planung: Aufstieg, Niedergang und Neubestimmung, München/Wien/London.

Mintzberg, H./Raisinghani, D./Théoret, A. (1976): The structure of "unstructured" decision process, *Administrative Science Quarterly*, 21, S. 246–275.

Mintzberg, H./Waters, J. A. (1982): Tracking strategy in an entrepreneurial firm; in: *Academy of Management Journal*, 25. Jahrgang, Heft 3, S. 465–499.

Mitton, D.G. (1989): The Complete Entrepreneur; in: *Entrepreneurship: Theory and Practice* 13, S. 9–19.

Montgomery, M./Johnson, T./Faisal, S. (2005): What Kind of Capital do you Need to Start a business: Financial or Human?, *Quarterly Review of Economics and Finance* 45, 103–122.

Müller, B. (1991): Europäische Integration–Effekte und strategische Optionen für kleine und mittlere Industrieunternehmen (KMU) in der Schweiz, Chur/Zürich.

Müller-Bölling, D./Graf, H. (1988): Planungsinstrumente für die Gründung von Unternehmungen; in: *WiSt*, 17. Jahrgang, Heft 12, S. 615–619.

Müller-Bölling, D./Klandt, H. (1993): Unternehmensgründung; in: Hausschildt, J./Grün, O. (Hrsg.): *Ergebnisse empirischer betriebswirtschaftlicher Forschung–Zu einer Realtheorie der Unternehmung, Festschrift für Eberhard Witte*, S. 135–178, Stuttgart.

Müller-Bölling, D./Klandt, H. (1996): Methoden Empirischer Wirtschafts- und Sozialforschung, Förderkreis Gründungs-Forschung, Köln/Dortmund.

Müller-Stewens, G./Lechner, Ch. (2005): Strategisches Management, Wie strategische Initiativen zum Wandel führen, 3. Auflage, Stuttgart.

Mugler, J. (1998): Betriebswirtschaftslehre der Klein- und Mittelbetriebe, Band 1, 3. überarbeitete Auflage, Wien/New York.

Mugler, J./Wanzenböck, H. (2000): Unternehmensgründungen in Österreich–Ausgewählte Ausstattungsmerkmale der 90 er Jahre und Thesen über die weitere Entwicklung; in: Brauchlin, E.; Pichler, J.H. (Hrsg.): *Unternehme und Unternehmensperspektiven für Klein- und Mittelunternehmen*, Berlin/St. Gallen.

Naffziger, D.W./Müller, C. (1999): Strategic Planning in small businesses: Process and content realities; in: *Journal of Business and Entrepreneurship*, 3. Jahrgang, Nr. 2, S. 99–110.

Nagel, K. (2002): Strategisches Managementwissen in kleinen und mittleren Unternehmen, Eschborn.

Nagl, A. (2005): Der Businessplan, Geschäftspläne professionell erstellen, 2. Auflage, Wiesbaden.

Naujoks, W. (1975): Unternehmensgrößenbezogene Strukturpolitik und gewerblicher Mittelstand–Schriften zur Mittelstandsforschung, Nr. 68, Göttingen.

Naumann, C. (1992): Strategische Steuerung und Integrierte Unternehmensplanung, München.

Neumair, U. (1999): Spotting the Losers–Understanding Organisational Survivability: From the Study of Organisational Decline and Failure–A complexity Theory Approach, S. 293–300, Berlin.

Nicolai, A. T. (2000): Die Strategie-Industrie. Systemtheoretische Analyse des Zusammenspiels von Wissenschaft, Praxis und Unternehmensberatung; in: *Die Betriebswirtschaft*, 62. Jahrgang, Heft 6, S. 579–596.

Olson, P.D./Bokor, D.W. (1995): Strategy Process-content interaction: effects on growth performance in small, start-up firms; in: *Journal of Small Business Management*, 33. Jahrgang, Nr. 1, S. 34–44.

Orser, B.J./Hogarth-Scott, S./Riding, A.L. (2000): Performance, firm size and management problem solving; in: *Journal of small business Management*, 23. Jahrgang, Nr. 1, S. 16–23.

Ossadnik, W./Barklage, D./van Lengerich, E. (2004): Controlling im Mittelstand: Ergebnisse einer empirischen Untersuchung; in: *Controlling*, Jahrgang 16, Heft 11, S. 621–630.

Ostermeier, U./Hesse, F.W. (2000): Verbal and visual causal arguments, *Cognition*, 75, S. 65–104.

Patton, A. (1959): Top Managements Stake in Product Life Cycle; in: *The Management Review*, Volume 48, Nr. 6, S. 9–14, 67–79.

Patton, M.Q. (1990): Qualitative Evaluation and Research Methods, 2. Auflage, Newsbury Park/Kalifornien.

Paul, H./Wollny, V. (2014): Instrumente des Strategischen Managements–Grundlagen und Anwendung, 2. Auflage, München.

Pearce II, J. A./Freeman, E. B./Robinson, R. B. (1987): The tenuous link between formal strategic planning and financial performance; in: *Academy of Management Review*, 12. Jahrgang, Heft 4, S. 658–675.

Pearl, J. (1999): Probabilities of causation. Three counterfactual interpretations and their identification, Technical Report, University of California/Los Angeles.

Pearl, J. (2000): Causality: models, reasoning, and inference, Cambridge.

Pelham, A.M./Clavson, D.E. (1988): Receptivity to strategic planning tools in small manufacturing firms; in: *Journal of Small Business Management*, 26. Jahrgang, Nr. 1, S. 43–50.

Perry, S.C. (2001): The relationship between written businessplans and the failure of small businesses in the U.S.; in: *Journal of Small Business Management*. 39 Jahrgang, Nr. 3, S. 201–208.

Pfau, W./Jänsch, K./Mangliers, S. (2007): Strategische Kompetenz von Unternehmen–Eine Bestandsaufnahme von Strategieentwicklung und -implementierung im deutschen Mittelstand - Forschungsprojekt MISTRAKO. TU Clausthal.

Pfohl, H.C. (1997a): Abgrenzung der Klein- und Mittelbetriebe von Großbetrieben; in: ders. (Hrsg.): *Betriebswirtschaftslehre der Mittel- und Kleinbetriebe: Größenspezifische Probleme und Möglichkeiten zu ihrer Lösung*, 3. Auflage, S. 1–25, Berlin.

Pfohl, H.C. (1997b): Marketing; in: Pfohl, H.C.: *Betriebswirtschaftslehre der Mittel- und Kleinbetriebe: Größenspezifische Probleme und Möglichkeiten zu ihrer Lösung*, 3. Auflage, S. 161–190, Berlin.

Picot, A./Laub, U.D./Schneider, D. (1989): Innovative Unternehmensgründungen: Eine ökonomisch-empirische Analyse, Berlin.

Pieske, R. (1997): Benchmarking in der Praxis.

Porter, M.E. (1985): Competitive Advantage, New York/London.

Porter, M.E. (1996): Wettbewerbsvorteile. Spitzenleistungen erreichen und behaupten, 4. Auflage, Frankfurt am Main.

Porter, M.E. (1999): Wettbewerbsstrategien, Methode zur Analyse von Branchen und Konkurrenten, 10. Auflage, Frankfurt am Main.

Porter, M.E. (2000): Wettbewerbsvorteile–Spitzenleistungen erreichen und behaupten, 6. Auflage, Frankfurt am Main.

Posner, B.G. (1985): Real Entrepreneurs don´t plan; in: *Inc.*, 7. Jahrgang, Nr. 11, S. 129–132.

Probst, J. (2007): Controlling leicht gemacht: richtig planen, analysieren und steuern, 4. Auflage, Heidelberg.

Przyborski, A./Wohlrab-Sahr, M. (2008): Qualitative Sozialforschung–Ein Arbeitsbuch, München.

Pümpin, C. (1990): Das Dynamik-Prinzip, Düsseldorf.

Pümpin, C. (1992): Strategische Erfolgspositionen, Bern.

Quinn, J. (1980): Strategies for Change, Homewood.

Radetzki, T. (1999): Multipersonelles Verhalten bei strategischen Entscheidungen, Wiesbaden.

Ramanujam, V./Venkatraman, N. (1987): Planning and performance: A new look at an old question; in: *Business Horizons*, 30. Jahrgang, Heft 3, S. 19.

Raps, A. (2004): Erfolgsfaktoren der Strategieimplementierung–Konzeption und Instrumente.

Rauch, A./Frese, M. (1998): Was wissen wir über die Psychologie erfolgreichen Unternehmertums?.

Rautenstrauch, T./Müller, C. (2005): Verständnis und Organisation des Controlling in kleinen und mittelständischen Unternehmen; in: *ZP 2005*, S. 189–208.

Rautenstrauch, T./Müller, C. (2006): Unternehmens- und Finanzcontrolling in kleinen und mittleren Unternehmen; in: *DStR 2006*, S. 1616–1623.

Reid, R./Dunn, B./Cromie, S./Adams, J. (1999): Familienorientierung oder Geschäftsorientierung in Familienbetrieben, Internationales Gewerbearchiv 47, S. 149–165.

Reinders, H. (2005): Qualitative Interviews mit Jugendlichen durchführen, München.

Reinecke, S./Janz, S. (2007): Marketingcontrolling, Stuttgart.

Reisinger, S. (2007): Strategisches Management in österreichischen Klein- und Mittelunternehmen des produzierenden Sektors, Linz.

Remy, W. (2006): Marketingcontrolling im industriellen Anlagengeschäft; in: Reinecke, S./Tomczak, T. (Hrsg.): *Handbuch Marketingcontrolling – Effektivität und Effizienz einer marktorientierten Unternehmensführung*, 2. Auflage, Wiesbaden.

Rengli, R. (1997): Strategische Kontrolle – Empirische Studien und eine Erhebung in Schweizer Unternehmen, Bern.

Rhyne, L.C. (1986): The relationship of strategic planning to financial performance; in: *Strategic Management Journal*, 7. Jahrgang, Nr. 5, S. 423–437.

Richards, L. (2005): Handling Qualitative Data. *A Practical Guide*, London.

Ripsas, S./Zumholz, H. (2008): Gründungsplanung, strategische Planung und Formen der Strategiegenese in neu gegründeten Unternehmen und ihre Relevanz für den Unternehmenserfolg, Vortrag auf der Jahreskonferenz des FGF – Gründungs Forschung, Ausbildung und Politik e. V..

Risseeuw, P./Masurel, E. (1994): The role of planning in small firms: Empirical evidence from a service industry; in: *Small Business Economics*, 6. Jahrgang Heft 4, S. 313–322.

Robinson, R.B./Pearce, J.A. (1983): The Impact of Planning on Financial Performance in Small Organizations, *Strategic Management Journal* 4, S. 197–207.

Robinson, R.B./Pearce, J.A. (1984): Research thrusts in small firm strategic planning, Academy of Management Review 9, S. 128–137.

Rohleder, N.E. (2009): Wissensmanagement in kleinen und mittelständischen Unternehmen; in: *Unternehmenspraxis, Schriftenreihe* Update Nr. 9 der FH Mainz.

Rohrbeck, R./Gemünden, H.G. (2006): Strategische Frühaufklärung – Modell zur Integration von markt- und technologieseitiger Frühaufklärung; in: Gausemeier, J. (Hrsg.): *Vorausschau und Technologieplanung*, Heinz Nixdorf Institut, S. 159–176.

Rue, L. W./Ibrahim, N. A. (1998): The relationship between planning sophistication and performance in small businesses; in: *Journal of Small Business Management*, 36. Jahrgang, Heft 4, S. 24–32.

Rühli, E. (1988): Unternehmensführung und Unternehmenspolitik, Band 2, 2. überarbeitete Auflage, Bern.

Rüth, D. (1989): Planungssysteme der Industrie, Einflussgrößen und Gestaltungsparameter, Wiesbaden.

Runia, P./Wahl, F./Geyer, O./Thewißen, C. (2011): Marketing – Eine prozess- und praxisorientierte Einführung, 3. Auflage, München.

Sabisch, H. (1994): Ständige Verbesserung von Marketing-Prozessen durch Benchmarking; in: Belz, C./Schögel, M./Kramer, M. (Hrsg.), S. 58–69.

Salmon, W.C. (1980): Probabilistic causality, *Pacific Philosophical Quarterly*, 61, S. 50–74.

Sattes, I./Brodbeck, H./Lang, H.C./Domeisen, H. (1995): Erfolg in kleinen und mittleren Unternehmen: Ein Leitfaden für die Führung und Organisation in KMU, Zürich.

Scaborough, N.M./Zimmerer, T.W. (2003): Effective Small Business management, *An Entrepreneurial Approach*, 7. Auflage, Prentice Hall, Upper Saddle River, New Jersey.

Schadenhofer, M. (2000): Neuausrichtung des Controllings, Wien.

Scharpe, J. (1992): Strategisches Management im Mittelstand: Probleme der Implementierung und Ansätze zur Lösung, Bergisch Gladbach/Köln.

Scherer, F.M./Ross, D. (1990): Industrial Market Structure an Economic Performance, 3. Auflage, Boston.

Scheuss, R. (2008): Handbuch der Strategien – 220 Konzepte der weltbesten Vordenker, Frankfurt a.M..

Schildknecht, R. (1992): Total Quality Management, Campus, Frankfurt am Main/New York.

Schirmer, D. (2009): Empirische Methoden der Sozialforschung, Paderborn.

Schmidt, J. (1997): Eigentum und strategisches Management: Eine systemtheoretische Perspektive für die mittelständische Familienunternehmung, Teil 1: Grundlagenforschung, Teil 2: Angewandte Forschung, Wiesbaden.

Schneider, K./Daun, C. (2006): Vorgehensmodelle und Standards zur systematischen Entwicklung von Dienstleistungen; in: Bullinger, H.J/Scheer, A.W. (Hrsg.); *Service Engineering*, 2. Auflage, S. 113–138, Berlin/Heidelberg.

Schnell, R./Hill, P.B./Esser, E. (1995): Methoden der empirischen Sozialforschung, 5. Auflage, München/Wien.

Schnell, R./Hill, P.B./Esser, E. (1999): Methoden der empirischen Sozialforschung, 6. Auflage, München/Wien.

Schramm, W. (1971): Notes on case studies of instructional media projects. *Working Paper for the Academy for Educational Development*, Washington/DC.

Schreyögg, G./Steinmann, H. (1985): Strategische Kontrolle; in: *Zeitschrift für betriebswirtschaftliche Forschung*, Nr. 5, S. 391–410.

Schröder, M. (2009): Haben wir eine Kreditklemme? *ZEW-News*, Juli/August, S. 4–6.

Schwaninger, M. (1994): Control–A Systems Perspective, Discussion Paper No. 11, Institute of Management of the University of St. Gallen.

Schwaninger, M. (1996a): Integrative Systems Methodology: Framework and Application, Discussion Paper no. 22. St. Gallen, Institute of Management of the University of St. Gallen.

Schwaninger, M. (1996b): Rückgekoppelte Exploration in der Organisationsforschung–Konzept und Anwendung, Ed. Brosziewski A. St. Gallen: Deutsche Gesellschaft für Soziologie.

Schwaninger, M. (1999): Intelligente Organisationen–Konzepte für turbulente Zeiten auf der Grundlage von Systemtheorie und Kybernetik, Berlin.

Schwarz, E. J./Grieshuber, E. (2003): Vom Gründungs- zum Jungunternehmen. *Eine explorative Analyse*, Wien.

Schwarz, E.J./Schwarz, M. (2004): Lebenszyklusorientierte Finanzierung innovativer kleiner Unternehmen; in: Schwarz, E.J. (Hrsg.): *Nachhaltiges Innovationsmanagement*, S. 337-357, Wiesbaden.

Schwenk, C.R. (1988): The Cognitive Perspective on Strategic Decision Making, *Journal of Management Studies* 25 (1), S. 41–55.

Schwenk, C.R. (1995): Strategic Decision Making, *Journal of Management* 21 (3), S. 471–493.

Schwenk, C.R./Shrader, C.B. (1993): Effects of Formal Strategic Planning on Financial Performance in Small Firms: A Meta-Analysis, *Entrepreneurship Theory & Practice* 17 (3), S. 53–64.

Schwindt, C. (2003): Ratgeber Strategisches Controlling: Ein Handbuch für alle Entscheidungsträger in mittelständischen Unternehmen, Marburg.

Sexton, D. L./van Auken, P. (1982): Prevalence of strategic planning in small business; in: *Journal of Small Business Management*, 20. Jahrgang, Heft 3, S. 20–26.

Sexton, D.L./Bowman-Upton, N. (1991): Entrepreneurship: Creativity and growth, New York.

Shane, S./Venkataraman, S. (2000): The Promise of Entrepreneurship as a Field of Research; in: *Academy of Management Review*, Volume 24, S. 217–226.

Shuman, J.C./Shaw, J.J./Sussmann, G. (1985): Strategic planning in smaller rapid growth companies; in: *Long Range Planning*, 18. Jahrgang, Heft 6, S. 48–53.

Shuman, J.C./Seeger, J.A. (1986): The theory and practice of strategic management in smaller rapid growth firms; in: *American Journal of Small Business*, 11. Jahrgang, Nr. 1, S. 7–18.

Siegel, R./Siegel, E./Macmillan, I.C. (1993): Characteristics distinguishing high-growth ventures; in: *Journal of Business Venturing*, 8. Jahrgang, Nr. 2, S. 169–180.

Siegfried, P. (2010): Angewandtes Service Engineering für KMU–Forschungsarbeit, München.

Silk, A./Kalwani, M.U. (1982): Measuring influence in organizational purchase decisions; in: *Journal of Marketing Research*, 19. Jahrgang, Nr. 2, S. 165–181.

Simon, H.A. (1959): Theories of decision-making in economics and behavioural science, *American Economic Review* 49 (3), S. 253–283.

Simon, H. (1997): Die heimlichen Gewinner, 4. Auflage, Frankfurt am Main.

Simon, H. (2006): Erfolgsfaktoren–Was zeichnet die „Stillen Stars" im Mittelstand aus?; in: *Praxishandbuch des Mittelstands–Leitfaden für das Management mittelständischer Unternehmen*, Wiesbaden.

Simon, H. (2007): Hidden Champions des 21. Jahrhundert–Die Erfolgsstrategien unbekannter Weltmarktführer, Frankfurt am Main.

Simon, H./Gathen, A.v.d. (2002): Das große Handbuch der Strategieinstrumente–Alle Werkzeuge für eine erfolgreiche Unternehmensführung, Frankfurt am Main.

Smith, J. A. (1998): Strategies for start-ups; in: *Long Range Planning*, 31. Jahrgang, Heft 6, S. 857–872.

Sozialgesetzbuch (2011): Sozialgesetzbuch, 40. Auflage.

Stafford-Beer, A. (1985): Diagnosing the System for Organizations, New York.

Stearns, T.M./Carter, M.N./Reynolds, P.D./Williams, M.L. (1995): New firm survival: Industry, strategy, and location; in: *Journal of Business Venturing*, 10. Jahrgang, Nr. 1, S. 23–42.

Steinle, C./Bruch, H. (2003): Controlling–Kompendium für Ausbildung und Praxis, 3. Auflage, Stuttgart.

Steinmann, H./Schreyögg, G. (2000): Management, Wiesbaden.

Stier, W. (1999): Empirische Forschungsmethoden, 2. Auflage, Berlin.

Stinchcombe, A.L. (1965): Social Structures and Organizations; in: J.G. March (Hrsg.): *Handbook of Organizations, Rand Mc Nally*, S. 142–193, Chicago.

Stone, M.M./Brush, C.G. (1996): Planning in ambiguous contexts: the dilemma of meeting needs for commitment and demands for legitimacy; in: *Strategic management Journal*, 17. Jahrgang, Nr. 8, S. 633–652.

Strauss, A.L./Corbin, J. (1990): Basics of qualitative research, Newbury Park.

Strauss, A. (1991): Grundlagen qualitativer Sozialforschung–Datenanalyse und Theoriebildung in der empirischen soziologischen Forschung, München.

Struck, U. (2001): Geschäftspläne: für erfolgreiche Expansions- und Gründungsfinanzierung, 3. Auflage, Stuttgart.

Stüttgen, M. (1999): Strategien der Komplexitätsbewältigung in Unternehmungen–Ein transdisziplinärer Bezugsrahmen, *St. Galler Beiträge zum Integrierten Management*, Band 12, Bern/Stuttgart/Wien.

Stutely, R. (2002): The Definitive Business Plan: the fast-track to intelligent business planning for executives and entrepreneurs, 2. Auflage, London.

Szyperski, N. (1971): Das Setzen von Zielen–Primäre Aufgabe der Unternehmensleitung, in *ZfB 1971*, S. 639–670.

Szyperski, N. (1973): Forschungs- und Entwicklungsprobleme der Unternehmungsplanung; in: Grochla, E./Szyperski, N. (Hrsg.): *Modell- und Computergestützte Unternehmensplanung*, S. 23–40, Wiesbaden.

Szyperski, N./Nathusius, K. (1977): Probleme der Unternehmensgründung–Eine betriebswirtschaftliche Analyse unternehmerischer Startbedingungen, Stuttgart.

Szyperski, N./Nathusius, K. (1999): Probleme der Unternehmensgründung–Eine betriebswirtschaftliche Analyse unternehmerischer Startbedingungen, 2. Auflage, Lohmar.

Timmons, J. A./Spinelli, S. (1999): New venture creation. *Entrepreneurship for the 21st century*, New York.

Timmons, J.A./Spinelli, S. (2004): New Venture Creation: Entrepreneurship for the 21st century, 6. Auflage, Boston.

Tödtmann, C. (1993): Leichte Übung; in: *Wirtschaftswoche*, 47. Jahrgang, Heft 35, S. 42–45.

Tsai, M.H./Mac Millan, I.C. (1991): Effects on strategy and environment on corporate venture success in industrial markets; in: *Journal of Business Venturing*, 6. Jahrgang, Nr. 1, S. 9–28.

Ulrich, H. (1984): Management, Bern.

Ulrich, H. (2001a): Management Aufsätze 1981-1998, Bern.

Ulrich, H. (2001b): Das St. Gallener Modell, Bern.

Ulrich, H. (2001c): Anleitung zum ganzheitlichen Denken und Handeln, Bern.

Ulrich, P./Fluri, E. (1995): Management, 7. verbesserte Auflage, Stuttgart/Wien.

Ulrich, P./Probst, G.J.B. (1990): Anleitung zum ganzheitlichen Denken und Handeln: ein Brevier für Führungskräfte, 2. Auflage, Bern/Stuttgart.

Upton, N./Teal, E.J./Felan, J.T. (2002): Strategie und Planung in rasch wachsenden Familienunternehmen; in: *Zeitschrift für KMU & Entrepreneurship*, 50. Jahrgang, Nr. 1., S. 71–88.

Van der Heijden, K. (1996): Scenarios: the art of strategic conversation, Chichester.

Van der Velde, M./Jansen, P./Anderson, N. (2004): Guide to Management Research Methods, Malden.

Vennix, J.A.M. (1996): Group Model Building–Facilitating Team Learning Using System Dynamics, Chichester.

Venzin, M. (2003): Der Strategieprozess–Praxishandbuch zur Umsetzung in Unternehmen, Frankfurt am Main/New York.

Very, P. (1993): Success in Diversification: Building on Core Competences; in: *Long Range Planning*, 26. Jahrgang, Nr. 5, S. 80–92.

Vester, F. (1999a): Unsere Welt ein vernetztes System, München.

Vester, F. (1999b): Die Kunst vernetzt zu denken, Stuttgart.

Voelzkow, H. (1995): „Iterative Experteninterviews": Forschungspraktische Erfahrungen mit einem Erhebungsinstrument; in: Brinkman, C./Deeke, A./Völkel, B. (Hrsg.): *Experteninterviews in der Arbeitsmarktforschung, Beiträge zur Arbeitsmarkt- und Berufsforschung 191, IAB*, S. 51–57, Nürnberg.

Volery, T. (2000): Linking creativity, Innovation and Entrepreneurship: The Role of Knowledge and Social Networks; in: Brauchlin, E./Pichler, J.H. (Hrsg.): *Unternehmer und Unternehmerperspektiven für Klein- und Mittelunternehmen, Festschrift für Hans Jobst Pleitner*, S. 333–347, Berlin/St. Gallen.

Volkmann, C. K./Tokarski, K. O. (2006): Entrepreneurship–Gründung und Wachstum von jungen Unternehmen, Stuttgart.

von Reibnitz, U. (1987): Szenarien: Optionen für die Zukunft, Hamburg.

von Reibnitz, U. (1992): Szenario-Technik: Instrumente für die unternehmerische und persönliche Erfolgsplanung, 2. Auflage, Wiesbaden.

Waalewijin, P./Segaar, P. (1993): Strategic Management: the Key to profitability in Small companies, *Long Range Planning*, 26, 2, S. 24–30.

Warnecke, G./Stammwitz, G. (1996): Methodik zur Gestaltung anforderungsspezifischer Produktmodelle. *HNI Nachrichten* 1996-1, S. 1–18.

Weber, J. (1999): Einführung in das Controlling, 8. Auflage, Stuttgart.

Weber, J. (2002): Einführung in das Controlling, 9. Auflage, Stuttgart.

Weitzmann, E.A./Miles, M.B. (1995): Computer Programs for Qualitative Data Analysis, Newbury Park.

Welch, J. (2005): Winning–das ist Management, Frankfurt am Main.

Welge, M.K./Al-Laham, A. (1999): Strategisches Management, Wiesbaden.

Welge, M.K./Al-Laham, A. (2003): Strategisches Management, Grundlagen–Prozess–Implementierung, 4. Auflage, Wiesbaden.

Welsh, J.A./White, J.F. (1980): A small business is not like a big business; in: *Harvard Business Review*, 59. Jahrgang, Nr. 4, S. 18–32.

Welter, F. (2003): Strategien, KMU und Umfeld–Handlungsmuster und Strategiegenese in kleinen und mittleren Unternehmen, Berlin.

Wijewardena, H./De Zoysa, A./Fonseka, T/Perara, B. (2004) : The impact of planning and control sophistication on performance on small and medium-sized enterprises: Evidence from Sri Lanka; in: *Journal of Small Business Management*, 24. Jahrgang, Nr. 2, S. 209–217.

Wild, J. (1974): Grundlagen der Unternehmungsplanung. 3. Auflage, Reinbeck.

Wild, J. (1982): Grundlagen der Unternehmungsplanung. 4. Auflage, Opladen.

Wirth, B. (1995): Strategieberatung von Klein- und Mittelunternehmen–Ein umfassendes Konzept zur Unterstützung von KMU bei der strategischen Führung, Universität St. Gallen.

Wiswede, G. (1995): Einführung in die Wirtschaftspsychologie, 2. neu bearbeitete und erweiterte Auflage, München/Basel.

Witt, H. (2001): Forschungsstrategien bei quantitativer und qualitativer Sozialforschung [36 Absätze]; in: Forum qualitative Sozialforschung.

Wittberg, V. (2000): Unternehmensanalyse mit Führungsprozessen, *Instrumentarium zur Früherkennung von Risiken*, Wiesbaden.

Witzel, A. (1989): Das problemzentrierte Interview; in: Jüttemann, G. (Hrsg.): *Qualitative Forschung in der Psychologie, Grundlagen, Verfahrensweisen, Anwendungsfelder*, S. 227–256, Heidelberg.

Witzel, A. (1996): Auswertung problemzentrierter Interviews–Grundlagen und Erfahrungen; in: Strobl, R./Böttger, A. (Hrsg.): *Wahre Geschichten?, Zur Theorie und Praxis qualitativer Interviews*, S. 49–76, Baden-Baden.

Wolff, S. (2000): Clifford Geertz; in: Flick, U./Kardoff, v.E./Steinke, I. (Hrsg.): *Qualitative Forschung: Ein Handbuch*, S. 84-96, Reinbeck.

Wunderer, R. (2000): Führung und Zusammenarbeit, St. Gallen.

Yin, R.K. (1994): Case study research: Design and Methods, London.

Yin, R. K. (2003): Case study research. Design and methods. 3. Edition, Sage Publications, London.

Yin, R. K. (2009): Case study research. Design and methods. 4. Edition, Thousand Oaks.

Yip, G.S. (1982): Barriers to Entry, Toronto.

Yusuf, A./Saffu, K. (2005): Planning and performance of small and medium enterprise operators in a country in transition; in: *Journal of Small Business Management*, 43. Jahrgang, Heft 4, S. 480–497.

Zahn, E. (1979): Strategische Planung zur Steuerung der langfristigen Unternehmensentwicklung–Grundlagen zu einer Theorie der Unternehmensplanung, Berlin.

Zahn, E. (1989): Strategische Planung; in: Szyperski, N./Winand, U. (Hrsg.): Handwörterbuch der Planung, Band 9, Sp. 1903–1916, Stuttgart.

Zahra, S. (1996): Technology strategy and new venture performance: A study of corporate sponsored and independent; in: *Journal of Business Venturing*, 11. Jahrgang, Heft 4, S. 289.

Zider, R. (1991): Strategische Unternehmensplanung; in: Dieterle, W./Winckler, E. (Hrsg.): Unternehmensgründung–Handbuch des Gründungsmanagements, S. 92–104, München.

Broschüren/Internetquellen/sonstige Quellen

Bain&Company (2003): Management Tools 2003, Boston.

BDI-Bundesverband der Deutschen Industrie (2009): BDI-Mittelstandspanel, Ergebnisse der Online-Mittelstandsbefragung, Herbst 2009.

BDU-Bundesverband Deutscher Unternehmensberater BDU e.V. (2009): Grundsätze ordnungsgemäßer Planung (GoP)–Leitfaden des Institut der Unternehmensberater IdU im BDU, 3. Auflage, Bonn.

BMWi-Bundesministerium für Wirtschaft und Technologie (2008a): Wissensbilanz-Made in Germany, Leitfaden 2.0 zur Erstellung einer Wissensbilanz, Berlin.

BMWi-Bundesministerium für Wirtschaft und Technologie (2008b): GründerZeiten, Beratung, Nr. 32, Berlin.

BMWi-Bundesministerium für Wirtschaft und Technologie (2008c): GründerZeiten, Ziele setzen, Strategien entwickeln, Nr. 54, Berlin.

Bundesagentur für Arbeit (2009): Arbeitsmarktberichterstattung: Der Arbeitsmarkt in Deutschland – Kurzarbeit Aktuelle Entwicklungen, Stand Oktober 2009, Nürnberg.

Clemens, R./Kayser, G. (2001): Existenzgründungsstatistik – Unternehmensgründungsstatistik – Zur Weiterentwicklung der Gründungsstatistik des IfM Bonn, IfM-Materialien Nr. 149, IfM Bonn.

Creditreform (2008): Insolvenzen, Neugründungen und Löschungen, Jahr 2008, Neuss.

Creditreform (2010a): Wirtschaftslage und Finanzierung im Mittelstand, Herbst 2010, Neuss.

Creditreform (2010b): Insolvenzen Neugründungen Löschungen 2010, Neuss.

Dembinski, P.H. (2002): Ursachen von Konkursen bei Schweizer Unternehmen – „Die Suche nach den tieferen Ursachen", Pressemitteilung, Creditreform, 13.08.2002.

DIHK-Deutscher Industrie- und Handelskammertag (2010): Pioniere gesucht – DIHK-Gründerreport 2010 – Zahlen und Einschätzungen der IHK-Organisation zum Gründungsgeschehen in Deutschland, Berlin.

DIHK-Deutscher Industrie- und Handelskammertag (2011): Dienstleistungsreport Frühjahr 2011, Berlin.

DIN-Deutsches Institut für Normung (1998): DIN-Fachbericht 75, Entwicklungsbegleitende Normung EBN für Dienstleistungen, Berlin.

Europäische Kommission (2002): Observatory of European SMEs. Online verfügbar unter http://ec.europa.eu/enterprise/enterprise_policy/analysis/observatory_en.htm.

Europäische Kommission (2006): Die neue KMU-Definition – Benutzerhandbuch und Mustererklärung.

Frank, H.; Keßler, A.; Korunka, C.; Lueger, M. (2002): Von der Gründungsidee zum Unternehmenserfolg. *Eine empirische Analyse von Entwicklungsverläufen österreichischer Gründungen. Herausgegeben von BMWA.* Online verfügbar unter http://www.bmwfj.gv.at/NR/rdonlyres/680CD993-C774-4CBA84ECC6B1675CEB4D/1242/EndberichtLngsschnitt.pdf, zuletzt geprüft am 2.03.2009.

HHL-Handelshochschule Leipzig (2009): Vorlesungsskript „Methods of Management Research, Leipzig.

Hoppenstedt (2010): Studie Frauen in Führungspositionen. Online verfügbar unter http://www.hoppenstedt.de/xist4c/web/-05-03-10–Hoppenstedt-Studie–Frauen-in-Fuehrungspositionen—Frauenanteil-im-Management-steigt-weiter—an-der-Spitze-sind-Frauen-aber-weiterhin-rar_id_3281_.htm, zuletzt geprüft am 21.12.2011.

HTW Aalen – Hochschule für Technik und Wirtschaft (2007): Strategische Unternehmensplanung in kleinen und mittleren Unternehmen. Online verfügbar unter http://www.ksk-ostalb.de/download/Studie _Planung_in_KMU_2007.pdf, zuletzt geprüft am 02.04.2009.

IAB-Institut für Arbeitsmarkt- und Berufsforschung (2009): IAB-Kurzbericht 18-09, Unternehmensbefragung – Wie Betriebe in der Krise Beschäftigung stützen.

IfM-Institut für Mittelstandsforschung Bonn (2009a): Schlüsselzahlen des Mittelstands in Deutschland 2007. Online verfügbar unter http://www.ifmbonn.org/index.php?id=99, zuletzt geprüft am 07.05.2009.

IfM-Institut für Mittelstandsforschung Bonn (2009b): KMU-Definition des IfM Bonn. Online verfügbar unter http://www.ifm-bonn.org/index.php?id=89, zuletzt geprüft am 09.05.2009.

IfM-Institut für Mittelstandsforschung Bonn (2009c): Gründungen und Liquidationen 2008 in Deutschland, Working Paper 03/09, Bonn.

IfM-Institut für Mittelstandsforschung Bonn (2010): Gründungen und Liquidationen im 1. Halbjahr 2010 in Deutschland und in den Bundesländern, Working Paper 06/10, Bonn.

IZT – Institut für Zukunftsstudien und Technologiebewertung GmbH. Abruf am 07.07.2009. http://www2.izt.de/sewowi/downloads/index.html.

KfW-Gründungsmonitor (2008): Gründungen in Deutschland: weniger aber besser – Chancenmotiv rückt in den Vordergrund – Untersuchung zur Entwicklung von Gründungen im Voll- und Nebenerwerb, Frankfurt am Main.

KfW-Gründungsmonitor (2009): Abwärtsdynamik im Gründungsgeschehen gebremst – weiterhin wenige innovative Projekte, Jährliche Analyse von Struktur und Dynamik des Gründungsgeschehens in Deutschland, Frankfurt am Main.

KfW-Gründungsmonitor (2010): Lebhafte Gründungsaktivität in der Krise, Jährliche Analyse von Struktur und Dynamik des Gründungsgeschehens in Deutschland, Frankfurt am Main.

KfW-Mittelstandspanel (2010): Mittelstand: Stabil in der Krise – Auch in Zukunft Leistungsstark durch Innovation, Frankfurt am Main.

KfW-ZEW-Gründungspanel (2010): Aufbruch nach dem Sturm, Junge Unternehmen zwischen Investitionsschwäche und Innovationsstrategie, Jahrgang 3, November 2010, Mannheim.

Mayring, P. (2001): Kombination und Integration qualitativer und quantitativer Analyse, Forum Qualitative Sozialforschung/Forum: Qualitative Social Research (Online Journal), 2.

McKinsey&Company/WHU/Universität Bremen (2005): Mittelstandsinitiative „Unternehmertum Deutschland".

MittelstandsMonitor (2008): Mittelstand trotz nachlassender Konjunkturdynamik in robuster Verfassung, MittelstandsMonitor 2008 – Jährlicher Bericht zu Konjunktur- und Strukturfragen kleiner und mittlerer Unternehmen, KfW, Creditreform, IfM, RWI, ZEW (Hrsg.), Frankfurt am Main.

MittelstandsMonitor (2009): Deutsche Wirtschaft in der Rezession – Talfahrt auch im Mittelstand, MittelstandsMonitor 2009 – Jährlicher Bericht zu Konjunktur- und Strukturfragen kleiner und mittlerer Unternehmen, KfW, Creditreform, IfM, RWI, ZEW (Hrsg.), Frankfurt am Main.

MittelstandsMonitor (2010): Konjunkturelle Stabilisierung im Mittelstand – Aber viele Belastungsfaktoren bleiben, Jährlicher Bericht zu Konjunktur- und Strukturfragen kleiner und mittlerer Unternehmen, KfW, Creditreform, IfM, RWI, ZEW (Hrsg.), Frankfurt am Main.

Niefert, M.; Metzger, G.; Heger, D.; Licht, G. (2006): Hightech-Gründungen in Deutschland: Trends und Entwicklungsperspektiven, Mannheim.

OECD (2002): Small and medium enterprise outlook. Online verfügbar unter http://www.economia. gob.mx/pics/p/p2760/cipi_1GOCDE_ SME_2002.pdf, zuletzt geprüft am 10.04.2009.

Pawlowsky, P./Gerlach, L./Hauptmann, S./Puggel, A. (2006): Wissen als Wettbewerbsvorteil in kleinen und mittelständischen Unternehmen, FOKUS prints 09/06, TU Chemnitz.

Simon, H./Lippert, S. (2007): Hidden Champions des 21. Jahrhunderts – Deutschland und Japan im Vergleich, 04-07, JapanMarkt.

Statistisches Bundesamt (2008): Wirtschaft und Statistik 3/2008, Ausgewählte Ergebnisse für kleine und mittlere Unternehmen in Deutschland 2005.

Statistisches Bundesamt (2010): Unternehmensregister, Stand 30.06.2010.

STRATOS-Group (1990): Strategic orientation of small European businesses, Aldershot.

TU Clausthal/Haufe Akademie (2007): Mittelstandsstudie zur Strategischen Kompetenz von Unternehmen.

ZIS (2006): Wirtschaft konkret – Ursachen von Insolvenzen, Zentrum für Insolvenz und Sanierung an der Universität Mannheim e. V., Nr. 414.

ZIS (2007): Wirtschaft konkret – Rettung aus der Insolvenz, Zentrum für Insolvenz und Sanierung an der Universität Mannheim e. V., Nr. 418.

ZIS (2009): Wirtschaft konkret – Insolvenzen in Zeiten der Finanzkrise, Zentrum für Insolvenz und Sanierung an der Universität Mannheim e. V., Nr. 107.

ZWF-Zeitschrift für wirtschaftlichen Fabrikbetrieb (2006a): Integration von strategischer Planung in den Mittelstand von NRW. (Ausgabe 101, Nr. 3). Online verfügbar unter http://www.zwfonli ne.de/web/archiv/get_doc_free.asp?url=get_doc_free.asp&bin_id=200810301 42142-126&o_id= 20080609145437-49, zuletzt geprüft am 01.05.2009.

ZWF-Zeitschrift für wirtschaftlichen Fabrikbetrieb (2006b): Berliner Kreis Mitteilungen, Jahrgang 101, 3.

www.ingramcontent.com/pod-product-compliance
Lightning Source LLC
Chambersburg PA
CBHW051116200326
41518CB00016B/2520